岩　波　現　代　文　庫

『キング』の時代

国民大衆雑誌の公共性

佐藤卓己
Takumi Sato

学術 414

岩波書店

広範な大衆の国民化は、生半可なやり方、いわゆる客観的見地を少々強調する程度のことでは達成されず、一定の目標をめざした、容赦のない、狂信的なまでに偏った態度によって成し遂げられるのだ。

アドルフ・ヒトラー『我が闘争』(一九二五年)

はじめに

ヴィクトール・クレンペラー著『第三帝国の言語〈LTI〉』(一九四七年)の第七章「育成する(アウフツィーエン)」。唐突に次の一文が挿入されている。

「一九三五年に、ホレ商会から『野間清治、日本の出版王の自叙伝』が英語からの独訳として出版される。(中略)「そこでわたしは、学生雄弁家の教育のために模範的な団体を育成しようと決心したのである」というぐあいに、この言葉(「育成する(アウフツィーエン)」)は完全に認められているのである。[1]」(強調は原文)

いったい「第三帝国の言語」に、なぜ、講談社の野間清治なのか。

ヒトラー政権成立から二年。一九三五(昭和一〇)年五月四日、クレンペラーの日記。

「気分は持ち直したり落ち込んだり。おとといの夜、エファと私は冗談にコンスタンティノープルに移住する計画を立ててみたが、翌日になるとそれも色褪せ、また意気消沈。[2]」

その一週間前、ドレスデン工科大学のクレンペラー教授は、屈辱感で体を震わせていた。職業公務員制度再建法の第六項(ユダヤ人の公職追放)により、解雇を告げる通知書が、突然送られてきた。たしかにクレンペラーはユダヤ人ラビの息子なのだが、若くしてプロテスタントに改宗し、第一次大戦ではドイツ国家のために前線で戦功をあげ陸軍報道局検閲官まで勤めた「愛国者」であった。日記には、その後の憤懣と絶望が綴られている。

言語学者クレンペラーは、荒れ狂う反ユダヤ主義の中で自らの精神のバランスをとって生き続けるため、密かにナチズムの言語様式の分析に着手した。日常会話や街頭ポスターからナチ党の新聞、出版物まで様々なメディアからナチ党の語彙と表現形式について詳細なノートを取り始めた。幸いにも、妻エファが「アーリア人」であったため、彼はホロコーストを免れ、そのノートは戦後刊行された。NSDAP(国民社会主義ドイツ労働者党)と名乗り、その組織や機構をSS(親衛隊)、KdF(歓喜力行団)など短縮語で呼ぶことを好んだナチズムにならって、彼は分析対象をLTIと呼んだ。「第三帝国の言語」Lingua Tertii Imperiiの略語である。ナチズムの文体的特徴として、表現の積み重ね、メタファーの多用、情熱的な誇張、最大級の連発、誇大妄想的な数字、強烈かつ簡素で曖昧な名詞的文体などを彼は指摘している。そうした表現や言い回しこそが、演説の内容よりも人々の思考と感情を支配することを、自らの体験から具体的に示している。

冒頭の一節も、その一部である。おりしも教授職解雇の直後に出版された野間清治のドイツ語版伝記を、彼はノートを取りつつ読んだのである。

クレンペラーが引用した箇所は、Seiji Noma, *Kodansha: die Autobiographie des japanischen Zeitungskönigs*, Berlin: Holle & Co. Verlag 1935 (『講談社——日本の新聞王自伝』)の一四六頁、野間が東京帝国大学法科大学緑会弁論部、さらに大日本雄弁会を組織すべく奮闘する第一〇章「東京における我が闘争」Mein Kampf in Tokio にある。『我が闘争』は、言うまでもなく、「ドイツの演説王」ヒトラーの自叙伝である。

ファシズム言語を蒐集する者なら、「我が雑誌界のムッソリーニ」der Mussolini unserer Zeitschriftenwelt の世評を自賛する野間清治に関心を持って当然だろう。ドイツで『講談社』が刊行された当時、日本では天皇機関説問題によってファッショ化の流れが加速化し、翌一九三六年一一月には日独防共協定が締結されている。

さて、その引用文に戻ろう。クレンペラーは、本来「時計のネジを巻く」など機械的な行為に使われていた他動詞 aufziehen が第三帝国では、運動・組織など人間を「育成する」という意味で積極的に使われるようになったという。野間の文章は、その使用例として挙げられ、その表現は動員のために人間を教化＝機械化することへの無感覚から生まれたものだと主張されている。同じことは、ナチズムを特徴づける「強制的に同化する」gleichschalten という動詞にも当てはまる。本来は、ラジオなどの計器類を「同調させる」際に使われていた技術用語である。

ちなみに、掛川トミ子は野間清治の伝記において、彼の仕事を「体制の強制的同質化作用を内側から主体的にとらえ、天皇制国家のレトリックを『キング』に集大成」したと評している[3]。ここでいう「強制的同質化作用」とは、繰り返すまでもないがラジオ技術用語「同調させる」の名詞形 Gleichschaltung の訳語である。第三帝国は「国民受信機（フォルクス・エンプフェンガー）」によって「大衆の国民化」を押し進め、一九三九年九月二三日には「同化」不能とみなしたユダヤ人に対しラジオ所有禁止令が出された。

その一年ばかり前、一九三八年一〇月一七日の大日本帝国。東京放送局のラジオ・ニュースは、夜七時と一〇時の二回、野間清治の急性心不全による逝去を報じた。

「野間清治氏が亡くなられました。大日本雄弁会講談社社長、報知新聞社社長野間清治氏は、昨日午後一時三十分、東京小石川区関口台町の自邸で、突然狭心症のため亡くなられました。行年六十一歳でした。野間氏が我が国の出版界並びに新聞事業界に残した不朽の功績は、極めて大きいものがあります。最近は内閣情報局参与の職にありました。同氏の突然の逝去は、文化事業は固より、各方面から惜しまれて居ります。」

それに続いて、アナウンサーは野間清治の経歴を紹介し、最後はこう結んだ。

「立志伝中の方であります。」(『正伝』974)

『キング』一九三八年一二月号は「野間社長追悼録」を特集し、徳富蘇峰が「私設文部省」と題する文章を寄せている(38-12:特17 f.)。彼はドイツ語にも翻訳された「日本の私設文部大臣」der ungekrönten Kulturminister Japans という表現を考え出した先見の明を誇っている。それに続いて掲載された、ラジオ放送を所管する逓信大臣・永井柳太郎の「雄弁の大恩人」は、野間が成し遂げた「大衆の国民化」を次のように称えている。

「その雑誌はすべて大衆を目標としたもので、雑誌の大衆化といふ点に於て、一新紀元を画したものといふべきである。(中略)之は野間君が大衆の要求を把握することに成功した反映だと思ふ。この意味に於て、野間君は大衆と共に生き、大衆と共に進み、大衆と共に闘つたものといふ事が出来る。殊に野間君は、常にその経営する雑誌、新聞を通じて、大衆の道徳的標準を高め、国民としての自覚を深めることに努めてきた。」(38-12：特 20)

本書の課題は、「大日本帝国のメディア」、クレンペラー風にラテン語表記すれば Media Dainipponii Imperii、すなわちMDIの分析である。特に、日本初の一〇〇万部発行を達成し、野間を「雑誌王」たらしめた大衆雑誌『キング』に焦点を当てて分析する。『キング』は関東大震災の翌年、一九二四年一二月(一九二五年新年号)に創刊され、一九三一年満洲事変、一九三七年日中戦争、一九四一年日米戦争と読者を拡大して「雑誌の黄金時代」を現出し、戦後の高度経済成長を目前にして一九五七年終刊となった伝説的雑誌である。出版の大衆化＝近代化の画期として文化史上、必ず言及されてきた。[4]

しかし、同時代の総合雑誌『中央公論』『改造』あるいは『文藝春秋』が歴史書で頻繁に引用されるのに対して、その数倍の読者を誇った大衆雑誌『キング』の記事が引用されることはほとんどない。また、これほど有名な雑誌でありながら、その発行者すなわち野間清治の伝記的研究、あるいは読者層研究を除けば、[5]『キング』の形式と内容に立ち入った研究はほとんど存在しない。関東大震災後のモダニズムに即応する「新しいナショナリズム」[6]のマスメディアとして重要性が指摘された一九八〇年代半ば以後も、研究の状況は変わらない。

こうした状況は、『キング』を主として中学を出ていない「田舎読者向け娯楽雑誌」とみなした知識人の低い内容評価に由来する。[7]しかし、それだけだろうか。

出版文化史として貴重な『講談社の歩んだ五十年』明治・大正編、昭和編の上下二巻(以下、「社史」と略記)が刊行された一九五九年、その社史編纂委員会代表を務めた木村毅が佐藤忠男、福田定良と『週刊読書人』で鼎談している。(8)『キング』に対する否定的評価は、社史執筆代表者の発言に率直に表明されている。

「ぼくはああいう雑誌(『キング』)が売れるということすらわからないんで……ぼくらには考えられない雑誌ですよ、あらゆるものをつめ込んでいる雑誌ですからね。」

まず木村毅は、明治期を代表する国民雑誌『太陽』(博文館)を『キング』(講談社)が「食いつぶした」としてこう述べている。

「博文館の時は、知的な、情操的なところがたくさん残っているんですが、そういうところを最低の線まで落しちゃったんですね。」

さらに、『キング』創刊期の作家仲間や中学生における講談社の評判を木村はこう回顧している。

「たとえば菊池寛氏は無名作家の頃には書いておったんですが、文壇に出たての頃に講談社の小説を全然書かないし、大佛次郎君も非常にきらって「講談社に書くのはよそう」、ぼくが西洋にいく時に「君がいっている間に、大衆雑誌を一つ作るから君もあすこに書くのはよせ」といっておったくらいでね、みんなきらっておったんですよ。」

「(講談社の雑誌を読んでいることなど)ちょっと、東京の中学じゃいえないですよ。」

これに対して、佐藤忠男と福田定良は異議を申し立てている。佐藤は、「少年の理想主義」(一九五九年)で講談社が発行した『少年倶楽部』を取り上げ、子供自身のもっている「情操的な要求」ではなく、「観念的な要求」に応えたと高く評価していた。[9] 福田は、『民衆と演芸』(一九五三年)で講談や浪花節が「公共的な場」を民衆に向けて拡大した意義を認めたいと主張していた。[10] これに対して、木村は冷たく言い放っている。

「しかし、あの過去に作り上げたものは、観念的なものの養成力になったというふうに、非常に抽象的なことをいえばできるかもしれませんけど、具体的なもので、過去に講談社で作り上げたもので、将来とも商売として成り立つものは非常に少いと思いますね。」

「今の社長〔野間省一〕は東大のえらい秀才で、大学二年ぐらいの時から、国家試験も、判・検事試験も、高等文官試験も皆な通ったほどの秀才ですよ。それで戦後の講談社の出版物というのは、非常にいいものが出ています。たとえば弘法大師の文鏡秘府の研究とか足利学校の研究とか、学士院賞をもらったのを沢山出しています。ああいうものはちょっと元の社長〔野間清治〕の時にはなかった。」

木村の発言を長々と引用したのは、彼を批判するためではない(もっとも、『キング』に対する木村の否定的評価の社会的な文脈については、戦中と戦後にわたる木村と『キング』の関係から検討する)。むしろ、「ユダヤ人扱いにせられた期間は随分長かった」[11] 大衆文学を体系的に分析した先駆的な『大衆文学十六講』(橘書店、一九三三年)など一〇〇冊を超える木村の編著作、円本『現代日本文学全集』(改造社、一九二六年)、『世界文学全集』(新潮社、一九二七年）で全集形式のモデルを完成した企画構成力など、木村の仕事はもっと高く再評価されるべきだろう。「社史」の中でも彼は『キング』について、こう語る。

「一体に僕は講談社の雑誌では『冨士』と『現代』が、自由に書かすので、一ばん書きよく、最もやかましいことをいう『キング』とは肌が合わなかった。だから『キング』に僕は一ばん書いていない。」（「社史」下430）

しかし、それほど大衆文化に造詣の深かった知識人が、『キング』をかたくなに拒絶する理由は何だろうか。その「こわばり」の正体を、その時代とメディア環境に探ること、それも本書の目的である。講談社研究のほとんどが全面的に依拠している「社史」にも含まれるこうした先入観を避けるために、まず同時代に刊行された新聞、雑誌、著作から「講談社文化」を再構成することを努めた。

つまり、本書の第一のテーマは、「ああいう雑誌が売れるということ」の意味をメディア史的文脈において解明することである。結論からいえば、『キング』は、そのメディア特性において活字よりむしろ放送や映画に近かったこと、すなわち「ラジオ的・トーキー的雑誌」であったことに、その原因を考える。逆にいえば、『キング』に向けられた批判や偏見は、当時の知識人がラジオの雑音（ノイズ）、雑多性（ヴァラエティ）に加えた批判と同一である。「あらゆるものをつめ込んでいる雑誌」（木村）とは、ニュース、音楽、教養講座、料理番組と何の連関もなく並べられたラジオ番組の誌面化である。その意味で、『キング』読者とはマックス・ピカートが『われわれ自身のなかのヒトラー』において指摘した「ラジオ人」である。冒頭で引用したクレンペラーの「機械的教化」批判と重ねながら、読んでみたい。

「ラジオはたてつづけにもろもろの事物や出来事をのべつもなく並べたてるから、人間はもはや、みずから一つの連続性を、しかも内的連続性を保有することが自己の本質に属するものであることを考えてみる余裕さえない。（中略）持続しているのは、ただラジオの間断のない騒音だけである。（中略）このような装置があるために、ヒトラーにとっては、彼が自己の――とりもなおさずヒトラーの――姿にかたどって、人間の存在をラジオという装置から製造することはいとも容易であったのだ。」[12]

そのために本書が採用するアプローチは従来の雑誌研究とはいささか異なる。大衆雑誌の先駆的研究としては、文学研究が質量ともに充実している。しかし、本書では「メディアはメッセージである」というマクルーハンの定言を出発点として、「内容」の分析よりもメディア環境における「媒体」そのものの分析を重視した。読書行為の近代化を「聴覚から視覚へ」の変化から行うこと、つまり「音読から黙読へ」となぞることはメディア論の定石であるが、ここでは「くちコミ」を「マスコミ」化した大日本雄弁会講談社の独特な雑誌文化を、同時代のラジオ論や映画論などを使ってメディア環境全体の中に捉え直した。また、これまでの文学研究・出版研究が、雑誌という商品の生産工程のうち、それぞれ作家の執筆、出版社での編集にスポットを当てたとすれば、本書では雑誌メディアの全工程、すなわち製紙・印刷から流通・広告まで出来る限り目配りし、「読者の声」も取り入れることを心がけた。

第二のテーマは、戦時体制、いわゆる「日本型ファシズム」における『キング』と講談社文化の役割である。これも、先に引用した座談会で話題に上っている。

佐藤忠男「私らが子供の昭和十年頃は、講談社文化というのが日本文化の主流といったらおかしいけれども、堂々と顔をきかせた時期なんですね。」

木村毅「それは全盛時代です。人前で読んでいけるようになったのはその時代で、支那事変の二、三年前あたりからでしょう。」

戦時体制下のメディア研究は、現在ある種のブームとなっている。私自身、そうした流れの中でメディア研究を続けてきたわけだが、伝統的なファシズム批判であれ、新しい意匠の戦争責任論であれ、そのあり方に違和感を抱き続けてきた。たしかに「政治的正しさ」のアリバイ作りとなるファシズム研究＝批判は量産されたが、自らがファシストになる可能性まで念頭においた研究はどれほど存在するだろうか。また、「国民」や「物語＝歴史（ゲシヒテ）」を批判する論者は多い。一九四四年五月号より表紙に「国民大衆雑誌」と刷り込んで終戦を迎える『富士（キング）』は、その批判対象として最適なものだろう。だが、知識人の目から見れば愚かしいだけの「物語」を、大衆が貪り読んだことも事実である。そのような「物語」に救済を求める大衆の弱さをあげつらう気に私はなれない。同時に、大衆の渇望した「物語」を供給した作家やメディアの弱さを弾劾することにも慎重でありたい。国民国家批判をつきつめれば「一億総難民化のススメ」に行き着くが、幸福な難民はおそらく一部の強者にすぎない。弱さの糾弾は、強者のみを正当化する政治に至る。それこそが、ファシズムとは言えまいか。敵か友かの踏絵を迫るファシズムの語り口でしかファシズム批判ができないわけではあるまい。

特にマスメディアに関する限り「動員・統制は悪で、抵抗・逸脱は善」という二元論の思考は、問題の本質から目を背けることにならないだろうか。情報化社会の考古学のためには、学童に善悪を説くが如き啓蒙を超えて、善悪の彼岸に挑む気概を持つべきではあるまいか。当然ながら、そして皮肉なことに、国民道徳を謳った『キング』の研究は、マスメディアの倫理学ではなく、その存在論へ向かうだろう。

また、『キング』の時代(一九二五―五七年)という枠組は、通常は大正デモクラシー期、昭和ファシズム期、戦後民主主義期と分節される時期区分に再考を促すことにもつながるだろう。敢えて、その帰結を命題化すれば、こういえよう。

ファシズムもまた民主政治(デモクラシー)＝参加政治の一形態であり、大正デモクラシーにおける世論形成への大衆参加に連続していた。大衆を国民化する戦時の総動員(＝総参加)体制は、『キング』同様、敗戦＝終戦で終わったわけではない。

各章の構成を概略すれば、次のようになる。

第I部「講談社文化と大衆的公共圏」では、まず『キング』創刊のメディア環境を概観し、市民的公共圏の「植民地」メディア＝婦人雑誌の系譜に「国民大衆雑誌」が誕生することを明らかにする。まず、その後の出版キャンペーンのモデルとなった『キング』創刊広告を分析し、「宣伝狂」野間清治が目指した大衆獲得の意味を、大衆的公共性の成立として考察する。それは市民的公共性の中核＝教養を担った「岩波文化」が、女性雑誌と大衆雑誌を生まなかった理由も説明する。最後に、大衆が世論を形成する社会空間の制覇をかけて講談社文化と理念的に対峙したプロレタリア文化運動の言説から新しい大衆ナショナリズムにおける『キング』の位置を確定する。

第Ⅱ部「『キング』の二つの身体――野間清治と大日本雄弁会講談社」では、「九大雑誌王国」形成過程の分析を通じて『キング』に体現された野間清治の立身出世主義を検討する。特に、各倶楽部雑誌が「細分化」しつつ拡大する読者を「統合」したメディアこそ『キング』であった点に注目する。また、同時代の非左翼的な野間（キング）清治批判も分析した上で、動員組織の理念型「講談社少年部」について考察する。

第Ⅲ部「『ラジオ的雑誌』の同調機能（グライヒシャルトゥンク） 一九二五―一九三二年」では、雄弁と講談という「くち・コミュニケーション」の企業化という側面から、『キング』を「ラジオ的雑誌」として検討する。とくに、「ラジオ的読者」の分析から『キング』が高価なラジオの代替メディアであることを示し、『キング』の発展とラジオ普及の相関も検討する。また、『キング』が生んだ「声の出版物」キングレコードをそのメディア・イベントを中心に考察する。

第Ⅳ部「『トーキー的雑誌』と劇場的公共性 一九三三―一九三九年」では、野間の掲げた「雑誌報国」の教化メディア論が「映画国策」を志向する可能性を検討する。さらに、『キング』の「映画小説」と読者の関係を劇場的公共性として考察する。その関連から、野間が社長を兼ねて「日刊キング」と呼ばれた『報知新聞』と戦争報道のグラビア化についても分析する。

第V部「『キング＝富士』のファシスト的公共性　一九四〇―一九四五年」では、『キング』が時局化＝ジャーナリズム化、すなわち総合雑誌化していくプロセスにおいて、それが「読書の大衆化」と「大衆の国民化」に果たした役割を考察する。戦時期出版界をめぐる「暗黒史観」を批判的に検討した上で、『キング』における戦時宣伝の実態も分析する。

結「国民雑誌の戦後　一九四五―一九五七年」では、敗戦後「戦犯雑誌」と糾弾された『キング』が生き残り、「大衆とともに」復興を遂げたプロセスに戦中―戦後の連続性を確認する。最後に、一九五七年『キング』終刊の意味を、テレビ時代のメディア環境と公共性から再考する。

目　次

装丁＝桂川　潤

I

講談社文化と大衆的公共圏

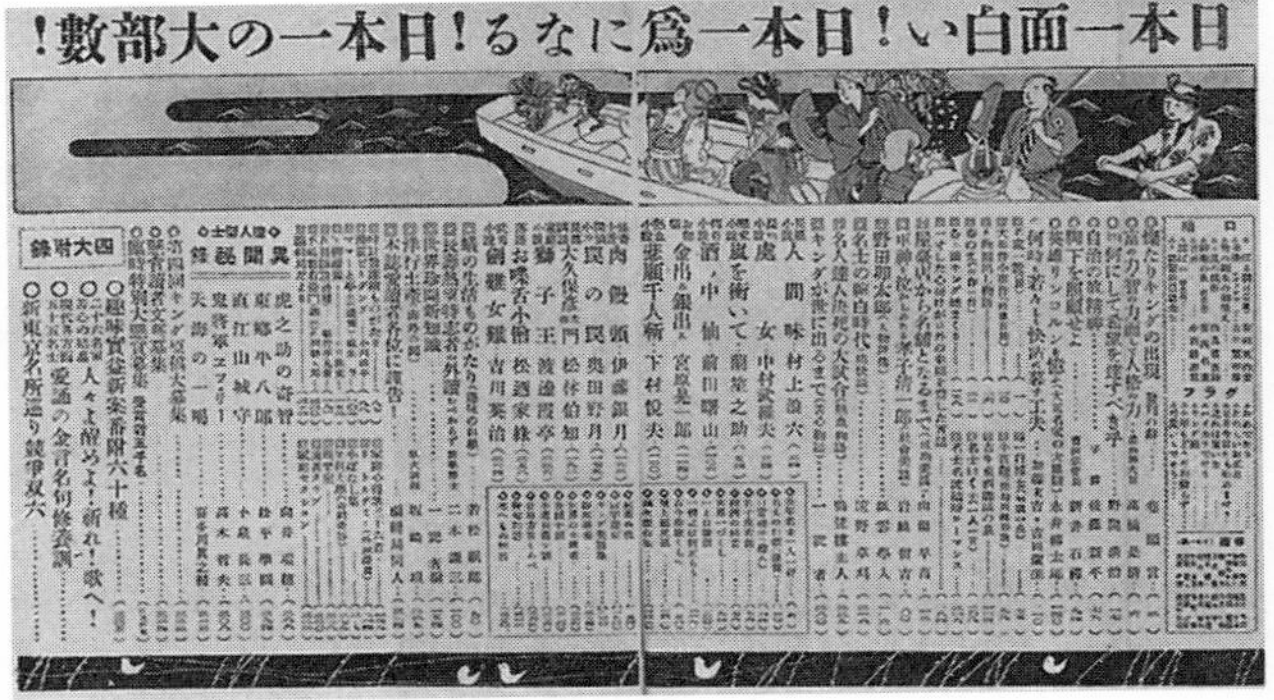

創刊号(1925年1月号)目次

小社微力なりと雖も、創業以来三十年、雑誌報国の旗幟の下に、皇室中心主義を奉じ、一貫の信念嘗て渝ることなく、殊にかの大正より昭和初頭に亙れる思想混乱時代に処しては、敢て中流の砥柱を以て自ら任じ、経営の利害を越えて日本精神の顕揚に努め、国民をしてその嚮ふ所を知らしめたることは、幸に江湖の認知さるる所と存じます。又つとに大衆教化の念願に燃えて、淳風美俗を興し、社会浄化に微力を致し、いさゝか我が国文運の進展に寄与することを得たるは、自ら省みて窃かに本懐とする所であります。

「皇紀二千六百年を迎ふ」『キング』一九四〇年新年号

第一章　マス・メディア誕生

『キング』創刊を翌々日に控えた一九二四（大正一三）年一二月三日『東京日日新聞』に掲載された、大広告がある。「◎切望！　恐縮ながら全部御覧を乞ふ」との但し書きに従って、長くはなるが全文を引用したい。これみよがしな愚直さ、あるいは読者をたじろがせるまでの押し付けがましさこそ、「国民大衆雑誌」『キング』が体現した精神の有り様であるのだから。

キング発刊に際し　満天下に檄す

天下万人、一列一帯、年齢、職業、階級の別なく田園生活者にも、都市生活者にも太陽の光が必要にして欠く可からざるやうに、どうしても無くてはならぬ一味の精神的慰安を与へ、是によつて卓然として振ふ興国的気分を奮起させるやうな民衆雑誌、云ひかへると、苟も日本語の通ずるところは毎戸、国旗を備ふるやうに、必ず備へておかねばならぬ

――**国民読本たらしむるのが『キング』創刊の真目的である！**

従つて『キング』は、勿論商品には相違ないが、其の志すところは、商品としてではな

く、念々、内に燃ゆる国家奉仕の至純至正なる誠意より出発してゐる。而して此の堅く取つて動かざる信念を貫徹する為めには、最善の努力と絶大の熱意とを捧げ、社員総動員の下に、奮闘を継続し、現在の印刷能力の堪へ得る限りに於ては、是れ以上の事は望み得られぬと云ふ程度のものを作りあげた。

疑ふ人あらば店頭寸刻を割いて『キング』を手にして頂きたい！

全誌三百数十頁、表紙、口絵の選択及び印刷所の苦心は云ふ迄もなく、本文用紙は、本誌の為めに特別に精製されたるもので、紙質についても十分の吟味をしてゐる。若しそれ、内容に至つては、我社の最も苦心したるところ、隅から隅まで一行一句の末に至る迄も忽にはせず、細心の注意と周到な用意とが払つてある。

老若男女、一家団欒の席上、見て面白く、読んで面白く聞いて又面白く、其間知らず識らず、美風を養ひ、良俗を教へ、疲れ切つた魂に一道の活気を注入し、倦み切つた心に一服の霊薬を投与し、此の国に生れ、この国に育ち、限りなく恵まれたる生の喜びを享受せしめようとする道義的観念を含ませてゐる。

明るく、温かく、柔かく、和やかに、誰でも一度手にしたら最後　もう何うしても読まずにはおけぬ

……といふ心持を起させる為めには、痒い処へ手が届くまでに編輯されてゐる。俗に堕ちず、雅に流れず、平易にして上品、通俗にして高尚、明鏡の如く輝き、宝玉の如く照りそひ、其の一字すらも星の如く、其の一句すらも花の如く今迄に求めて求め得られざりしものが、此の中に求め得られる。主人も読み、主婦も読み、少年にもよく、少女にもよく、祖父祖母にも亦(また)適してゐるが故に、『キング』一部を懐にして帰ることは、平和と幸福と慰安と、光と恵みと休らひとを持ち帰る事である。本誌が何のはゞかりもなく又何のためらひもなく

これを『雑誌界の王様』として『キング』と命名したのは、かくの如き理由からである——

その為には、賛助員諸名家をはじめ、大方の諸賢に多大の声援を与り(あずか)、深く感激してゐる次第であるが、我社の苦心も亦、実際並大抵なことではなかつた計画を起して以来、丁(ちょう)度(ど)三年、莫大の経費と労力とを費し、考慮に考慮を加へ、熟議に熟議を重ね、社長から少年に至るまで、

不眠不休で働いた！汗みどろになつて働いた！

無謀過ぎる、大胆すぎるといふ忠告は、幾度かうけたのであるが利害元眼中になし何としても『キング』創刊の真目的を貫いて、国家の為、国民の為、又国家と共に国民と共に、吾等の生活を真化し、善化し、美化したいと云ふ、やむにやまれぬ情念は何(ど)うすることも出来なかつた。此(こ)の病あり、ついに捨つべからず、敢然として起つた。意のある処道あり、幸ひに幾多の難局を突破し得て『キング』は愈(いよい)よ大正十四年新春劈頭(へきとう)

出版界の一大驚異として

世間一般の待望に背かぬ内容と実質とを備へて出現することになつた。我社は此の如(かく)く完備したものは、未だ曽(かつ)て見出せなかつたと、声を大にして叫び得る勇気を持つと同時に

又此の如く完実した名雑誌の誌価が、途方もなく低廉であるといふことも、誇り得る自信を持つ。即ち、**金五十銭！**　現在の各階級の生活状態を斟酌して広く、飽く迄も広く、ゆき亘らせる為めには、是非とも必要なことだからである。価低きが故に『キング』の内容価値が低いと誤解して下さるな。もし是れを買品として利益を算盤珠の上にのせるとすれば、優に一円以上の誌価を附して差支ないものだと信じてゐる。この目前の争はれぬ事実は、我社の志の那辺に存するかを最も雄弁に説明してゐると考へてゐる。善きものは、之を更に善くする余地は存するとしても素質は依然として善きものである。我社は、どうか是れを弘く行き亘らせて、当初の目的を達したいと思念してゐるが、それは、

天下有力の諸君子の庇護と尽力

とを得ることが必要である、善事を尽すに当つて躊躇するのは、断じて謙遜の美徳とはいへない。我社が、『キング』を天下に推薦するに勇敢である如く、諸君も亦『キング』の推薦に勇敢でありたい。かくして、一人を動かし、逐次、倍加又倍加して、此の『国民読本』を、文字通りに、天下の『国民読本』としたいのが、我社の願望で、切に、天下諸君子の賛同を希うて止まぬ次第である。

講談倶楽部、面白倶楽部、現代、雄弁、婦人倶楽部、少年倶楽部、少女倶楽部

発行所　**大日本雄弁会講談社**

第一節　宣伝狂時代

日本初の「百万雑誌」を目標に掲げた「宣伝狂」野間清治は、一九二四年一二月五日を挟んでほぼ四日おきに、こうした大広告を掲載する大キャンペーンを展開した。一九二四年一一月と一二月の『東京日日新聞』の広告から拾ってみよう。

『キング』創刊全面広告（1924年12月5日『東京日日新聞』）

一一月一五日「世界的大雑誌『キング』創刊の日近し」
一一月一九日「新雑誌キング（第四回）原稿大募集」
一一月二五日「雑誌を選ぶは今！」
一一月二九日「満天下人気沸騰！　註文殺到！　賞賛の声天下に満つ！」
一二月　三日「キング創刊に際し　満天下に檄す」
一二月　五日「出た！　お待

兼のキング！　素晴しい雑誌！」

一二月一二日「一家一冊　大評判の新雑誌キングを御覧！」

一二月一四日「日本一の大雑誌！　定価僅(わず)かに五十銭！」

一二月一七日「早くも売切れの報陸続(りくぞく)！　追加註文殺到！」

一二月一八日「果然！　更に大増刷に着手!!」

一二月一九日「驚天動地！　空前の大壮挙！」

一二月二一日「天下に轟く賞讃歓呼！　キング新年創刊号批評の一斑」

一二月二八日「夢にまで見た此雑誌　見よ!!　親愛なる同胞の為めの新雑誌キング！」

これに、『講談倶楽部』や『婦人倶楽部』など他の七雑誌の特大広告が加わる紙面を想像していただきたい。新聞紙の広告面は講談社に買占められたかの観さえ覚える。この期間に講談社に対抗して雑誌の全面広告を打てたのは、わずか『主婦之友』一誌に過ぎない[1]。『中央公論』新年号の広告(同年一二月二四日付『大阪朝日新聞』)には、「我国文化を侮辱」と激する大仰な苦言が告示されている。

「極度の低劣卑俗なる内容を掩(おお)ふに極度の誇大煽動的なる宣伝を以てし最も悪しき意味の亜米利加(アメリカ)式の雑誌が我が読書界に跋扈(ばっこ)せんとするは是(こ)れ明かに我国文化を侮辱し併せて人間の霊性其物を侮辱するものに非ずして何ぞ我国最高文化の標準を示して我が読書界の向上を念とする我等の使命益々重大を加へたるを信じ時代の指導的精神たらんとの抱負にて本号を編す！」

もっとも、全国二百数十紙で展開された『キング』創刊の「亜米利加式」キャンペーンは、『大阪朝日新聞』『大阪毎日新聞』では見られない(『東京朝日新聞』も一二月二八日の一件のみ)。発行半年前から「新雑誌キングの大原稿募集」を広告する講談社の動きを察した二大全国紙が、広告料の大幅値上げを講談社に迫ったためである(「社史」上644)。野間が交渉を打ち切り、この二大全国紙から一切の雑誌広告を取り下げ、やむなく新しいキャンペーン方法が模索された。今日でいうダイレクト・メールもそうであり、電通『広告五十年史』によると、市町村長、教師、青年団、在郷軍人会、婦人会の幹部など地域の有力者(オピニオン・リーダー)や会社、銀行に送りつけた封書は三二万五七八〇通、葉書は一八三万六〇〇〇通に達した。さらに少年部社員一三〇名を二人一組として全国各地の書店に宣伝派遣し、発売当日には全国六〇〇〇の書店に「キング　イマデキタ　トクニユウリヨクナルキテンノ　ネツレツナル　ジンリヨクヲコフ」の電報が打電された。雑誌名入りの幟旗を書店の店頭に掲げたのも、『キング』が嚆矢とされている(「正伝」601)。『キング』入荷を告げる花火まで用意され、到着同時にそれを打ち上げた書店も現れた。また「国民的大雑誌」「一家に一冊」「世のため人のため」のキャッチフレーズを大書したビラ、『キング創刊に当り謹んで貴下並に貴店員各位の御同情に訴ふ』と題された菊判パンフ、高橋是清の推薦文を刷り込んだ特大ポスターなど新聞広告以外の宣伝文書三十余種、総数七〇〇〇万部が全国に配布され、風呂屋のポスターから街頭のチンドン屋まで「キングだらけ」の状況を呈した。この創刊キャンペーン費用は総額三八万円に達した(2)。

コマーシャルソングとして、「キングの歌」(野口雨情作詞、水谷しきを作曲)と「キング踊」(水谷しきを振付)が用意された。この「大評判のキング節レコード」(製造販売、日蓄レコード)も講談社代理部により販売されている(25-10：318)。

キング気高や　青空高や
青い空見りや　気も晴れる　キング　キング
青い空見りや　この世が楽し
誰もキングの　気で暮せ　キング　キング
誰もキングの　心が欲しや
青い空見て　世を渡れ　キング　キング
青い空より　気高やキング
とてもキングにや　及びやせぬ　キング　キング
とても気高や　青空高や
青い空見りや　雲も無や　キング　キング(25-1：グラビア)

さらには、流言の拡散まで想定したトリッキーな手法さえ使われた。『キング』創刊にあわせて、各新聞紙上に「雑誌読むべし」と訴える依頼人不明の謎の広告が現れた。

「たゞ漫然と雑誌を読むことの必要を天下に知らせた広告である。(中略)自他の区別のないこの広告の依頼者は、外ならぬ野間社長であつた。」(「正伝」602)

こうして大日本雄弁会講談社が社運を賭けた『キング』創刊は、近代日本文化の大衆化と国民化を論ずる上で一大画期となった。『主婦之友』二四万部が最大であった当時、当初予定していた創刊部数一〇〇万部は取次店から「無謀過ぎる」と抑制されて五〇万部となったが、その成功は出版界を激変させるものとなった。創刊号は増刷を続けて七四万部に達し、しかも返品はほとんど破損本のみの二%であった。

『キング』の衝撃は、出版の裾野にあたる製紙・印刷産業にも及んだ。未曽有の創刊部数五〇万部に対応するため王子製紙は重役が二回も洋行し、アメリカから最新の製紙機械を輸入した。継続印刷の約束をもとに秀英舎(昭和一〇年に日清印刷と合併して大日本印刷株式会社)も輪転機など設備を一新した(「正伝」597 f. 609)。

大量印刷時代の幕開けを、『七十五年の歩み――大日本印刷株式会社史』は次のようにまとめている。

「その破天荒の大部数に註文を引受けた印刷所の秀英舎側も甚だ驚いたが、講談社の計画はみごとに当つて『キング』は従来の婦人雑誌を凌駕して、大部数発行の筆頭に立つた。尤も『キング』に対する発行所講談社の力瘤の入れ方も真剣で、本屋の店頭に誌名を染めぬいた幟を立てたのも『キング』創刊の時に始まつたことであり、『キング』の赤い幟をかついだ行列の先頭にチンドン屋を立てゝ、街頭を練り歩かせたのも懸命な大宣伝の一添景であつた。そのほか宣伝用の『キング』の唄や発行の度毎に出る一ページ全面の新聞広告によつて、『キング』の名は津々浦々までくまなく広められた。そしてまた大部数の定期物を全国的に一時に配給することがとうてい不可能であつたから、その対策として、鉄道各線の発送予定表なるものゝ型が作られることになつたのである。秀英舎の工場では大部数の『キング』を加えた定期物各種の刷了を円滑するために、まず竣工した二号建物の輪転室に活版輪転機が次々に増設された。[3]」

二年後の一九二七(昭和二)年『キング』新年号で一二〇万部、明治節制定を記念した箱入別冊『明治大帝』(全八三〇頁)を付けた同年一一月号は一四〇万部、翌二八年一一月の御大典臨時増刊号「国民修養絵物語」は一五〇万部に達した。

この一九二八年、講談社は新聞広告量でもついに「日本一」になった。『広告界』一九二九年八月号の新聞広告料ランキング「東西広告主番付」によれば、一位・大日本雄弁会講談社一二四万円、二位・ミツワ(丸見屋)八五万円、三位・森下仁丹七四万円、四位・改造社五九万円と続き、一〇位に平凡社、実業之日本社、博文館が三〇万円で並んでいる。以下、出版関係では新潮社二二万、主婦之友社二〇万、誠文堂一八万、婦女界社一五万がつづいている。しかも、講談社広告費一二四万円のうち、七〇万円は御大典記念事業広告として一ヶ月で集中的に使われている(「社史」下53 f)。

こうした広告宣伝の成果といえるが、『キング』自体もまた優れた広告媒体となった。『キング』一九二八年五月号には、『広告資料調査会報』の効果調査が引用されている。

「地方紙百紙を選ぶよりも、大阪毎日、或は朝日の二紙を選んでおけば、其の効果はより以上であると同様、〇〇〇〇等の雑誌十誌を選ぶよりも、キング一誌を選んだ方が遥か其の効果が多い云々(うんぬん)」(28-5:185)

ポスター研究によれば、それまで「美的である／ない」あるいは「虚偽である／ない」という送り手のコードによって言説化されていた広告は、一九二〇年代に入ると「訴求的である／ない」という受け手のコードを軸に語られるようになったという。(4) 一九二〇年代とは、言うまでもなく空前の宣伝戦＝第一次大戦を経た「戦後民主主義」の時代である。『キング』キャンペーンは、そうした「受け手＝大衆コード」の優位を決定付けた事例でもある。

第二節　第一次「戦後」と普通選挙法

『キング』の成功は、政治の舞台への「大衆」の登場という第一次大戦後の巨大な社会変化と対応している。

第一次大戦は、日本史と世界史の間にある最大の認識ギャップである。現代の日本人にとって「戦後」は一九四五年八月一五日から始まるが、ヨーロッパ人にとって「戦後」とはむしろ一九一八年一一月一一日(コンピエーニュの降伏文書調印)以降のことである。一九世紀市民社会の旧秩序は根底から破壊され、二〇世紀大衆社会の大変動が始まった。この大戦で日本もドイツに宣戦し、陸軍が青島を、海軍が南洋群島を占領しているが、そうした戦費や人的損害は総力戦を戦った欧米諸国に比べれば、皆無に等しかった。それまで日露戦争の戦債償還と輸入超過で破綻に瀕していた日本経済にとって、この戦争はまさしく僥倖(ぎょうこう)であり、軍需品や日用品の輸出急増は、「日本資本主義の跳躍台」となった。

その跳躍が「百万雑誌」を可能にしたわけだが、ここでは直接関係の深いインクと紙の産業史から概観しておきたい。『印刷インキ工業史』は、次の如く述べている。[5]

「もし、第一次世界大戦が勃発しなかったならば、わが国の染料工業――ひいては日本印刷インキ工業は永久に自給自足をなし得なかったであろう。」

第一次大戦前、出版に不可欠な印刷インキの原料、レーキ顔料の主体であるアニリン、アリザリン等の合成染料は、ほとんどドイツからの輸入に依存していた。そればかりか、印刷インキそのものも既製品として大量に輸入されていた。つまり、それまでのインキ工業は、舶来顔料を舶来ワニスで練っていた、単なる賃加工業に過ぎなかった。交戦国ドイツからの原料輸入が止まると、一九一五年政府は染料医薬品製造奨励法を制定し、翌年には莫大な補助金(七年間で一五〇〇万円)を投入して日本染料製造株式会社が設立された。この結果、各種染料の自給が徐々に整い、戦争末期には大陸への輸出も可能になった。一九二三年の関東大震災で印刷インキ業界の被害も甚大だったが、戦後の反動恐慌で整理統合を迫られていた業界にとっては、震災も合理化のバネとして働いた。また、政府の震災手形制度によって大量の復興資金が流入した結果、印刷インキ業界には瞬く間に復興景気が訪れた。

製紙業もほぼ同様である。それまでアジアの紙製品市場を押さえていたドイツ、イギリスの輸出が止まると、日本の雑誌界も深刻な紙不足に見舞われた。洋紙輸入は半減し、一九一七年には戦前の五分の一まで減少した。その一方で、製紙業には海外からの注文も殺到し、一九二一年まで洋紙は輸出超過が続いた。こうした第一次世界大戦勃発を契機とする製紙ブームのなかで、樺太でのパルプ自給体制を進めていた王子製紙の発展は急速であり、戦前の四分配当は一九二〇年上期に五割配当に達した。一九一三年六二%だった製紙用パルプの自給率は、各社の新工場新設により一九一九年には八七%となった。かくして、大戦終結までに一般洋紙と紙パルプの自給化がほぼ達成され、国際的競争力を蓄えた。

だが、こうして拡大した用紙供給は戦後不況に見舞われ、在庫増加が市価を圧迫するようになった。一九二六年八月製紙聯合会加盟九社は、新聞用紙を除く印刷用紙、模造紙について平均一二%の操業短縮を実施した。この操短は、比率の増減はあるものの、一九二八年一一月まで二八ヶ月の長期にわたった。この製紙不況期と『キング』が一五〇万部に登りつめる時期はほぼ重なっている。製紙業界にとって『キング』は不況脱出のスプリングボードとなった。『製紙業の一〇〇年』は言う。

「野間は、大量生産・大量販売方式にもとづいて、より安い雑誌を発行しようという考えをもっていた。彼は、印刷業界に激しい料金値引き競争が起こったとき、この企画を実現にうつした。(中略)野間の革新的出版経営法は、他の出版社に大きな影響を与えた。そして大正十五(一九二六)年十一月、改造社によって『現代日本文学全集』全二十五巻が一冊一円で予約出版され、初めて書籍の大量廉価販売が実現した。(中略)いずれにせよ、「円本ブーム」に象徴される出版界の活況が、慢性的不況のなかで用紙需要を増大させたことは、大正末年から昭和初年の製紙業界にとって大きな光明であった。[6]」

ちなみに、『大阪毎日新聞』と『大阪朝日新聞』が一〇〇万部達成を宣言したのも、一九二四年の元日号である。こうした新聞、雑誌、書籍にまで及ぶ活字メディアの急成長は、製紙・印刷産業が戦時中に開始した過剰な設備投資に下支えされていた。

大衆的公共性のメディア

第一次大戦は史上初の思想戦であり、ドイツ「軍国主義」に対する連合国「民主主義」の防衛戦争として宣伝された。建前であれ「民主主義」の側に立って参戦した日本でも、大衆の政治参加を抑えることは難しくなっていった。その意味で、いわゆる大正デモクラシーの目標も、大衆が世論形成に参加するシステム、すなわち大衆的公共性の確立ということができた。吉野作造の民本主義も一九世紀的な「市民＝個人」主義ではありえず、総力戦体制後の「国民＝大衆」的公共性の構想を先取りしている。吉野は『中央公論』一九一九年二月号の巻頭論文「選挙権拡張問題」で普選要求の根拠を「国家＝国民」主義に基礎付けている。

「果して然(しか)らば吾々は一方に於ては国家の経営に関する積極的責任を完うする為めの物質上精神上の保障を要求するの権利あると共に、又国家が自ら其運命を決せんとするに方(あた)り、其意思決定に参加するの固有の権利を主張する事が出来ねばならぬ。又国家の方から言っても、国家を組織する各員を物質的に且つ精神的に充実せしむるのみならず、更に彼等をして国家の為めに意識的に行動せしむるといふ事が得策であり、又必要である。此点が実に民本主義の政治の拠て立つ所でもあり、又同時に選挙権の拠て以て生ずる所の淵源である。[7]」

『キング』創刊号が準備されていた一九二四年六月、第二次護憲運動の勝利を背景に加藤高明内閣が成立し、一九二五年三月第五〇議会において二五歳以上の男子を有権者とする普通選挙法案が成立した。また、『キング』創刊号の発売一週間後には、婦人参政権の実施をめざす婦人参政権獲得期成同盟会(翌年、婦選獲得同盟と改称)も結成されている。「財産と教養」を入場条件とした市民的公共性(圏)の名望家政治が、「国籍と言語」を条件とした国民的公共性(圏)の大衆民主主義へと大きく開かれたのも、この一九二五年である。

創刊号巻頭言「燦たりキング出現」にも、普通選挙と大衆民主主義の刻印は明確に浮かびあがっている。

「このキングは、中世的でなくて近世的であり、専制的でなくて民衆的であり、聡明にして趣味豊満、気軽に変装して随時随処に隠見出没し、殆ど端倪する遑がない。(中略)庶幾ふところは我が国民の全部に亘り、職業・階級・貧富貴賤の差別なく、老若男女、知識あるものも、知識なきものも、翕然として爰に集り、限りなき興味を以て耽読しつゝある間に、自ら高尚なる気品と、堅固なる道念とを涵養せられ、一世是に由つてその風を改むるに至らんことである。」(25-1:2-5)

文化史上では『キング』創刊と並べて扱われる、一九二六年改造社の円本『現代日本文学全集』、一九二七年「岩波文庫」の刊行の精神的背景にも、大衆的公共性の浮上が強く意識されていた。毎月一冊ずつ予約購読者に届けられる円本全集は、書籍という形式をとっていても本質的には「箱入り定期刊行物」であった。また、同一フォーマットで毎月計画的に刊行される文庫も、製作・流通において「雑誌的」性格が強かった。

改造社は一冊一円の全集予約募集にあたり、次のような広告を『東京朝日新聞』(一九二六年一〇月一八日)に掲載した。

「善い本を安く読ませる！　この標語の下に我社は出版界の大革命を断行し、特権階級の芸術を全民衆の前に解放した。

一家に一部宛を！　芸術なき人生は真に荒野の如くである。我国人は世界に、特筆すべき偉大なる明治文学を有しながら、英国人のセキスピアに於けるが如く全民衆化せざるは何故だ。これ我社が我国に前例なき百万部計画の壮図を断行して全国各家の愛読を俟つ所以だ。

日本の第一の誇！　明治大正の文豪の一人残らずの代表作を集め得た其事が現代第一の驚異だ。そして一冊一千二百枚以上の名作集が唯の一円で読めることが現代日本最大の驚異だ」

「大革命」「特権階級」「解放」の言葉こそ講談社は使わないが、「百万部計画」のセールスポイントとコピーの枠組みは『キング』と同じである。広告の受け手としては、伝統的読書人階級、改造社の用語では「特権階級」ではなく、普通選挙の有権者、すなわち一般大衆が想定されている。改造社に続いた平凡社の円本『世界美術全集』の広告はさらに直截である(『東京朝日新聞』一九二七年一〇月二三日)。

「普選の実施は政治を大衆化した　世界美術全集は美術を大衆化する」

さらに、一九二七年三木清の筆になる岩波文庫の創刊言「読書子に寄す」も、円本とその宣伝手法を批判しつつ、大衆志向では通底している。

「かつては民を愚昧ならしめるために学芸が最も狭き堂宇に閉鎖されたことがあった。今や知識と美とを特権階級の独占より奪い返すことはつねに進取的なる民衆の切実なる要求である。岩波文庫はこの要求に応じそれに励まされて生まれた。」

一九世紀型市民社会から二〇世紀型大衆社会への変化は、第一次大戦を総力戦として体験したヨーロッパにおいて先行していた。女性労働力の戦争動員を必要とした交戦国では、一九一八年イギリス、一九一九年ドイツ、一九二〇年アメリカと次々と女性参政権が認められ「女性の国民化」が達成された。また、労働者を含めた国民大衆が安心して「祖国の為に死ぬ」ことを可能にするため、行政機構による社会保障が個人の私的領域にまで及んだ。「戦争国家」warfare state が「福祉国家」welfare state を必要としたのであり、第一次大戦が生んだ社会主義国家ソビエト連邦もまた極端ではあれ、そうした行政国家化の典型である。こうした欧州大戦の激震から距離を保っていた極東の日本も、一九一八年の米騒動、あるいは一九二三年関東大震災に伴う混乱によって、同じようなナショナリズムの近代的再編を迫られる状況に置かれた。「大衆」の発見者の一人である無産者運動指導者・大山郁夫は、「大衆の国民化」の必要をいち早く訴えた理論家でもあった。

「久しく英米の思想界を風靡した個人主義の欠点は、国家に対立する個人に意義を認めんとしたことである。併し乍ら所謂「類の意識」Consciousness of kind の発達したる今日に於ては、斯の如き功利的個人主義は全く其立場を失つた。現代政治哲学が要求する個人は、個人対国家の意義に於ける個人に非ずして、個人即国家の意義に於ける個人である。国民の

総合雑誌段階

普通選挙＝「市民の大衆化」

大衆雑誌段階

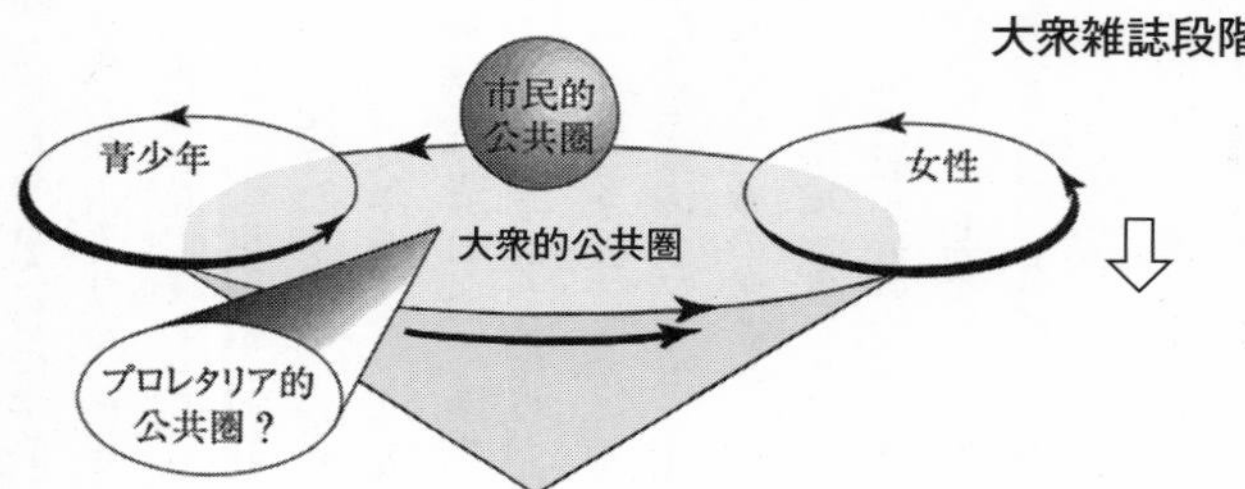

総力戦体制＝「大衆の国民化」

国民雑誌段階

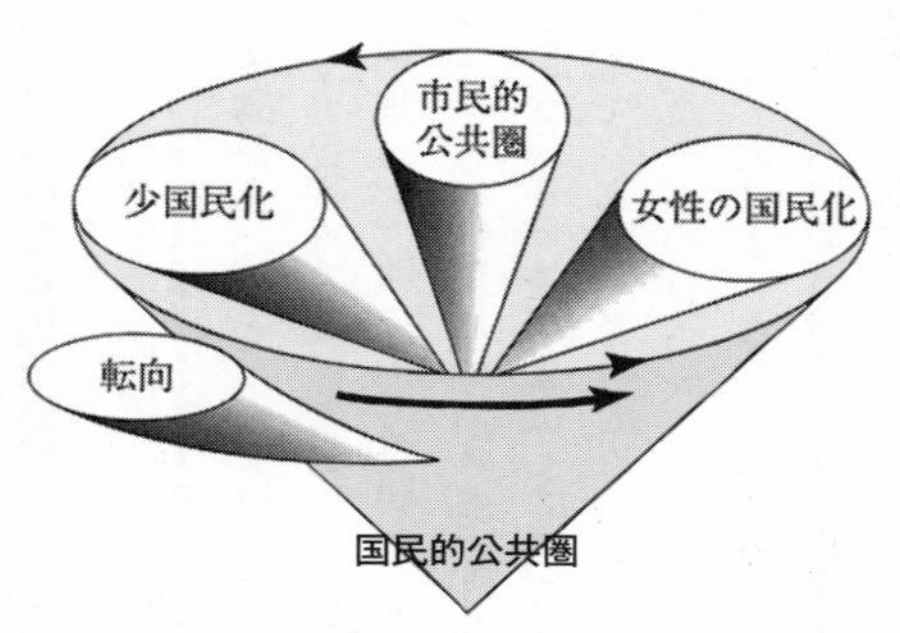

図１　「国民的公共性＝国民雑誌」の成立プロセス

各個をして完全に国家の影を宿さしめよ。国民の各個をして国家の運命に共同の利害休戚を感ぜしめ、国民の各個をして国家の経営に共同責任を負はしめ、国民の各個をして国家の文化促進のために、将又国家の伸張のために連帯努力をなさしめよ。(8)」

本書全体の展望のために、敢えて単純化を恐れず「国民的公共性の成立」を図式化しておきたい(図1)。

天譴論と国民精神作興

第一次大戦の戦災を免れた日本にとって、新しい「国民化」の契機は一九二三年の関東大震災であった。戦時好景気に浮かれた都市文明への天罰ととらえる「天譴論」において、それは象徴的に顕現した。震災直後の『現代』(大日本雄弁会)一〇月号巻頭社説「激震来」は次のように書かれている。

「今は大正十二年九月一日、綱紀の弛緩、政党の無力、内治外交の不振、打ちつゞく財界の不況、労資の不安なる争闘、奢侈安逸の流行、性欲の崇拝、情死の讃美、社会生活に対する呪詛、あらゆる不祥なる事象一代を掩ひて妖気四海に漲るとき、天はこの恐るべき鉄槌を下して、先づ民心を警醒せしめられた。東京市民は、少くとも、愕然として自己本来の面目にかへつた。(中略)一転瞬にして過去は破壊せられた。すべては同一水平線上に発芽しつゝある。新しき出発点より進行を起して、新しき時代を展開せよ。暁の鐘は、殷々として、野にも山にも響き渡るではないか。(9)」

同誌の特集「帝都復興策」には、財界の大御所・渋沢栄一が一文を寄せている。

「各自は専ら忠節謹慎の態度に帰り、大に自ら修養を励むべきである。而して今後は、宜しく浮華軽兆の凡を去り、帝都の市民としては、堅実な思想、忠節な志気を以て、先づ各自が衷から目ざめる工夫が肝要である。[10]」

しかし、震災復興は、明治人・渋沢のいう「忠節謹慎の態度に帰る」ことではなく、『現代』社説のいう「新しき時代」の構築へ向かった。一九二三年一一月一〇日『官報号外』で布告された「国民精神作興ニ関スル詔書」は、次のように述べている。

「晩近学術益々開ケ人智日ニ進ム。然レトモ浮華放縦ノ習漸ク萌シ、軽佻詭激ノ風モ亦生ス。今ニ及ヒテ時弊ヲ革メスムハ、或ハ前緒ヲ失墜セムコトヲ恐ル。況ヤ今次ノ災禍甚タ大ニシテ、文化ノ紹復国力ノ振興ハ皆国民ノ精神ニ待ツヲヤ。是レ実ニ上下協戮振作更張ノ時ナリ」

この一年後、詔書に答え「興国的気分を奮起させるやうな民衆雑誌」として『キング』は創刊された。

「興国的気分」と「民衆雑誌」の融合は、創刊号巻頭の全面広告にも見ることができる。後藤新平『日本膨張論』(一九一六年)と、上杉慎吉『日米衝突の必至と国民の覚悟』(一九二四年)は、いずれも大日本雄弁会の新刊広告である。台湾総督府民生局長、満鉄総裁、帝都復興院総裁などを歴任し、当時は東京放送局総裁たる後藤の著書は旧著の改版だが、「国民よ醒めよ!」と叫ぶ上杉慎吉の最新刊は、一九二二年ワシントン体制成立後の新しいナショナリズムを反映している。上杉自身、キング賛助員に名を連ねているが[11]、その著作広告からは、『キング』に一貫して見られるナショナリズムの二つの性格が読み取れる。第一はアメリカを強烈に意識した国民統合スタイル、第二は同書の附録「起てよ無産の愛国者」に象徴されるポピュリズムである。

『キング』自身がアメリカ雑誌の模倣であることには次のような証言がある。鶴見祐輔は野間の「新雑誌」構想は、自分が見せた『サタデー・イブニング・ポスト』に由来するとした上で、「キングの自重を望む」でこう述べている。

「〔『キング』は〕遠からずして、日本のサタデー・イヴニング・ポーストになるであらう。さうしたなら、米国の輿論がポーストで作製せられる、と言はれるやうに、日本の大衆の輿論を、キングが左右する日が来るかも知れない。」「従つてキングの如き雑誌は、キングの経営者たる野間清治氏及びその編輯者の雑誌ではなくして、日本国民全体の共有機関なのである。」(27-7 : 219/221)

第三節　「メディア」と「大衆」の成立

政治の舞台に登場してきた膨大な「大衆」へ呼びかける手段として、新しい「メディア」が注目されたのは当然と言える。いみじくも、関東大震災はラジオ放送実施にむけた「放送用私設無線電話ニ関スル議案」が議会を通過した二日後に勃発した。震災後の流言蜚語や混乱は、放送体制が整備されていれば回避しえたとの見地から、同法案は一二月に「放送用私設無線電話規則」として公布された。放送内容の事前提出、受信機の検定制度など国家管理の下で、ラジオ放送計画は急ピッチで進められた。『キング』創刊号発売の六日前、一九二四年一一月二九日東京放送局(JOAK)設立が認可され、普通選挙法議会通過の一週間前、一九二五年三月二二日ラジオ仮放送が開始された。

冒頭で紹介した『キング』創刊キャンペーンの高揚は、ニューメディアによる公共圏再編の機運に乗ったものと言える。ラジオのように震災後に登場したものばかりか、書籍や新聞雑誌から活動写真まで明治期以来の旧メディアも、震災以前とは利用者の規模や機能を一変することになった。「新聞商品論」や「不偏不党」を堂々と掲げた『大阪毎日新聞』と『大阪朝日新聞』が、旧来の政論系新聞の地盤を侵食して全国紙化していった。また一九二四年、元警察官僚・正力松太郎が買収した『讀賣新聞』は、翌一九二五年いち早く「ラヂオ欄」を導入し、アメリカのプロ野球団招聘など多彩なイベント事業によって読者を獲得していった。やがて、こうした商業主義新聞の寡占体制が成立する。また、同じ一九二五年七月、内務省はそれまでの風俗的規制に加え「皇統護持」「民族確認」という新要素を加えた全国統一基準「活動写真フィルム検閲規則」を制定し、本格的な映画統制に乗り出している。

こうした現象は一般に「マス・メディアの成立」として論じられるが、「大衆(マス)」も「メディア」もそれ自体、この時代に登場した「新しい概念」である。媒介物や中間物を示す「メディア」mediaという言葉が、その単数形「ミディウム」mediumと「大衆」massを結びつけた新造語「マス・ミディウム」としてアメリカで登場したのは、『オックスフォード英語辞典』の初出例では、いみじくも関東大震災と同じ一九二三年、アメリカの広告業界誌『広告と販売』*Advertising & Selling* においてである。それ以降、「メディア」は広告媒体の集合名詞として雑誌・新聞・ラジオなどを指して使われるようになった。[12]

もちろん、現実は言葉に先行しており、わが国でも、新聞や雑誌は早くから広告媒体の側面を持っていた。明治の大出版社・博文館の雑誌広告扱いから発展した瀬木博尚(ひろなお)の博報堂(一八九五年創業)にせよ、光永星郎(ほしお)によって創業された日本広告株式会社と電報通信社(いずれも一九〇一年創業)が合同した日本電報通信社(電通)にせよ、広告代理店の発展は、新聞雑誌の広告媒体(メディア)化とともにあった。

「マス」mass の訳語としての「大衆」も、大震災後に登場した新語である。永井荷風はその日記『断腸亭日乗』の一九二九年三月二日にこう書き付けている。

「曇りて風寒し、炉辺に荀子を読む、非十二子篇に綦谿利跂(きけいりき)、苟以分異人為高、不足以合大衆明大分、の語あるを見る、今の人新聞掲載の通俗小説を呼んで大衆文学となす、大衆の語は荀子の篇中より取りたるもの歟(か)、数年前大地震の頃には世人猶大衆の語を用いざりしがこの両三年この語大に流行す(以下略)〔欄外朱書〕大衆の語韓非子にもあり解老第十八工人数変業の章に見ゆ。[13]」

この新しい流行語「大衆」については、小説家・白井喬二が『中央公論』一九二六年七月号で自ら最初の「発言者」と主張している。

「「大衆」といふ言葉は可成り早くから私が使つてゐるが、私としては其の発言者だと思つてゐるが、決して「文芸」と食つ付けた覚えは無いのである[14]。」

白井は、「円本ブーム」を生み出した全集の一つ『現代大衆文学全集』(平凡社、一九二七―三二年)の第一回配本『新撰組』(『サンデー毎日』連載)や、構想雄大な長編小説『富士に立つ影』(『報知新聞』連載)などで知られた初期「大衆文芸」の旗手である。また、一九二五年に大衆作家の親睦団体「二十一日会」を組織し、機関誌『大衆文芸』を創刊した中心人物でもある。尾崎秀樹は、日本における狭義の大衆文学の成立を、「メディアの上でいえば、それは大衆雑誌『キング』の創刊を指し、書き手の自覚からみれば、大正一四年秋の二十一日会の結成にはじまる」という[15]。文学研究者が、白井を「大衆」の名付け親とみなしたい気持ちはよく判る(「社史」上241)。実際、白井の引用が示すように「大衆」という言葉の登場は、大衆文芸の成立をめぐって論じられてきた。

すでに同時代において、三田村鳶魚(みたむらえんぎょ)は「大衆」の誤用を『大衆文芸評判記』(一九三三年)で次のように論難している。

「大衆と書いて昔は「ダイシュ」と読む、それは坊主書生のことである。早くは「南都六方大衆」といい、今日でも禅宗などでは、僧堂坊主のことを大衆といっている。それに民衆とか、民庶とかいうような意味のないことはわかっている。通俗小説というのがいやで、それを逃げるために、歴史的意義のある「大衆」という言葉を知らずに使うほど、無学な人の手になったものである[16]。」

確かに、仏教用語で三人以上の僧侶のあつまりを指していた「大衆（だいしゅ）」は、一般庶民をさす「衆生（しゅじょう）」と本来は対照的な意味を持っていた。いずれにせよ、木村毅『大衆文学十六講』(一九三三年)によれば、それまでの「新講談」「読物文芸」にかわる「大衆文芸」の使用例として、大震災翌年、一九二四年春の『講談雑誌』(博文館)の目次扉「見よ、大衆文芸の偉観！」の広告文が早いという。

「大衆文芸」の起源が論じ始められた当時、菊池寛は「大衆文芸談議」(『東京日日新聞』一九三三年六月一二日)で時代小説の枠を越えた大衆文芸をこう定義している。

「作家が書きたくて書いてゐるものが純文芸で、人を悦ばすために書いてゐるのが大衆文芸だ」

『真珠夫人』(『大阪毎日新聞』『東京日日新聞』一九二〇年六月―一二月連載)の大ヒット以降、婦人雑誌を舞台に現代通俗小説を量産した菊池自身の体験に根ざした言葉だが、それは次のように展開することも可能だろう。純文芸は生産中心の「送り手コード」によって、大衆文芸は消費中心の「受け手コード」によって生み出される。つまり、純文学は「可能性において送り手」である少数者＝前衛に読まれるだけで、ほとんどの一般読者には無縁である。だが一方で、「気晴らし」のための文学である大衆文学は、まさしく「気晴らし」であるゆえに一般大衆はもちろん知識人や作家まで興味を持つことができる。この不均衡な関係は、新聞メディアはもちろん、雑誌メディアにおける「衒学的」総合雑誌(当時の言葉で高級雑誌)と「実用的」大衆雑誌(つまり娯楽雑誌と婦人雑誌)の関係にも対応している。

だが、大衆社会の成立は大衆文学を娯楽雑誌の独占にとどめず、一般新聞の小説欄はもとより、『中央公論』『改造』といった総合雑誌の創作欄にも大衆文学は急速に進出していった。

「定期刊行物に於て大衆文学が寵用せられるのは、何の不思議もない。それは別物がジャアナリズムに合体したのでなくて、元から大衆文学はジャアナリズムと同質なものなのである。即ちジャアナリズムの台木に、文学なる異種を接ぎ木して、その上に実り出たのが大衆文学である。[17]」

とすれば、「「大衆」の発見」は、文学文壇より政治社会の領域の出来事である可能性が高い。明治社会主義者が呼びかけた「平民」は、第一次護憲運動で議会を取り巻いた「群集」となり、ソビエト革命の影響の中で「大衆」と呼ばれるようになった。白井以前の使用例としては、大山郁夫「民衆文化の社会心理学的考察」(『中央公論』一九二〇年七月、夏季特別号)に「無産者大衆」の表現がある。また最近の研究ではマルクス『資本論』の翻訳者として知られる高畠素之が当てた訳語とされている。[18]国家社会主義者・高畠は、一九二一年「大衆社」を組織し、その機関紙に「大衆運動」と名付けており、その「特許権」を「大衆主義と資本主義」(『中央公論』一九二八年四月号)ではこう主張している。

「どうした風の吹きまわしか、急に震災前後から流行的に濫用され出し、大衆文芸や大衆興業などはまだしも、汁粉屋の廉売に「大衆デー」を敢て命名する時勢となつてしまつた。かうと知つたら、逸早く「大衆——」の特許権でも出願して置いたものを、今となつては後の祭りで何んとも致し方がない。」

ここで、生産の場における「無産者（プロレタリア）」に対して、消費の場における「大衆（マス）」が意識されていることは注目に値する。しかし、それ以上に重要なことは、高畠に続いて社会主義者の多くが政治空間で目撃した「大衆」が、ストライキの争議団ではなく大震災に朝鮮人虐殺を行った自警団であったこと、その発見が同時に社会主義者に「前衛＝エリート」の自覚を促したことであろう。

第二章　講談社文化と岩波文化──出版革命と公共性

消費者としての「大衆(マス)」の発見こそが、大量消費(マス)される文学としての大衆文学を成立させた。『キング』創刊が大衆文学成立の画期たる理由はそこにある。すでに触れたように、『キング』が一九二七年「円本」刊行に先だつ大量印刷・大量販売の「出版革命」を呼び起こしたことはメディア史の定説である。[19]

実際、四年間足らずの円本「ブーム」に対して、持続的な大衆雑誌市場の成長こそ印刷・製本所から取次・小売店まで出版産業の大変革を引き起こした。[20]だが、『キング』という大衆雑誌を可能にしたのは、それに先行する婦人雑誌の存在である。『キング』創刊当時、雑誌発行部数のランキング上位を占めたのは、『主婦之友』二三、四万部、『婦女界』二一、二万部、『婦人世界』一七、八万部といずれも婦人雑誌であり、『講談倶楽部』一五、六万部がこれを追っていた。[21]

結論から言えば、こうした「婦人雑誌」の延長上に『キング』は出現した。『キング』の発想が、広告料収入によって廉価販売し飛躍的に部数を伸ばしていたアメリカの女性誌『レディース・ホーム・ジャーナル』*Ladies Home Journal* に由来することは、野間自身が繰り返し回想している(「自伝」564)。一八八三年にサイラス・カーティスとその妻ルイザによって創刊された『レディース・ホーム・ジャーナル』は瞬く間に四〇万部の発行部数を実現し大衆雑誌の新記録を塗り替えた。センチメンタリズムと実用記事、お膳立てされた多様性とその選択への参加意識が、この大衆消費ジャーナリズムを実現していった(22)。

一九二三年四月に講談社内に設置された新雑誌研究部の会議でもタイトル案として『クイン』は最終候補に残っていた。一九二三年八月二五日『キング』が正式に誌名登記された後、翌年五月二二日には英文入りの『KINGキング』と同時に『クイン』も誌名登録されている(「社史」上615)。『キング』創刊号(三五二頁、巻頭広告五三頁)と同じ一九二五年新年号を、シンプルな文字表紙の総合雑誌『中央公論』(八五四頁、広告一一頁)、『改造』(八三一頁、広告二一頁)、美人画が表紙を飾る婦人雑誌『主婦之友』(四一二頁、広告七九頁)、『婦女界』(三五二頁、広告五七頁)と比較してみれば、『キング』(『婦女界』とは総頁数まで同一)がいずれの系統に属するか、一目瞭然である。

実際、『キング』創刊号を飾った和田英作の美人画「のぼる朝日」(本書一二五頁参照)はむしろ『クイン』の表紙に相応しく(ちなみに『婦女界』同月号も同じ和田英作の美人画「二重橋」である)、『キング』初期の表紙イラストは女性的・家庭的モチーフが多用された。

「雑誌の顔」である表紙イラストの変遷は、『キング』の場合次のように要約できる。一九三〇年代前半に表紙は伝統的な花鳥物に移行し、一九三七年日中戦争勃発以後は軍事色が現われ、一九四一年日米開戦以降は軍事物と銃後風景になり、一九四三年タイトルが『富士』

に改題されて以後、「富士山」と「日の丸」が押し出されていく。

しかし、表紙以上に読者像を物語る裏表紙(表4)の全面広告は、「美顔白粉（おしろい）」と「白色美顔水」が一九三二年七月号まで交互に繰り返され、その後は終戦まで原則として「花王石鹸」が独占していた。こうした外見（パッケージ）から見る限り、『キング』は婦人雑誌のスタイルに酷似していた。「家庭」と「婦人」を意識したデザインが、国民雑誌を生み出したのである。

第一節　「婦人＝大衆」雑誌の出版革命

雑誌文化の大衆化＝資本主義化を婦人雑誌がリードしてきた経緯を、青野季吉（すえきち）は「雑誌文化の変遷　四、婦人雑誌のこと」(『東京朝日新聞』一九三三年六月二四日)でこう述べている。

「およそ日本の雑誌文化で、婦人雑誌ほど資本家生産的に思ひ切つた前進をやつた部門はない。雑誌文化はまさにこの婦人雑誌によつて、途方もないところへ導かれたといつていいのだ。(中略)こんにちの商品化をさらに押しすすめるとすれば、婦人雑誌は大百貨店の付属物となるか、それ自身が小規模のデパートとなる外はない。」

青野は、一八八二年創刊の『女学雑誌』を啓蒙的な一般文化雑誌として切り離した上で、婦人雑誌の発展を三期に分けている。第一期は『女学世界』(一九〇一年、博文館)、『婦人世界』(一九〇六年、実業之日本社)、『婦人之友』(一九〇八年、婦人之友社)、『婦女界』(一九一〇年、同文館のち婦女界社)などが創刊された日露戦争前後の資本主義体制形成期、第二期は『婦人公論』(一九一六年、中央公論社)、『主婦之友』(一九一七年、東京家政会のち主婦之友社)、『婦人倶楽部』(一九二〇年、大日本雄弁会)が登場する第一次大戦前後の資本主義体制確立期、大正末年からの第三期には第一期に存在した科学的進歩性や道徳的文化性が希薄化し、第二期の商品化が徹底され大量生産が実現したとする。実際、雑誌の大量販売を可能にしたデパート式の「委託販売制」は、一九〇九年に実業之日本社が『婦人世界』に適用したのが最初である。

昭和に入ると、明治期創刊の『婦人世界』『婦女界』が紙面の大衆化に失敗して没落し、大正期に創刊された『主婦之友』と『婦人倶楽部』がデッドヒートを演じる二大誌寡占体制が確立した。

こうした消費目的の婦人雑誌から、一九二七年秋田雨雀(うじゃく)も、「デパート」を連想している。

「婦人雑誌の営業主義的な自由競争は資本主義的社会に於いてさへ最も醜い現象とされてゐるに拘らず、これに対する何等の対策も講ぜられてゐない。婦人雑誌の大部分を見てゐると、へたなデパートメントストーアを聯想させられるところに、今日の婦人雑誌の社会的存在理由があるらしく思はれる。[23]」

大宅壮一も一九三〇年代の婦人雑誌文芸を「デパート」と評している。

「婦人雑誌に掲載される文芸も、また当然実用的でなければならない。では、実用的な文学とは何か？　現在の婦人雑誌に掲載されてゐる小説のどれでもいい、一篇を抽出して読んでみたまへ、それは単なる文学ではない。――いはゞ一つのデパートなのである。そこには最新の流行品が悉く(ことごとく)陳列されてゐる。パリーから入つたばかりの洋服の新しいスタイル、新しい装身具、新しい化粧品、そして最高級の自動車、その他音楽会、映画、演劇等々――婦人大衆のよろこびさうなものは何から何までその「小説」の中に陳列されてゐるのである。(24)」

「デパート」という比喩は、婦人雑誌の成長原因とその社会的機能を上手く説明している。デパートが成立するためには、都市部への人口集中、交通通信技術の発達、中産階級の成長、金融制度の整備、規格品の大量生産などが前提となる。さらに、多品種を同一空間に配列統御する組織力、生産から宣伝まで一貫した大量化によるコストダウン、正札販売・返品自由が生み出すブランドへの信頼性によって、デパートは成長してきた。

日本最初のデパート、三越呉服店が化粧品・帽子を扱い始めた一九〇五年から洋風三階建の日本橋本館が完成する一九〇八年までは、『婦人世界』(一九〇六年)、『婦人之友』(一九〇八年)の登場と重なる。委託販売制度、定価販売はもとより、別冊附録という「景品」による拡販合戦も、催しによる読者の組織化など「デパート」商法は、婦人雑誌の特徴にもなっていった。

とりわけ、別冊附録、読者の系列化・組織化の口火を切ったのは、石川武美の『主婦之友』である。創刊翌年の一九一八年一月号に『開運独占ひ』を付けたのが、別冊附録の嚆矢とされている。さらに、一九二三年六月号では「東洋一の発行部数となつた機に」一年予約購読者に夏半襟、「絽錦紗の優美な手縫刺繍で市価二円五十銭乃至三円の品」を無料進呈と社告した。さすがに定価三〇銭の雑誌に対する附録としては非常識であり、東京雑誌協会は主婦之友社に対し取引停止、違約金徴収をもってこたえた。この『主婦之友』附録事件が、その前年一〇月に講談社が創刊した『婦人倶楽部』の出鼻を挫くダンピング作戦であったことは間違いあるまい[25]。新年号を中心に婦人雑誌の附録合戦が開始されたが、『キング』も創刊号以来この別冊附録を売り物としていた。

また、石川は一九二二年「文化事業部」を創設し、読者向けの講演会や音楽会を催したが、こうした婦人誌の手法は『婦人倶楽部』を媒介として『キング』にも引き継がれた。

婦人という「植民地」

『キング』が登場した年、「大正十五年に於ける我国ヂヤーナリズムの一断面」の副題をもつ大宅壮一「文壇ギルドの解体期」(一九二六年)も、文芸の資本主義化要因として婦人雑誌の進出を挙げている。

「欧州戦争勃発後洪水の如く押寄せて来た好景気の波は、多くの成金を作ると共に、中産以下の階級の懐中を潤し、我国のヂヤーナリズムのために厖大なる市場を供給した。殊に近年に於ける最も著しい現象ともいふべき婦人の読書欲の増大は、ヂヤーナリズムにとつては、広大なる新植民地の発見にも似たる影響を与へた。かくて婦人雑誌の急激なる発展は、支那を顧客とする紡績業の発達が日本の財界に及ぼしたのと同じやうな影響を我国の文壇に与へた[26]。」

大宅は後に「婦人雑誌の出版革命」(一九三四年)で、婦人雑誌こそが読書に「実用」を持ち込み、ジャーナリズムの封建性と手工業性を打破したと評価している。

「これは日本の国内において、文化的植民地が発見されたやうなものである。つまり国内において、読書層といふインテリゲンチャ階級を一つの先進文明国とすれば、今まで大衆——殊に婦人大衆は新しく発見された「植民地」に相当する。」

植民地、すなわち製品市場の獲得が産業革命を加速化したように、婦人雑誌という「植民地向きの輸出品」こそが出版革命の原動力と大宅は言う。植民地向き商品とは、値段が安く、実用的で、効用の範囲が広い、この三つを特徴的な条件とする。

「例へば、「仁丹（じんたん）」のやうなもの、何にでも利くやうにみえて実は何に利くかわからないやうなものが、植民地では歓迎されるわけだ。」

ここで大宅が婦人雑誌に見出した特質、すなわち安価、実用、汎用、多様、それこそ『キング』の特質であった。さらに、平林初之輔「婦人雑誌管見」(一九二七年)は日本における婦人雑誌の大衆化要因を、第一に日本の家族制度、第二に女性の地位から説明し、こう続けている。(27)

「第三に、今日の日本の婦人の知識の程度は何といつても男子のそれよりは非常に低い。従つて彼女たちは一般的な書物に親しむひまも力もない。日本の女で、雑誌以外の書物を読んでゐる人は極く稀であるといつてもよい位です。茲（ここ）に、婦人雑誌といふ独得な読物の必要が生じて来る根拠を求めることもできませう。」

ここで「婦人」を大衆に、「男子」を教養ある市民に置き換えれば、講談雑誌と大衆文芸の説明として通用する。しかも、平林はこう結んでいる。

「要するに程度の高い婦人といふのは、婦人としての問題ばかりでなく一般の社会人としての教養をより多分にもつてゐる人といふことに外ならんのですから、これらの婦人に対して、婦人雑誌は何等なすべき手段をもたぬでありませう。そこで私は、婦人雑誌は、あまり高級な程度のものでは発展する余地もなく、且つさうした雑誌の存在は必要でもないと思ふのであります。」

平林がこれを書いた一九二七年は、高級婦人雑誌を目指した『女性改造』(一九二二―二四年)や『女性日本人』(一九二〇―二四年)が挫折し、プラトン社の『女性』(一九二二―二八年)が低迷し、『婦人公論』も告白記事を売り物に大衆化する時期にあたっていた。つまり、『キング(=クイン)』は「女性の大衆化」と「大衆の国民化」が重なった戦間期に生まれた、究極の国民雑誌である。

こうして婦人と大衆を同一視する言説は、木村毅「婦人読者層とジヤアナリズム」(『大阪朝日新聞』一九三三年六月六日)では、次のように表現されている。共通的な興味に狙いを定めるのがジャーナリズムの原則だが、社会化された男性の趣味は専門的に分化されている。

「科学者は文学には冷淡だ。文学者は科学の事は判らない。(中略) 囲碁といひ、将棋といつても、それを読む者は、本紙の読者の何万分の一、何十万分の一に過ぎないのである。これに反して婦人の方は趣味が共通してゐる、衣裳はどうだ。化粧の話はどうだ。恋愛の話はどうだ。こんな題目だと、本紙の読者中の、あらゆる婦人が目を通す。それから料理。それから編み物。それから育児法。(中略) こんなものでも約八割までの読者を吸収することができる。」

この説明でも、男性を「教養ある市民」、婦人を「選挙権をもった大衆」に置き換え可能なことは、戸坂潤「婦人雑誌に於ける娯楽と秘事」（一九三七年）からも明らかだろう。

「この二つ（婦人雑誌と娯楽雑誌）は他の雑誌に較べて見れば、ほゞ同じジャンルにぞくするものだといふこと、これは大して変な見方ではないやうだ。風俗、映画、風俗写真、エロティックな記事、かうしたものが共通なのだ。実際多くの婦人雑誌は娯楽雑誌みたいなものであり、又多くの娯楽雑誌は婦人雑誌のやうなものと考へられるではないか[28]。」

とすれば、新居格（にいいたる）が「あまりにもアカデミック趣味に囚はれて、ともすれば通俗と読者とを見下す弊をもつてゐた[29]」と評した岩波書店が婦人雑誌、すなわち大衆雑誌を持たなかった理由は、自明のことではあるまいか。

第二節　キング読者の実像

戦後の回想だが、元『キング』編集部員・斎藤修一郎は、創刊時に想定された読者像を次のように述べている。

「要するに、おもしろくて為になるということ、そして安いということが大方針ですが、どこに対象をおいたかといいますと、ピラミッドの一番最低からちょっと上がったところを狙ったように考える。中軸から上の読者を狙っていた出版界にあって、こんどはさらに下と

「キングに階級なし」みるき画(『キング』1933年4月号奥付頁)

いうように下げて読者層の開拓をした。読者というものは毎年毎年高くなっていく。初めは読書の楽しみということを知らなかった者でも、次ぎはさらに上へ上がっていく。そのために通俗であるとか、低俗であるとかいわれましたが、ふりかえって考えてみますと、今まで読書の趣味を知らない人、あるいは親しまなかった人を開拓して、だんだん程度の高い方へ上げていったということは、たいしたことだと思います。」(「社史」上637 f.)

確かに、総ルビの徹底やイラスト図解など、識字能力の低い層を意識していたことは間違いない。読者の投書では、「キングを読んで得た利益」として、次のような例が紹介されている。目に一丁字もなかった七七歳の老母が『キング』の読み聞かせによって一念発起し、「今では仮名を拾つてキングも読み、私等と仮名で立派に通信が出来るやうになつた」(30-5：444 f)。つまり、単に最大量を狙って下層を対象としただけなら、『キング』の成功はなかっただろう。「毎年毎年高くなっていく」という上昇意欲を煽った戦略こそ、成功の最大要因といえる。

第Ⅱ部で詳しく検討するが、『キング』イデオロギーの中核たる立身出世主義とそれは見事に同調するとともに、高度国防体制構築への動員メディアとして時局に適応していた。もちろん、立身出世を実現するのが限られた少数であるように、圧倒的多数の上昇意欲は『キング』読書を通じて放熱消費されていた。それも気晴らしメディアたる娯楽雑誌の重要な機能であった。

『キング』編集部自身が思い描いた読者像は、一九三〇年六月号から毎号奥付の上に掲げられた漫画が一定のイメージを提供している。「『キング』のある風景」(秋風画、六月号)、「『キング』と人生」(在田稠画、七月号)、「避暑とキング」(秋風画、八月号)、「キングと世の中」(志美画、九月号)、「キングと家族」(大野利一郎案、秋風画、一〇月号)、「お土産は何?」(廣瀬しん平、一一月号)、「キングと贈物」(秋風生、一二月号)……一九三九年一一月にこの欄が「キングはめ絵」に替わるまで繰り返し『キング』の読み方イメージを読者に与え続けた。

『キング』の読者層に関しては、永嶺重敏の詳細な先行研究が存在する。当時行われた各種の雑誌読書調査と読者の投書に基づいて、小学生から中学生、専門学校生、高校生、大学生まで、あるいは青年団員から労働者、農民、在日朝鮮人まで『キング』がどの社会集団にもほぼ満遍なく普及していた実態が明らかにされている。細かく見れば、ジェンダー的には女性より男性に、空間的には市部よりは郡部に、世代的には青年層に偏差がみられるとしても、子供から大人まで、都市から農村まで階層横断的に、また『主婦之友』など既存婦人雑誌が強い女性読者層まで浸透した雑誌は、『キング』以外には存在しない。

さらに、永嶺は教育機関などでの教化的活用や投稿欄の分析から「『キング』の読まれ方」を次のように結論づけている。

「孤独な都会の夜の闇の中で労働者が私的に読むばかりではなく、時には家庭の団欒のひとときに、時には青年達の読書会のテキストとして、また時には軍隊での唯一の公認雑誌として、『キング』は強い社会的機能を帯びたメディアとして、集団的・共同体的な環境の中で使われ、読まれていった。」[30]

特に、軍隊内部から出された数多い「読者だより」もこうした「公認雑誌」的性格を裏付けている。

「浮世離れのした軍隊の中でも食堂でキング湯場でキング、キング〳〵の声は高まりました。（中略）そして今尚唯一の指導者として味気ない軍隊生活と活社会との融和機関として常に机上から離しません。（大阪歩兵第八聯隊機・OS・O生）」（26-1：290）

「キングは今更申すまでもなく模範的雑誌であります、我々軍人の献心（ママ）的雑誌であります、我々軍人を献身的に慰めてくれる。武器を以て国を護るも、ペンを走らせて国民を善導するも国に尽す誠は一つであります。（呉駆逐艦隊　井上政太郎）」（26-3：308）

「私の中隊百数十名は尽くキングの愛読者です。昼夜に渉（わた）る激しい演習の後でもキングに目を通すと不思議な程疲れも癒えて了ひます。中隊で許可を受けずに読める本はキング丈けです。(K上等兵)」(28-9：348)

「聯隊にても兵卒に『キング』を読ましめ、創刊以来愛読仕り候て自己の修養、兵卒に指導の資と致し居候。(浜松高射砲第一聯隊第三中隊長・渡邊裕)」(31-3：231)

また、「青年団とキング」についても、次のような読者の手紙が掲載されている。

「大日本聯合青年団の調査によりますと、全国青年団の購読雑誌の中では、キングが断然第一位を占め、七、八二二団の多きに上つて居ります。これはキングの人気を裏書するもので、今後ともキングの大発展を祈つてゐます。(富山　三原勇蔵)」(33-9：454 f.)

「ヒット〳〵、中野実氏の坊ちやん重役。何時も青年の夜学会の時の話題はキングです。キングの中の坊ちやん重役です。素晴しい出来である。キングは完全に我々に社会学を教へてくれる。又我等、働く青年のよき慰安となり、よき友となつて我等を善導してくれる。我等青年は益々キングの発展を祈つてゐます。(鹿児島県野田町　堤虎喜)」(36-8：434)

中間集団に向けた『キング』賞キャンペーン

マス・コミュニケーション論では、マス・メディアは直接個人に影響を与えるのではなく、小集団のオピニオン・リーダーを仲介にして個人は影響を受けるとする「コミュニケーション二段階の流れ」(カッツ＝ラザースフェルド)が今日でも有力である。『キング』は学校教師の支持を獲得することを目指して、師範学校、高等女学校、中学校の校長へ積極的に働きかけ、

「全国教育家のキング評」(25–10)に数多くの推薦文を掲載した。その成果は読者の手紙でも確認できる。

「私は大分師範学校生徒二学年一組ですが、十月号の全国教育家のキング評中本校々長先生の評を拝読し、先生も亦キングの愛読者であるかと非常に嬉しう御座いました。(大分師範　愛読生)」(25–12：309)

「今日のお修身の時間に、校長先生からいろ〳〵読物についてのお話がありましたが、最後に「先づキングは是非皆さんにお奨めしたいものだ」と仰言つたので、私たちキング党は思はず拍手喝采しました。喜びのあまり早速お知らせ致します。(北国の一女学生　鈴蘭女)

▽方々の中学校や小学校などから課外読本として指定されたとか、先生が愛読を奨励されて居らるゝとかいつた様な通信が大分ありますが、本誌は創刊号以来全くさうして頂きたいといふ目的で編輯して居りますので、非常に欣快に堪へない次第であります。尚この外にもかうした学校が少くなからうと存じますが、お序がありましたら一寸お知らせ下さいませ。(記者)」(25–9：266)

共同体への働きかけでは、『キング』が地方行政組織、初等中等教育機関、警察、交通機関など地域のコミュニケーション・ハブを狙って展開したキャンペーンが重要だろう。すなわち、一九三一年教育勅語渙発四〇周年記念事業として野間が設定した「キング賞」である。内務大臣と文部大臣を顧問とし、全国市町村長に推薦を依頼して「全国市、区、町、村に亘り各一名乃至数名隠れたる徳行者を表彰し記念品(銀杯)を贈呈」している(31–1：206–209)。

キング賞伝達式（愛媛県喜多郡大瀬村・篠崎健闘殿）（1931 年 9 月号）

一読者（川口綾水）が寄せた「キング賞の歌」(31-6：357) も掲載されている。

国の礎　良き同胞の
直ぐなる歩み　孝ありてこそ
至忠の基　国また強し
至孝の誠　世に彰れて
光りは久遠　キング賞

家の栄えは　良き女子の
内助の襷　愛ありてこそ
至忠の基　家また楽し
至貞の誠　世に彰れて
光りは久遠　キング賞

第二次として全国警察署長、第三次として全国中等学校校長、第四次として全国小学校長、第五次として全国交通逓信機関上司による推薦者が表彰され、その数は一九四〇年までに六二回六八六二人に達した

(「正伝」616)。

キング賞の受賞者に朝鮮人、台湾人など外地の「臣民」が数多く含まれるのは当然としても、アメリカ人である同志社女子専門学校教授メリー・フロレンス・デントン女史など外国人も表彰されている(34-4：546)。この拡がりは、『キング』のナショナリズムの質を考える上で忘れてはならない。

また、投稿欄「読者倶楽部」には、創刊後数年はハワイ、カリフォルニア、カナダなど北米大陸、あるいは上海、北京などの在留邦人から寄せられた手紙が目につく。『キング』は一九二五年創刊号からアメリカ在留邦人、日系人を読者として強く意識していた。裏表紙に「THE KING. Published Monthly by the Dainihon Yubenkwai Kodan Sha. Hongo, Japan. Enterd at Los Angeles P. O. as Second class Mail Matter at. Los Angeles. Cal. U. S. A.」とアメリカの「第二種郵便」申請済の表記がある。また、創刊号の奥付には「外国行郵税は一冊参拾弐銭申受候」(一二月号から一冊一八銭に値下げ)の記載がある。行郵税とは中国へ入国する手荷物や個人の郵便物に対する輸入関税だが、一九二九年六月号で外国行郵税の記述は消えた。中国東北部を中心とした在留邦人の需要も大きく、一九二八年一〇月号から定価表に「国内及満洲、支那」五〇銭と「外国(送料とも)」六八銭の別表記が登場している。翌一九二九年五月号から国内定価は五四銭、外国定価は七〇銭となる(三〇年新年号から一年間は再び六八銭)。中国を除く「外国」とは実質的にはアメリカを指していた。一九三二年七月号より裏表紙に、アメリカでの一年間購読料六ドルという英文表記が登場し、日米開戦の一九四二年一月号まで継続する。一九三九年二月号から「尚—鮮、台、樺、満、支に於ては別記現地組合の公定売価を認む」が表記され、満配（満洲書籍配給株式会社）の設立を受けて一九四〇年一〇月号から「公認売価」と表記が改められている。

だが、最大の「外地」市場は朝鮮半島であり、特に三〇年代後半になると朝鮮半島から「読者だより」が増加している。朝鮮半島でも『キング』は国民化のメディアだった。

「陳者小生は、キングの愛読者でありますが、今度意外にも懸賞にシヨールに当籤し本日正に拝受致しました。キングの面白さには時々夜更かしをさせられます。益々面白いお話を沢山載せて下さい。微力ながら知人にも吹聴して愛読を勧誘いたしたいと存じます。（朝鮮全南霊巌郡　黄致亮）」(37-3：667)

「小生は二十九才になる鉄筋工です。田舎の貧しい家に生れ、十一才の時母を失くしました。十三才で学校をやめて仕事をすることになりましたが、学校に行けない悲しさのあまり十四才の春旅立つてからといふもの昨日は東へ今日は西へと、思へば十五年間の長い間、悲しいつらい旅の生活でした。（中略）キングは私の恩人です。恩師です。何処の飯場へ行つても、書くことは不自由でしたが、口頭ですとあまり人に負けたことはありませんでした。そのうちどうにかこの位に書ける様になつたのです。これもみんなキングのお蔭です。なんとお礼をいつてよいかわかりません。（朝鮮平壌府　閔丙點）」(39-3：408 f.)

朝鮮、台湾、満洲など「外地」が『キング』読者に占める位置を正確にはかるデータは手元にない。しかし、一九三七年一一月号で募集された読者慰安一万余名当選懸賞の一三等

(『キング』文庫)当選者一万名の地域別人数から類推することは可能だろう[31]。朝鮮・二九七人を越えるのは、東京・一一九九人、大阪・八八四人、福岡・五三九人、愛知・五〇七人、兵庫・四八九人、北海道・三八五人、京都三二八人に過ぎない。つまり、『キング』読者における朝鮮の比重は、神奈川・二九二人や広島・二八三人を凌駕していた。さらに、満洲支那ほか・一五四人、台湾・一三七人も、千葉・一六五人より少ないが野間の出生地である群馬・一三二人を凌駕している。

『キング』読者層の拡がりは、大衆的な世論を組織する新しい公共空間の出現を意味した。性別も年齢も階層も地域も異なる「国民」が、同一の読物をほぼ同時に読むという経験は未曽有のものであった。その意味で、鶴見祐輔「キングの自重(じちょう)を望む」の指摘は額面通りに受け取ることができよう。

「キングが、今や日本雑誌界の横綱として出現したことは、単純に売れる雑誌が出来たといふ一些事(さじ)でなくして、日本の隅々まで徹底する言論機関が現はれたといふ、重大な社会現象である。」(27-7：220)

『家の光』の台頭と『キング』の都市化

もっとも、農村部における『キング』の圧倒的シェアは、一九三〇年代に入り農業協同組合(農協)の前身である産業組合の『家の光』普及運動が成功すると後退した。『家の光』(産業組合中央会)は『キング』に遅れること半年、一九二五年五月に創刊された。

有料ではあっても産組運動の「裏の機関誌」であるため商品的性格は薄く、定価は『キング』や『主婦之友』の半額以下の二〇銭に抑えられた。しかし、『キング』のスタートダッシュとは対照的に伸び悩み、創刊部数二万五〇〇〇部は、三年後の一九二八年には一万部台まで低迷した。そこで「よいものは惜しみなく真似せよ」という編集長・有元英夫の原則のもと、(1)一家一冊万能雑誌、(2)万人にわかる雑誌、(3)農村のための雑誌、に向けて次のような五方針を採用して成功したという。「指導三分に実益娯楽七分」「理智的記事より情意記事」「個人向きより家庭本位」「ニュース、地方的より本質本位」「男本位より婦人子供に重点を置く」(32)。それは、いずれも『キング』、さらに系譜を遡れば「婦人雑誌」の特徴であった。『讀賣新聞』の農政記者から家の光編集部に迎えられた古瀬伝蔵は、家庭記事と婦人記事を調べるために神保町へ行って『主婦之友』一年分を買ってきたという。また、『国民新聞』家庭欄担当の梅山一郎、『婦女界』家庭記事担当の中村直弌も編集部に加わり、一九三一年満洲事変勃発以降部数は伸び始め、翌三二年の産組拡充五ヶ年計画の一環として「百万部普及運動」が採用され、計画より二年早く一九三五年六月に発行部数は一〇〇万部を突破した。こうした成功は、当時から『キング』の模倣と考えられた。『家の光』台頭後もなお根づよい農村の『キング』人気に触れて、原伊市「講談社的ヂヤーナリズム」(一九三八年)はこう述べている。

「『讀賣』の大衆化と云ひ『家の光』の編輯方針と云ひ、そこには大衆的ヂヤーナリズムの先行者としての講談社的なものゝ影響を感ずるのだし、更に云へば新聞紙上に於ける大衆雑誌の広告の型まで講談社はその創始者としていゝだらう。いかに配布網をもつとは云へ、今日、『家の光』があれ程多数に購読されてゐると云ふ理由は『キング』的であるその内容を外にしては考へられない。全く大衆は講談社的なものがお好きなのである。それはあたかもラヂオ聴取者が浪曲をお好きであるにも似て。[33]

一九三三年の宣伝レコード「光る組合」「久美愛娘」の配布、「家の光読者会」の組織化、一九三四年のメダル配布、宣伝映画「われらの家の光」製作、一九三五年第一回家の光全国婦人大会開催など、後述する『キング』のメディア戦略が徹底的に模倣されている。この結果、『家の光』は一九三七年末に一四六万部に上昇し、産組が農業会に改組された一九四三年一二月には一五三万五〇〇〇部に達している。戦前期『家の光』の評価については、「農本主義イデオロギー」に注目して軍国主義ファシズムへの統合機能を重視する伝統的立場と、「プラクティカルな生活記事」に注目して都市モダニズムの普及機能を強調する新しい立場が併存する。[34]とは言え、世論形成への参加＝動員の空間的拡大、「大衆の国民化」プロセスにおいて、既に述べたように昭和ファシズムは大正モダニズムと連続的なのである。

いずれにせよ、一九三〇年代、モダニズムの中に大衆のナショナリズムを体現した『キング』に、農村の『家の光』、女性の『主婦之友』を加えた「百万雑誌」の三誌鼎立時代が成立する。この中で名実ともに「国民雑誌」といえるのは、やはり『キング』のみであったことを、その読者層分析も裏付けている。

第三節　婦人・少年・大衆を欠いた岩波文化

こうして「大衆＝国民」読者が結集した昭和の講談社文化は、しばしば大正教養主義を彷彿とさせる知識人の岩波文化と対比されてきた。それは、大正デモクラシーと昭和ファシズム、一九世紀市民社会と二〇世紀大衆社会に近代日本を分断する歴史認識の文化パラダイムを形成した。つまり、『キング』の時代とは「ファシズムと戦争の時代」であり、戦後は「講談社文化」の戦争協力を批判する歴史記述が先行してきた。岡野他家夫『日本出版文化史』(一九五九年)も、「出版物普及の功績は認めねばなるまい」とした上で講談社文化をこう記述している。

「雑誌報国の美名の下に、封建的軍国主義的御用思想の宣伝と野間式資本主義経営を巧みに断行して、かの一億数千万円にものぼる大資本による野間王国を日本の出版界に築き上げた成功の原因と経過とは、わが国民大衆の近代的自覚を阻んだ害悪と共に、更に深く根本的に検討批判されねばなるまいとおもう。」(35)

『昭和史』パラダイムの源流——大宅壮一「講談社ジャーナリズム」と戸坂潤「野間イズム」

こうした出版史の「定説」を一般化させる上で決定的だったのは、『昭和史』(岩波新書、一九五五年)が打ち出した「「講談社文化」と「岩波文化」の対立」という「日本文化の欠陥」

図式である。

「「講談社文化」は、講談社出版の娯楽中心の出版物に代表される文化で、国民の圧倒的部分にうけいれられていた。「岩波文化」は、岩波書店刊行の教養書に代表される文化で、国民の小部分の文化人に限定されていた。前者は一般人の思想・生活感情の停滞的な側面をつかみ利用し、卑俗な娯楽・実用と忠君愛国・義理人情思想とをないまぜにしてそそぎこむ内容のものであった。後者は外国の最尖端の思想をとりいれながら、それが生活にむすびつかず、国民にもひろく普及せぬような形でのあり方の文化であった。そしてこの両者の間にはまったく通路をもたぬ断層があった。[36]」

つまり、高級文化が大衆文化から孤立して「国民に共通する基盤を欠いているという点」に、「ファシズムにたいする国民的抵抗」不在の原因が指摘された。この「昭和史パラダイム」は、都市的欧米文化—農村的国粋文化、エリート的密教—大衆的顕教、さらに男性的総合雑誌—女性的家庭雑誌などの二極化図式をその下位構造としていた。

「講談社文化と岩波文化」というキャッチフレーズは、後述するように日本共産党の文化理論家・蔵原惟人（これひと）が戦後に名づけたとされている。[37] もちろん、さかのぼれば蔵原自身も戦前に「芸術大衆化の問題」（『中央公論』一九三〇年六月号）で「講談社的大衆文学」を痛烈に批判しているし、大宅壮一も「講談社ヂャーナリズムに挑戦する」（『日本評論』一九三五年八月号）を執筆している。大宅は、この文化的に非衛生な「駄菓子ヂャーナリズム」が作家に求めた作品の規格化を次のように批判する。

「講談社ヂヤーナリズムのもつとも重要なる特色の一つは、個性の完全なる没却である。同社から発行されるすべての出版物はイデオロギーその他で、牛乳ぢやないが、均質でなければいけないのである。(中略) その講談社イデオロギーといふのは、もつとも卑俗な、もつとも奴隷的な、いはば文化の底辺である。この底辺を基礎にして、評論や随筆ばかりでなく、もつとも神聖であるべき創作までが、どしどし変質させられるのだから、少しでも個性や芸術的良心をもつた作家はやりきれないわけだ。」

つまり、大量生産・大量販売が製品の均質性を求めるため、文化の下方的平準化が進むと言うのである。第二の特徴として、その安定供給を目指して講談社が執筆者を同社の専属とし、その独占をはかったことを批判する。

「もちろん近頃は専属ばやりで、芸術や文化を完全に商品化してゐる資本主義的企業では、映画にしろ、レコードにしろ、すべて熟練した技術家を専属化、即ち独占しようとしてゐる。その点で講談社ヂヤーナリズムも、資本主義的に進んでゐるわけで、映画会社やレコード会社と同じ段階に到達してゐるのだ。[38]」

大衆雑誌の産業化をレコード産業や映画産業と比較する視点は、特に示唆的である。大宅は戦後「マスコミ」をもじって、「口コミ」という言葉を生み出した。今日では『広辞苑』にも「互いに口から口へ情報を伝えること」の意で採録されているが、大宅の最初の用法ではラジオやテレビなど口舌によるマス・コミュニケーションを総称していた。[39] 第Ⅲ部で詳述するが、『キング』から「キング・レコード」を生みだした野間清治が、なお健在であれば

「キング映画」、おそらくは「キング・テレビ」さえも創業した可能性は否定できない。実際、「正伝」は次のように書き記している。

「なほ映画の重要性を認識した社長は、晩年に至り映画製作事業に乗り出さうとして、社員をして、製作に関する諸般の施設を詳細に調査研究せしめてゐたが、その緒に就かず逝去したのであつた。」（「正伝」707 f.）

同時代批判の多くは、講談や浪花節のイメージ、その内容の通俗性から、講談社文化を封建的遺物と論じたが、大宅は野間の資本主義的先鋭性をみごとに捉えている。大宅は翌一九三六年に発表した「現代出版資本家総評」（『日本評論』三月号）で岩波書店と講談社を並べて論じている。もっとも、講談社・野間清治と岩波書店・岩波茂雄が直接比較されたわけではなく、新潮社・佐藤義亮、改造社・山本実彦、中央公論社・嶋中雄作、平凡社・下中弥三郎、第一書房・長谷川巳之吉が同時に批評されている。この中で、『キング』が大学生にも読まれている現象に着目し、大宅はこう指摘している。

「これは一見不思議な現象のやうであるが大本教、天理教、ひとのみち、成〔生〕長の家等のいはゆる淫祠邪教の信者の中にも相当の数のインテリが入つてゐることを考へれば別に不思議でも何でもないわけである。（中略）類似宗教と共に講談社が栄えることは決して偶然ではない。いや、講談社そのものが見方によつては立派に一つの類似宗教なのである。現に「成長の家」のやうに、資本金百二十五万円の出版株式会社の形式を具へた類似宗教が出現し、それは従来の宗教のやうに窮屈な教義や信条をもつて信者を制限せず、あらゆる既成宗教のエキスを取り入れて最大限に顧客をひろげてゐるが、講談社教の方は、単に宗教的要素のみならず、一切の反動的、反進歩的要素を売物にし、単に病気治療のみならず、立身出世金儲けその他一切の功利主義を看板にしてゐる点で、遥かに徹底し、それだけ信者も多いわけだ。」

大宅は野間清治の「教祖的風格」、講談社の教団的組織性を挙げつつ、『キング』に対抗して『日の出』を創刊した新潮社社長・佐藤義亮も「ひとのみち」教団に入れあげ、野間式の修養本(『生きる力』一九三六年、『向上の力』一九三九年など)を執筆しはじめたことにも言及している。この文脈で、「岩波茂雄のアカデミズム」は「アカデミズム教」と喩えられている。

「アカデミズムといふのは、謂ゆる学者(それも主として官立大学に養はれてゐる)を中心とする一部有閑インテリの好きさうな特殊な趣味であり、姿態であり、それが昂じてくると信仰になり、終ひには迷信にすらなる。勿論そのファンも少くない。従つてアカデミズムそのものが、アカデミズムにはひどく嫌はれてゐるヂヤーナリズムにとつて、非常に大切なお得意になるわけだ。そのコツをうまく攫んで成功したのが岩波である。(40)」

だが、大宅論文では「類似宗教の講談社ジャーナリズムとアカデミズム教の岩波書店」という二項対立図式にまでは、結晶化されていない。しかし、ここに「講談社文化と岩波文化」の原型を見いだしたとしても誤りとは言えない。

いずれにせよ、コミンテルン第七回大会で反ファシズムの人民戦線に向けて前衛勢力の結集が呼びかけられた一九三五年頃から「講談社文化と岩波文化」二項対立イメージが広がったことは、戸坂潤『世界の一環としての日本』(一九三七年)でも確認できる。そこには二つの論文、「キング式ジャーナリズム」にふれた「ジャーナリズム三題」、「岩波的ジャーナリズム」を論じた「現代に於ける「漱石文化」」が収められている。

「岩波出版物のねらっている点は、所謂進歩的であるか所謂反動的であるかではなくて、それより先に、文化一般という抽象物についてその水準が如何に高いか、ということにあるのだ。(中略)こうした漱石＝岩波文化が、今日の学芸文芸の世界に於けるアカデミーの標準と、可なり一致していることは、不思議ではない。漱石文化に立つ岩波的ジャーナリズムは、それ自身アカデミックなものだからだ。[41]」

岩波ジャーナリズムが知識人に向けられたものであることを確認した上で、戸坂は一般の大衆性を「キング的観念」と「ウルトラ的観念」の二つに分類する。前者は大衆が質的に低いものだと決めてかかることによって事実大衆を低めるものであり、後者は理想的なプロレタリアだけが本当の大衆だと主張して量的現実に目をつむる。後者の代表例として、一九二六年の日本共産党再建当時の理論的指導者・福本和夫の前衛党理論があげられている。

「処で大衆乃至大衆性に就いてのこの各種の規定方が、ジャーナリズムの機能の規定方となって来るのである。キング式大衆の観念はキング式ジャーナリズム(野間イズム?)となり、ウルトラ的な大衆観念は福本イズム(?)的ジャーナリズムとなるのである。福本主義(?)的ジャーナリズムは今日の野間イズム的ジャーナリズムの内にもなお、部分的に存在し得るのだということは見逃してはならない。ブルジョア・ジャーナリズムで固めた評論雑誌が、なぜ一見大衆性を全く欠いたような学術論文めいた「論文」をかかげ得るかを、見ればよい。」[42]

その政治的傾向から考えれば、大宅よりも戸坂に戦後の蔵原に通じる発想が源流するといえよう。だが、戸坂の議論は、出版資本における岩波アカデミーと講談社ジャーナリズムの対比、ジャーナリズム内部における野間主義(資本主義)と福本主義(共産主義)の対比という立体的構成をとっており、単純な二項対立図式ではない。そもそも、「ストックされる書籍」中心の岩波書店と「フローな雑誌」中心の講談社では中核媒体が大きく異なり、メディア論として単純に比較できない。

だが、雑誌メディアに限れば、戦前から講談社と岩波書店を対極と見なす傾向は存在した。『雑誌年鑑』(一九三九年度版)の扉に続く全頁広告の配置でも明らかだろう(これが偶然ではないことは、一九四〇年度版、四一年度版でも繰り返されていることで判る)。

「全日本雑誌発行部数の約八割を占むる「講談社」の九大雑誌！　戦線慰問に　銃後の慰安修養に愈々好評！　雑誌はどうぞこの中からお選び下さい！」とルビ付きで派手に謳った講談社の「輝く日本の代表雑誌」と、シンプルなレイアウトながら横文字を含む詳細な解説を書き込んだ「岩波書店雑誌」の広告が見開きで対峙している。

「一家一冊！　男女誰にもトテモ面白くて為になる世界的大雑誌！」『キング』から「絵本をも兼ねた子供雑誌！」『幼年倶楽部』まで一五個の「！」を散りばめた講談社の絶叫調に対し、岩波書店はあくまで文筆的である。「"Nature" "Die Naturwissenschaften" など英独の代表的な自然科学誌に比肩」する『科学』、「学界思想界最高の権威と新進気鋭の士の力作を

岩波書店雜誌

科學　思想　文學　教育　圖書

輝く日本の代表雜誌

全日本雜誌發行部數の約八割を占むる「講談社」の九大雜誌！

戰線慰問に銃後の慰安修養に愈々好評！

雜誌はどうぞこの中からお選び下さい！

キング　婦人倶樂部　講談倶樂部　富士　雄辯　現代　少年倶樂部　少女倶樂部　幼年倶樂部

大日本雄辯會講談社

『雑誌年鑑 昭和14年度版』巻頭広告

収めてゐる」『思想』、「純正な文学理論の建設」と「資料の博捜と整理」の『文学』、「執筆者には世俗的権威者を求めず、批評と主張は伝統から解放されて」いる『教育』、「我国の学芸・読書・出版に関する情報、海外の文化に就ての話柄(わへい)を伝へ」る『図書』。

この広告はおのずから、最大多数と最高水準、大衆文化と選良文化の極端な対比となっている。だが、一九四一年における二系統の「教化雑誌」広告は、はたして別の目標や理想を示していたといえるのだろうか。この問いには第V部でもう一度立ち戻るが、広告に関する限りレーニンの「扇動宣伝(アジ・プロ)」定義を想起するのは私だけではあるまい。

「宣伝家は、主として、印刷された、

言葉によって、扇動家は生きた言葉によって、活動する。宣伝家に要求される資質は、扇動家に要求される資質と同じではない[43]。」(強調は原文)

少数に多くの思想を与える宣伝家も、多数に一つの思想を伝える扇動家も、レーニンにとっては同一の目標や理想に不可欠であった。さらに、これを発展させたアドルフ・ヒトラー『我が闘争』の以下の文章。

「理論的文献の中の自由とか、美とか、品位に関するキラキラ光る名文句や、見たところこの上もなく深遠な知識を苦心さんたんして表現している大言壮語、いやみたっぷりの人道的道徳——みんな予言者的確信の鉄面皮で書かれているが——と、新しい人間救済の教えという獣のような下劣さにもしりごみせず、あらゆる中傷やもっともらしい梁がまがるほどのたくみなうそを手段としている日刊新聞との間に、一体いかなる区別があるというのか。前者は上流はもちろんのこと、中流の「インテリ層」の愚鈍なお人よしのためであり、後者は大衆のためである。(中略)大衆の心理は、すべて中途半端な軟弱なものに対しては、感受性がにぶいのだ。女性のようなものだ。かの女らの精神的感覚は抽象的な理性の根拠などによって定められるよりも、むしろ足らざるを補ってくれる力に対する定義しがたい、感情的なあこがれという根拠によって決せられるのだ[44]。」

ここから引き出される「大衆は女性的である」というヒトラーの定言は周知であろう。その上で「岩波書店雑誌」に女性雑誌がないことを、ここでも確認しておきたい。

ファシズムと文化革命の担い手

すでに戦前に萌芽のあった「講談社文化と岩波文化」図式を敗戦後、戦争責任論と文化革命の文脈で公式化したのが、蔵原惟人「文化革命と知識層の任務」（『世界』一九四七年六月号巻頭論文）である。『昭和史』の枠組みは、これを原典としている。

「この二つの文化——大衆の卑俗な封建的文化と知識層の高踏的な自由主義的文化とは、近代日本における二大出版社の名によって、「講談社文化」および「岩波文化」と称せられるものによって最も典型的に代表されているが、この二つの文化の隔絶・背反こそは日本にファシズムをあらしめた大きな文化的温床であったことを忘れてはならない。日本のファシズムは大衆の文化的水準の低さと知識層の実践的無力との間隙をついて発展していったということができる。(45)」

つまり、「一応近代的な教養を身につけていて、内心ファシズムと戦争に反対していた進歩的知識人がそれと戦うことができなかった」最大の原因こそ、「日本の知識層が人民大衆から孤立していて、大衆の支持をえられなかったこと」、すなわち「広汎な人民大衆と少数の知識層とのあいだの文化的な隔絶・背反」であった。

これを掲載した『世界』六月号が、その翌月東京大学東洋文化研究所で行う講演「日本ファシズムの思想と運動」（初出『尊攘思想と絶対主義』白日書院、一九四八年）を準備していた丸山眞男の机上にあったこともおそらく間違いない。『現代政治の思想と行動』（未来社、一九五七年）に収録された、この丸山ファシズム論の分析枠組みは、蔵原論文がどの著作集にも再録されなかったのと対照的に、今日にいたるまで知的世界に強力な影響力を及ぼしている。

「岩波文化があっても、社会における「下士官層」はやはり講談社文化に属しているということ、そこに問題があります。そこでこういう層を積極的な担い手とした日本のファッショ・イデオロギーはドイツやイタリーに比しても一層低級かつ荒唐無稽な内容をもつようになったのは当然のことであります。」

まずそれぞれの担い手となる社会層を丸山は二つの類型――あえて言えば、『キング』読者と『思想』読者――に分ける。

「第一は、たとえば、小工場主、町工場の親方、土建請負業者、小売商店の店主、大工棟梁、小地主、乃至自作農上層、学校教員、殊に小学校・青年学校の教員、村役場の官員・役員、その他一般の下級官吏、僧侶、神官、というような社会層、第二の類型としては都市におけるサラリーマン階級、いわゆる文化人乃至ジャーナリスト、その他自由知識職業者(教授とか弁護士とか)及び学生層――学生は非常に複雑でありまして第一と第二と両方に分れますが、まず皆さん方は第二類型に入るでしょう。(中略)

第二のグループを本来のインテリゲンチャというならば、第一のグループは擬似インテリゲンチャ、乃至は亜インテリゲンチャとでも呼ばるべきもので、いわゆる国民の声を作るのはこの亜インテリ階級です。第二のグループは、われわれがみんなそれに属するのですが、インテリは日本においてはむろん明確に反ファッショ的態度を最後まで貫徹し、積極的に表明した者は比較的少く、多くはファシズムに適応し追随しはしましたが、他方においては決して積極的なファシズム運動の主張者乃至推進者ではなかつた。むしろ気分的には全体としてファシズム運動に対して嫌悪の感情をもち、消極的抵抗をさえ行つていたのではないかと思います。」（強調は原文）

さらに、丸山は「店員、番頭、労働者、職人、土方、傭人、小作人等一般の下僚に対して家長的な権威をもつて」直接接する擬似インテリ層を「地方的世論の取次人」とした上で、「注意すべきは第一範疇の中間層の知識、文化水準と、第二範疇の本来のインテリの水準との甚しい隔絶であります。（中略）他方第一の範疇の中間層は教養においては彼らの配下の勤労大衆との間に著しい連続性をもつていること、大衆の言葉と、感情と、倫理とを自らの肉体をもつて知つていること、これがいわゆるインテリに比して彼らが心理的にヨリよく大衆をキャッチ出来るゆえんです。（中略）第二の範疇の中間層が一般の社会層から知識的＝文化的に孤立した存在であるということは、綜合雑誌というものの存在、純文学という妙な名前があること、岩波文化といつたもの、――これらがいずれもインテリの閉鎖性を地盤にして発生していることにも象徴されておると思います。」[46]

この分類が、亜インテリの講談社文化に全責任を転嫁しつつ、丸山自身を含むヨーロッパ的教養をもった高級インテリの岩波文化を自動的に免罪する機能をもったこと、それゆえに戦後民主主義の知的世界のパラダイムとなり得たことは、半世紀を経た今日あえて指摘するまでもあるまい。むしろ、問題は日本ファシズムを「ドイツやイタリーに比しても一層低級かつ荒唐無稽な内容」と切り捨てたことで、その後のファシズム研究者が『キング』のような大衆雑誌の内容分析に向かう道を塞いだことであろう。実際、丸山門下で講談社文化を論じた掛川トミ子は、「「講談社文化」は、言論が言論として確立していない、概念と抽象を欠く天皇制社会において成立可能であった」と言い切っている。[47] だが、概念と抽象とを欠いた「非言論」に動かされたのは、亜インテリ以下の大衆だけであっただろうか。

「キング学生」の存在

高級インテリから見た同時代の『キング』読者イメージとして、早坂二郎「現代娯楽雑誌論」(一九三〇年)が典型的である。

「自慢ではないが、この忙がしい時代に誰がキングなど読んでゐられるか。僕だけではない、日本の読書階級を以つて任じてゐる僕の周囲のインテリゲンチァ諸君は、誰一人そんなものを見向きもしない。電車の中でも見給へ、官吏、会社員、学生等々の知識階級に、所謂娯楽雑誌を堂々とひろげてゐるものがあるだらうか。」

東大弁論部時代、野間清治の『雄弁』創刊を手伝った早坂二郎は、やがて新人会の創設に加わり朝日新聞記者を振り出しに進歩的ジャーナリストとして活躍した。同じ論文で早坂は労働者階級と『キング』の関係をこう述べている。

「工場内では資本の攻撃に対して本能的に戦つてゐても、意識の低い労働者層は家に帰ると、浪花節や安木節を聞いたり、キングや講談倶楽部などを読んでゐる。娯楽雑誌は此処でも相当に反動的な毒素をふり撒いてゐるのだ。我々がかゝるブルヂョア的娯楽に代り得るものを与へない限り、この状態を口先だけで変へるわけにはゆかない。(48)」

早坂の目には、『キング』読者がもっぱら「意識の低い労働者層」と映っていた。逆にいえば、『キング』的な通俗性を批判することが、イデオロギーの左右を問わず自らのインテリ度を示す試金石となっていたといえる。実際、左翼ばかりでなく右翼、あるいは満洲で匪賊討伐に従事する青年将校さえも「忠君愛国を売物にするのはけしからん」と講談社批判をしていると、大宅壮一は書いている。

「この種のどつちかといへば理由薄弱な、いはば感情的な、野間及び講談社に対する反感が現在日本の一部大衆、主としてインテリ層の間に漂つてゐることは事実である。それと同時に現在日本で発行されてゐる雑誌の八割近くまでが講談社のものであることも事実である。では、講談社の読者のほとんどすべては非インテリ大衆であるかといふに必ずしもさうではない。この間京都帝国大学で学生の読物調査をしたところ『キング』の読者が予想外に多かつたと地元の新聞が報じてゐる。(49)」

大宅の矛先は、総合的批判（インテリジェンス）を根こそぎにする高等教育の専門化に向かい、それが「キング学生」の温床だと主張している。学生の『キング』読書は、「教養主義」や「立身出世主義」を分析する歴史社会学においても、近年注目されている。筒井清忠は旧制高等学校における『キング』読者の予想外の多さを指摘しており、さらに竹内洋は彼等が帝大生になると『キング』など大衆誌の閲読率が倍増することを指摘している。(50)それでも、『キング』の「読者倶楽部」欄で、管見の限り高等学校生が書いた手紙は次の一通に過ぎない。

「私は一高の生徒ですが、キングは中学の時から毎月かゝさず購読してゐる者です。キングの小説は実に面白くさうしてその新鮮味溢れることは他誌の比ではないと断言しても過言ではないと思ひます。特に菊池〔寛〕先生の『愛憎の書』、川口〔松太郎〕先生の『若い力』等とても良い処があります。又、現代名士五分間伝記は実に我等青年の刺戟になり得る処甚大です。挟込附録の修養書も仲々結構、推奨して余りあります。兎に角キングは日本一の雑誌であり、世界のキングです。次号を期待して居ます。(一高中寮　K生)」(39-6 : 386)

他の多くの投書が「私の」感動や感激を語る中で、この手紙には、『キング』にいったん距離をおいて客観的に評価しようとする言葉使いが明らかである。その上で、「私は一高の生徒ですが」という限定句は、意味深長だろう。そこには「私は一高の生徒なのに」というニュアンスが漂っている。だとすれば、こうした教養主義の影響下にある高等学校生の読書調査では、見栄から世間体のいい「高級雑誌」が実態以上に挙げられ、「低俗」と見なされる大衆雑誌の閲読は統計上に反映されなかった可能性が高い(51)。

学生読者と『キング』の関係について、次のような仮説が成り立つだろう。『少年倶楽部』で成長した読書人予備軍は、旧制高校時代に翻訳的な教養主義の洗礼を受けて講談社文化から一時離れたが、大学入学後は世間との接点を求めて『キング』を併読誌に選んだ。

その結果、教養を身につけた大学生でも「卒業して就職し、家庭でも持つやうになれば、一家一冊で皆が楽しめるといふ『キング』党になる者が多い」実情を、岩波文化の旗手・三木清は一九三六年一二月二二日『讀賣新聞』夕刊コラム「知識は飢ゑる」で嘆いている。

「自分たちは『キング』は主として田舎で読まれるものと思つてゐた。ところがこの雑誌の関係者の話によると、その四割までが東京で売れてゐるさうだ。これが知識人の最も多いといはれる東京の状態である。[52]」

さらに、三木は「学生の知能低下に就いて」(『文藝春秋』一九三七年五月号)で、満洲事変後に国家主導の教育政策が積極化した結果、皮肉にも国家の必要にそぐわない「キング学生」の量産に至ったことを批判している。「キング学生」とは、「学校の課程以外の勉強に「無駄な」労力を費すことをなるべく避けようとする功利主義から、或ひは社会的関心を持つといふやうな危険なことからなるべく遠ざからうとする現実主義から」『キング』程度のものしか読まない学生の謂いである。

「「キング学生」は必ずしも学校の成績が悪くはないかも知れない。現在の学生はむしろ学校の成績に対して甚だ神経質になつてゐる。「高文学生」といはれる種類の学生、即ち高等文官試験にパスすることを唯一の目的として勉強する種類の学生の数は殖えてゐるであらう。[53]」

一九三四年東京市内六大図書館における学生の愛読雑誌調査は、『キング』の圧倒的人気を示している。[54]

	一八歳以下	二五歳以下	二六歳以上	計
『キング』	九五	一八四	一〇	二八九
『中央公論』	二	一六七	四五	二一四

『改造』	六	一三二	二五	一六三
『文藝春秋』	一〇	八四	七	一〇一
『日の出』	三〇	五七	三	九〇
『科学画報』	一〇	六八	一	七九
『経済往来』	一	五四	一三	六八
『雄弁』	一五	三八	四	五七
『新青年』	七	四一	一	四九
『現代』	五	三二	六	四三
『富士』	一九	二〇	二	四一
『講談倶楽部』	一三	一九	一	三三
『科学知識』	三	二七	二	三二

この調査が浮き彫りにし、三木が思い描く学生像は、高級官僚を目指して図書館でガリ勉する学生が『キング』で気晴らしをする姿である。創刊第三号の表紙「春郊」(藤島武二筆)は、白馬の前に立つ帝大生を描いているが、それは国民雑誌『キング』が最初から必要とした読者イメージの一つである。「帝大生も読む『キング』」を喧伝することで、立身出世主義の読者を獲得することがその狙いだった。実際、学生向けに「現代男女学生諸君の為に——各学科の勉強法並に上達の秘訣研究会」(31-10：386 ff.)や「試験と勉強の急所を公開する先生方の座談会」(35-4：182 ff.)、「学業上達・試験合格の急所と実例」(37-3：608 ff.)など「実用記事」

が定期的に掲載された。また、学生のエリート意識をくすぐる西条八十作詞「学生の歌」(31-10：367)も『キング』に掲載されている。いうまでもなく、この歌は澤田謙『ムッソリニ伝』(一九二八年)、鶴見祐輔『ナポレオン』(一九三一年)という講談社の大ベストセラーのコマーシャル・ソングにもなっている。

　黄金に媚びるな、権力に頼るな、
親の譲りの達者な五体、汗で磨いて馬力を掛けりや
なんのムッソリニ、大ナポレオン。

　おれは天下の学生だ、若い
日本を背負つて立つ。

藤島武二画「春郊」『キング』創刊第3号

三木のいう「知能の低下」とは、知識の低下ではなく、批判的精神の貧困を意味している。当然、「要領の良い」、つまり「面白く為になる」読書が学問には禁物であると三木は主張する。要領のよい読書は教養的ではないが、試験対策には不可欠であった。『キング』の読者欄

にある次の手紙は、宣伝目的の「捏造投書」的な印象もぬぐい難いが、それでも入試問題への出題に惹きつけられる学生読者の存在可能性は確認できる。

「去る一月末高等学校及び専門学校の入学模擬試験が本校で行はれた。処が国語の問題の八割まではキングの記事中から出た。其の時僕は今後特にキングを教科書同様精読せねばならぬと痛感した。(大阪　K・S生)」(28-6：355)

さらに思想統制が厳しくなると、「実社会の常識」への適応として就職を控えた学生が『キング』を読むようになったと、河合栄治郎編『学生と生活』(一九三七年)は指摘している。

「殊に昭和四年以来の就職難は学生に就職試験の為の準備として雑誌を購読させる傾向を刺戟し、殊に口答試問の際の応答の必要から『中央公論』と『キング』を併読することが最も常識的であるとされ、学生間に其の流行を齎らしたとも言はれてゐる。」[55]

「キング学生」批判の激しさは、かえって当時の教養主義、あるいは教育主義の偏向を証明していよう。そもそも、気晴らしの読書と研究調査用の読書を同一の読書行動と考えることに無理がある。戦前における「キング学生」の存在は、一九七〇年代に『少年マガジン』(講談社)と『世界』(岩波書店)を併読した学生運動カルチャー、あるいは一流大学のキャンパスにマンガが氾濫する昨今の現象と連続的である。それ自体は何ら問題ではない。問題だとすれば、『キング』を読む大学生がいることではなく、『キング』しか読まない大学生がいた場合であろう。

つまり、学生や知識人にとっても「箸休め」用の娯楽雑誌として、『キング』は良く出来ていたというべきだろう。その上で、「講談社文化と岩波文化」における非対称性、すなわち『キング』を愛読した労働者、農民、女性が『思想』や『科学』を読まなかったことと、岩波文庫を購入した学生・知識人が同時に『キング』も読んだこと、が重要なのである。

「少年の理想主義」と「大人の現実主義」

いずれにせよ、「キング学生」は、「講談社文化と岩波文化」という『昭和史』図式には不整合な存在であった。また、大衆文化とエリート文化の断絶が抵抗を困難にしたという、蔵原＝丸山流の日本ファシズム論は、一九五〇年代になって欧米の大衆文化研究が紹介されると実証に耐えなくなった。教養の糧として読書する少数の市民階級と、単なる気晴らしとして消費する大衆読者の分裂は、第一次大戦後のイギリスではT・S・エリオットやF・R・リーヴィスなどの文芸批評が鋭く指摘していた。それを後発資本主義国家・日本に特有な近代化の歪みと考えることは、いかにも無理である。

一九五九年に改訂された『昭和史(新版)』からは、「講談社文化と岩波文化の対立」を含む「日本文化の特徴」の一節が消えて、『キング』に象徴される「一般の人々の思想・生活感情の停滞的な側面」のみが強調された(56)。

この改訂に先立つ半年前、講談社文化と岩波文化の「断絶」論にはじめて修正を加えた佐藤忠男「少年の理想主義」(『思想の科学』一九五九年三月号)が発表されている。『少年倶楽部』に掲載された、山中峯太郎の大陸雄飛思想、平田晋作のアメリカ討つべし主義、佐藤紅緑(こうろく)の立身出世主義、島田啓三(「冒険ダン吉」)の南進思想などを作品に即して分析し、佐藤は次のように述べている。

「私たち自身、進んで熱心に読みふけった以上、単に外側からの影響と言い捨てるだけでは問題は片づかない。私たち自身の内部の問題として検討してみることが必要だ。」

それまで送り手側の大衆宣伝や情報操作として糾弾されてきた講談社文化を、佐藤は受け手側の参加と合意形成の問題として再定義している。

「少年時代の私たちが求めていたものは、少年にも分かるような形の、あるいは少年であればこそ分かるような形の強烈な観念であって、素朴経験主義的な日常瑣末事ではなかった。正義とは?　人間とは?　国家とは?　死とは?」

『赤い鳥』に代表される大正期の童心主義が保護されるべき「子ども」と見なし、まともに答えようとしなかった少年の公共圏参入要求に、『少年倶楽部』は正面きって答えたのである。「独立した一個の人間」として扱われることは、理想を求める少年に強烈にアピールした。それは、次のように言い換えてもよいだろう。一人前の「国民」とは見なされていなかった少年に、『少年倶楽部』は国家を担う使命感や義務感を訴えたのである。この呼びかけに熱中した少年が、「少国民」となり戦時体制に翼賛したことは十分理解できる。『少年倶楽部』の「少年をファシズムに結びつけた力」を見事に分析し、佐藤は論文を次の文章で終えている。

「一口に講談社文化と岩波文化の対立といったことが言われ、前者を国家主義的な体制と手をとり合った庶民文化、後者を反体制的な傾向を強く含んだインテリ文化というふうに区別されているように思われるけれども、『少年倶楽部』の場合は、その読者は成長してからそのまま同じ講談社発行のおとなの大衆雑誌『キング』や『講談倶楽部』へ行ったのではないように思われる。私たちが聞いてまわった範囲内で大胆に断定させてもらうならば、『少年倶楽部』の読者のいちばん熱心な部分こそが、実はその後、岩波文庫の読者になるのである。そして、『キング』や『講談倶楽部』の読者層というものは、主として、少年時代に活字の虫になったことがない人たち、つまり、少年時代にその想像力を十分働かせた経験のとぼしかった人たちなのである。そしてこのことは、おそらくは野間清治の意図をはみだしてしまったことであったと思われる。」[57]

確かに、少年を「国民」と認めた『少年倶楽部』への熱い想いを回想するこの世代の文筆家は他にも多い。奥野健男が「『少年クラブ』の廃刊」(『北海道新聞』一九六二年一二月二日)に寄せた文章は典型であろう。

「三島由紀夫、安部公房、三浦朱門、井上光晴、北杜夫など、同じ世代の文学者が集まり、その頃(一九三六年)の『少年倶楽部』や講談社の単行本の話になると、つい夜を徹してしゃべってしまうくらい、みんな夢中になる。それは幼い頃の郷愁などというものではない。現在の自分を内的に決定した大きな要因として、その本質を人に語り、検討せずにはいられないという異様な気さえただようのだ。」[58]

思想信条の違いを超えて元「少国民」をとらえる『少年倶楽部』の魅力とは何か。それは、選挙権も与えられず世論形成の場＝国民的公共圏への参加を許されなかった少年に示された、公共性への呼びかけではなかったか。とすれば、同じことは普通選挙法成立の年に創刊された『キング』について、その読者たる婦人や労働者・農民について言えないだろうか。『キング』への大衆的支持は、国民的公共圏への参加可能性にあった、と。

このように考えると、「講談社文化と岩波文化」に読書体験の成長過程(『少年倶楽部』から岩波文庫へ)を読みこんだ「少年の理想主義」の上昇図式は、かえって『キング』に対する既存の「文化停滞的」イメージを補強してしまった、と言える。その限りでは、佐藤の議論は自らが批判した市民的な童心主義の大衆的変奏とならないだろうか。すなわち、教養あるいは批判的精神なき大衆は、容易に情報操作されるので大切に保護されねばならない、と。

「少年の理想主義」の『少年倶楽部』なら愚かしくも微笑ましいが、世俗の欲望と結合した「大人の現実主義」の『キング』など戦後知識人の好むところではなかったのであろう。「少年の理想主義」以後、講談社系雑誌で研究対象となったのは、もっぱら少年雑誌『少年倶楽部』であり、国民雑誌『キング』ではなかった。だが、佐藤が『少年倶楽部』に見出した「知的成長」の可能性は、すでに一九三〇年に戦前を代表する自由主義ジャーナリスト馬場恒吾が『キング』を念頭において次のように指摘している。(59)

「講談社の諸雑誌は低級愚劣だと一口に批評される。若しマルクス主義の難解な文字を羅列する事が高級とすれば、講談社物は低級に相違ない。だが、其愚劣な点に於ては、仮令(たとえ)それが愚劣であつたにしても、其諸雑誌の読者が愚劣なものを要求するとしたら、それも亦已(や)

むを得ない。今まで、物を読まなかつた階級をして物を読ます習慣を体得せしめる。その為めには、従来の読者階級とは、全然標準を異にする読物を提供する。それでも、読書の習慣がない者が、読書の習慣を有つやうになれば、其所に軽蔑出来ない事業がある。講談社物に教育された読者が、何日迄も講談社物に執着してゐるか否かは疑問である。彼等は段々に卒業して他の高級雑誌に転じて行くであらうが、同時に又新たに講談社物に入学するものが後から〳〵出て来る。[60]」

高級総合雑誌へ「卒業」出来なかった『キング』読者が圧倒的に多かったとすれば、なおさら、この大衆雑誌こそ、岩波的市民文化が掬い上げることができなかった広大な階層を国民的公共圏に組織したのではあるまいか。

「教化メディア」の同質性

この方向から、より根源的に「講談社文化と岩波文化」の二項対立的パラダイムに異議を申し立てたのは、村上一郎『岩波茂雄』(一九八二年)である。村上は両者の対質性よりも同質性に目を向けるべきだと主張している。

「「岩波文化」は日本型エリートをつくろうとするものであるといわれる。が、エリートとは、「岩波文化」がはたしてきたように「人をきたえる論理」「人を教育する論理」「人の蒙を啓く論理」によって〝造られる〟ものであろうか。そうしたエリートがエリートであるなら、エリートとは本来の選民ではなく、もはやビュウロウ(事務所)とかオーガニゼーション

〔組織〕とかの内部での秀才の別名でしかない。そして、「岩波文化」が拠って立つ、この「きたえ」や「教育」の小僧さん版・女中さん版・おかみさん版・兵隊さん版が「講談社文化」であるということになる。ぼくらは、むしろ「岩波文化」と「講談社文化」を、もうひとつ大きいカッコに入れてくくった上で(ここに「アカハタ」なぞも入っていいだろう)それに対立する、別のジャーナリズム、別の文化類型を考えてみるべきだと思う。」

すなわち、岩波文化も講談社文化も共産党文化も「人を教育する文化」であれば、それに対立するのは「人を教育しない文化」である。確かに、野間清治と講談社を戦前において最も激しく攻撃した人物は、第Ⅱ部で詳述する「非教育的」なジャーナリスト、宮武外骨と野依秀市である。

ちなみに、岩波茂雄は元女学校教師、野間清治は元中学校教師である。「教化」という意味で、岩波文化の教養主義と講談社文化の修養主義に大きな「断絶」は存在しない。「疎外された民衆は、むしろ亜インテリの型につらなる。彼らは「教育され」たり「きたえられ」たりすることを、むしろ好むから「講談社文化」的な媒体をへて、それなりの「岩波文化」的エリート意識の無意識的萌芽であるコンプレックスをもつのである。」(61)

とすれば、女性雑誌、少年雑誌、大衆雑誌を持たないという岩波文化の特徴は、講談社文化の断絶性ではなく、「教化メディア」における講談社文化との補完性を示している。

第三章　「大衆」の争奪戦——プロレタリア的公共性とファシスト的公共性

村上一郎が言及したもう一つの「人を教育する文化」、プロレタリア文化運動は、『キング』にどう向き合ったであろうか。前章で確認したように、「講談社文化」概念そのものが、大宅、戸坂、蔵原といったナップ(全日本無産者芸術聯盟)所属の理論家によって練り上げられたものである。ここでは、ファシズムの世論形成装置と目された『キング』がプロレタリア文化運動の実践でどう分析され、いかなる対抗策が試みられたかを概観しておきたい。

第一節　プロレタリア的公共性

職業革命家でありジャーナリストであったマルクスやレーニンの例を挙げるまでもなく、社会主義運動とは本質において宣伝啓蒙の運動であった(62)。とりわけ、労働組合の組織化が遅れ、活動家が知識人層に偏した日本において、プロレタリア文化運動と機関誌出版活動はほぼ同義であり、活動家とは第一義的にその購読者、可能性におけるその執筆者であった。

戦前の左翼出版に関しては、国家権力によって窒息させられた悲劇の言論史という「神話」が根強く存在している。確かに、戦前の出版検閲体制によって言論の自由が大きく制限されていたことは事実である。そのため、戦前の雑誌ジャーナリズム研究は多くの場合、新聞紙法、出版法、治安維持法等による「言論の牢獄」を分析し「抵抗の限界」を示すことに力点を置いてきた。悪名高い治安維持法は、『キング』創刊の一九二五年、普通選挙法とともに国会を通過している。

しかし、こうした視点からは、戦前に社会主義、マルクス主義の雑誌・書籍がブームとなり、学生の教養として定着していた事実を十分に説明することはできない。すくなくとも、第一次大戦後の出版ジャーナリズムにおいては、一般の戦前イメージ、「言論の牢獄」からは想像困難な左翼思想ブームが存在したことは、まず再確認せねばなるまい。

一九一九年、ロシア革命の影響下に『社会問題研究』(河上肇)、『我等』(大山郁夫、長谷川如是閑)、『社会主義研究』(堺利彦、山川均)、『解放』(福田徳三)など社会主義同人誌が多数創刊されたが、社会主義思想の普及に大きな影響を及ぼしたメディアは、同じ一九一九年四月に創刊された総合雑誌『改造』である。そもそも『改造』は、社長・山本実彦が自らの政界進出の足がかりとして創刊した政論雑誌で、社会主義雑誌ではなかったが、先行する『中央公論』との差異化戦略として、より急進的な論文を積極的に採用した。『中央公論』の「労働問題号」(一九一九年七月号)に対抗した「労働問題社会主義批判」(同年七月号)、「資本主義征服号」(同年八月号)の成功により、『改造』は左翼バネを使って部数を急上昇させた。

「文芸書は新潮、哲学書は岩波、社会科学書は改造。これだけあれば他の出版屋さんはいりませんね。」

この「放言」を大正中期に取次店の小僧が発したと、木村毅は「『社会問題講座』の頃」(一九三六年)で回想している。また木村は、ともに日本フェビアン協会会員である新居格、大宅壮一と企画編集した『社会問題講座』全一三巻(一九二六年三月刊行開始)こそ「円本の旋風の最も早い予兆」と主張する。[63] 確かに、「円本」ブームの一翼を担ったのは、こうした左翼出版物であった。一九二七年には社会主義文献を数多く含む『世界大思想全集』第一期全五四巻(春秋社)、『マルキシズム叢書』全二八巻(弘文堂)、『マルクス主義講座』全一三巻(上野書房)、『レーニズム叢書』全一二巻(共生閣)、『大思想エンサイクロペヂア』全二五巻(春秋社)、『資本論』全五巻(改造社)が、一九二八年には『社会思想全集』全四〇巻(平凡社)、『クロポトキン全集』全一二巻(春秋社)、『社会科学叢書』全三〇巻(日本評論社)などが、続々と刊行された。特に、改造社版、それに対する岩波書店ほか五社聯盟版で競って企画された『マルクス・エンゲルス全集』は、ソビエトやドイツでも未だ実現していない世界初の全集だった。[64] 一九二七年一〇月には岩波文庫で河上肇・宮川實共訳『マルクス 資本論』全三四巻(五巻で途絶)の刊行が始まり、一九二八年六月二五日第一回配本の改造社版「円本」『マルクス・エンゲルス全集』全三〇巻・補巻は「初版再版数万部忽ち売切れ、本日三版出来」(六月二九日付『東京朝日新聞』広告)の好スタートを切っている。

一九三〇年度版『出版年鑑』には「前年度(一九二八年度)より引続いてマルキシズムの書、プロレタリア派の小説の出版が盛ん」とあり、同一九三一年度版では「出版業者は何れも競

つて最左翼のものを出版し、この方面の読書子を吸収しようと大童」と大好況を伝えている。(65)

清水幾太郎は『戦後を疑う』(講談社、一九八〇年)で、「コミンテルン関係の出版物、その翻訳は、大部分、どの書店でも自由に買えた」戦前における出版の自由を回想している。(66)清水の主張を無条件に認めることはできないとしても、戦前をすべて日米戦争末期のイメージ一色に塗りつぶすべきではない。戦前の雑誌統制は、一八九三年出版法と一九〇九年新聞紙法を二本柱としていた。『キング』のように政治経済の時事も扱う場合は新聞紙法に基づく届出が必要で、その他の文芸や学術などの雑誌は出版法の対象となった。一九三四年レコードを対象に加えるため出版法が改正されたが、政治雑誌を対象とする新聞紙法は手付かずのまま終戦を迎えた。少なくとも共産党幹部である佐野学、鍋山貞親の「転向」声明が出る一九三三年段階では、検閲事務には人手が不足しており、また出版警察と特高警察の連絡も不十分で、「発禁号」には購入を求める行列が出来ていた。

単行本についても同様で、「プロレタリア大衆小説」と銘打って一九三〇年四月一日刊行された貴司山治『ゴー・ストップ』(中央公論社)は三日後に発禁となるが、初版二万部のうち一万一〇〇〇部は売れており、残部八〇〇〇余りのうち八〇〇部のみを警察に差出し、残りは「改訂版」に紛れ込ませて売りさばいたという。(67)

一九二八年四月現在、『キング』より半年早く創刊された青野季吉ら社会民主主義路線の労農芸術家聯盟機関誌『文芸戦線』の発行部数は八〇〇〇部、一九二八年一月に創刊された蔵原惟人ら共産党系の前衛芸術家同盟機関誌『前衛』も六五〇〇部に達していた。さらに、一九二八年共産党弾圧の三・一五事件を契機に、中野重治らプロレタリア芸術聯盟と前衛芸術家同盟とが合同した全日本無産者芸術聯盟(略称ナップ)の機関紙『戦旗』の発行部数は、一九二八年五月創刊号で七〇〇〇、翌二九年一二月一万七〇〇〇、三〇年七月二万三〇〇〇となり、最高で二万六〇〇〇部に達した。もちろん『キング』に比べて二桁少ない数であったとしても、『戦旗』が別冊として『少年戦旗』(第一―五号)、『婦人戦旗』(創刊号のみ)を刊行したこと、戦旗支局という読者組織を全国の工場や学校に約三〇〇〇(一九三〇年九月現在)も作り上げたこと、いずれも『キング』の大衆的公共性に真っ向から挑んだ対抗運動と言えよう。さらに、一九三一年一一月、ナップが日本プロレタリア文化聯盟(略称コップ)に改組されると、『戦旗』は廃刊となり、翌一九三二年二月にコップの「政治的大衆誌」『大衆の友』が創刊された。(68)

少年誌、女性誌を持たなかった非大衆的「岩波文化」と異なり、「大衆とともに」をスローガンとした「講談社文化」に対して、『大衆の友』で挑んだ「プロレタリア文化」の試みにおいては、『キング』評価こそが大衆化戦略の試金石であった。「芸術大衆化」論争で援用された唯一のデータは、ほぼ全員が労働組合に組織されている印刷職工男女一〇〇名に対する以下のアンケート結果だった。(69)

「**月刊雑誌**　○『**キング**』**十二**　○『**冨士**』**六**　『映画時代』三　『改造』三　『苦楽』二　○『**雄弁**』**二**　『文芸倶楽部』二　『講談雑誌』二　『映光』二　○『**講談倶楽部**』**二**　『女性』二　『主婦之友』二　其他十七　計六十(備考○印は講談社発行のもの)」

プロレタリア大衆が最もよく読む雑誌が『キング』であることは、同じ大衆の獲得を目指すプロレタリア文学の側でも否定しがたい現実として認識されていたのである。

第二節　芸術大衆化論争

『戦旗』第二号で開始された「芸術大衆化論争」について、前田愛はその意義を次のように書いている。

「出版機構の自由に操作しうる《大衆》が登場したのである。それは円本によって、また講談社文化によって「啓蒙」されようとしている《大衆》である。この《大衆》をいかにしてプロレタリア文学の側に奪い返し、政治的に「啓蒙」するかは、プロレタリア文学運動が直面した新しい課題でなければならなかった。[70]」

同じことは、同時代に秋田雨雀が次のように主張していた。

「大衆とは必然に無産大衆の謂いでなければならない。故に大衆文学とは無産大衆の活潑な新意嚮（しんいこう）を反映したプロレタリア文学の事であるべき筈である。然るに無産階級運動とは何等関係なく、徒（いたず）らに封建的題材を弄んで衆俗に媚ぶるに汲々たる彼等髷物（まげもの）作者輩（ら）が、この語を独占するとは僭上の沙汰だ。[71]」

秋田の目から見れば、本来、労働運動や社会主義の自家薬籠中たるべき「宣伝」と「大衆」を、欺瞞横領した出版資本こそ講談社となる。

『戦旗』誌上で、約半年にわたって行われた芸術大衆化論争は、通常「中野重治－蔵原惟人論争」として理解されている。中野重治「いはゆる芸術の大衆化論の誤りについて」(一九二八年六月号)が執筆された時期は、『キング』の大躍進と円本ブームの渦中である。先の読書調査にふれて、「労働者百人の日常の読物(新聞を除く)の六十プロセントが講談社系に所属する」と中野は指摘し、その上で講談社的読みものに追随して通俗化する試みを批判した。口に苦い良薬より甘味剤を処方するような大衆化ではなく、芸術家としての頑固な進み方で大衆の真実に迫ることを要求している。つまり、中野は良い芸術が即効果的かつ大衆的であるとする観念的一元論を主張した。

これに対し、蔵原は「芸術運動当面の緊急問題」(同年八月号)で、プロレタリア芸術理論を追求する高級な研究の場とは別に、「大衆の直接的アヂ・プロの為の芸術運動」の必要性を訴えた。

「芸術を利用しての大衆の直接的アヂ・プロの運動はプロレタリヤ芸術の確立と云ふことをその直接の目的としない。こゝに於いては我々は我々の見地からゆるされる限りに於いて過去のあらゆる芸術的形式と様式とを利用し得るし、また利用しなければならない。それはそれが必要な場合には浪花節や都々逸(どどいつ)や或はまた封建的な大衆文学ですらの形式をも利用しなければならない。」(強調は原文)

結局、蔵原の実践的二元論に対して、政治的要請からか中野が唐突に「解決された問題と新しい仕事」(同年一一月号)で妥協し、大衆向け作品では良薬とともに甘味剤の処方の必要性を認めて、問題は「解決」された。もちろん、「新しい仕事」をめぐって火種はくすぶり続け、翌三〇年蔵原と貴司山治の論争(第二次)、三一年の徳永直(すなお)、小林多喜二らの論争(第三次)、三四年の貴司、徳永による「実録文学」論争(第四次)まで含め、広義の「芸術大衆化論争」は続けられた。(72)

貴司山治の『キング』論

ここでは、大衆小説作家・貴司山治(本名・伊藤好市)の「『キング』論」(一九三〇年)を紹介した上で、彼が「被告席」に立った同年の第二次芸術大衆化論争を講談社文化との関係から検討しておきたい。貴司が『無産者新聞』に「舞踏会事件」(一九二八年一一月から七回連載)を執筆したとき、林房雄は「無産者新聞と講談社を両天秤にかけるとは大へんな怪物だ」と評し、新居格は「講談社系の大衆作家が『無新』に書くとはと、大いにヤジった」と言う。(73)実際、『キング』論」執筆の直前にも、貴司は『キング』誌上に野村愛正(あいせい)の連載小説を絶賛するコメントを寄せている(30-1:270)。

貴司の「『キング論』」は『綜合ヂヤーナリズム講座』第三巻(内外社、一九三〇年一二月)に掲載された。その略歴欄にはこうある。

「貴司山治氏　明治三十二年十二月二二日徳島県板野郡鳴門村に生る。小学校を卒業しただけ。大阪府大阪時事新報記者を五年間勤めたことあり。現在は小説家。著書、『ゴー・ストップ』『同志愛』『暴露読本』等の小説集あり。現在日本プロレタリア作家同盟員。」

貴司は、論文冒頭、次のように問題を提起する。

『「キング」が日本といふ資本主義国家の中でいかなる一部の役割を果たしをり、又果たさうとしてをるか？　その社会的効果が何であるか」

そして、これまでの通説を次のようにまとめる。

「一、『キング』(及び同種の諸雑誌)のやうな雑誌は大仕掛けな反動雑誌であり、そして同時に相当大きな資本主義的企業であるといふこと。
二、どういふ風にその性質が反動であるかといへば、『キング』及び『キング』によつて代表される講談社系諸雑誌は、資本主義制度の支持強化のために、大衆に向つて資本主義的立身出世成功美談等を宣伝し、資本主義的秩序維持のためには、資本主義以前の封建的要素に迄(まで)大衆を逆戻りさせる目的を以て講談、伝奇小説、怪奇探偵小説等の興味を盛んに注入する――そのやうに反動的である。」
講談社の台頭によって、シェアを奪われた明治以来の「雑誌王国」博文館についても、資本主義の発展段階に基づき次のような評価を下している。

「ある人は博文館の経営者たる大橋新太郎氏が一流の金融ブルヂヨアジーであつて、講談社社長野間清治氏は金融ブルヂヨアジーの段階には未だ達しない二流以下の企業家であるため、雑誌事業においても博文館の方が大きいのだといふかもしれぬ。(中略)前者が雑誌企業家などの小さき資本主義的段階にはもはやとゞまつてをらず、もつと高度の日本資本主義の機構に参画してゐることを意味」する。しかし、博文館は「資本主義的アヂ・プロの題材を殆んど全部講談社諸雑誌にうばはれてゐるために」、『新青年』などエロ、グロ方面に進出していった。

こうした前提を踏まえて、「資本主義的アヂ・プロの雑誌中の王位を占める雑誌」、『キング』一九三〇年四月号四七〇頁を次のように内容分析している。

分量の多い順に、「雑多な断片的な遊戯的記事」約一五〇頁(三二・〇%)、武者小路実篤「二宮尊徳」ほか「封建的要素の煽動宣伝を主とする内容」約一二〇頁(二五・六%)、菊池寛「心の日月」ほか「通俗小説探偵小説及之に類する実説話」約一一〇頁(二三・四%)、谷孫六「利殖八方策」ほか「資本主義的成功法の宣伝煽動の内容」約八〇頁(一八・〇%)、佐々木邦「飛んだ間違ひ物語」ほか「ナンセンス的内容」約六〇頁(一二・八%)、永田秀次郎「欧米激動の中を行く」ほか「科学知識国際ニュース等の進歩的内容」約三八頁(八・一%)、野間清治「経験より真剣」ほか「ブルヂョア的封建主義的道徳観の直接宣伝(名士訓話)」約一二頁(二・六%)と分類している。

この結果から、「三割以上の、閑文字を取り入れることがその雑誌に百パーセントのアヂ・プロの力を与へる所以である」と雑誌編集の「秘訣」を引き出している。さらに、「資本主義的アヂ・プロ」でありながら、資本主義的成功法より封建的要素が多く説かれる理由をこう分析する。

「キングが宣伝するやうな投機的成功(資本主義的成功とは皆投機的成功だ＝筆者)が万人中、九千九百九十九人までは得られない望みであることは小商人やその徒弟階級の間ではわかり切つた事」である。『キング』は資本家的成功法を必ずしも適当としない大衆——労働者、貧農の間にも送りこまれるための広汎なるアヂ・プロ雑誌である。だから、労農階級にも小市民階級にもより多く普遍性をもつアヂ・プロの内容は、資本主義的成功法のそれではなくて、封建的イデオロギイの煽動宣伝でなければならない。」

三番目に多い「通俗的恋愛小説」は「社会の不安な現実の問題から眼をそらせて、個人の、愛欲等の問題にすべての人間の関心を向けさせる働きをなす」のであり、それによって思想善導の役割を資本階級に約束する。

さらに、大衆の進歩的な層に向けて、約八％の科学常識、国際ニュースが「巧みに配色され、選択されてゐるのは感心する程である。」つまり、封建的イデオロギーと資本主義イデオロギーを、通俗恋愛小説など逃避的個人主義と技術的進歩主義が媒介して『キング』は合成されていると分析する。その上で、貴司は、資本主義崩壊の必然を説き、資本主義アジ・プロの限界を指摘する。

「『キング』等の資本主義的アヂ・プロはアヂ・プロそれ自体の組織としては実に立派なものであらう。しかしそれは、たとひ一時多数を欺瞞しえても、究竟的には資本主義の側への決定的な効果をあげえないであらう。」

結局、「之に反して最も怖るべきはプロレタリア・ヂヤーナリズムの持つアヂ・プロの力についてゞある。」(74)

このキング論と同じ巻に、赤石喜平「雑誌経営に就て」が収載されている。野間に招かれて小学校教員から講談社幹部となった赤石は、自社の宣伝について、こう述べている。

「我々は(講談社では社長以下社員一同)宣伝即道徳といふことを確く信じて居る。[75]」

この「宣伝即道徳」を科学的社会主義が乗り越えるべき道筋を、貴司も「宣伝の政治化」という以上には提示できていない。だが、貴司論文の結語を読んだとき、どこかで読んだ同様のレトリックを想いだすことはないだろうか。それは、ヴァルター・ベンヤミンがナチズムへの抵抗の中で書いた「複製技術時代の芸術作品」(一九三六年)の結語である。

「これがファシズムが進めている政治の耽美主義化の実情である。このファシズムに対してコミュニズムは、芸術の政治化をもって答えるのだ。[76]」

ベンヤミンの文脈でも、「芸術の政治化」は「芸術の大衆化」を前提としている。

貴司山治 vs 蔵原惟人

『キング』論に先立って執筆した「新興文学の大衆化(三)」(『東京朝日新聞』一九二九年一〇月一四日)で、「小学校を卒業しただけ」の貴司は、東京外大卒の蔵原惟人、小樽高商卒の小林多喜二のような「インテリゲンチヤ」が、自己と大衆との距離について自覚的でないと批判している。小林の代表作『蟹工船』ですら、「小説中に描かれてあるやうな漁夫や水夫の間に持込んだら果して読むだらうか? 恐らく読まないだらう。理解することができないだらう。」彼等が選ぶのは『キング』なのである。

また、『プロレタリア芸術教程』第二輯(一九二九年一一月)では、小林多喜二「プロレタリア文学の大衆化とプロレタリア・レアリズムに就いて」と、貴司山治「プロレタリア大衆文

学作法」が並べて掲載されている。(77)

小林は、「プロレタリア作品の仮面をかぶり、サッカリンを入れたやうなプロレタリア大衆小説、形式の新奇が実はインテリのもの好きでしかなかつたり、新らしい内容を安易に古い嚢(ふくろ)にもつたり」する大衆化を振り落されるべき「野糞」と厳しく批判している。奇妙なことに、この論文でことさらに蔵原理論の正統性を言明する小林が、前年の中野－蔵原論争で中野が主張した芸術性と大衆性の一元論に近いレトリックを使用している。

一方、貴司は「大衆の直接的アヂ・プロの為の芸術運動」という蔵原の主張を楯に、結果と価値という別の一元論を展開している。

「いかにより多くの大衆を、階級的関心の上において獲得したか、闘争的経験の方へ駆り立てたかといふ結果の、より多ければ多い程、その作品のもつ価値は大きく決定される。だから一切のプロレタリア文学は、詳しくいつた場合のプロレタリア大衆文学でなければならない。」

すなわち、高級なプロレタリア文学と低級なそれがあるわけではなく、実践上の「実用主義」にプロレタリア文学の本質を見出している。

「百万以上の各層大衆を確実に獲得してゐる講談社系諸雑誌はその大衆獲得成功の秘訣として殆んど例外なく――現代物をＡ中村武羅夫(むらお)類Ｂ菊池寛類に類別し、マゲ物をＡ吉川英治類Ｂ白井大佛類に類別して双方Ａ七Ｂ三の割合で組合せるといふ事実である。之は何年もの間、延人員(のべ)何千万といふ大衆の反響に指導され経験づけられて生れて来た鉄則なのである。」

B類は文壇における評価では「大衆文芸家として第一流」だが、大衆自身の要求では「第二流品」であり、貞操の危機をヤマ場とする中村武羅夫の「あはや小説」や吉川英治の「低級小説」(だが大衆の視線ではA級)が愛読されている。結局、貴司の「作法」は次のように結ばれている。

「われ〳〵は、われ〳〵のインテリ的気位には副(そ)ひ憎いこういふ事実を、現実を、注意深く、プロレタリア文学大衆化の実践の基準に移さなければならぬ。(中略)われ〳〵は、断じて、簡素な、短頸な、明刻な、ダイナミツクな、之れ以上わからぬといふことのないわかりやすさを以て書ける十二分に幼稚な非芸術的な、戦闘的プロレタリア・リアリズムを確立しなければならぬ事をさとるであらう。」

『プロレタリア芸術教程』第三輯(一九三〇年四月)では、貴司と同じく小学校出の徳永直が、蔵原・小林のプロレタリア・リアリズムの提唱に対してこう述べている。

「工場労働者も、農村労働者も、等しく『キング』階級の読者である。私達は、あの「牽引性」を失はずに、読者を「夢幻の殿堂」からひき出し、現実に直面させ、むせ返へるばかりのブルジヨア・イデオロギーをひつこ抜いて、本来のプロレタリア意識に引き戻させなければならない。——これがまづ本書の使命だ——と。私は、同志小林の『蟹工船』が如何に、画時代的なすぐれたものであるかを知つてゐる。しかし、現在の工場労働者があれを読み了(おわ)るには、どれだけの努力を必要とするかも知つてゐる。まづ読ませよ、労働者の眼を、活字の上に吸ひとれ！　三百万を超へるキング其他婦人雑誌を通じての敵陣に捕虜にされてゐる労働者の読者大衆を闘ひとれ！　奪ひ返せ！」[78]

この一九三〇年四月に開催された作家同盟第二回大会では、貴司が「文学大衆化の問題」を議案として提出した。大会を前に中央委員会で討議された様子を、貴司は戦後次のように回想している。

「作家同盟のおえら方がしきりに「講談社的文学」とか「講談社的イデオロギー」という言葉を使う。ぼくが講談社の諸雑誌に書いているから、まるでぼくをその代表者と目したように、「プロ文学の中へ卑俗主義をもちこみ、リアリズム、プロレタリア・リアリズム、ボルセビズムと進んできたプロ文学を崩そうとする貴司の理論」という風にやっつけることで、その討論会が終始した恰好になった。（中略）

連中は講談社の雑誌なんか一冊も読んだことがないから、ぼくのいうことがわからない。わかろうとする気持がない。あとから見ると、わからないというより、嫌いなんだね。無関心なんです。話が嚙み合わないんです。それで「それなら貴司君の実作をみようじゃないか」ということになって、その時中央公論社から出版されて、異常な評判になっているぼくの「ゴー・ストップ」という本を読んできて、口々にその卑俗性、偶然性、封建的英雄主義といった点を猛然と攻撃するんだ。（中略）しかしちょっと面白いのは「ゴー・ストップ」はB6判三百頁の本だが、江口渙（かん）でも壺井繁治でも「読みかけたら面白く、ひきずりこまれ、とうとう一晩で読みとおした」という前置きで、その内容を攻撃するんだ。私は内容の卑俗性は承認したが、連中はなぜ「面白くて引きずりこまれ一晩中読みとおした」という点を考えてみようとしないのか……ということだ。そこに何かあると、気がつかないいんだネ。[79]」

激しい論議の後、日本プロレタリア作家同盟中央委員会は「高級文学」と「大衆文学」の二元的対立の克服という建前、つまり第一次論争以前に逆戻りする線で総括する「芸術大衆化に関する決議」(『戦旗』一九三〇年七月号)を打ち出した。そこでは、貴司の『忍術武勇伝』(『戦旗』一九三〇年二月)が「低級な」大衆文学的手法を借りた形式的無造作として否定される一方で、小林『蟹工船』も「高級な」在来の自然主義リアリズムの手法として欠陥を指摘された。

一見「喧嘩両成敗」的に見えても、「芸術運動のボルシェビキ化」「ブルジョア文学並びに日和見主義文学との闘争」を打ち出した作家同盟第二回大会の方針からすれば、貴司の大衆化要求が否定されたことは明らかである。

これを「ナップ分裂の兆」と『東京日日新聞』(一九三〇年四月一九日)が報じたため、蔵原と貴司はそれぞれ「芸術大衆化の問題」「プロレタリア文学の陣営から」(『中央公論』一九三〇年六月号)を発表した。蔵原論文は次のように始まる。[80]

「最近ブルジョア・ジャーナリズムの領域に於いて、所謂芸術大衆化の問題について「ナップ分裂の兆候」「蔵原派と貴司派の対立」等々が伝へられた。しかし事実は全然これと相違して「蔵原派」も「貴司派」もなければ、ナップ分裂の兆候などは尚更あり得やう筈はないのである。」

とは言え、蔵原は貴司が冒した大衆芸術論の誤りを次のように糾弾している。

「彼は、「イデオロギーの強化と云ふことは、質的に考へられると共に量的にも観察されなければならないと思ふ」と云ひ、プロレタリヤ・イデオロギーに水を割つて薄めることを検閲制度の現存をもつて合理化することによつて、全く社会民主主義的な大衆化論に到達してゐる。このことは特に現在、左翼社会民主主義との闘争が共産主義運動の中心的題目の一つとなり、我々の芸術そのものが共産主義芸術への飛躍を遂げなければならない時に於いては、全く反動的意義をもつてゐる。」

さらに、貴司の講談社的な大衆文学「形式」論を蔵原は次のように要約し、反駁する。

「彼は、かう主張した、――我々は我々の芸術を作り出すのに現在わが国の労働者農民の文化的水準から出発しなければならない、云ひ換へれば、我々は煩瑣なレアリズムの手法を棄てゝ、講談社的な大衆文学、通俗小説の形式から出発しなければならない、何故と云ふに大衆はそれ以上のものを理解しないし、我々はこの形式の中に立派にプロレタリア的内容を盛ることが出来るから、と。しかしこの主張は間違つてゐる。（中略）所謂大衆文学、通俗小説の形式と、封建的町人及びブルジヨア的小市民の世界観、或ひは世界観であるところの英雄崇拝、安価なるヒロイズム、義理人情、伝奇的趣味、物事に対する非現実的な非論理的な態度等と切り離して考へることは出来ない。」

結局、異質な形式を利用したため反動的イデオロギーに引きずられ、「支配階級の逆宣伝に合流するもの」として、「その最もよい例が貴司の『忍術武勇伝』、『敵の娘』、『ゴー・ストップ』等である」と蔵原は貴司作品を弾劾している。

この第二次論争も、貴司が蔵原に「政治的に」譲歩するかたちで組織の分裂を否定して終結した。貴司は、『綜合プロレタリア芸術講座　第三巻』(内外社、一九三一年)に自己批判的な「大衆文学論」を江戸戯作から説き起こしているが、すでに精彩を欠いた極左的公式論というべきであろう。[81]

「講談は、人情本の類よりも更に卑俗化された農民のための文学であつた。農民のための文学といふことは、農民自身の文学といふことではない。搾取による勤労の過重に、勃然としてかれらが団結の反抗に憤起することのないために、阿片として、睡眠剤として、支配階級から与へられたところのいはゞそれは支配階級の作り出した文学である。」

地主階級の利用した「講談」が、貴司によれば、帝国主義段階に入り「新講談」となる。「クラク(『苦楽』プラトン社)、キング、アサヒ(『朝日』博文館)等々と大雑誌はいくつも創刊されて行つた。これらを先頭として一切のブルジヨア的定期刊行物の紙上に、世界経済恐慌の一部となつてもがいてゐる日本帝国主義ブルジヨアジーの必要から動員された新しい文学が生産され始めた。それは即ち従来の講談ではもはや魅力がないといふので新しく創られた形式の講談、今日いふところの新講談の出現がその一つ。」

この芸術大衆化論争の是非については、すでに歴史が審判を下している。一九三一年満洲事変の勃発は、世相を一変させ、大衆化を実質上拒絶したプロレタリア文学の先細りを加速させた。『出版年鑑』(一九三四年度版)は、「出版界一年史(一九三三年度)」冒頭でこう伝えている。

「わが出版界を総括的に見て、本年度に於ける特異性とする所は、何んと云つても、一、左翼出版物の没落、二、日本主義出版物の隆盛であらう。勿論（もちろん）これは出版界を単に思想的に視た場合ではあるが、かのマルキシズムが、あの華やかな舞台から退場させられて、前年度に於てもなほ一ヶ月数十乃至百を突破する点数を出版して居たのが、殆んど跡形もなくなり、殊に五月に、共生閣の藤岡淳吉氏が一躍フアツシヨに転向し、自己出版物一万点を日比谷公園に於て、焚書することを警視庁に申出てからは、左翼出版元は続々と次いで閉店又は転向を為し、現在にあつては白揚社、ナウカ社等に於て偶々（たまたま）一二の出版を見るに過ぎざる有様に立ち至つた。(82)」

それは同時に、講談社文化が国民的公共性を覆う過程でもあった。

「九雑誌の総計部数は一ヶ月五百二十九万部と云ふから、実に日本全雑誌発行部数の正に八割を占めてゐる――これを講談社風に云へば、一冊宛（ずつ）積み重ねると富士山の五十六倍余になり、日本の世帯数に割当てると実に三戸半に一冊づつとなる云々（以下略(83)）。」

一九三二年、なお大衆化の必要性を唱える徳永、貴司に対して、極左化した作家同盟常任中央委員会は、「右翼的危険との闘争に関する決議」（『プロレタリア文学』一九三二年四月号）を公表した。

「同志徳永は戦争を契機にして強化せるブルジヨア文化反動に対抗して『プロレタリア大衆文学』の『創造』を提唱してゐる。（中略）同志徳永はフアツシヨ化の中にブルジヨア文学の攻勢のみを見て、その中に含まれる、質的崩壊のモメントを見ない。（中略）全体としてそれは、文学の党派性を抹殺するところの敗北主義的武装解除論であり、ブルジョア文学のファッシヨ化と闘争するのではなくて、実はこれと妥協する試みである。それは現在の瞬間に於ける敵階級の最も危険なイデオロギー的影響の所産であり、それは敵階級のために理論的支柱を提供するものである。同志貴司の見解も本質的には同志徳永の理論と別物ではない。(中略)日本プロレタリア作家同盟常任中央委員会は、右に指摘した同志徳永及び貴司の見解を、我が同盟の基本方針に背反するところの、最も重大な右翼的危険のあらはれであると認める。[84]」

『プロレタリア文学』一九三二年五月号には、貴司「自己批判の実践へ」と徳永「「大衆文学形式」の提唱を自己批判する」が掲載され、在来の大衆文学的な形式いっさいが否定された。すでに第三次「論争」というに価しないやり取りの後に残された可能性は、壁新聞、報告文学など「大量(マス)」メディアとは言い難い手段での「大衆化」となった。

こうして共産主義出版物の退潮後、貴司は残された可能性の実践として『讀賣新聞』に「実録文学の提唱」(一九三四年一一月九日―一三日)を発表した。これに対して、これまで大衆化問題で同じ被告台に立たされていた徳永直が「文学に関する最近の感想」(『文芸』一九三五年三月号)で『キング』の軍門に下る「ひどく退却的な論理」と攻撃を加えている。

「貴司君の「実録文学の提唱」の中で現はれてゐる意見は、要約すると、今日沢山の読者を捕へるには、まづ今日沢山の読者があてがはれてゐるところのキング的、乃至は種々のブルジヨア大衆小説に代るところのプロ、レ、タ、リ、ア、大衆、小、説を与へねばならぬ。程度のたかい芸

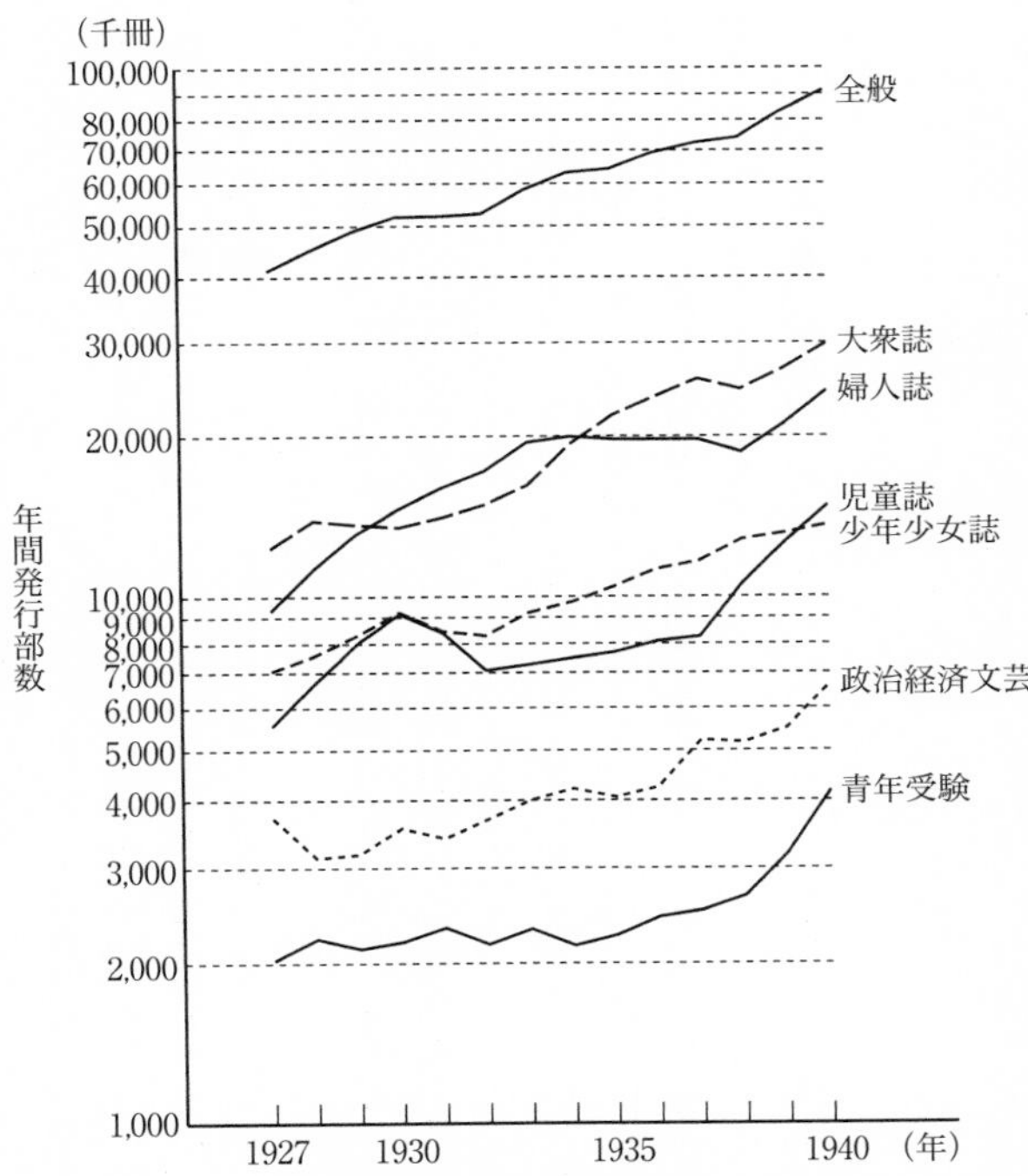

グラフ1 「1927-40 年主要雑誌部門年間発行部数」(大衆誌 11 誌，婦人誌 8 誌の合計．石川静夫『出版販売小史』東京出版販売株式会社 1959 年 112 頁)

術小説では直ちにそういふ訳にはゆかないから――といふやうな意味であつたと思ふ。（中略）私自身考へるところでは、プロレタリア小説は、それ自体芸術的であるといふことと、大衆的であるといふこととは一致してゐると信じてゐるのである。（中略）これがキングの向ふを張つたり、映画化されて津々浦々に喧伝されることは絶対不可能に属する。若しそうなるなる（ママ）とすれば多分にブルジヨア的なものでない限り出来ない話である。しかしそれではミイラとりがミイラになるだけの話だ。[85]」（強調は原文）

ほとんど論争出発点の中野論文に回帰する倒錯ぶりは驚嘆に価する。こうして閉鎖化したプロレタリア的公共圏内部の不毛な政治主義的論争を尻目に、『キング』を先兵とする講談社文化の国民的公共圏制覇は進んでいった。

この時期、雑誌メディアの大衆化をリードしてきた婦人雑誌の発行部数は、大衆雑誌に凌駕され（グラフ1）、本格的な『キング』の時代が出現した。この「国民雑誌」の浸透力はすさまじく、農民や労働者など活字文化の周辺部から天皇家での「天覧台覧」(25-3：2 f.)まで、国民空間全体への射程を持っていた。

プロレタリア文化運動が四分五裂して流れ込んだ反ファシズム人民戦線運動の「主要敵」も、当然ながら『キング』であった。

第三節　「左翼キング」の可能性

「芸術大衆化論争」以後のキング論として、高杉三郎「『キング』を評す」(『讀書』一九三四年二月号)がある。高杉によれば、『キング』とは、『講談倶楽部』が担った伝統的封建イデオロギーが、プロレタリア文学の台頭によって動揺した際、その再注入のために作られた「雑誌報国」のニュー・メディアである。確かに、プロレタリア文学雑誌の嚆矢とされる『種蒔く人』は、一九二一年創刊であり、関東大震災で廃刊後『文芸戦線』(一九二四年創刊)へと発展した。『キング』創刊計画は、こうしたプロレタリア文学の組織化と同時進行していた。

「今日、日本に於てキング程発行部数の多い雑誌は少い、これほど社会のあらゆる層に読まれてゐる雑誌も少い。老人や子供が読んでゐるかと思ふと、大学専門学校の学生が恥かし気もなく電車の中でキングを展げてゐる。時には市電の車掌やバスの赤襟嬢までがキングを脇へてゐるのに出会ふ。労働者勤労階級の間に適当な娯楽雑誌がないと云ふ事も原因だが、キングそれ自身が肩がこらずに面白く読める雑誌である事も事実だ。(中略)又他の娯楽雑誌に見られないい正義感の昂奮を覚えさせられる。そこで、つい識らず識らずのうちに野間式人生観のワナに引きかゝつて了ふ。そのワナの巧みさこそキングの特徴であり、国民教化機関としてブルジヨアジーの支持の厚い所以でもある。」

さらに、「コケオドシの理論の迷路にプロレタリアを追ひ込まうとする」『中央公論』や『改造』の「自由主義的編輯の仮面」と、「専ら感情や気分に訴へて正しい理論からそらさせやうとしてゐる」『キング』は、「一つの使命に対するブルジヨアジヤーナリズムの分業だ」と主張する。特に、『キング』の説く立身出世主義を高杉は次のように批判している。

「多数の名士が動員されて、資本主義発展期に於ける自分等の成功談を、この没落資本主義の時代にもあり得るかの如くあをり立てる。（中略）だからキング的奮闘努力はプロレタリヤの側から見れば、却つて自縄自縛となるから、「面白く為めになる雑誌」といふキングの標語が果して誰の「為めになる」のであるかは、少し考へてゐれば判ることだ。」

具体的には、一九三四年新年号の巻頭論説・斎藤実首相「自主独立の精神」、荒木貞夫陸相「日本よりよい国が何処にあるか」、松岡洋右の特輯論文「沈黙を破りて九千万同胞に訴ふ」を読み解き、高杉は次のように結論付ける。

「以上三つのキング正月号の主要論文に於て、我々ははつきりとキングの非常時的役割を知ることが出来る。この中には反ソヴエート的色彩が尤もロコツに現はれてゐる。キングが「娯楽性」を通じて行つてきた封建主義イデオロギーの保存助長といふことは、もつと政治的にこの切迫した非常時政局に適応するために、新しい段階に入つたのだ。（中略）キングは最早単なる娯楽雑誌ではない。その執筆者と読者とを考へるとき、日本に於ける最も偉大な政治的存在の一つである。[86]」

高杉三郎は『生きた新聞』（一九三四―三五年）編集部を代表して、貴司が編集顧問である『時局新聞』主催の「進歩的思想は大衆の中に」本社主催座談会（第一一三号、一九三五年七月八日）にも出席している。この座談会では、共産主義運動の組織壊滅にもかかわらず、「各分野にわたる進歩的諸雑誌が、こゝ数年みることができなかつたほど「繁栄」をきたしてゐる」と雑誌界が展望されている。同年一月の天皇機関説問題以降、言論弾圧が強化されたという教科書的常識からすれば、左翼雑誌の「繁栄」という同時代認識は意外の感もあろう。高杉は、この繁栄を氾濫と読み替えてこう説明している。(87)

　高杉「景気が悪くなつても大衆が進歩的思想を求めようとする傾向は強い。が、一方、支配階級はこれをファシズムか国家主義かへネヂまげようとする。が、それも利かないとなると、何かなまぬるいものへ避けさせようとする。で大衆はハツキリとした昔のものほどではないと承知してゐながら、こういふ「進歩的な形態」のものにも物を教はらうと要望する。そこに諸雑誌の氾濫がある。つまり「氾濫」は両方からの要求のカチ合つた矛盾の上に生じてゐる。」

　もっとも、氾濫が読者数の量的拡大ではなく、司令塔を失った組織分裂に伴う雑誌数の繁栄であることは敢えていうまでもないだろう。

　記者「諸君のさういふ進歩的雑誌を改造、中央公論、ないしはキング以上にするといふ目あては？」

　壺井繁治(『進歩』)「ブル雑誌が大取次、小売店をへて読者に入つて行く過程をこまかく観察してみるとそれ自身我々の容易の(ママ)打ち勝てない配布網をなし組織をなしてゐる。」

　渡辺順三(『文学評論』)「さう、それも重大な問題だ。同時に、我々としては、プロ小説について云へば、もつと面白いものを書け、といひたい。」

　内野壮児(『労働雑誌』)「その「面白さ」といふ問題だな。労働者はとにかくおもしろい方をよむんだ、芸術的にはどうでも、『ゴー・ストップ』とか『忍術武勇伝』とか。」

面白いプロレタリア小説として内野が挙げたのは、いずれも大衆化論争で蔵原が糾弾した貴司の作品である。すべては堂々巡りとなる。この座談会を主宰した反ファシズム批評新聞『時局新聞』(長谷川国男編集・発行)の編集顧問には、大宅壮一、青野季吉、鈴木茂三郎、後には戸坂潤、新居格、貴司山治など「文戦派」「戦旗派」の派閥を超えて社会主義者が多く加わっている。大同団結のための主要敵を求めて、「人民戦線のベルト」を自称する『時局新聞』が繰り返し行ったキャンペーンこそ、『キング』批判であった。

武田麟太郎「栄え行く道の一例」と『ブルジョアへの途』

時局新聞社は臨時版「パンフレット第二輯」として大伴千万男『ブルジョアへの途――或る出版資本家の内面記録』(一九三四年一二月)を発行した。「まえがき」に曰く、

「登場するのは片手に大新聞社、片手に大雑誌社を握り自ら出版王を誇る「野呂政治」である。その痛烈なる内面記録である。本篇の文章には全体として、何となく、小市民的な、ペシミステイツクな空気が漂つてゐることは否(いな)まれないだらう。(中略)題して『ブルヂヨアへの途』となしたのは、この主人公の著『繁昌への道』をモジつたわけである。[88]」

「報道新聞」も手中にした「大日本弁論会落語社」社長「野呂政治」は、いうまでもなく、『報知新聞』社主となった大日本雄弁会講談社社長・野間清治であり、その著は『栄えゆく道』(一九三二年七月刊)である。『栄えゆく道』の風刺作品では、プロレタリア芸術聯盟に参加していた武田麟太郎の小説「「栄え行く道」の一例」(『文藝春秋』一九三二年一一月号)がこのパ

ンフレットに先行している。「日本三文オペラ」(『中央公論』同年六月)で下町下層庶民の生活を彼らに寄り添って描いた武田は、この作品では家父長主義的な「××無尽」会社の住込み社員が告白する形式で「旦那」批判を行っている。武田は、金融資本主義体制下における無尽会社(庶民金融)と、国家主義教育体制下における講談社(庶民教育)の役割を重ねあわせ、講談社の内部構造に出版資本主義の搾取メカニズムを逆照している。

「内ではそのやうな仕方で社員を合理的に奴隷のやうに使ひ、事業である無尽の方法によつて合理的に、何万と云ふ金を横領してゐる。そして、加入者は微妙なカラクリに隠されてゐる故、少しもそのことに気づかず、小市民のために便利な金融機関だと思つて、零細な収入のうちから懸け金してゐるのです[89]。」

野間清治が少年社員に自らを「旦那様」と呼ばせたことは万人周知の事実であり、武田の小説が講談社批判として読まれたことは間違いない。だが、この小説の最終頁に続く一面広告が「菊池寛先生畢生(ひっせい)の傑作！　長編小説花の東京」であることは、資本主義批判までも消費する出版資本主義の姿を顕して皮肉である。菊池寛はこの掲載誌『文藝春秋』の社主であり、『花の東京』(非凡閣出版部)は野間清治が経営する『報知新聞』に連載された「あはや小説」であった。講談社的家父長経営を批判する武田の小説と、「君よ一本を購ひ秋宵(しゅうしょう)の涙をしぼり給へ」の広告は、異なる読者に向けられていたわけではない。

大伴千万男『ブルジョアへの途』は、武田が示した「一例」の延長上にある作品である。このパンフレットも新入社員の目から野間の生活と思想を暴く手記スタイルで書かれている。

『キング』は次のような文脈で登場する。

「雑誌『シーザー』の編輯長淵畑さんが、少し金が溜つたので何とか運転して利殖の道を講じようと、同窓のマスター・オヴ・アーツに相談した所、マスター・オヴ・アーツは「つまりそれだけを資本にしてうまく回転する訳なんぢやな、それなら『資本論』と云ふ本が此の頃評判の様だ」と云ふのでその忠言に従ひ、『資本論』を買ひ込んだと云ふのは社内で大分有名な話だが……。[90]」

『シーザー』編集長淵畑は、『キング』編集長の淵田忠良(ただよし)であり、「マスター・オヴ・アーツ」はスタンフォード大学で学士号を得た講談社取締役・奈良静馬のことである。講談社の経営に『資本論』が生かされたかどうかは別にして、封建的モラルの宣伝媒体と目された『キング』が出版の資本主義化を徹底したことは、大宅壮一の同時代評価が正鵠を得ている。

「講談社が日本のヂャーナリズム界に覇をとなへるにいたつた所以(ゆえん)は、まつたく資本主義的に徹底してゐて、従来の出版業者が多かれ少かれもつてゐた文人気質や文化意識をかなぐりすてて、ヂャーナリズムの資本主義的企業化に向つて一路邁進した点にある。[91]」

『時局新聞』本紙によれば、『ブルジョアへの途』は好評を博し、講談社(作中では漫談社)の少年部員某君(作中では柏木誠助)から告発手記が送られてきたという。それを編集したと称する連載が、「最後の奴隷――「漫談社」一少年の手記」(全六回)であり、九二号(一九三五年二月一一日)から講談社少年部の労働状況を痛烈に批判している。

住込みで共同生活する少年部員は、「刻苦忍耐」を旗印に将来講談社正社員になることをめざし、掃除や使い走り、編集手伝いや発送作業などさまざま雑用を行いつつ、討論会など学習のほか剣道など独特の「教育」が行われた。武田の小説でも風刺された少年部の特異性は、池内訓夫（のりお）「講談社とはどんな所か」(一九三四年)でも指摘されている。

「好言と好餌をもつて、たゞのやうな報酬で少年達を働かせ、搾取してゐると云ふ左翼ばりの批難を浴びせてゐる向きもあるが、もちろん、結果としては事実であり、野間にもかうした人を使ふ上の利益関係が皆無だとは否定できないまでも、これがさうした労資問題ばかりだと断定することはできない。その証拠としては、世間態をはゞかるためでもあるまいが、子供の恒（ひさし）もこの少年達と同じ方針で教育して来つたし、現在講談社の社員として、この少年部出身の多数がつとめて居り、中枢となつて活躍してゐると云ふ事実がある。かうした批難に対して野間は、「……仮りに少年達が奴隷だとしても、彼等は自ら喜んで働く奴隷である……」と応酬してゐる。だが、一方一ぱん社員からみると、この少年達は、云はゞ野間の旗本であり、野間が現在報知新聞社長として多忙のために講談社にでゝ来る機会がないにもかゝはらず、音羽の邸にゐて、社員の動静を、ことこまかに知悉してゐると云ふことは、この少年達の旗本兼社員目付役としての役割を忠実にものがたるに充分である。」

こうした独特の組織をもつため、講談社に働きかけようとした出版労働組合も、「講談社だけは一応の手段方法では歯が立たない……」と嘆じたという。(92)

「反ファシズム大衆雑誌」の試み

「最後の奴隷」第二回目と同一紙面に、『労働雑誌』創刊が報じられている。

「労働者農民の読む大衆的な雑誌が不足の折り、最近小岩井浄(きよし)、加藤勘十(かんじゅう)、杉山元治郎三氏の発起で月刊『労働雑誌』が計画され四六倍判四十頁、労働者グラフ二頁、定価二十銭で、来る三月から創刊されることとなつた。同誌は、労働者農民生活の偽りなき姿、政治経済、社会問題のがつちりした解説、海外事情並に労働者運動の速報、労働者グラフ、漫画、読物を広汎な大衆に提供しようとするものでそれの立場は全然超党派的であり、労働組合、農民組合の支持は豊富でありそれらの諸組合を通じて実際に広く職場にも結ばれてゐるので、その前途は有望視されてゐる(93)。」

また、日本労働組合全国評議会(全評)機関紙『日本労働新聞』(一九三五年三月一日)の広告には「労働者のキング『労働雑誌』創刊」とあるように、『労働雑誌』(一九三五年四月―三六年一二月)は人民戦線派の大衆雑誌と自己規定していた。「労働者のキング」というキャッチコピーが読者にどれほど訴える力を持っていたかは、読者欄「展望台」で『キング』がくり返し論じられたことでも明らかだろう。仲綜三(大阪)は次のように述べている。

「僕の云ひたいのは、今の現状では意識した人なんか問題とせず、「キング愛読者」なんかを、いかにすれば『労働雑誌』の愛読者となるかを考へて、なるべく平易に面白く、(進歩的な)編輯して呉れなければダメです(94)。」

三〇〇〇〇部で創刊された『労働雑誌』は、八〇〇〇〇部まで発行部数を伸ばしたが、それ以上は続かなかった。やがて、大衆との乖離に気づいて転向する知識人にとっても、総ルビつきの『キング』を読むことは、「大衆とともにある」安堵感を覚える癒し効果をもったとも考えられる。特に、大量「転向」時代を迎えると、獄中左翼にとって『キング』は特別な意味を帯びてくる。

「豊多摩の刑務所では一切の月刊雑誌を禁止してゐるがキング、講談倶楽部、雄弁等の講談社出版物はフリーパスさせてるさうである。出版物に対するブルジョア政府の階級的態度は甚だ露骨である。[95]」

これを裏付けるように、『キング』には、巣鴨刑務所長・岡部常の談話「人情と道徳の糧」が掲載されている。

「一体刑務所は囚人を監禁して置くところではないのです。人間を再生させる所なのです。その意味から此所ではキングだけは特に囚人達に閲読させて居ります。面白く楽みに読ませながら、人情や道徳を教へ常識を涵養してくれますのでよい教材として居るわけです。」(33-10:406)

また、久留米市の刑務所看守・池田馨は、次のような投書を寄せている。

「刑務所は別世界であるだけに、囚人に読せる書籍と申しては修養本位の英傑偉人伝位のものが許されてゐます。暗い鉄窓に、厳しい戒護、何の楽しみもない囚人にとつてたつた一ツ雑誌キングの購読が許されてあることです。この社会の規定にこの事あることはキング愛読者としてとても嬉しいことです。「規律の府」である刑務所に許されたキングが如何に良

書であるか敢へて言を待ちません。」(39-1：456)

つまり、非転向者は差し入れを許される『キング』を十数年にわたって読みつづけたことになる。獄中書簡を分析して、鶴見俊輔は彼らが「大衆的読物のみから得た情報にもとづいて、日本のそのときどきの問題が何であるかについての的確な判断をもっていることが知られる」という。[96]とすれば、『キング』の内容が日本の「現実」を映していたと言ってもあながち間違いではない。

一つの結論

「左翼キング」の限界は、プロレタリア的公共性を構想した知識人――貴司山治を含めて――が、『キング』のメディア特性を読み誤っていたということを示している。成功と繁栄と安定を掲げた『キング』においては、その時々の政権を支持する姿勢は不変であった。それはつまり、「雑誌報国」を掲げる『キング』において政治的な普遍的価値基準は存在しなかったことを意味する。日米戦争末期の一時期を除けば、一九三〇年代の「非常時」にあっても、『キング』は読者の関心を主義主張ではなく実益娯楽に導いていた。

『キング』論の多くは、その誌面に「天皇制国家の価値体系」や「ファシズムのイデオロギー」を読み取ろうとして、政治主義の限界に直面した。「メディアはメッセージである」、つまり内容ではなく媒体そのものが重要であるというメディア論からのアプローチこそ、必要だったのではあるまいか。以下、本書の目標とするところもそこにある。

II

『キング』の二つの身体

野間清治と大日本雄弁会講談社

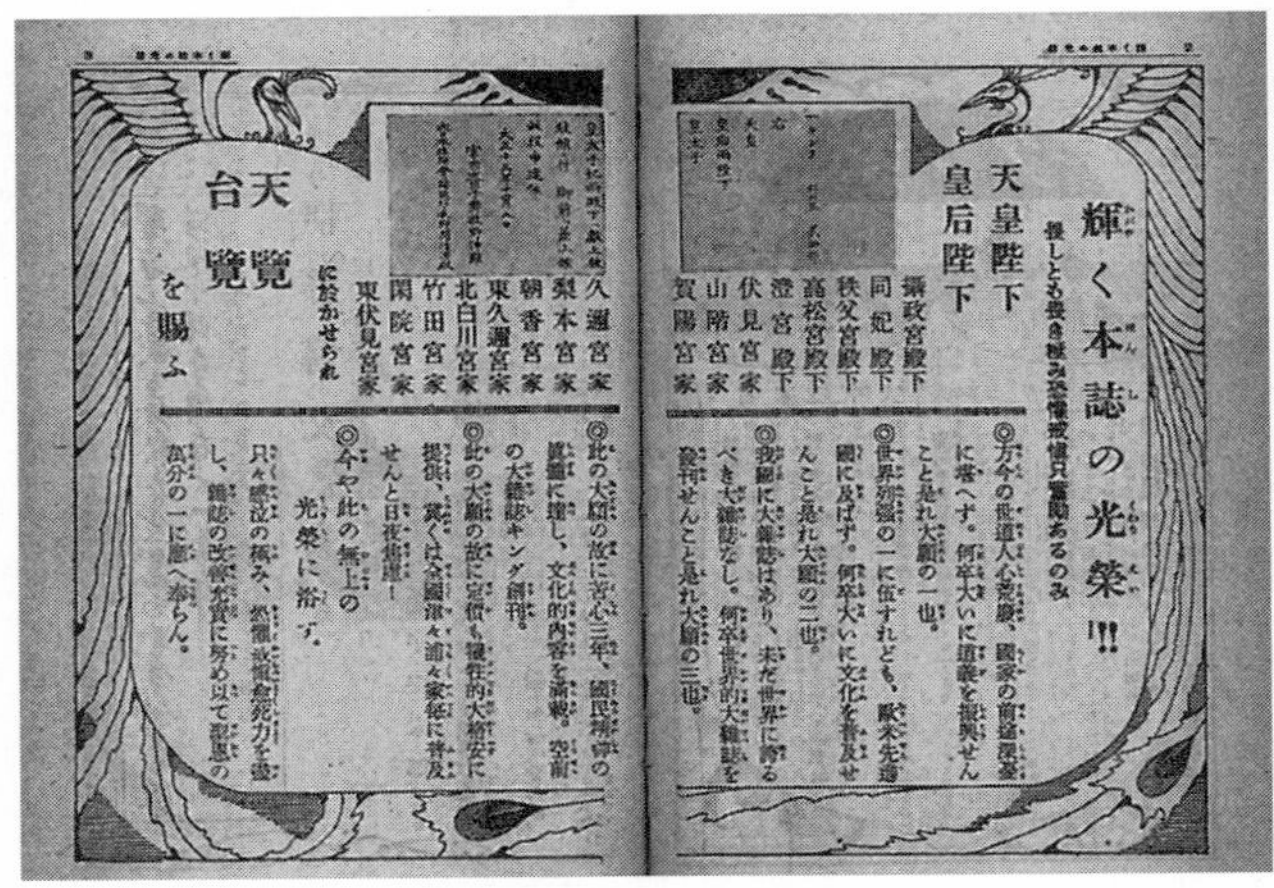

輝く本誌の光榮!!

天皇陛下
皇后陛下
攝政宮殿下
同妃殿下
秩父宮殿下
高松宮殿下
澄宮殿下
伏見宮家
山階宮家
賀陽宮家
久邇宮家
梨本宮家
朝香宮家
東久邇宮家
北白川宮家
竹田宮家
閑院宮家
東伏見宮家
に於かせられ
天覽
台覽
を賜ふ

◎方今の世道人心荒廢、國家の前途[illegible]に堪へず。何卒大いに道義を振興せんこと是れ大願の一也。
◎世界列強の一に伍すれども、歐米先進國に及ばず。何卒大いに文化を普及せんこと是れ大願の二也。
◎我國に大雜誌はあり、未だ世界に誇るべき大雜誌なし。何卒世界的大雜誌を發刊せんこと是れ大願の三也。

◎此の大願の故に苦心三年、國民精神の[illegible]に[illegible]し、文化的內容を滿載。空前の大雜誌キング創刊。
◎此の大願の故に定價も犧牲的大廉安に提供、冀くは全國津々浦々家庭に普及せんと日夜祈願!
◎今や此の無上の光榮に浴す。
只々感泣の極み、[illegible]努力を盡し、雜誌の改善充實に努め以て聖恩の萬分の一に酬へ奉らん。

(1925年3月号巻頭)

本書は皇国日本に生を享けた一人の臣民が、人生の低い谷間から起ち上つて、自己の人格を修養し、鍛練することによつて、一切の外部環境を克服しつゝ、つひに人生の高峰に登攀し、長風に駕し、白雲を御して、天下後世に大道を体示したところの大きな記録である。その登攀の志向は、一身一家の範域を超脱して、国家生活の健全なる発達に貢献するところに存した。それが野間清治の生命の根幹である。

中村孝也『野間清治伝』

『キング』論は同時に「大日本雄弁会講談社」論ともなり「野間清治」論ともなる。それ程、雑誌『キング』は講談社九大雑誌中の代表的雑誌であり、社長野間清治氏の事業の真面目を現はしてゐると思ふ。[1]」

その「『キング』論」で、貴司山治はこう断言した。雑誌『キング』の具体的分析に入る前提として、第Ⅱ部では「雑誌王」とその「雑誌王国」成立プロセスを『キング』との関係から概観しておきたい。第一章では野間清治の評伝、第二章では「九大雑誌王国」形成史を整理し、第三章において「雑誌王」と「雑誌王国」に対する同時代の批判を考察する。

第一章　野間清治の立身出世主義——「私設文部省」の光と影

第一節　「野間宗」の開山

野間清治は、『キング』の成功によって、その立身出世を具現した自称「雑誌王」である。野間清治ほど自己の人生と成功を饒舌に語った出版企業家は少ないし、評伝の対象として繰り返し論じられた出版人も少ない。その人物評価において毀誉褒貶の言葉どおり、彼ほど評価の分かれる出版人も稀であろう。同時代のメディア人としては讀賣新聞社の正力松太郎が存在するが、「A級戦犯容疑者」正力を聖人視する人間が少ないので、評価の偏差はそれほど大きくない。野間の場合、「天皇制国家のうんだすぐれたオピニオン・リーダー」[2]という批判的評価が知的世界で定着していても、大衆社会の修養道徳「野間心学」を絶賛する渡部昇一（野間教育研究所理事）の立場にも根強い大衆的支持が存在する。渡部は、思想哲学の分野で国際的座標軸から見て高い地位を占める近代日本人は、野間清治と松下幸之助だと主張している。[3]『キング』一九三八年二月号「立身出世繁栄大特輯」の筆頭は松下幸之助の評伝、須田操「職工から一千万円の大社長――自転車屋の小僧が刻苦二十年の栄冠」である（38-2：170 ff.）。両者とも立志伝中の人物であり、野間の「面白くて為になる」修養主義を戦後化すれば、確かに「繁栄を通じての平和と幸福」Peace and Happiness through Prosperity、すなわち松下が提唱したPHPの理念になるだろう。

野間清治には既に生前から『私の半生』（一九三六年〈増訂版、一九三九年〉）などの自伝の他に、いくつかの評伝が存在した。最も早いのは、『キング』創刊の三年後にジャパン・アドヴァタイザー紙記者・秋元俊吉の『日本の雑誌王野間清治氏――その経歴と人物と事業』（大日本雄弁会講談社、一九二八年）である。ここには『キング』編集長・淵田忠良が序文を寄せている。

「氏の熱烈な讃美者である我々社員にとつて、野間氏は、謂はば神に近い崇敬の目的物である。」

秋元はこれを基に、やがて英文伝記を執筆する。[4]

元時事新報記者・荒木武行『人物評伝　野間清治論』(一九三一年)は、野間の報知新聞社長就任へのご祝儀本で、写真提供など講談社の全面的な協力がうかがえる。

「日本には文部省が二ツある。一ツは大手町にあり、一ツは駒込坂下町にある。一は官立であり、他は私設である。(中略)野間大臣は政変なく、永劫に保証せられたる大臣の椅子によりて新聞と雑誌王国を統制してゐる。学資のない全国民人口の半数以上否、約八割の民衆は野間大臣の超人的奉仕によつて明るい文化の光に浴してゐる。いや私は訂正する。何となれば野間氏は一文部大臣の職制を超えてゐる。今や氏は日本の新聞王国、雑誌王国に君臨する帝王だ。発行部数一日百万の報知新聞と、一ケ月五百三十万の九大雑誌とが、非常な熱情と迫力で国民に訴へる。党員三百万とか、四百万とか云ふ政党の力、政党内閣の力の如きは微弱にして問題にならない。彼が、彼独自の力を以て内閣を組織したと仮想せよ！　おそらく彼はムツソリニよりも、スターリンよりもより鞏固なる政治的地歩を占むるであらう。」[5]

伝記の決定版として、その没後に同郷で生前から親交のあった東京帝大教授・中村孝也の浩瀚な正史『野間清治伝』(野間清治伝記編纂会、一九四四年)が存在する。これまで書かれた多くの野間清治伝は、[6]この「正伝」と「自伝」に依拠している。その「正伝」を貫く主題「教育者としての野間清治」を、中村は「自序」にこう記している。

「彼は教育の特殊性よりも、その普遍性を尊重した故に、学校を建設して少数の英才を育成しようとしないで、雑誌を経営して多数の民衆を指導しようとした。その民衆は日本国家構成の基底をなすものである故に、彼の雑誌は知識層を対象とする高踏的なものにはなつてはならないのであつて、それは国民全体に普及する浸透力を有するものであることが必要であつた。面白くて為めになるといふ標語も、一戸一冊といふ準則も、驚くべき大部数の発行も、採算を無視せる廉価も、悉く皆彼の事業の大衆性より発生して来たものであり、その着々として功を奏するに及び、彼をして雑誌王の名を恣にせしめるに至つたのである。かくの如くして彼は直に国民を教育したのであつた。それは最も正しき皇国臣民教育であつた。この教育は近きより起つて遠きに及んだ。彼は一子恒君の教育に成功した。社内の少年部教育に成功した。社員全般の教育に成功した。社外関係範域に群る多くの人々の教育に成功した。而して延いては遍く国民大衆の教育に成功したのであつて、晩年における彼の存在は、恰も一宗の開祖のごとき宗教的渇仰を以て崇敬せられたのであつた。」(「正伝」2f.)

この「正伝」は「野間宗の開山」を、立身出世主義の国民化として描いている。

第二節　田舎教師の人生登山

「野間氏は橘姓である。所伝に依れば伊予国野間郡野間族党の中から出てゐる。この地は、応神天皇の御宇、飽速玉命三世の孫若弥尾命が怒麻国造となられた処であり、今も尚ほ氏神としては野間神社があり、氏寺としては野間寺が存する。」(「正伝」14)

「正伝」の記述は神話から始まるが、「確実な所伝」は江戸幕府四代家綱の時代に上総国飯野藩保科家に仕えた野間喜兵衛以後とされている。二代将軍秀忠の庶子幸松丸(正之)を養子とした保科家は、その正之が興した会津藩松平家と因縁浅からぬ譜代の名流である。戊辰戦争において飯野藩士の一隊に加わり箱根で官軍と戦った野間銀次郎（清治の伯父）は責任を負って割腹し、同じく飯野藩士で千葉周作門下四天王の一人・森要蔵（清治の外祖父）は、会津戦争で壮烈な討ち死にを遂げている。

こうした維新回天の記憶もなまなましい一八七八（明治一一）年、銀次郎の弟・野間好雄と森要蔵の長女・文の間に野間清治は生まれた。東京に出て商売に失敗した好雄は、薙刀と鎖鎌の名手であった文とともに武術を興行して諸国を回り、群馬県桐生の新宿小学校に助手の職を得て落ち着いた。野間清治の出生地は、この学校内の住宅である。清治の新宿小学校入学前に助手を解雇され、野間家の財政は逼迫していたが、彼は「貧乏人の子には不相応である」山田第一高等小学校に進んだ。家庭で父母がくり返し語る昔話は、伯父や祖父の悲壮な最期をはじめとした武士道物語であり、野間少年の自負心と功名心を煽り立てた。両親の旧武士的教養に導かれた腕白少年は、漢籍と書道を得意とした。やがて、担任教師が唱歌の時間に不熱心な生徒を惹きつけるために始めた八犬伝の講談に熱中し、講談本を貪り読んでいった。

清治が第三学年になっていた一八九〇年一〇月三〇日教育勅語が発せられ、一一月二九日には第一回帝国議会が召集された。国会開設熱に伴う演説の流行は、高等小学校にも及び「学校で生徒に掃除をさせることの可否」など討論会で甲論乙駁が繰り広げられた。こうした少年期のエピソードを、後に彼が創刊する『雄弁』や『講談倶楽部』の源泉と、「正伝」

は書き残している。

徳富蘇峰の『国民之友』を愛読しはじめた野間少年は、一八九二年高等小学校卒業後、大志を抱きつつ鬱屈した日々を過ごしていたが、翌九三年春上京の機会を摑んだ。都内で町医者をしていた母の兄・喜多川俊朝宅に友人と寄宿し、郵便電信学校の予備校である芝区静観書院に通学した。もっとも、本来の目標は陸軍幼年学校入学であり、その受験には失敗している。しかし、この東京遊学で接した、敬虔なクリスチャン一家である喜多川家の生活は、野間の宗教観や道徳観に重要な影響を与えている。『キング』を単なる国粋主義雑誌と考えると、そこに登場するプロテスタント牧師やイエズス会神父の頻度に虚を突かれることになる。野間の交友関係や著述におよぶキリスト教的雰囲気は、独特なモダニズム要素となっている。

一八九五年四月職業軍人への道を断念した清治は、群馬県に戻り木崎尋常小学校の臨時雇・代用教員として就職した。しかし、郡長の推薦により翌年には、群馬県立尋常師範学校に入学して前橋市に移った。

「彼の熱心は、教科書以外の読書と文章と演説と英語練習と運動とに向けられてゐた。中村敬宇の西国立志編、福沢諭吉の福翁百話、別して耽読したのは民友社本であつて、徳富蘇峰の日曜講壇・静思余録などは、行住坐臥、手放したことがなかつた。松村介石の著書も愛読した。」(「正伝」156 f.)

牧師・松村介石は、植村正久、内村鑑三とともに「キリスト教界の三村」と呼ばれた日本的キリスト教の提唱者である。野間は堀貞一牧師のキリスト教会に足繁く通って説教を聴き、三年次には前橋共愛女学校のミッション教師H・F・パミリー女史宅での英語クラスに参加している。これに参加した師範学校と前橋中学校の生徒で、前橋青年倶楽部を組織し、海老名弾正、徳富蘇峰などを招いた講演会も主催した。野間はこの時期に数多くの雑誌に投書をしたようだが、学校発行の雑誌をのぞけば『少年世界』(博文館)の寄書欄に「学生諸氏身体を強壮にせよ」(一八九六年六月号)が確認されている(「社史」上14-16)。

この前橋師範学校は、後に講談社経営の人材供給地となった。同期生には初代『キング』発行人の長谷川卓郎をはじめ館内元、川村新次郎、坂本一郎治、伊藤新作がおり、在学時期を前後する同窓から宮下丑太郎、赤石喜平、吉田和四郎、新井兵吾など後の講談社幹部を輩出している。

極楽島の煩悶

一九〇〇年師範学校を卒業した野間は、同年四月母校・山田第一高等小学校訓導に赴任した。同六月より六週間現役兵として高崎歩兵第十五連隊に入営した後、二年余りの訓導生活を送った。この時期の「野間式生活」を中村は次のように記している。

「明治三十年代の我が国の教育界は、独逸式の教に風靡せられ、ヘルバルト曰く、リンドネル曰はずやと言はなければ、時代遅れの誹を免れない有様であつた。その間において、野間訓導は太閤秀吉の渇仰者であり、四書の礼讃者であり、聖書の研究者であり、また南総里見八犬伝の熱心な愛読者であった。そして座談の妙手であり、演壇の勇士であり、奇行の生産者であり、朗(ほが)らかな雰囲気の醸造元であった。」(「正伝」178 f.)

町外れの山頂にある隠居所に下宿し、床の間に「虞微磨麟奈」から始まる二八字の掛軸を飾り、読書に没入する姿は確かに奇行者のそれであろう。虞微磨麟奈とは、野間が崇拝する英雄の頭字であり、虞はグラッドストーン、微はビスマルク、磨はマコーレー、麟はリンカーン、奈はナポレオンを意味した。つまり、二八人の英雄偉人に朝夕思いをはせながら自己の野心を鼓舞作興していたと、後に自ら語っている。この野心は、さらに山里にある川内尋常高等小学校へ転勤が決まったとき、野間訓導に退職、再上京の決断をさせた。

一九〇二年、中高等学校の整備拡充を目指した第一次桂太郎内閣は、これに必要な中等教員の不足を補うべく三月臨時教員養成所規定を公布した。師範学校、中学校、高等女学校における教員養成のために、第一から第六までの養成所が逐次東京帝国大学、第一高等学校、東北帝国大学、第三高等学校、東京外国語学校、女子高等師範学校に設けられた。野間は四月に国語漢文科を受験して合格すると、五月に小学校を退職し、東京帝国大学文科大学臨時教員養成所に入学した。二年間速成のため講義スケジュールは過密だが、上田万年(かずとし)の言語学、芳賀矢一の日本文学史、桑原隲蔵(じつぞう)の東洋史、三上参次の国史など錚々たる講師が教鞭をとっていた。たまの休日には海老名弾正牧師の本郷教会に野間の姿が見られた。

一九〇四(明治三七)年三月三一日、野間は第一臨時教員養成所を卒業し、中等教員国語漢文科免状を受け、沖縄県立中等学校教諭兼沖縄県師範学校訓導に任ぜられた。

沖縄赴任の経緯について、野間は「自伝」でこう述べている。二六名の卒業生に対して採用枠は一五名くらいであり、第一志望、第二志望のアンケートが取られた。野間は「月給の一番高い処へ願ひます。」「高くさへあればどこでも構ひません」と申し出た。「早く金を作つて、再び高い教育を受けたい」という出世欲に由来していたという。二年七ヶ月の沖縄県立中学教諭、半年足らずの沖縄県囑託、同じく半年間の沖縄県視学、二〇代後半の延べ三年七ヶ月について、「正伝」の記述は精彩を欠いている。「世界の三大懺悔録」(聖アウグスチヌス、ルソー、トルストイ)より「遥かに面白く極めて有益」な「昭和の懺悔録」と広告(31-10:51)に謳った「自伝」の方が、「極楽島沖縄の開放生活」「歓楽の夢を追ふ」の章立てだけでも正直だろう。

しかし、野間の肉声が一番はっきり聞き取れるのは、短いながら『文藝春秋』一九三一年六月号に掲載された口述「野間清治半生物語」であろう。その前年に報知新聞社長に就任し、立身出世の頂点を極めた野間は、沖縄中学教員時代の遊廓での放蕩についても、ここでは包み隠さず述べている。

「是(これ)までは母の教訓もあり、それが身に泌(し)みて居るものだから、酒も女も慎しんで居(お)つた。所が月給が四十五円、さうして大分得意、持ちつけない金を持ち、大分評判も宜(い)いので、二ケ月、三ケ月、それに寂しいといふやうな感じもあり、(中略)教育会の二次会には知事さんと遊廓へ行くと云つたやうな時代であるから、自分も元来放埒(ほうらつ)な人間だけに、つひさう云ふ所へも這入(はい)ると云ふことになる。この沖縄の二ケ年間は活動も人一倍したが、放蕩も人一倍、それに一方に行き始めると極端まで行く性格、随分破目を外して、友人や何かに心配を掛け、先輩も心配する、どうかして女房を持たしたら身持ちも矯(ため)るだらう。(7)」

沖縄中学時代の生徒の中に、辻遊廓で生まれ、後に日本共産党書記長となる徳田球一がいた。その回想録『獄中十八年』では、次のように記されている。

「とくにわるい先生だとおもったのは、のちに講談社の社長となった野間清治だった。野間は私が中学一年のときの漢文の先生だったが、漢文などはほとんど知らない。教室では石(いし)童丸(どうまる)の話や、講談、なにわぶしのようなことばかりやっていた。しかもかれは、遊郭を宿舎とし、まいにちそこから酔っぱらって出勤した。かれももちろん、いいかげんな検定をうけて流れてきた部類なのだが、収入は一カ月四〇円か五〇円とっていたはずで、遊郭にとまっても、一カ月一〇円ぐらい、一里の道を車でおくりむかえされ、さんざん酒をのみ、女あそびをしても二〇円ぐらいですんだときだから、楽にやってゆける。だから彼のような人間にとっては、琉球はたしかに天国であったろう。しかし、われわれにとっては、地獄であった。(8)」

こうした「醜聞」を曖昧化した「正伝」の反作用として、戦後に様々な「暴露」記事が浮上した。例えば、『夕刊中外』一九五〇年四月七日の記事。

「暴力団狩り追及中の捜査三課では、四日横浜市港北区大場町著述業宮地重信(五七)を恐かつ未遂容疑で検挙取調中であつたが、六日送検した同人は三月末講談社を訪れ、総務局秘書角田正治氏に面会、自分の書いた〝講談社前社長野間清治、同左衛夫妻沖縄在住の真相〟

という原稿を〝真相〟に発表するが、買ってくれないかと脅迫、一枚千円計一万五千円を請求したがはねられたものである(9)」

　この記事を引用した『真相』特集版（一九五〇年）の、「那覇区辻町の遊廓雲登竜に入りびたつて、遊廓から登校する有様」という記述も、第三節で詳述する野依秀市の『実業之世界』などを通じて野間存命中から広く知られていた(10)。

　だが、沖縄から発信された書簡を見る限り、「極楽島沖縄での開放生活」は独特の肯定的解釈が施された、いかにも講談社流の表現である。「正伝」からは開放感よりも内に秘められた野心の炎に悶え苦しむ閉塞感が読み取れる。「正伝」が野間書簡の「傑作の一つ」と絶賛する、一九〇六年に学習院教授・飯島忠夫に送った手紙を引用しておきたい。

　「小生此島に（在ること）既に二年半、諸方面（に）活動致し、今では教育界に於て、少しは意見も用ゐられる様相成り候。ワイフの周旋も絶間な（く有之候）。たゞ常に心配なるは、斯くて四年、五年も過ぎなば、全く琉化し了つて、遂には内地に（〇〇〇〇）と相成り申すべく帰つても使ひ道なきすたれ者と相成るべしと心配のみ致し居候。殊に近来此感甚しく頭を痛め居候。就ては恐入候へども、御高見承り度候。

〇大学選科に入るべき乎、〇高師研究科に入る（べき乎）、〇今より文官の試験（を受ける）つもりで勉強すべきか。

〇支那か満洲か出かけ申すべきか。〇選科に入るには何々の試験（有）之候か。

〇高師研究所入学試験は何々（か）。右何卒御教（示被下）度候。

備考

只今の状態。

俸給　中学より　四十五　養秀学校より　五　年末慰労　五十程

俸給は近々一級昇る筈、校長より信用(厚く)同僚と仲よろしく随分向上的の心さへ抑へ付くれば愉快なる境遇に候。之でワイフでももらへば小金位はたまる次第。然しもう一度東京に出てやつて(見てしく)じつてからでもまた教師は出来る次第、まだ少し元気のある内に出掛けた方が宜しからずや。右至急御助言被成下度、一体小生は何をなした(ら宜し)く候や。六つかしくして妙な質問、自分でなければ訳らぬ様の質問に候へども、大兄なれば敢て御尋申上候。

○倫理学者○俳優○講談師○政治家○教育家○事業家

つじつまの合はぬ様の事長く中陳べ、御返答に悩まるゝ御事と察し候へども、今夜将来を思(ひ)、心配にたへ兼ね、褥より起き出でて、灯下に急ぎ認め候次第、宜敷御判読の上、何卒御教示被下度候。」

（「正伝」251–253）

この手紙で「倫理学者、俳優、講談師、政治家、教育家、事業家」の何れに進むべきかと問うているが、すでに選択肢の中に自らの資質と可能性を考量していることは明らかであろう。「それ等はことごとく彼の中に集大成されてゐる」と「正伝」は評するが、「虞微磨麟奈」掛軸の理想像から程遠い前半の倫理学者、俳優、講談師は冗句とみなすべきで、後半の政治家、教育家、事業家も後者になるほど現実の「雑誌王」に近い。

いずれにせよ、「彼の無軌道的生活を匡救する唯一の途は結婚せしめるにあり」と周囲が考えたのも当然だろう。野間の上司であった沖縄中学校長・大久保周八が斡旋した結婚相手が、徳島県女子師範学校教頭時代の教え子・服部左衛子（戦後の文書では左衛）である。この結婚にまつわる様々なエピソードは、「正伝」にも「自伝」にも詳しく述べられているが、むしろ後の講談社を支える人的中核がここに形成されていったことが重要だろう。一九〇七年、この結婚成立の一月前に左衛子の妹みさをは逓信省官吏・高木義賢に嫁いでいたが、彼も一二年後請われて義兄清治の講談社に入社している。それまでの大福帳的な経理体制を近代的経理様式に改革したのは高木であり、清治没後は専務取締役として講談社を株式会社に改組した。また、媒酌人の大久保も、校長を退職して一九二五年講談社に入社、『雄弁』編集長に就任している。[11]

第三節　帝大書記の弁論部人脈

「東京ニ　ヨイ仕事ガアルカラ直グ帰レ、仔細手紙」

その電報は、一九〇七年八月一日、野間清治と服部左衛子の結婚式披露宴の席上届いたとされている。東京帝国大学書記・松永武雄からの手紙には、東京帝国大学法科大学首席書記のポストに野間を推薦する旨書かれていた。結局、新婚の野間夫妻は、一〇〇〇円に及ぶ負債を残して、同年一〇月沖縄を離れ上京した。借財返済のためには、首席書記官の俸給では足りず、左衛子も京華尋常小学校訓導として働くほか、夜遅くまで二人で写字筆耕の内職をした。さらに一九〇九年四月には長男恒が誕生した。

「彼は自己の幸福を増加せしめるよりも、寧ろ愛児を不幸に陥れたくない一念に駆られて、貧乏克服事業を遂行する為め、驀然（ばくぜん）とし金儲けの一路に突進した。書記の仕事は不向きなので、辞める〳〵と言ひながら、書記以外の仕事の方で、総長や学長に可愛がられて辞めることも出来ず、（中略）有り余る覇気の捌口を求めて、手近い路を突き進んだのであつた。彼の選んだ金儲けの一路は、如何にも彼らしき著想のものであつた。それは「米」と「株」との相場に手を出して、一挙にして千万長者にならうと企てたのである。笑つては不可（いけ）ない。それは真剣な著想であつた。それは彼の性格から演繹される論理的結論であつた。彼にとつては極めて合理的な方策を具するものであつた。」（「正伝」316）

もちろん、この投機によって借金がいっそう膨らんだことは言うまでもない。野間の相場師気質を「正伝」が合理化しようとすればするほど、その記述には滑稽さが滲んでくる。講談社の事業が軌道に乗ってからも、野間は株式投資を続け、新聞の株式欄でも「キング筋」と呼ばれて注目され、その「賭博師」的性格は広く知られていた。(12)

事務処理に不向きな野間書記が、相場と同時にのめり込んでいった学内事業が法科大学緑会弁論部の創設である。長男恒誕生から約半年後、一一月一四日、法科大学第三二番教室において緑会弁論部発会演説会が挙行された。

「彼はこの機会に正しき登山口を発見したのである。心中期するところあつた彼は、予め用意しておいて、当日の演説の速記を取らせた。それを資料として雑誌を刊行しようと目論だのである。学生青年の指導を行ひたい。弁論尊重の風潮を起したい。希くは、その雑誌から出発して、自分の目標に向つて一大驀進を行ひたい。その驀進の途上には、代議士・政治家・文豪・大臣等の面影が隠顕明滅する。」(「正伝」330 f.)

野間は直ちに自宅に「大日本雄弁会」の看板を掲げ、速記演説雑誌『雄弁』の創刊に向けて動きだした。

第二章 『キング』への途——細分化メディアにおける統合戦略

「講談社の諸雑誌の如きも、これ凡て野間社長その人の化身である」と菊池寛は指摘している[13]。『雄弁』は政治家、教育家への欲求の具現化であり、講談師、俳優への憧憬を満たすべく一九一一(明治四四)年、大日本雄弁会とは別に講談社を起こして『講談倶楽部』を創刊した。

それにしても、雄弁といい講談といい何れも「声のメディア」をパッケージ化することから野間の出版事業が始まったことは特筆せねばならない。また、学生に向けた「為になる」大日本雄弁会の帝大書記と、大衆に向けた「面白い」講談社の出版社主を兼業していたことも重要である。帝大書記退職後も野間は雑誌の目的・対象によって大日本雄弁会と講談社を使い分けた。この硬軟両系統が統合されて「大日本雄弁会講談社」と社名が改まるのも、「面白くて為になる」『キング』創刊を契機としている。ちなみに、「大日本雄弁会講談社」への統合がなった一九二五年、今日の出版業界で講談社の「音羽グループ」に対して「一ツ橋グループ」と呼ばれる小学館(一九二二年創業)では、逆に雑誌の性格により、学習性の強いものは小学館、趣味・娯楽性の強いものは集英社と発行所を分ける方針が採用されている[14]。

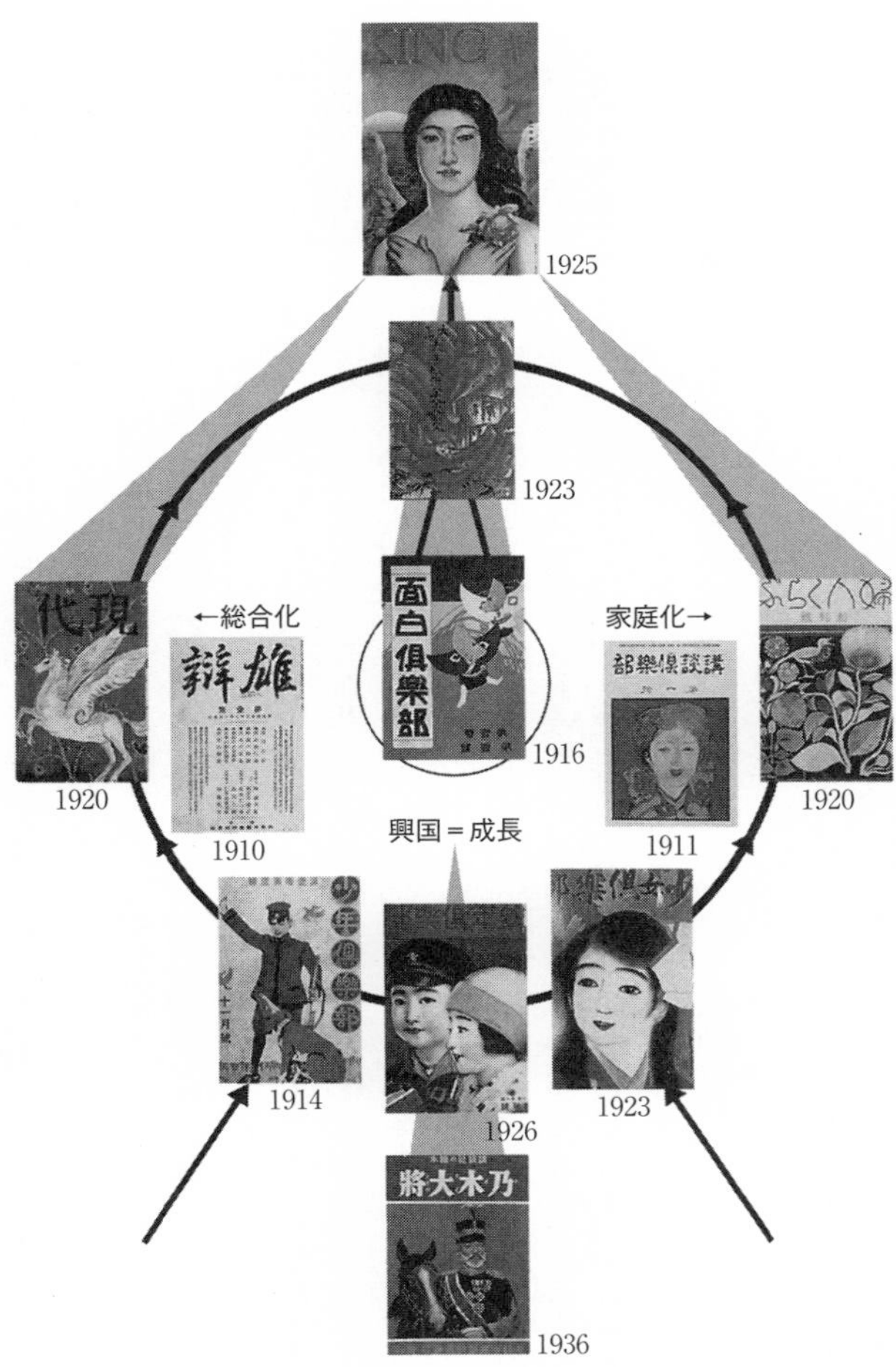

図 2　講談社雑誌の統合システム（写真は創刊号表紙，数字は創刊年）

野間の大日本雄弁会講談社が戦前期日本を代表する国民的出版社へ発展した理由として、三つの要因が指摘できる。雄弁熱に由来する大衆宣伝の組織化(本書第I部第一章)、超階級的な読者層、すなわち「大衆」を念頭において編集したこと(本書第I部第三章)、雄弁と講談という「声」を商品化する事業がラジオ時代の公共性に適合したこと(本書第III部)。だが、雑誌論から見て決定的に重要な要因は、国民各層の統合システムを生み出したことである。すなわち、『幼年倶楽部』から『現代』まで年齢・性別・学歴ごとにセグメント化した「講談社の九大雑誌」を揃え、その中核にすべてを統合する国民雑誌『キング』を創出したことである。知識や趣味の細分化が進む現代社会において、個人が社会の全体性を体験することはできない。しかし、『キング』という統合メディアは、それがあたかも可能であるかのような幻想を与えた。細かく配列された選択肢から情報を「主体的」に選び取ることで、読者は細分化されたシステム全体に「参加」する機会を手にすることができる。『キング』とは、読者に情報を選択させることにより、強制することなく参加を通じて共感を引き出すシステム社会のメディアであった。そのために、『キング』は高級文化と大衆文化の要素を細分化しつつ混交させ、自社の諸雑誌はもちろん、ラジオ、レコード、映画も含め、あらゆるメディアの機能を貪欲に採用していった。

こうしたシステム統合メディア、『キング』の誕生を、ここでは「正伝」の段階区分に従って、「雑誌創業」(『雄弁』から『面白倶楽部』まで)、「雑誌発展」(『現代』から『大正大震災大火災』まで)、「雑誌隆運」(『キング』と『幼年倶楽部』)の三期に分けて概観する。

第一節　『雄弁』から『面白倶楽部』まで

雑誌史において「明治の博文館、大正の実業之日本社、昭和の講談社」と整理されることが多いように、野間の「九大雑誌王国」は先行する博文館、実業之日本社の延長上に築かれた。そもそも、「九大雑誌の雑誌王国」という呼称が、「十大雑誌王国」を誇示した博文館に由来するし、『○○倶楽部』というタイトルも博文館発行の『文芸倶楽部』『演芸倶楽部』などからの借用である。

近代的意味における「雑誌」としては、一八六七(慶応三)年一〇月に柳川春三が創刊した『西洋雑誌』が嚆矢とされている。しかし、一八七一(明治四)年創刊の『新聞雑誌』という「新聞」名称が示すように、政論新聞と啓蒙雑誌が中心の明治初期において両者の企業的境界は曖昧であった。新潟高田で新聞業を営んでいた大橋佐平は、上京後の一八八七年不特定多数の読者を対象とした集録雑誌『日本大家論集』を創刊した。この廉価多売主義と読者を掘り起こす多種の雑誌発行により驚異的成功を収めた博文館が、日本における雑誌経営のモデルとなった。とりわけ高山樗牛(ちょぎゅう)を主幹とする総合雑誌『太陽』(一八九五年創刊)、巌谷小波(いわやさざなみ)編集の『少年世界』(一八九八年創刊)、硯友社と結んだ『文芸倶楽部』(一八九六年創刊)、田山花袋(かたい)編集の『文章世界』(一九〇六年創刊)など明治期を代表する大雑誌を刊行する他、博文館は自社の雑誌を流通させるために取次会社・東京堂を興して書店を組織化し、雑誌宣伝のために広告代理店・博報堂を育て上げた⒂。

実業之日本社は、一八九七年讀賣新聞記者・増田義一が設立した大日本実業学会の後身である。産業近代化の波に乗って好評を博した月刊誌『実業之日本』(一八九七年創刊)を踏み台として、一九〇六年『婦人世界』『日本少年』、一九〇九年『少女之友』『幼年之友』と「五大雑誌」を次々に創刊した。雑誌の返品を受け付けない博文館に対抗して、実業之日本社は一九一〇年『婦人世界』新年号から返品自由の委託販売制を導入した。これにより小売店の支持を取り付けた実業之日本社は、それまで購読経験のなかった新たな読者層を開拓して雑誌界の王座に上り詰めた。

つまり、博文館が多数の「倶楽部」雑誌を創刊して近代読者を育成し、実業之日本社が委託販売制により新中間層まで含む新たな読書需要を掘り起こした。ちょうど、こうした雑誌企業化の離陸時に、大日本雄弁会は産声を上げたといえよう。自己資本も出版知識もなかった一大学書記が大日本図書株式会社に頼み込んで『雄弁』を創刊できた背景には、博文館の『日本大家論集』成功の記憶があった。その翌年に『雄弁』と『講談倶楽部』を自社発行できたのは、実業之日本社が導入した雑誌委託販売システムの存在に基因する。

演説雑誌『雄弁』(一九一〇年創刊)

二、世は大正の文明を　綾(あや)なす思潮の先駆ぞと
目ざすは何処(いずこ)理想郷　意気颯爽(さっそう)の雄弁会

五、口角泡を飛ばすとも　舌端火花を散らすとも
融くれば渾然一体に　団結和合の気高さよ
（第一社歌、一九二四年、茂木茂ほか作）

大逆事件と日韓併合の一九一〇年、その紀元節を期して『雄弁』は創刊された。「発刊の辞」で、野間は自由民権や国会開設が議論された明治前期の弁論熱を回想しつつ、新たに「弁論界の木鐸」たらんと宣言している。

「雄弁衰へて正義衰ふ。雄弁は世の光である。雄弁に導かれざる社会の輿論は必ず腐れてゐる。雄弁を崇拝する事を知らぬ国民は必ず為すなきの民である。文化燦然たる社会には、つねに雄弁を要する。また雄弁を貴ぶ気風がなくてはならぬ。明治の新日本には曽て雄弁の時代があつた。否、雄弁おこらんとした時代が確かにあつた。しかも著しく発達するに及ばずして有耶無耶のうちに葬られて仕舞つた。（中略）然れども「歴史は繰り返す」、今や再び雄弁の時代は来らんとしつゝある。新しき国民――青年の徒の間よりして、演説の風おこり、心ある青年と、その挙を賛する具現の先輩とは、雄弁起さゞる可らずと叫んでゐる。」（「正伝」336 f.）

石川啄木が「時代閉塞の状況」（一九一三年）と呼んだ日露戦後社会において、この「新しき国民」への呼びかけは熱烈に迎えられた。

「見よ！　六千部はその日の中に売り切れて、（東京では四時間で売切れてしまつた）四方

八方の需要の叫びは凄じいものであつた。直ちに第二版三千部を増刷したが、それさへ二三日の中になくなつてしまつた。思ひ切つて三版五千部を刷り足した。これもまた一二週間の中に売れてしまつた。かくて、創刊号は都合一万四千部発売されたのであります。」(「自伝」335)

こうした弁論熱に大逆事件直後の体制側は敏感に反応した。野間自身が次のように回想している。

「時節柄、青年客気の徒が、得手勝手な放論を試みるといふのは、甚だ危険であると当局は誤解した。『雄弁』が何か危険思想を鼓吹する雑誌でもあるかのやうに受取られたる為に、地方の愛読者などでも、刑事に附纏はれて、五月蠅いばかりに自然『雄弁』を捨てる事になつた。それでも猶雑誌を手にする者に向つては「君は何うしてあんな雑誌を読むのか」と恐しい訊問を受けるので、つい畏れ入つて、購読を中途にして止めて了ふといふやうな人々が沢山生じた。地方ですらこんな按排だから、東京は亦一層激しかつた。当時の編輯主任の大澤一六君(当時法科大学学生)なども、少時の間刑事巡査の護衛を受けてゐた。」(「正伝」357 f.)

「正伝」は刑事が編集者を尾行したことを「全くの誤解」によると記述している(「正伝」351)。しかし、本当に「全くの誤解」だっただろうか。この点は、野間の忠君愛国主義からは説明不能なためか、戦後の研究では一般に無視されてきた。内容や編集意図にもかかわらず、『雄弁』人気が「時代閉塞の状況」において、公共性を構造転換する可能性は存在したのではあるまいか。この可能性において、内容ではなく学生雑誌というメディア自体に着目した警察当局の判断は正しかった。つまり、雑誌の内容やイデオロギー分析ばかりに目を向け、公共圏におけるメディアの機能を見落とすことにおいては、戦時中の「正伝」も戦後の批判も同じ過ちを犯している。実際、一方で「正伝」は次のように記している。

「『雄弁』の編輯者が、時流に乗じようとした左翼的な論文を採録しようとしたとき、彼〔野間〕は断然これを排斥した。大正末期から昭和初期に亙り、知識層を襲つた恐るべき思想を『雄弁』誌上は固より、自己の主宰する雑誌出版物に、一つも採用しなかつた彼は、時代錯誤者ではなくして、信念の鞏固な日本人として評価せらるべきである。」（「正伝」365）

だが、本当に左傾的な論文は存在しなかっただろうか。一九一八年新年号の吉野作造「欧州戦局の裏に流るる講和の風潮」、同年五月号の蠟山政道「民衆意識の根本としての個人主義」（懸賞大論文・一等）など自由主義者はともかく、一九一九年一二月号「社会主義文学出現の仰望」の堺利彦、一九二〇年二月号「知識階級の自覚」の大山郁夫、同年九月号「唯物史観と其批評」の山川均、一九二一年一一月号「賀川豊彦氏と其思想」の新居格など、いずれも折紙付の社会主義者である。また一九二一年新年号の巻頭論文・室伏高信「レーニンへの道（其の二）」は第五節がすべて伏字になっている。あるいは、一九一九年六月号には谷崎潤一郎のマゾヒズム小説「富美子の足」が掲載されているように、『雄弁』は時代思潮のプリズムを幅広く反映している。それは、他の「講談社系」雑誌群とは異なるエリート主義ゆえの必然でもあった。学生雑誌を目指す限り、「新時代に対する要求」（『雄弁』一九一七年秋季増刊号）で野間が掲げた忠君愛国主義、知育偏重是正、個人主義撲滅のイデオロギーを、編集で貫き通すのは難しい。

そもそも、野間は『雄弁』編集にあたり、「主義を鮮明にして一色に傾くことは、社会万人に好影響を与へるものではない」といい、その雑誌理念をこう語った。

「太陽の光線が七色を集めながら而も色なきが如く、雑誌も亦種々の思想を集めて、しかも無色透明なるが如くにせなければならぬ。」(「正伝」364)

帝大人脈の利用とその効果

『雄弁』創刊号の口絵には「法科大学緑会弁論部発表会演説会」の写真が掲げられた。執筆者は、鶴見祐輔など緑会弁論部員や帝大教授が多い。「参考資料」に大隈重信、島田三郎、三宅雄二郎、「雄弁の研究」に海老名弾正など学外名士の論説も掲載されているが、帝大書記の人脈が色濃く反映している。そのため、私学関係者の反撥を買ったことは、「正伝」にも次のように記されている。

「「雑誌雄弁は帝大に偏するではないか」といふ声が私立大学の学生の間に起り、果ては抗議となつて持ち込まれて来た。彼は別に私立大学を軽視したのでなく、自分が帝大にゐるので材料の蒐集に便利があるため、自然に帝大関係者のものが多くなつたのに過ぎないのであつたが、誤解と、反対と、抗議と、中傷とが、その間に発生し、彼は都下大学専門学校の出身者・学生等によつて結成されてゐる丁未倶楽部の会員に呼び出されて釈明を迫られたり、或は自ら他の大学を訪問して誤解を解くに努めたり、或は学生達が彼を団子坂に訪ねて詰問したりする事態を招来した。」(「正伝」343)

日本の学歴社会が東大を頂点とするピラミッドを形成している限り、こうした抗議は宣伝材料にこそなれ、出版ビジネスのマイナス要因とはならなかった。立身出世主義と結合したエリート主義は、大衆的エリート主義であり、青年の野心を焚きつけることになった。中学時代、『成功』(成功雑誌社)や『冒険世界』(博文館)とともに、『雄弁』の愛読者であった三木清は、「あらゆる事柄において企業的で、冒険的であつた」と自らを回想している。(16)

いずれにせよ、この学生雑誌『雄弁』から国民雑誌『キング』が引き継いだのは、帝大書記時代のこうした名望家人脈と大衆的エリート主義のエネルギーであった。

『キング』創刊号巻頭には徳富蘇峰から、芳賀矢一、小笠原長生、金子堅太郎、高浜虚子、井上哲次郎、与謝野晶子まで、教育者、文学者、政治家、軍人、華族、社会事業家など『雄弁』に登場した各界の名士が総動員され、「賛助会諸先生」の肖像写真六四枚が掲げられている。こうした名士たちを、新聞広告など雑誌販売の前面に引き出したことも、野間式宣伝の特徴といえる。例えば、一九二九年一二月三〇日『東京朝日新聞』紙面の『キング』新年号の半面広告。

この不景気に何たる売行ぞや　毎日毎晩、
卓を叩き手を打ちならし踊り上つて大喜び大騒ぎ！
天日も照覧あれ！　一同いよ〳〵戒慎！　努力！
皇国の為、皆様の為め

骨は砕け、身は粉になるまでも
報恩を期せざるべからず

この上品とは言えぬ大活字に、首相・浜口雄幸、文相・田中隆三、公爵・近衛文麿、政友会総裁・犬養毅、海軍大将・岡田啓介などの写真と推薦文が居並ぶ姿、これこそ大衆的公共圏への扉だったと言えよう。

動員された名望家は日本人ばかりではない。新しいナショナリズムとは、国際化の中で「世界の一等国」を自負するナショナリズムである。日本および日本人が世界に通用する証明として、日本の代表的雑誌である『キング』の世界的名声が喧伝された。『キング』誌上には「本誌発刊の趣旨に賛同された」フランス首相エリオ「キング主幹に呈す」(25-4：2-4)、ドイツ首相ヘルマン＝ミュラー「キングを通して日本国民に告ぐ」(29-3：66 f.)など、各国首脳の書簡が誌面に華を添えた。また、商工省嘱託・岩崎英祐「洋行土産・欧米諸国とキング」(29-7：436 ff.)では、『キング』がコロンビア大学で「引張り凧」であり、パリの芸術家には美術雑誌として高く評価され、またドイツ外務省東洋局長が『キング』で日本精神の研究をしており、ナポリ大学東洋語学科で教科書に採用されたことを紹介している。また、ベルリン大学東洋講座から日本語教科書として『キング』利用の申し出があったことが、「本誌の光栄」として公表されている(31-5：326)。

『キング』の進出は、即ち日本文化の進出である。日本国民精神の展開である。或一部を除くの外、久しく埋没されてゐた日本文化が、久しく閑却されてゐた日本国民精神が、今や堂々として世界の舞台に乗出して、まさに重要なる一役を演出せんとするその輝かしき雄姿を、『キング』は表徴するものであらねばならぬ。たゞに『キング』の為に喜ぶのみではない。自ら国民雑誌を以て任ずる『キング』は、事実、世界の識者によつて、日本の国民雑誌たるの評価を確められた。」(29-7：440)

「米国記者団よりキング愛読者へ」(29-8：118-122)も、次の言葉で結ばれている。

「日本人が国際人となるためには、日本が世界を知ると同時に、世界が日本を知らなければならぬ。」

野間が英文・独文自伝を刊行した意図も、「世界に日本を知らせる」ためであった。野間は自らの事業を紹介する宣伝用冊子『雑誌王野間清治伝』(一九三一年)、『世界的大出版王となるまで、大日本雄弁会講談社社長野間清治氏』(一九三八年)を作っているが(「正伝」5)、それに先立って英文パンフレットを印刷している。[17] 一九三四年に本格的な英文自伝『講談社の九雑誌――ある日本出版者の自伝』(イギリス版、メスエン社)、『日本の野間――講談社の九雑誌』(アメリカ版、バンガード・プレス)が刊行され、それは翌一九三五年に『講談社』(ドイツ版、ホーレー社)として独訳されている。[18]「ゆくゆくは外国にまで進出して出版会社を興したい」と語っていた野間にとって、自伝出版も海外での知名度を高める宣伝の一つであった。当時、バチカン図書館を訪問した木村毅は、そこに寄贈された講談社刊行物の量に驚愕している。

「英国自由党の新聞に自分の宣伝を掲載させたり、ヴチカンの図書館に書物を送りつけたりする度胸は、大抵な神経の太さではできない芸当だ。そして氏にとつては此れも日本の国際的進出と映るであらう。(19)」

『キング』では、講談社客員としてローマ教皇ピオ一一世に謁見した松岡新一郎(ベルサイユ講和会議全権西園寺公望の元秘書)の会見録が掲載されている(30-10：346 f.)。各国王室・大統領府などへの刊行図書寄贈により、野間は一九三〇年ベルギー皇帝より「レオポール第二世勲三等」(30-7：385)、一九三一年フランス政府より「シュバリエ・ド・ロルドル・ナショナル・ド・レジョン・ドノール」、一九三二年ローマ教皇より「コンメンダートレム勲章」、ルーマニア皇帝より「星章コンマンダ勲章」を与えられている。

ついには、一九三六年三月号から「キングの質問に答へて世界一流の人物は斯く語る」が五回にわたり連載された。ベルリン大学教授W・ゾンバルトからアメリカ大統領F・D・ルーズベルトまで世界中の著名人物に「両親から受けた最も感銘深い言葉」から「日本に寄せる言葉」まで八項目の質問状を送りつけ、回答に写真を添えて誌上公開している。もちろん、ルーズベルトの返書はなく、東京米国領事による回答辞退の書簡が大統領の写真入りで公開されている(36-5：443)。

緑会弁論部以来、野間の助言者であった鶴見祐輔は、『雄弁』終刊号(一九四一年一〇月号)でこう述べている(「正伝」377)。

「世界史は、文と弁とが無名青年の登竜門たりしことを物語る活文字である。時代は移り、風雲は動く。将来の日本に、再び日蓮を生み、チヤタム伯(ウィリアム・ピット)を生じ、ヒットラーを出すなしと、誰人が予言し得るものぞ。」

しかし、日本の雄弁界が一人の「ヒットラー」を生まなかった理由は、あるいは『雄弁』にも見られた学歴主義の限界から説明できるのではあるまいか。

大衆娯楽誌『講談倶楽部』（一九一一年創刊）

上野の杜の朝風に　一路至誠の陣を張り
不断の四股を踏むものは　正義の闘士講談社
（第二社歌、時雨音羽作、一番）

一九一一年、野間清治は大日本雄弁会とは別に「講談社」の看板を掲げ、大衆娯楽誌『講談倶楽部』を一一月三日天長節を期して創刊した。この年、小学校の就学率は九八％に達し、日本の近代教育制度がほぼ確立した。文部省では小学校卒業後、就業するまでの青少年対策を中心に民衆教育の可能性が検討され始めた。野間は『雄弁』発行元である大日本図書株式会社の支配人・村田五郎に新雑誌創刊の了解を求めるべく、その構想を次のように訴えた。

「今日、寄席芝居等の外に、これら重要の役割〔民衆教育〕を持つてゐるものに何があるか。一般民衆に、忠孝仁義の大道を打ち込み、理想的日本国民たらしむべき適当な機関として何があるか。どうも見渡すところ、一つもそんなものはないではないか。少くとも、雑誌出版界には、さうしたものが見当らない。幾分はあるにしても、十分にその役割を尽くしてはゐない。多くは、高級であつて、少数の読者にしか読まれてをらぬ事実を見ても、これを知ることが出来る。（中略）あの沢山ある講談のある種のものを読物にしたら、民衆教育の絶好の資料となるのではなからうか。それは、概して、武勇仁義の物語である。侠客とか仇討とか、武勇伝とか出世物語とか、有名な合戦や城攻めや、興亡常なき歴史事変を語つたものである。これ等の物語が、人々に感銘を与へることと、日本精神を高揚せしむることとは、実に想像以上である。（中略）それから、滑稽物語とか、日常生活のユーモアとか、洒落に満ちた話とかいふもの、これも亦、人生に必要欠くべからざるものである。（中略）これを読むことに依つて、一般大衆は、精神的の慰安にもなり、修養にもなり、読書力も文章力も常識も、その他いろ〳〵のものを養ふことが出来る。これこそ、民衆教育の立場から、立派な価値を持つた最善の読物ではないか。即ち、日本人を作る手近かな教育ではないか。」（「自伝」364 f.）

野間が狙った読者層は、文字を覚えたての小学校卒業レベルであった。発案そのものは『国民新聞』に勤めていた望月茂(作家名・筑紫四郎)によるが、出版編集の素人が試みようとするこの「無謀な計画」を聞いた村田支配人は、まず『雄弁』の自己経営を体験した上で挑戦することを奨めた。しかし、野間はその説得に翻意することなく、学生向け『雄弁』と大衆向け『講談倶楽部』を同時に自己発行した。

野間が初めて新聞広告を使った『講談倶楽部』創刊号は、常識破りの一万部でスタートした。村田の危惧どおり実売数はわずかに一八〇〇部、返品の山が築き上げられた。こうした苦境の中で、一九一三年一月二七日付けで帝国大学書記を辞任し、敢えて退路を断って出版業に専心した。この結果、講談のみならず、浪花節や落語などの速記原稿を掲載した多彩な誌面構成によって『講談倶楽部』の人気は上向き、新たに登場した類似雑誌『講談世界』(文光堂)にも競り勝った。

だが、多様なジャンルを取り込んだ『講談倶楽部』の編集方針は、一九一三年六月臨時増刊号「浪花節十八番」をきっかけに、講談界との全面対決に突入した。講談速記者・今村次郎は講談社に対し、浪花節速記の掲載を止めない限り、原稿供給をボイコットすると申し入れた。明治末年の桃中軒雲右衛門(とうちゅうけんくもえもん)から隆盛期を迎えていた浪花節に、講談師たちは脅威を感じていた。この要求を撥ね付けた野間に対して、講談師仲間と速記者協会は講談社への寄稿拒否を新聞や競合誌で宣言した。だが、『講談倶楽部』は同年九月号、一〇月号に社告「講談師の抗議に対する本社の態度」を掲げて反論し、さらに新聞広告や数十万に及ぶビラを印刷し、この事件の顚末、及び『講談倶楽部』の今後の方針を天下に宣言した(「正伝」401)。

こうして因襲的な講談業界と決別した結果、小説家を動員して講談の題材と様式を文章化した「書き講談」が生まれた。この「新講談」こそ、関東大震災後の大衆文学勃興の誘い水となったものである。野間自身、その文学史上の意義を次のように回想している。

「この大衆風の文学の勃興こそは、実に、読書といふものを民衆化させ、読書を教育ある少数の人達から、さまで教育なき大衆にまで普及せしめたものである。即ち、我々の有する「仮名」の力を利用して、最早わが国には、大衆向に書かれた書籍を読み得ない者は一人もゐない、といふところにまで、導くことが出来たのであります。」(「自伝」481)。

この評価ばかりは「野間式」誇大宣伝とも言えず、池内訓夫もこう書いている。

「そのころは文士なぞは講談を書くのは堕落だと云つて恥辱にさへ思つてゐた。都〔新聞〕には、伊藤みはる、寺澤琴風、長谷川伸、当時〔の筆名は山野〕芋作、平山蘆江、中里介山、伊原青々園、遅塚麗水、かうした面々が頑張つてゐた。これが今日の大衆文芸の濫觴をなしたものである。春秋の筆法をもつてすれば、今村次郎大衆文芸を起す！と云ふべきであらう。[20]」

もちろん、江戸期以来の講談を源流とする大衆文学の系譜を、自由民権派の政治講談から、平民社の平民講談、社会主義者の社会講談へとたどる、木村毅「大衆文学発達史」（一九三三年）も存在する。木村は史実の噂に無数の尾鰭、創作が加わりながら伝承され集成された講談を、「大衆の嗜好の交響楽である」[21]という。だとすれば、この交響楽を誌上に記録化（レコード化＝規格化）して大量販売した講談社の功績は大きい。「レコード化」された講談文化は、読書人の気晴らし的需要をも喚起していた。講談社の自社広告「驚くべき統計――意外な方面に歓迎される意外な読物」（『大正大震災大火災』一九二三年巻末）は、「意外」と敢えて「驚く」ことがあざとい宣伝文である。

「東京市三田図書館長の発表に依ると、震災前、同図書館で調査した所に依れば中等学生の読む雑誌は驚く勿れ大部分講談倶楽部であると云ふ。試験々々で頭をイジめた学生が同誌の様な雑誌に依つて頭脳を休ませ、情操の修養を心掛けるのは尤もなことである。」

試験勉強のエリート予備軍のみならず、エリートが気分転換として『講談倶楽部』を愛読することも稀ではなかった。

「又総理大臣、陸軍大将の田中義一と講談にも、切って切れざる縁があり、宇垣（一成）朝鮮総督も一心太助の礼讃者である。井上哲次郎博士が講談の趣味を説いていたのを読んだ事もあるし、高畠素之氏は『資本論』の翻訳中も、座右から博文館本の『加藤清正』をはなさなかった。又、地下にもぐっていた頃の佐野学氏の鞄の中にはいつでも『講談倶楽部』が入っていたそうだ。[22]」

野間のいう「一般民衆に、忠孝仁義の大道を打ち込み、理想的日本国民たらしむべき適当な機関」は、共産党幹部の愛読するところでもあった。一九二九年新年号で野間は創刊時を振り返って、それまで遠慮して『雄弁』のみを献本していた東京帝大総長・山川健次郎から「『講談倶楽部』も寄越して貰ひたい」と言われた話や、美濃部達吉との天皇機関説論争で知られる帝大教授・上杉慎吉が「『講談倶楽部』の熱愛者」であった話などを誇らしく紹介している（「正伝」419）。

論点を先取りしていえば、「大衆の交響楽」をレコード化＝規格化した『講談倶楽部』を受けて、『キング』は「新講談」をラジオ化＝国民化したといえる。その象徴は、「国民作家・吉川英治」の誕生である。吉川雉子郎（本名は英次）の処女作「江の島物語」は、一九一四年度『講談倶楽部』「新講談」公募の一等入選作品である。その後も、吉川は講談社雑誌に投稿を続け、一九二一年大連放浪中に応募した三篇の懸賞小説（「でこぼこ花瓶」で『少年倶楽部』一等入賞・二〇〇円、「馬に狐を乗せ物語」で『面白倶楽部』一等入賞・三〇〇円、

「縄帯平八」で『講談倶楽部』三等入賞・一〇〇円)で六〇〇円の賞金を獲得し、亡母の葬儀を行ったという逸話を残している。講談社内部では吉川は既に伝説的な投稿家となっており、『面白倶楽部』一九三四年七月号には、朝山季四、杉村亭々などのペンネームで落語からユーモア小説、時代小説まで六篇が同時掲載されている。その中で特に評判を得た長編「剣魔侠菩薩」が、吉川「英治」名で『キング』創刊号にデビューする契機となった。『キング』初代編集長として原稿依頼におもむいた広瀬照太郎は吉川に次のように言ったという。

「キングは全社の運命をかけて創刊する雑誌です。それに長編小説を書く人は、半ば逃げ腰の匿名などでは困る。作者の本名で書いて下さい」

その結果が、大ヒット作「剣難女難」である。もっとも、本名・吉川英次と書かれた原稿は、誤植で「英治」となり、『キング』の成功とともにそのペンネームが以後も使われることになったといわれている。[23]

ちなみに、原稿を広く一般公募した『講談倶楽部』のスタイルは、戦後にも引き継がれ一九五五年第八回「講談倶楽部賞」は、司馬遼太郎の処女作「ペルシャの幻術師」である。かくして、『講談倶楽部』は、戦前の吉川英治、戦後の司馬遼太郎という二人の「国民作家」を世に出したことになる。

『少年倶楽部』(一九一四年創刊)

神統二千六百年　正気(せいき)あふるる大日本

仰げ都の空高く　　われらがかざす旗じるし
わが社は日本の講談社　　われらの事業は熱と血ぞ
（第三社歌、西条八十作、一番）

『雄弁』は少年時代の演説好きに、『講談倶楽部』は教員時代の八犬伝講義に由来する、と「正伝」はいう。その上で、「巨大なる子供」「大人と子供との雑種児」であった教育者・野間は、「愛すべき移動教壇「雑誌」を創作して、自己の懐抱する教育理念を実践に移行せしめた」（「正伝」427 f.）という。

「私がこの『少年倶楽部』に於て特に力を打ち込みたいと思つたのは、所謂「国民性の啓発と涵養」であつた。私が教師生活で知り得たものの一つは、学校教育は、やゝもすると智育方面に力を用ひ過ぎて、国民性の啓発や精神教育の方面が、どうも不足してゐるのではないかと言ふことであつた。」（「自伝」520）

当然ながら『少年倶楽部』は、軟派系「講談社」ではなく硬派系「大日本雄弁会」から発行された。

だが、新しい雑誌ジャンルを切り開いた『雄弁』『講談倶楽部』と異なり、第三雑誌の領域は『少年世界』（博文館）、『日本少年』（実業之日本社）、『少年』（時事新報社）を筆頭にすでに成熟した「少年雑誌」市場が存在していた。最大部数の『日本少年』は既に一〇万部に達する勢いであったが、野間は次のように回想している。

「当時出てゐた少年雑誌の大部分は、知識的、科学的な記事が多く、やゝ程度も高いかに思はれた。一部の少年には、或は熱心に読まれるかも知れないが、一般の少年から言つたらどんなものであらうか」(「自伝」519)

ここでも、野間の雑誌戦略は下方的拡大に向けられていた。一九一四年当時一割内外の中学校進学者を中核とする市民的＝読書人的な家庭の子供を超えて、「尋常四五年から高等小学校全部」を含む大衆的＝全国民的な規模を『少年倶楽部』は読者として想定していた。

先行他誌と差異化すべく、『雄弁』から各界名士の原稿を集めて盛りつける手法、『講談倶楽部』からは忠臣孝子、英雄偉人、勇将烈士の講談調が採用された。

創刊号には、加藤弘之、井上哲次郎など二二名の大家をつらねた賛助員、鶴見祐輔、中村孝也など若手二二名を配した評議員の名簿が掲載されている。そもそも、賛助員制度は、博文館の国民雑誌『太陽』が創刊号で行ったものである。

しかし、創刊号(一九一四年一〇月号)から赤字で、第二号の売行きは『日本少年』の二割程度に過ぎなかった。起死回生策として、「マス」メディアへの「パーソナル」な参加意識を煽りたてる「愛読者大会」が、一九一四年一二月神田区青年会館、翌一五年一月高崎市高盛座を皮切りに各地で開催された。この『少年倶楽部』愛読者大会に代表される読者参加イベントは、後には講談社から講師を派遣して定期的に開催された「童話の会」、「婦人の修養大会」などへ波及していった。

「本誌の編集方針」(一九一五年四月号)には、「雑誌教育は学校教育を補助する」という立場がこう表明されていた。

「学校において授ける事柄は、児童にとつては既に十分であります。（中略）雑誌は骨を折らずに、寧ろ娯楽的に読めるといふやうな材料を提供する方が宜いのではあるまいか。親が読ませようとするといふやうなものではなくつて、児童自らが進んで愉快に読むといふやうに拵へなければならぬのではないか。さうしてその面白く読む中に、知らず識らずに或種類の教育を受けるといふことでなければならぬのではないか。」（「正伝」449）

ここに表明された強制によらざる自主性の動員は、ちょうど同じ年に欧州で勃発した第一次大戦の参戦諸国が目指した総力戦の理念と一致していた。

一九二一年小学校教員出身の加藤謙一が編集長に就任して以後、『少年倶楽部』は急成長を始めた。給仕を務める「久平少年」が編集部の楽屋裏を紹介する「久平新聞」欄を設け、読者があたかも編集過程へ「参加」したような感覚を与えたのも加藤の発案である。(24) 一九二二年新年号の宮崎一雨「日米未来戦」が煽った「参加の民主主義」は、皇族にまで及んで少年のナショナリズムは高揚した。同年二月号は大正天皇第四皇子澄宮崇仁親王（のち三笠宮）に献上され、五月号以後「賜台覧」の文字が表紙や広告を飾った。かくして翌一九二三年五月、「我が少年倶楽部は遂に日本少年を凌駕せり」と大書した張り紙が編集部に掲げられ、同年一〇月号では「東洋第一雑誌」として「三十万の愛読者諸君」と呼びかけている。

こうした『少年倶楽部』の大躍進は、高度国防体制への潮流に棹差すものであった。「高度」という上昇イメージは、その後、一九六〇年代の「高度」経済成長から今日の「高度」

情報化まで国民統合に必須な形容詞となる。『少年倶楽部』は、成長期の少年が対象であるだけに「高度＝偉大」化を表現することは容易であった。

「我等は、徳育を中心信条として「偉大なる人」にならねばならぬといふことを標榜して、少年に対しようと思ふ。（中略）興国の大精神、我国教育の主眼たるところの忠君愛国の思想、延いては我が国民の特徴たる大和魂、而して前にも申述べた如く、是非己は「偉大なる人」とならねばどうしても死ぬことが出来ない。草木と共に朽果てることは出来ないといふところの、一生を通じてその児童を鞭撻するところの心棒を形造る為めに最も多くの力を注ぎたいと思ふのであります。」（強調は原文、「正伝」450 f.）

読者層の下方的拡大を、興国の上昇イメージに連動させるため、野間は自らの立身出世と世界的出版社の威容を繰り返し自己宣伝せねばならなかった。一人息子恒を中学に進学させず自社の少年部におき、修養会や剣道による自主教育を行った理由もそこにあろう。中学進学率が二割に達しなかった昭和戦前期、「中学校へ入らなくとも偉くなれる」と唱えた野間家の「実践」は、受験競争から疎外された八割の出世願望を惹きつけることになった。『少年倶楽部』が煽った立身出世主義は、少年に大きな夢を与え、すでに第I部で紹介したように、『少年倶楽部』をノスタルジーの対象として熱愛する読書人は多い。しかし、圧倒的多数の少年読者にとって、立身出世の夢は挫折を以って終る。その意味では、既に引用した佐藤忠男の次の命題も十分にエリート主義的である。

「『少年倶楽部』の読者のいちばん熱心な部分こそが、実はその後、岩波文庫の読者になるのである。」

立身出世のならなかった『少年倶楽部』読者の大半は、長じて『キング』読者となったはずである。「一番熱心な部分」とは、結果論に過ぎない。『キング』の修養主義は、加熱した個人的野心のゆるやかな冷却装置として機能した。(25)

図式的に言えば、こうなろう(図２、一二五頁参照)。学生向けの政論雑誌『雄弁』と庶民向け娯楽雑誌『講談倶楽部』を媒介する回路として、少年期雑誌『少年倶楽部』(同時に誌名登記された『少女倶楽部』も含む)があり、その上に国民雑誌『キング』(『クイン』の名称も同時登記)は存在した。野間の立身出世主義に立てば、少年期とは可能性において階層的に未分化な段階であった。エリートであれ一般庶民であれ、一度は等しく通過する媒介雑誌(メディア)として『少年倶楽部』は考えられたのである。その意味で、『少年倶楽部』は、加熱させた読者の出世欲求を放散してナショナリズムに吸収する「国民」雑誌『キング』を必要としていた。逆にいえば、『少年倶楽部』の「成長」ベクトル上にあってはじめて、『キング』は「高度＝偉大」化運動に向けて階層化した国民を同調 gleichschalten する装置になったのである。

その統合機能の本質として、国民の視線を国外に向け、国内の構造的矛盾を外交に転化する社会帝国主義は両誌に一貫していた。とりわけ『少年倶楽部』が掲載した冒険小説や熱血小説に見られる「海外雄飛」思想が、大陸や南方への「進出」を支持する世論を醸成したことについては既に多くの指摘がある。(26)山中峯太郎「敵中横断三百里」(一九三〇年)や田河水泡の漫画「のらくろ二等卒」(一九三一年)は、満洲事変勃発に先んじて人気を博し、一九三四年新年号からは日米戦を想定した平田晋作「昭和遊撃隊」が連載された。ハワイ沖海戦も織り込んだこの小説の末尾には次のような付記があった。

「この小説によつて皆さんは強い愛国心を注ぎこまれた。太平洋の護(まもり)の大事なことを教へられた。これは五年十年の後、皆さんが日本を背負つて立つ時になつてどれ程力になるか知れません」(「正伝」466)

実際の日米開戦は、それから五年と十年の間、つまり七年後のことであった。

『面白倶楽部』(一九一六年創刊、一九二七年『富士』と改題)

第一次大戦の好況の下、以上三誌の経営が軌道に乗ると、有料の自社広告媒体として一九一六年九月『面白倶楽部』(講談社)が創刊された。発刊の辞は次のように書かれている。

「面白い――これは天上の星。為めになる――これは地中の塩。本誌七十余頁の行々句々みな此の二つが具合よく備つてゐる。祖父さん祖母さんから弟妹に至る一家の凡(すべ)ての者、又電車汽車の内を始め、如何なる処でも、更に亦人を待つ間の退屈しのぎ、夕飯後の団欒など如何なる時でも、人と処と時とを問はず極めて愉快に読み得る様な趣味と実益と教訓と気品とを保つてゐる。」(「正伝」474 f.)

編集長は『講談倶楽部』の淵田忠良が兼務し、多彩な短編読物を中心にして、広告頁にも無数の小記事が盛り込まれた。本文八八頁のうち、自社広告は一五頁、他社のものは一八頁に達している。野間は『面白倶楽部』創刊にふれて、「私は一種の宣伝狂と目さるゝやうにもなつて行つた」と誇らしく書いている（「自伝」562）。野間にとって「宣伝」こそが、成功の秘訣であり、当時入社した社員にはすべて広告文案作成を経験させている。

「苟も天下に大事を行はんとする人は、皆宣伝に力を用ひたやうであります。ナポレオンの如き、秀吉の如き、日蓮の如き、皆一種の大宣伝家と私には見られるのであります。」（「正伝」471）

『面白倶楽部』の登場を、同時代人は「雑誌界のムッソリニ」への踏切板と見ている。

「宣伝第一に着眼した野間の見識は、「雑誌界のムッソリニ」の台頭期にあつて、一応成程と頷かせられる。ところで彼も商人、新聞に高価な広告料を稼がせてばかりゐる阿呆臭さを算盤に弾いて、うまく行けば儲け乍ら宣伝に利用しようとの自家広告用の安雑誌を思ひついたのが、この大正六年九月に誕生した『面白倶楽部』なのだが……。」[27]

さらに、日米戦争中に執筆された「正伝」では、野間の「宣伝本位」は世界史の文脈で読み込まれている。

「元来日本人は宣伝を毛嫌ひし、或はこれを非道徳視し、自ら宣伝下手なることを誇負するかにさへ見える。そして世界の制覇が武力戦だけでは決定せられず、思想戦・宣伝戦を必要とすることが力説せられ、各国互ひに宣伝に鎬を削る時代に到達して、始めて、宣伝の重要性が認識されるに至つたやうに思へる。故に三十年間に亙つて夙にその実践に大童だつた彼は、斯道の先覚者といひ得るであらう。彼をして、一雑誌社の宣伝でなく、日本を世界に認識せしむる為めの宣伝の陣頭に立たしめたならば、必ずや遺憾なき成果を挙げたことであらう。『面白倶楽部』の創刊は、彼のこのやうな宣伝趣味と、面白くて有益な記事を雑誌に網羅する建前とから生れたものであつた。即ち先に生れた『雄弁』・『講談倶楽部』・『少年倶楽部』三雑誌の宣伝中隊として、天下に宣伝戦を展開したのである。」(「正伝」472)

もちろん「宣伝中隊」Propaganda Kompanie とは、ナチ・ドイツにおいて前線部隊に配属された報道スタッフである。だが、当然ながら野間自身は、この「宣伝本位」の廉価量販主義と「面白くて為になる」主義の着想を、ナチズムではなくアメリカの『サタデー・イブニング・ポスト』及び『レディース・ホーム・ジャーナル』から採用したと告白している(「自伝」564)。いうまでもなく、宣伝の先進国も戦勝国もドイツではなくアメリカであった。

しかし、小記事中心で多彩に構成された『面白倶楽部』は、同じアメリカ誌をモデルとした『キング』と同一ジャンルになったため、『キング』が一〇〇万部を突破した一九二七年休刊となった。キング編輯同人「新雑誌『冨士』創刊について」(27-12 : 336)によれば、その後継誌『冨士』一九二八年新年号は「講談式編輯法」を売り物としたが、実際は『キング』の余剰原稿が多く利用されたため、『キング』との差異化は難しかった。

一九四一年新年号から読者を「産業戦士及び一般青年層」に定めた『冨士』は、「時局絵図」を毎号添えて国策協力に邁進した。一九四一年一二月戦時下の用紙統制から『冨士』は『キング』に統合されたが、実際は『キング』が「冨士」化=国策化したと見るべきだろう。敗色濃い一九四三年には「敵性語」排斥から今度は『キング』がウ冠に字体を変えた『富士』と改題して終戦を迎え、アメリカ軍占領下で再び『キング』の名称に復帰した。こうした誌名の変遷は両誌の不可分な関係を示している。

第二節　『婦人倶楽部』から『大正大震災大火災』まで

『婦人倶楽部』（一九二〇年創刊）

野間が第一次大戦後最初に手がけた『婦人くらぶ』（大日本雄弁会、翌年『婦人倶楽部』と改題）は、文字通り『キング』の母体となった。『面白倶楽部』の創刊に際して、『レディース・ホーム・ジャーナル』が模範とされたことは既にふれた。一九二三年四月に社内に設置された新雑誌研究部の会議でもタイトル案として『クイン』は『キング』とともに最終候補に残っており、一九二三年八月二五日『キング』と同時に誌名登記されている。また『キング』創刊号を飾った和田英作の美人画に象徴されるように、表紙イラストは女性誌的モチーフが多用された。裏表紙の全面広告は「美顔白粉」と「白色美顔水」が一九三二年七月号まで交互に繰り返され、その後は原則として「花王石鹸」が独占していた。外見だけから見る限り、『キング』は婦人雑誌のスタイルを踏襲していた。「正伝」の表現にしたがえば、「すべての女性を母に帰一せしめてゐる」野間は、『婦人倶楽部』によって「完全なる「日本の母」を作らうとした」（「正伝」518）。女性＝母性を意識した誌面作りが、後に国民雑誌『キング』を生み出したのである。

とはいえ、『婦人倶楽部』もその経営が軌道に乗るにはかなりの時間を要した。雑誌出版の大衆化をリードした婦人雑誌部門(グラフ1・九五頁参照)へ満を持しての参入ではあったが、既存六大誌『婦人世界』『婦人画報』『婦人之友』『婦女界』『婦人公論』『主婦之友』の堅塁を抜くには『少年倶楽部』同様の試行錯誤が必要だった。三宅雪嶺、穂積重遠(しげとう)といった大家の論説、跡見女学校修身科教授・中島徳三の通俗倫理などを並べた創刊号からは、最大部数誌『主婦之友』よりやや高級な印象を狙ってスタートしたことがわかる。そのため、紙面の半分が説話や評論となり実用性、娯楽性は相対的に乏しかった。発行部数四万部のうち六割近くが返品となる停滞が続き、翌一九二一年からは告白手記や実用記事を前面に押し出す『主婦之友』路線に軌道修正された。そのため、「忠であり孝であり、良妻であり賢母である古来の日本婦人の美徳」を涵養する(「自補」636)という建前と誌面のセンセーショナリズムのギャップは大きく、それを批判する声は当時から高かった。

詩人・野口米次郎(よねじろう)は「婦人雑誌を○(焼)いて仕舞へ」(『改造』一九二七年三月号)で、『婦人倶楽部』が松岡譲(ゆずる)の小説「憂鬱なる愛人」掲載に際し、「文豪の娘の結婚に関する事実小説」という触れ込みで松岡夫人(夏目漱石の長女・筆子)の写真まで広告に使ったことを厳しく批判している。

「私は決して単に婦人倶楽部に向つてのみ酷なるものでない。すべての婦人雑誌は三面記事的興味を中心として編輯されてゐる。(中略)興味本位の婦人雑誌は百害あつて一利のない点を指摘したい。婦人雑誌のみに対してではないが、日本の雑誌編輯者は雑誌と新聞との区別を了解して居らないやうに思はれる。新聞に一日の生命があるとすると雑誌には一箇月の生命が無ければならない。（中略）実際今日の婦人雑誌の価値は毎晩のラヂオ以上のものでない。[28]」

これは、活字の時間バイアス（持続性）に囚われてラジオの空間バイアス（伝播性）を認識しない詩人の批評だが、そのため逆に同時代証言として婦人雑誌のラジオ的性格とその実用性に光を当てている。

婦人読者の系列化・組織化の口火を切ったのは、石川武美の『主婦之友』で、一九二二年「文化事業部」を創設し、読者向けの講演会や音楽会を催した。[29] こうした手法は『婦人倶楽部』でも採用されたが、講談社編集局には「赤ちゃん名附」部も設置され読者サービスに努めた。読者の希望に応じて、現存の著名人に名付け親になってもらう仲介が『婦人倶楽部』誌上で行われた（37-7：593）。

「全国の父母より熱烈なる歓呼を以て歓迎せられ、爾来月々数千に上る依頼者が殺到し、良き名を与へられた男児女児は、次第に全国に満ちて行つた。爾来今日（昭和一九年）まで十四年に及ぶ間、婦人倶楽部を仲介とする目出度い児童の成長は当年十四歳を頭として何万の数を算するに到つた。」（「正伝」529）

また、『キング』の成功以後は、映画とのタイアップ戦略が持ち込まれ、鶴見祐輔『母』（野村芳亭監督、松竹蒲田、一九二九年）、吉屋信子『女の友情』（村田実監督、新興キネマ、一九三五年）、久米正雄『月よりの使者』（田坂具隆監督、新興キネマ、一九三四年）、川口松太郎『愛染かつら』（野村浩将監督、松竹大船、一九三八年）など長期連載と映画化によって読者を定期購読に導いた。派手な広告宣伝と毎号附録の物量作戦によって、一九三一年当時、『婦人倶楽部』は五五万部に達し、『婦女界』三五万部を抜いて『主婦之友』六〇万部に迫っていた。一九四三年五月号より『婦女界』を併合し、翌年の企業整備では『主婦之友』(主婦之友社)、『新女苑』(実業之日本社)とともに婦人雑誌として存続が認められて、戦後に至った。

『現代』(一九二〇年創刊)

大衆のための総合雑誌『現代』(大日本雄弁会)は、「成年男子むけの家庭雑誌」「万人向きのデパート雑誌」として『婦人倶楽部』と同時創刊された。その編集は、後に『キング』の初代編集長となり、その後新潮社に引き抜かれてそのライバル誌『日の出』を編集する広瀬照太郎が担当した。

その前年、一九一九年にはロシア革命の影響もあり、社会主義的傾向を帯びた総合雑誌が続々と創刊された。弁論雑誌として出発した『雄弁』も、この時期には総合雑誌的性格を持つようになっており、編集会議の席上、「今の『雄弁』を読んでよく判る人が社内に幾人も居(お)るまい」との発言まで飛び出している(30)。すなわち、『雄弁』を本来の弁論本位に戻すべく、新たに総合雑誌『現代』が創刊された(「社史」上444)。

「この『現代』は、理想的には皇道精神の宣布、日本主義の徹底を意図して創刊されたものであるが、その狙ひ所はといへば、遍(あまね)く国民一般に知識、教養、娯楽、慰安を与へるといふ点にあつた。即ち高遠なる理想、深邃(しんすい)なる学理を、誰にもわかるやうに平易に嚙み砕いて教へ、小学校卒業だけの教育程度のものにも、大学卒業と同等の力を与へられるやうにと心がけ、高級知識の民衆化を目指したものであつた。」(「正伝」497)

国際知識人主義（コスモポリタニズム）を意識した国民大衆主義は、「雑・変化・統一」と題された創刊の辞にも表明されている。

「抑々（そもそも）今の時代は如何なる時代であるか、階級差別の観念が次第に衰へ、全国民は斉しく皇室を匝（めぐ）りて、奉公の義務を全うする臣民たらんとして進みつゝある時ではないか。この生気の潑剌たる時代に当つて、国民の同行者たり、慰安者たり、啓発者たり、指導者たる「雑誌」が、依然として旧き階級的、差別的観念に囚はれ部分的精神を後生大事に奉戴して、各々一隅にのみ割拠するならば、そは黒潮の流のやうに勃興し来る国民の全的精神の威力を無視するものである。真に深く国家を愛するものは、決して之に与（くみ）しない。」(「正伝」499)

さらに「正伝」は『現代』の編集方針について、興味深いエピソードを伝えている。渋沢栄一子爵から「小言（こごと）の言ひ方」という原稿をもらってきた『現代』編集者を野間は次のように叱責したという。

「折角だがかういふ原稿は『現代』には載せられぬ。(中略) 叱るといふやうなことは寧ろ無くするのがよいのでせう。褒め方の研究ならよいけれど、世間の人々に叱り方を教へるのは、以ての外の事である。さういふお話を聞いて来る編輯者の考へ方に手落があると思ひます。」(「正伝」504)

それも小言だ、と半畳を入れるつもりはない。しかし、おそらく同一の原稿、渋沢栄一

「叱言(こごと)の言ひ方」が、八年後に講談社の円本全集『修養全集 処世常識宝典』(一九二九年)に堂々と掲載され、それに野間清治「叱られる者の歓び」が続いている事実はどう考えるべきだろうか。いずれにせよ、論説、小説、実用記事が入り混じった「雑・変化・統一」の編集は成功し、創刊号四万部は数日で売り尽くし、一九二四年新年号は一〇万部を突破している。

しかし、翌一九二五年「雑・変化・統一」をいっそう徹底した『キング』創刊後、その余波を受けて部数は落ち込み、内容を「小説雑誌」に一新するなど暗中模索が続いた。しかし、戦時体制の移行にともない、一九四一年五月号から「知識階級の指導」をめざす「本社独特の綜合雑誌」に変身した(41-5：245)。編集顧問として中野登美雄、佐藤通次、斎藤忠、難波田春雄、杉靖三郎(やすさぶろう)など保守系文化人を迎え、同年一〇月には『雄弁』を併合して戦時下総合雑誌の雄となった。しかし、『現代新聞批判』(一九四一年六月)の雑誌評が指摘するように、読書界一般の評価は低かった。

「『現代』が、その昔青訓(青年訓練所)式で地方青年の雑誌であつたが、綜合誌となつてからの傾向を一瞥すると、青年雑誌的な要素を一掃するに到らず、その要素で独自性を保たうとするかに見える。綜合誌として『文春』の卑俗面と、国民学校式な修身要項の併列といつたものを感じさせる。[31]」

一九四四年の雑誌企業整備に際して、「総合雑誌」として存続が認められたのは、『現代』『中央公論』『公論』の三誌であった。京都学派を擁した『中央公論』に対する『現代』の思想的立場は、田中忠雄「西田哲学的俗論」(一九四三年八月号)などが端的に示している。

『少女倶楽部』(一九二三年創刊)

一九二三年一月に発行された『少女倶楽部』(大日本雄弁会)で、野間はそれまでの一〇月号創刊に代えて新年号創刊方式を確立した。既に『少年倶楽部』とともに誌名登録されており、十分な準備により、創刊号より八万二〇〇〇部を発行し順調な発展を遂げた。

『少女倶楽部』の創刊に当つて、私達は少女といふものに対する認識に就いて、種々の事を発見した。第一の発見は、少女は少年とくらべて余程感情的である。一旦間違つた道へ導かれたならば、少年よりも回復が困難である。従つて理性的な要求と感情的な要求との間の中庸を見出さねばならない。少女に対しては少年に対する程「偉くなれ」といふことや「野心」を説くことは、さまで必要ではあるまい。更に私共の念とすべきことは、少女は将来教養ある婦人になるだけでなく、良妻賢母にならねばならないといふことである。私の所謂「国民性の啓発と涵養」も日本の少女に必要である。」(「正伝」543)

さらに野間は『少女倶楽部』のために二一ヶ条にわたる事細かな編輯訓を作っている(「正伝」545-547)。

「一一、幼き恋愛を扱へるものは、白紗(はくしゃ)を隔てて仄(ほの)かに花を観るごとき気品高きものたるを要す。」

「一七、女児は紙質の良否よりも、紙色の白きを喜ぶ傾向あり。その辺の観察を要す。」

「二一、投書家の書信を綴込(とじこ)んで置き、通信用に供すべし。読者と相互に好感を持つことに役立つべし。」

それまでの少女雑誌にはなかった講談物、大河内翠山（すいざん）「水戸黄門漫遊記」や淡路呼湖「浪人の娘」が創刊号から連載され人気を博した。一九二三年四月号は皇后陛下（貞明皇后）に、また翌二四年六月号は皇太子后良子（ながこ）女王殿下にご嘉納され、『少年倶楽部』同様に「賜台覧」が表紙や広告を飾った。

ここに大衆各層を年齢・男女別に分節化した「倶楽部雑誌」は、一応の完成を見て、その統合雑誌『キング』の登場を待つばかりとなった。

『大正大震災大火災』（一九二三年一〇月）

「『キング』を創（はじ）めますのには、凡（およ）そ六年程用意を致しました」と野間自らが回想している[32]。「日本一おもしろい、日本一為になる、日本一安い雑誌」を謳った『キング』創刊は、先行七雑誌で実験され蓄積されたノウハウを駆使して準備された。

『キング』創刊は当初の計画では、一九二三年一二月発行の二四年新年号と予定されていた。だが『キング』誌名登録の六日後、一九二三年九月一日『キング』の用紙について紙問屋岡本商店の岡本正五郎と商談中に激震が走った。この関東大震災によって計画は一年間延期された。九月八日付『大阪朝日新聞』は「雑誌が全滅した——十月からは殆んど出まい——印刷文化の大打撃」の大見出しで出版界の惨状を報じたが、社屋が無傷のまま残った大日本雄弁会は、『キング』創刊準備スタッフによって『大正大震災大火災』を製作した。新聞社が罹災したため広告ができず、約六〇万枚という葉書を使ったダイレクトメール宣伝が展開された(「自補」700)。『キング』創刊キャンペーンでも、この手法は繰り返された。資金は日本勧業銀行、三菱銀行から最高限度額を借り出し、印刷用紙は王子製紙の販売課長・井上憲一に頼み込んで、冨山房が中等教科書印刷用に予約していた横浜の在庫を融通してもらったという[33]。

さらに、東京堂、東海堂、北隆館ほか大取次と交渉した結果、予定していた初版五〇万部は削られたが、三五万という空前の大部数を引き取らせた。一〇月一日雑誌扱で配本された同書は、「人情美の発露！　美談佳話」を謳って大ベストセラーとなった。初版はたちまち売り切れ、一〇万部の増刷を実現したことは、取次店に対する野間の信用を引き上げ、同じ編集スタッフによる初刷五〇万部「燦たりキングの出現」(創刊号巻頭言)を可能にしたといえよう。大震災で『キング』創刊が一年遅れたことに関して、野間は「是れも神のお恵と感謝して居ります[34]」と述懐している。

大日本雄弁会と講談社が合併して「大日本雄弁会講談社」を名乗るのは、「正伝」でも『キング』創刊を契機として語られる。しかし、この『大正大震災大火災』の発行所は奥付でこそ「大日本雄弁会・講談社」と中黒が入るが、扉紙では既に「大日本雄弁会講談社」と記載されている。

その扉裏見開きに九月一二日発布の「詔書」を掲げ、「帝都復興審議会幹事長・内務大臣・子爵　後藤新平閣下」「帝都復興審議会委員・震災善後会副会長・子爵　渋沢栄一閣下」

「関東戒厳司令官・参謀総長・陸軍大将　福田雅太郎閣下」の題字色紙三枚、「文学博士　三宅雪嶺先生」「文学博士　三上参次先生」「文学博士　幸田露伴先生」「震災予防調査会委員・理学博士　今村明恒(あきつね)先生」の序文一〇頁に続いて、口絵写真八〇頁、本文三〇〇頁の大冊である。

同書の中には、『キング』創刊号で長編小説「人間味」の連載を開始する村上浪六(なみろく)が「震災後の感想」を次のように記している。「天譴」論を逆手にとって、「国民精神作興」の流れに乗じ、『キング』創刊に向かう野間清治の意気込みを代弁しているような文章である。

「真に力のあるものは却て(かえっ)反発的に頭を持上げるが力のない空虚な奴はピシヤリと一時に凹垂れ(へこた)ざるを得ない、出来た惨禍は惨禍として、兎も角も面白い時節到来、これからが全く人間の力次第と働き次第で正直に酬はれ正直に立つべき人生となつて来た。[35]」

しかし、『大正大震災大火災』は急場の編集であり、「新聞広告の文句ばかりが大層で、内容の粗製濫造物」として刊行直後、宮武外骨に『震災畫報』第二冊で手厳しく批判されている。[36]外骨は第五冊でも、この「拙速主義の新聞雑誌切抜出版」が仲間商人からも「恥を知れ」と半畳を浴びせられたと、『讀賣新聞』記事を引用してこう論難する。

「其内容は殆んど新聞切抜と名士の名を借りた代作物であるに、諸新聞紙上へ大々的の広告を出して「空前の震災史、絶好の国民教科書、各家庭必備書」「子々孫々に伝ふべき民族的記念、万代不朽の大著」「敢て血あり涙ある満天下の志士仁人に訴ふ」「湧然起る讃美激賞の声、果然、売行如矢」「増刷又増刷、今後これだけ良い本は出来難し」など大書して俗衆を瞞着したのである。実は二十万部の印刷で、（中略）然るに其大々的広告文に釣られて買つた者は十二万に足りなかつたのである、増刷又増刷とか重版又重版など云つたのは全くのウソで、今に売れ残りが八万冊ほどある、此残本を定価の半額七十五銭で本屋の市に出したので「恥を知れ」と罵られたのも無理はない、いづれ不日一冊十銭位の値でゾツキ屋の手に廻すか、『講談倶楽部』の残本同様、表紙を剝がして鐘淵の製紙会社へ漉返しの原料に売るであらう、アヽ絶好の国民教科書といふ万代不朽の大著も、其末路甚だ哀れなものではないか」(37)

いずれにせよ、この四年後に東京帝国大学法学部「明治新聞雑誌文庫」主任となる宮武外骨が挙げた数字と、「正伝」や講談社「社史」が自己申告する数字では二倍以上の開きがあることを、ここでは指摘しておきたい。

第三節　『キング』から『講談社の絵本』まで

『キング』（一九二五年創刊）

さらに、講談社側の記述が必ずしも信用できない一例として、作家・角田喜久雄による『キング』創刊時の回想を引いておきたい(38)。新聞紙上で繰り返された新雑誌『キング』への原稿募集に応じて投稿した探偵小説掲載に関する作者・角田の思い出である。当時、中学五年生であった角田少年は、懸賞募集広告をみて「罠の罠」を奥田野月というペンネームで投稿した。大震災直後に講談社から鄭重な手紙がきたと言う。

「文意を要略すると、万難を排して『キング』は出版するように決ったこと。貴方の小説は遺憾ながら落選したが、そのテーマ、素材は洵にすてがたい立派なものと思う。もし、しかるべく改作をほどこしその素材を生かしたなら大傑作になること受合い。そこで、テーマ、素材を提供してはくれまいか。勿論改作はしても貴方の名前で堂堂と発表する。もしよろしければお礼として金十二円也進呈とするというのである。」

当選賞金の一割だが、中学生にすれば、大金である。角田少年は二つ返事で快諾し、いったいどのように改作され、どれほど立派になったのか、創刊号を鶴首して待った。だが、

「全く、そっくりそのままで、唯申しわけのように、尾末にあってもなくてもいい文句が三四行つけ加えてあるだけであった。その時は、私はだまされたと思って腹をたてたものだが、しかし、その後になって『キング』創刊の血のにじむような苦心談を聞かされるようになって立った腹もどうやらおさまった。」

さらに次のような角田の後日談は、いかにも野間式「美談」といえようか。

「私は、創刊号が出てからまた懸賞小説に投書した。これは当選して、何百円かの大枚の賞金をもらいながら、とうとう小説は活字にならなかった。恐らく、「罠の罠」の値切った原稿料の穴うめのため、使う気もない小説を当選させて賞金をくれたのだろうと苦笑したものである。」

戦後の講談社「社史」の時期区分でも、第一期は大日本雄弁会結成から関東大震災まで、

第二期は『キング』創刊から野間清治病没までと区分されている。まさに『キング』創刊は「第二の創業期」であり、野間自身も『キング』成功を踏切板として、一九三〇年報知新聞社長、一九三六年日本雑誌協会会長、一九三七年内閣情報部参与などを歴任し、言論界における威信を高めた。もちろん、威信ばかりではない。『キング』創刊の一九二五年、「東京現在多額納税者番附」(25-10：255)によれば、野間の直接国税は第七位「小結」で三五九〇円である(ちなみに、同番付に登場する出版業者は「前頭」の上位に佐藤義亮一五一〇円、同下位に岩波茂雄七七〇円が登場している)。七年後の一九三二年には、野間は第一位の「横綱」となり、直接国税納付額は一一万五四四四円に達する。

かくして、「雑誌王」野間清治と雑誌の王『キング』は二にして一なる「大日本雄弁会講談社」統合の象徴となった。野間清治著『出世の礎』(『キング』一九三二年新年号附録)のキング編集局による前口上は次のように始まっている。

「わが野間社長は、世間で此頃(このごろ)「裸一貫から雑誌王」とか「日本のノースクリッフ」だとか、いろ〳〵もてはやされて居ります。」(39)

ノースクリフ卿とは、大衆新聞『デイリー・メール』から出発して高級紙『タイムズ』を傘下に収め、第一次大戦中は戦争宣伝局長に就任し対独宣伝戦を勝利に導いたイギリスの新聞王である。

「雑誌」メディアを超えた『キング』

すでに概観したように、『キング』の構想は、広告料収入によって廉価販売した『面白倶楽部』に胚胎し、「雑・変化・統一」を編集方針とした『現代』において部分的に試みられていた。「雑誌の広告媒体化」は、編集コスト一八セントを定価五セントで売って成功した『サタデー・イブニング・ポスト』の事例を自分が野間に教えたのだと、鶴見祐輔は述べている(「社史」上612)。創刊号の本文三五二頁中には一七頁だが、巻頭に五四頁の全面広告があり、全体としては、広告頁は約一八%に達した。

『面白倶楽部』や『現代』が直接『キング』に発展しなかった理由は、雑誌メディアに内在する細分化機能によって説明できる。雑誌メディアは、読者対象を細分化することによって発展するものであり、『面白倶楽部』や『現代』も階層、性別、年齢を絞り込むことによって安定した発展を遂げた。つまり、細分化可能な領域が存在する限り、雑誌は「専門化」していくことになる。しかし、一九二三年『少女倶楽部』創刊をもって、娯楽雑誌、総合雑誌、婦人雑誌、少年雑誌、少女雑誌を揃えた大日本雄弁会と講談社は、広告宣伝で切り取り可能な既存ジャンルすべてに布陣を終えていた。ただ学齢未満の幼年雑誌だけが、新聞雑誌による直接宣伝より家族への迂回宣伝が有効であるため、『キング』以後の課題として残された。

こうした個別雑誌による読者の細分化、分節化が完成した段階で、『キング』は階級、年齢、性別を超越した国民統合メディアとして構想された。それは、野間自身が会議で語った次の言葉からも裏付けられる。

「他の雑誌の読者の併読するものをも考へれば、少年少女雑誌の読者から四十万人、婦人雑誌の読者から二十万人、娯楽雑誌の読者から七八万人、これに新しい読者七八万人を加へて、合計七十五万人位の読者を獲得し得るであらう」（「正伝」596）

キングという「すつかり日本語化された英語」に野間は「漠然と総てを包含するやうな連想」を抱いていた。「外国語なればこそ無造作に万人に平等に響くのである。（中略）意味は貴族的であつて同時に平民的である」（「自補」709）。確かに、講談社系（『講談倶楽部』『面白倶楽部』）と大日本雄弁会系（『雄弁』『少年倶楽部』『現代』『婦人倶楽部』『少女倶楽部』）の漢字タイトルと、『キング』というカタカナ・タイトルには断絶が存在する。

「誰も主張し誰も納得したことは、この超大雑誌が万人向きでなければならぬといふことであつた。老人にも子供にも男にも女にも面白い、とても面白い、そして学者も実業家も会社員も職業婦人も、読みたくて堪らない、年齢、性別、職業、地位を超越した雑誌でなければならぬ。」（「自補」706 f.）

つまり、大日本雄弁会と講談社を統合した『キング』は、各倶楽部で「幼年」「少年」「少女」「婦人」「学生」「労働者」と細分化された読者層を、「国民」に融合したのである。その意味で、『キング』は細分化によって発展する「雑誌」メディアの特性を超えた機能を具えていた。実際、独文自伝で『キング』構想は、「超雑誌」Überzeitschrift の創刊と表現されたように、雑誌メディアの外部に——たとえばラジオに——視線を置いて生まれる発想である。「大衆の国民化」におけるラジオの機能を、一九三七年第一四回ドイツ放送展覧会における宣伝大臣ゲッベルスの開催挨拶から引用しておこう。[40] この年、第三帝国は放送受信者数でイギリスを凌駕して欧州第一のラジオ大国となった。

「ラジオの機能をそれぞれ各民族、各階級、ないしは年齢別に分けて、各々の目的に適合させるというように考えることは、全然誤りであり、ラジオの本質を完全にはき違えた見方である。労働者のためのラジオ、あるいは農民の、またサラリーマンの、さらに兵士のためのラジオはありえない。ラジオは常にただ一つ、ドイツ国民のためにのみ存在する。」

次章以下で、『キング』の特性を「ラジオ的」と表現するのはこの機能ゆえである。また創刊言には、「『キング』は雑誌界の国立公園(ナショナル・パーク)である」と謳われている(25-1：3)。「国立公園」という空間的な比喩には特に注目したい。それは、誰もが参入可能な国民的公共圏と呼び変えてもよいだろう。『キング』第三号は「輝く本誌の栄光」として、天皇、皇后、摂政宮、同后、ならびに秩父宮、高松宮、澄宮(すみのみや)(三笠宮)、伏見宮家ほか九宮家の天覧、台覧を告げている。

かくして、『キング』は天皇という「日本国民統合の象徴」(現行憲法、第一条)を頂いた統合メディアとして国民的公共圏を生み出していった。

『キング』による読書空間の拡大

創刊号の原稿審査では、野間を含め幹部二〇名が採点し平均九〇点以上の原稿のみを採用した(「自補」710)。『キング』の構成――「面白い」大衆小説(タイトルに冠せられた長篇小説・探偵小説・熱血小説・科学小説・家庭小説・諧謔小説・武侠小説や壮烈美談などが、このジャンルに含まれる)、新講談、新落語、踊り、歌、小話、笑科大学など雑多な娯楽の組織化と、「為になる」伝記、格言、一行知識、礼儀作法、実用記事の埋め込み――は、大日本雄弁会と講談社、すなわち学生の雄弁文化と大衆の講談文化を統合する「国民文化」の象徴となった。また、表紙スタイルや口絵は『婦人倶楽部』から、名士の談話、処世訓は『雄弁』から、成功談は『現代』『少年倶楽部』から、読物類は『講談倶楽部』『面白倶楽部』からノウハウを集大成したと言うこともできる。

もちろん、立身出世を煽る「大日本雄弁会系」要素と庶民の満たされぬ欲望に癒しを与える「講談社系」要素を縦に繋ぐ回路としては、すでに『少年倶楽部』を初発とするフローチャートが引かれていた。少年期とは可能性において階層的に未分化な段階であり、エリートであれ一般庶民であれ、誰もが一度は等しく通過する読書段階として『少年倶楽部』は位置づけられた。結局、『キング』は『少年倶楽部』を読む「少国民」の成長線上にあってはじめて、国民統合メディアとして作動したわけである。

『キング』の成功は、雑誌の定価に大きな影響を及ぼした。創刊時、同じ新年号の定価は総合雑誌『中央公論』『改造』(一円八〇銭)、大衆雑誌『東京』『苦楽』(一円)、婦人雑誌『主婦之友』『婦女界』(七五銭)、講談社内部の雑誌でさえ、『現代』(一円五〇銭)、『婦人倶楽部』(一円)であり、『キング』の五〇銭は画期的であった。『キング』の登場は値下げ競争を生み出し、ここに「雑誌五十銭時代」が出現した。

さらに、『キング』を模倣した大衆雑誌群の登場も、新たな情報回路を生み出していった。それまで大部数を誇った少年雑誌や婦人雑誌は、性別、世代別に仕分けされた情報を「私的空間」(親密圏)に伝えるメディアだった。しかし、性別や世代を越えた『キング』は各家庭という親密圏を国民的「政治空間」(公共圏)につなぐ回路を確立した。それまで、政治情報から切断されていた主婦や少年が、『キング』を通じて成人男性(有権者)と同じ情報回路を共有した意味は大きい。放送は、学校や職場という「場所」に密接に結びつき分節化されていた活字メディアの情報環境を激変させ、大きな社会変動をもたらした。(41) この「場所感覚の喪失」(J・メロヴィッツ)は、国民雑誌『キング』においても指摘できる。

確かに、『キング』は読書空間を文字通り拡張した。婦人雑誌や少年雑誌がほぼ「家庭」や「子供部屋」という場所に規定されていたのと異なって、『キング』はあらゆる空間に入り込んだ。例えば、一九二九年二月当時、東京駅、上野駅、新宿駅の三売店だけで『キング』は一月に二五〇〇部を捌(さば)いていた。(42)『キング』に特徴的な「一行知識」や「笑話」などは通勤中の読書に最適な記事であり、こうした読書空間の拡大がそれに続く円本、文庫本の普及を用意したと言える。

このため、それまで雑誌市場の拡大をリードしてきた「婦人雑誌」の発行部数は満洲事変期で頭打ちになり、それ以後は『キング』を追って創刊された「大衆雑誌」に首座を譲った(グラフ1、九五頁)。すなわち、一九二八年に『朝日』(博文館)、『平凡』(平凡社)、一九三一年に『オール読物号』(文藝春秋社)、一九三二年に『日の出』(新潮社)が続々と創刊された。

老舗・博文館は、平林初之輔編集で左傾した『太陽』を一九二八年二月号で廃刊し、一九二九年新年号から『キング』に対抗する『朝日』を刊行した。講談社から四人もの編集者を引き抜き、「太陽没して朝日昇る」という宣伝文句で華々しくスタートしたが、三三年一月号で廃刊となり、「明治の大出版社」博文館の斜陽化は加速した。(43)

続いて一九二八年一一月、『大衆文学全集』企画で円本ブームの一翼を担った平凡社も、『キング』を仮想敵として『平凡』を創刊した。小学校代用教員、師範学校教員を経て平凡社を創設した下中弥三郎も野間同様に立志伝中の人物である。彼を「羽柴筑前守秀吉的存在」と評した大宅壮一は、『中央公論』一九二九年四月号に「『平凡』の廃刊と大衆雑誌の将来」を執筆している。野間と異なり労働運動や農民運動に身を投じたことのある下中は、『平凡』の標語として「論文の大衆化、大衆文芸の芸術化」を掲げ、全国津々浦々にまで大宣伝を展開した。女学生向きの教訓小説などで知られた同じく教育畑出身の志垣(しがき)寛を編集長とし、帝大出の若い文学士を集めてスタッフとしたが、「高級雑誌の大衆化」は困難を極めた。

「創刊号は四十万と号するが実際は三十四万(初版三十万、再版四万)刷つて、返品が約二割五分、二号は三十万刷つて、返品が約四割、新年号は六十万と称してゐるが、実際は四十二万位で、返品はまだ確実には分つてゐないが、恐らく五割を遥かに突破してゐるであらう。」

返品の増加に耐え切れず、結局五号で万事休したが、その損害は三五万円と伝えられている。下中は自らの目算違いを、大宅にこう説明した。

「全日本の世帯数千二百万の中で、大衆雑誌を読む階級が約百五十万(これは大衆的諸雑誌の売行実数によつて推定したもの)、その中約二割(三十万)は、多少進歩的傾向を帯びてゐるが、或は少くとも講談社式の悪どい反動主義に満足してゐないと考へたのが、そもそもの誤りで、一部知識階級の思想は著しく進んでゐるにも拘らず一般大衆のそれは予想外に低いことがわかつたさうだ。」(44)

大手出版社の最後発『日の出』の誌名は、新潮社が賞金三〇〇円で一般公募した二五〇万通の中から選ばれた。『キング』初代編集長・広瀬照太郎が引き抜かれ、一九三二年八月『キング』に匹敵する創刊キャンペーンが展開された。「キングの歌」(本書二七二頁)に倣って、同じ作詞家、作曲家でキャンペーンソング「日の出小唄」(西条八十作詞、中山晋平作曲)が作られた。

朝だ、日の出だ、舞え舞え鷗(かもめ)、
日本島国、海から明ける、
波はどんと打つ千艘(ぞ)の白帆(しらほ)、
染めて、燃やして、朝日は昇る。

一方で、『キング』との差異化のため、「極端なショーヴヰニズム(45)」や「軍事思想の鼓吹(46)」が売り物とされた。

「新潮社秘書の立場から」(『実業之世界』一九三三年六月号)と題して後に二代目社長となる佐藤義夫は、「宣伝と内容の一致」を訴えている。これは講談社式宣伝に対する批判であり、以下の文章は「中学を出ていなくても成功できる」と読者に訴える『キング』との差異化を図る『日の出』の自己定義になっている。

「『日の出』は、インテリ大衆を対象として生れたものだ。面白いといふことは勿論必要だが、それよりもむしろ新しいといふことが、より肝要な目標である。(中略)幸ひにして『日の出』の狙ひどころは成功した。ことに本誌の力を入れて来た軍事物などは、時勢の要求に適応したものとして、非常な好評を博してゐる。[47]」

「インテリ大衆」を狙った『日の出』の方が『キング』よりも排外的でファナティックであったことは、『新潮社四十年』(一九三六年)が自ら認めている。

「『日の出』の創刊は、満洲事変、満洲国独立、国際聯盟脱退等の事相ついで起り、所謂非常時意識の裡(うち)に、国民精神の高揚天を衝くが如き時に際した。『日の出』は即ち、これ等の時局に対する問題を誌上にとり入れて、その燃えあがる国民精神の炎焔(えんえん)を誌上に反映したジャアナリズム当然の使命と信じたからである。[48]」

小学校卒業後、私塾積善学舎を経て秀英舎校正係から新潮社を興した佐藤義亮社長自らも、野間をならって『日の出』に修養訓話を書き続けた。そのうちから選んで出版した『生きる力』(一九三六年)への自讃は、「野間式」とも「講談社風」とも見える。

「その切実なる体験談の、語は平俗にしてしかも意は人生の真諦(しんたい)に達するものであり、稀に見る好著として、江湖老若の歓び迎へる所となり、版を重ぬること三百回を超えた。(49)」この暴風的な売行は本書の内容のいかに価値高きものなるかを語つてあまりあるのである。(50)

『日の出』と『キング』のナショナリズム競争は、両社間で名士原稿の奪い合いを引き起こした。『日の出』は一時期部数を五〇万部近くまで伸ばし、『キング』に肉薄するかにみえたが、講談調に徹しきれない木村毅や千葉亀雄など編集顧問の高尚さが障害となり新潮社の財政を圧迫していった。『日の出』が文字通り、その勢いを取り戻すのは、慰問袋に敵性語「キング」が敬遠されるほど国粋熱が高まった日米開戦後のことである。(51)

いずれにせよ、大出版社が試みた『キング』への挑戦が失敗した原因は、『キング』を通常の「雑誌メディア」の延長上に考えたからではあるまいか。

『幼年倶楽部』(一九二六年創刊)

『キング』創刊後、野間が最後の新雑誌として創刊したのは、低学年の子供を対象に購読習慣を培養する『幼年倶楽部』であった。編集主任には、はじめて少年部出身幹部・笛木悌治が抜擢された。笛木は当時流通していた『赤い鳥』『金の船』『金の星』など童心主義雑誌、『良友』『小学少年』『小学少女』『小学校』『コドモアサヒ』など学習雑誌、さらに絵本類を買い集めて分析し、子供の目線に立った新しい児童雑誌を目指した。それは、創刊言「皆様に御あいさつ」(『幼年倶楽部』一九二六年新年号)によく反映されている。

「皆さん!! 皆さんは、お家の宝であり、またお国の宝であります。お家の宝にも、お国の宝にもいろいろありますが、その中で皆さんが一番大切な宝です。皆さん!!　皆さんは、りつぱな人になつて、お家のためにも、お国のためにも、働いて下さい。皆さんが、りつぱな人になれば、お家はますますさかえ、お国はいよいよ強くなります。もし皆さんがやくざものになると、それこそ大変。家はつぶれ、国も亡びてしまひます。（中略）

かうした考へで、私共が一生懸命につくる『幼年倶楽部』なのですから、ぜひ毎月引きつゞいて、お読み下さい。『幼年倶楽部』を読む人と、読まぬ人とは、たいへんなちがひが出来ます。かしこくなるのと、ならないのと、出世するのと、しないのと、たいへんな違ひが出来ます。（中略）

かうして、お家の宝、お国の宝である皆さんが、さそひあつて、あの若竹が、共に素性よくのびるやうに、あの林の杉が、共育ち（ともそだ）にすくすくと育つやうに、日に日によき道に進んで、「よい日本人」になつて下さるやう、私共一同は心からいのつてをるのであります。」（「正伝」626-628）

親の目線に立って「子供に与えたい雑誌」が多かった中で、子供へ直接よびかけた『幼年倶楽部』は、驚異的な売行きを示した。すでに創刊号三五万部は児童雑誌として空前だったが、四年後には九五万部に達し、『キング』の部数に迫る勢いを示した（「正伝」630）。幼年期とは性別さえも曖昧な時期であり、その意味で『幼年倶楽部』は『キング』の統合ベクトルを下支えしていた（図2、一二五頁参照）。もちろん、活字媒体を使った宣伝広告が直接読者にとどかない『幼年俱楽部』では、宣伝の目標はやがて入学する小学校に向けられた。小学校から開始された『キング』賞キャンペーンもこの一環である。

「将を射んとする者は先づ馬より……である。全国の小学校に宛てゝ講談社から頻々と文書が舞ひ込んだ。いづれ野間の十八番、教化主義、校外教育主義が、言葉巧みに書き連ねてあつたことは、その文書を読まなくとも、容易に推測できるであらう。そしてこの方策は美事に図に当つたのである。(52)」

『講談社の絵本』(一九三六年)

一九三六年『幼年俱楽部』を成功させた笛木は新設の絵本編集局に移り、『少年俱楽部』編集長・加藤謙一の下で、乳幼児まで対象にした『講談社の絵本』を準備した。子供を「一家団欒」の核とする近代家族イメージは、『赤い鳥』(一九一八年創刊)以後次々に創刊された童話雑誌の購読層、すなわち都市中流階層から国民全体に浸透をはじめていた。この「子供」と「母性」の結合を通じて「国民」読者を生みだす回路として、『講談社の絵本』は構想された。一九三六年一二月、第一回配本『乃木大将』『岩見重太郎』『四十七士』『傑作まんが集』は各三五万部が瞬く間に完売された。この絵本シリーズは「俱楽部」以前の未就学世代を対象とした一種の「俱楽部雑誌」であった。そのため、一九三八年三月五日より雑誌扱いとして第三種郵便物の認可を受け毎月一日、五日、一〇日、一五日の四回発行となった。すなわち、『講談社の絵本』はこれまでの月刊誌を超えて週刊誌に向かっていた。日本雑誌

『講談社の絵本』(1939 年 9 月 1 日)と『コドモヱバナシ』(1944 年 3 月号)

協会会長に就任した野間清治は、乳幼児を対象とした絵本教育について次のように語っていた。

「この九つの雑誌は、果して日本の全国民に呼びかけてゐるのであらうか。二つになる子供は何を見てゐるであらう。三つになる子供に見せる本があるであらうか。四つ、五つ、六つ、七つの子供達に与へられてゐるものはどういふものであるだらうか。(中略)極端にいふならば、小学校へ入つてからではもう遅い。三つ児の魂百までといふことがあるやうに、三つ児の時から教育するのでなければ、本当に善い人間を作り、世の中を善くして行くことは出来ないのである。(中略)この絵本を出すことによつて、講談社は日本人全体に我々の理想を投げ掛けることが出来るのではないか。」(「正伝」673)

『講談社の絵本』が一九四二年五月以後『コドモヱバナシ』と改題され雑誌編集化されたことからも、それが「雑誌」であることは明らかである。四六倍判九〇頁五〇銭の絵本は、予想を超えた売上で、最終的に一〇二冊が出版され、漫画ものは特に好評だった。漫画と戦争物が人気だったという点で、『講談社の絵本』は大正期の童心主義の理想に対する厳しい現実を突きつけている。

『講談社の絵本』『幼年倶楽部』から『雄弁』『現代』に至る世代別雑誌の配列は、識字教育による社会化のプロセスに重ね合わせられる。活字文化の「近代化」は「音読から黙読へ」の変化として一般に論じられるが、「現代化」においてもそれは適用可能だろうか(53)。出版資本主義を極度に先鋭化させた大日本雄弁会講談社は、社名を構成する雄弁と講談という「語りの商品化」において急成長した出版社であった。「母子の読み聞かせ」まで商品化し、世代＝時間軸上における読者の分節化は終了した。国民雑誌『キング』は、それらを統合する「空間バイアス」(H・イニス)のメディアとして発展していった(54)。ラジオと同様、空間バイアスを持った『キング』が、拡大主義的な国策と結びつくことは、メディア論的な必然であったといえよう。

第三章　「雑誌報国」か「積悪の雑誌王」か

思想の嵐吹かば吹け　芙蓉の峰は高くたつ
嗚呼神州の黎明は　われ等が剣の響きより
剣の雄叫び地に満てよ　武教の宗（もと）野間道場
（野間恒作「野間道場歌」第一番）

大衆的公共圏をめぐる争いで、プロレタリア文学運動を圧した「講談社文化」に対して、果敢に戦いを挑んだのは、博文館、平凡社、新潮社など競合する大衆雑誌の出版社を別にすれば、皇室中心主義ジャーナリストの野依秀市であり、非岩波文化的アカデミズムに立てこもった宮武外骨であった。だが、熾烈を極めた野依や宮武の野間攻撃について、既存の講談社研究は、ほとんど黙殺している。その理由は、第Ｉ部で見たように、講談社文化を蔵原－丸山流に「天皇制ファシズム文化」とレッテル貼りしたため、こうした国粋主義者や自由主義者の講談社攻撃の意味を正しく位置付けることが出来なかったためだろう。講談社文化を批判的に分析したはずの戦後の歴史研究が、次のような講談社の自己申告をほとんど無批判に評価の前提としていることは奇妙である。

『キング』の創刊が、思想善導に及ぼした功績は特筆に価する。大震災の直後、自由主義、個人主義が跋扈し、外来思想が跳梁した思想国難の時代において、皇道精神を鼓吹し、醇風美俗を宣揚せんとする彼の念願が、根本精神となつて出現した『キング』の内容は、日本精神に徹した忠孝節義の美談であり、尽忠報国の佳話であり、滅私奉公、報恩感謝の物語であり、道徳的意識の潜在しないものはない。数行の小記事の中にも、挿入された例話や和歌や俳句にもことぐく世の中を清く明るく正しく指導しようとする強い意図が含まれてゐるのであつた。これが危険思想を制圧し、世道人心を作興するために如何ばかり寄与したことであらうか。」(「正伝」608)

「雑誌報国」という『キング』の自己宣伝は、当時の大衆ばかりか、戦後の歴史家まで惹き付けたのであろうか。こうした戦後的偏向を排して『キング』分析に入るために、『キング』の「不敬問題」も、避けて通ることはできない。

第一節　宮武外骨の「野間氏」批判

反権威主義の「筆禍王」を自称した宮武外骨(一八六七―一九五五年)は、自由民権期から不敬罪、官吏侮辱罪など何度も筆禍事件を引き起こし、大正デモクラシー期には吉野作造支援の論陣をはった自由主義者である。一九二四年東京帝国大学法学部嘱託となり明治文化研究会を設立し、新聞雑誌の収集・保存に尽力し、今日では再評価され著作集も刊行されている。

ちなみに、東京帝国大学法学部付属の明治新聞雑誌文庫は博報堂創業者・瀬木博尚により創業二五周年記念事業として、一九二七年宮武と相談の上で設立された。「明治の雑誌王国」博文館の広告部門から生まれた博報堂との関係が、「昭和の雑誌王国」講談社に対する宮武の批判に偏りを与えていないだろうか。しかし、野間の講談社がまだ駆け出しの頃、宮武は明らかに「博文館王国」に批判的であり、むしろ新参の講談社に好意的であった。宮武は「出版界の破廉恥状態」(一九一四年)で、『講談倶楽部』の模倣雑誌に関連して博文館を痛烈に批判している。

「〔模倣企画の出版が〕無学なる小資本の売本奴が奇利を博さんとして執れる方法ならば幾分か寛容すべき所なしとせざるも、事実は然らずして、斯くの如き弊風を助長せしめたる禍根は彼の東洋に於ける出版王と目さるゝ博文館なりと聴くに至つては何者か呆然たらざるを得ざる也、(中略)出版王と目さるゝ彼が斯くして豊かなる資本と、自由なる広告機関とを以て同業者を圧倒し去り、他の発見したる利益を横奪せんと其毒手を揮ひ居れるが如き、誰か其犴(ママ)〔奸〕譎手段を憤慨せざるものあらんや。出版王既に然り。大小の出版業者豈黙して傍観するの愚を学ばんや。講談倶楽部の好況を見るあらば講談世界、講談落語界、講談揃、娯楽世界等相次いで現はれ、浮世に倣へたるいろの如き、其他実業に文学に、あらゆる方面の雑誌にして、同巧(ママ)異曲のもの多き、皆此類たらずんばあらず。責、引ひて博文館にありと言ふべし。」(55)

とすれば、自由主義者・宮武が野間＝講談社を標的にするのは、講談社が往時の博文館をしのぐ独占的出版資本に成長したためである。宮武の講談社批判は、すでに紹介したように

『大正大震災大火災』(一九二三年)の誇大宣伝から始まっている。この「単発雑誌」(第三種郵便物)が『キング』編集部の初仕事であることは既に触れたが、宮武は「広告不信認の悪例を作りし罪」で、円本ブームの先駆けとして『キング』を次のように批判している。

「彼の講談社などが「満天下の熱狂的歓迎」と云つても、誰一人信ずる者はなく、「売切れぬ内にお早く〱」と云つても、急いで買ひに行く者はあるまい、と難ずる人もあらんかなれど、講談社の如きヤシ的出版屋の広告はそれにしても、従来然らざりし社名を以て大々的一頁の広告、シカモ前例のない一円本の宣伝、講談社の広告には欺かれない連中も、ツイ、ヒッカ、リて馬鹿を見るに至り、今後は如何なる広告も信認するに足りないものとの悪例を示した事実は確かな所であらう、要は円本出版屋が悪例の上塗をしたものと見ればよい。」(56)

第I部で見た一九二四年末の『キング』創刊キャンペーンの成功から発想を得て、一九二六年末に改造社は『現代日本文学全集』、いわゆる円本全集の予約購読募集キャンペーンを開始した。メディア論から見れば、毎月一冊ずつ刊行される円本は、雑誌の定期購読と受容のスタイルに変わりがない。その意味で、円本全集とは『キング』がもたらした「雑誌五十銭時代」の「箱入り上製雑誌」といえる。

『婦人倶楽部』の連載小説をまとめた講談社の単行本、鶴見祐輔『母』についても、宮武外骨は「講談社のヤシ的広告文」(一九二九年)で鉄槌を加えている。

「今月六日(昭和四年八月六日)の新聞に百版突破　不朽の大名著、百五版出来云々と出したが、それより一週間後たる今月十三日の新聞には、更に驚くべし百二十版出来、本書はどうしてかうも騒がれるか？　抑も一版といふのは何部を云ふのであるか不明としても、十冊や二十冊を一版といふのではあるまい、仮りに五百冊を一版としても、一週間に十五版、七千五百冊を売ッた事になるが、そんなに売れたか否かを詮索するよりも、これでは一日に二版、午前に拵へた物が午前中に売れて午後に一版、それが午後中に無くなツて翌朝又更に重版……といふ事を一週間繰り返した事に成るではないか。こんな子供ダマシに均しい虚偽の広告を出して、衆愚を欺くのである、それが『修養全集』の出版元であるのだから笑はせる(57)」

『キング』一九二八年七月号の「特別社告」(28-7：184)で「国民精神作興の二大全集計画」として発表された『現代修養全集』と『講談名作全集』は、その宣伝費だけで『キング』創刊の三八万円を二倍して足りない八〇万円であった(「正伝」734)。これ以後、出版広告において講談社は比較を絶する巨人になるが、それは『出版年鑑』(一九三二年度版)の「出版広告界」概況にも描き出されている。

「一種類の出版物で全一頁全二頁を使用するものは、円本流行以来珍らしいことではなかつたが、(昭和)六年度には俄然この大広告が減少し、全一頁の広告は僅かに講談社の雑誌『キング』其他と『修養雑誌』、改造社の『日本文学大全集』が数回出たのみで、他の雑誌全集物の類は殆んど最大なるもので半頁、多くは三段四段止りであつた。(中略)街頭広告の新戦術として目立つた現象は、電車内の釣革全部にセルロイドの柄を附けて、それに講談社の諸雑誌の広告を嵌め込んだこと、もう一つは軽気球の広告であつた。(58)」

こうした手段を選ばぬ物量宣伝が「雑誌報国」をスローガンとしたことは、宮武の反骨精神に油を注ぐことになった。「新聞報国と雑誌報国」(一九二九年)では、徳富蘇峰と並べて野間の大衆欺瞞を痛烈に批判している。

「不徳富猪一郎はイツモ新聞報国と云ッて居た(新聞社を根津〔嘉一郎〕に取られて後は文章報国と云ッて居る)私は親孝行者ですと云ッて自ら世間へ吹聴する奴があらうか、若しありとすれば、それは大きなニセ者、クハセ者である。低級なクダラヌ雑誌数種を拵へて、自ら東洋雑誌界の親玉と称して居る野間不清治……何で不清治かと云へば、同業者間で破廉恥漢と呼ばれ、世間一般からは出版界のヤシと貶(けな)されて居る者、(中略) 其野間不清治がいつも雑誌報国と称して居る。実に笑はせるよ、利欲一片の下卑蔵(げひぞう)が国家に報復する誠意とは、説教強盗が犬をお飼ひなさい、戸締りに注意なさいと云ッた深切(しんせつ)よりも、ズット上手の誠意であり、思想悪導者が思想善導の宣伝をしたのよりも、一層キヽ目があらう」(59)

だが、宮武がもっとも厳しく批判したのは、野間の自己宣伝本であった。

出版資本家の「自己宣伝本」

野間は一九三〇年六月から一九三五年一一月までに七冊の著作を出版している。すでに一九二二年から週二回、自伝作成にむけた口述速記を開始していた(「社史」上517)。著作の刊行年と発行部数は以下の通りである。(60)

『体験を語る』(一九三〇年六月、八九万七〇〇〇部)
『処世の道』(一九三〇年九月、五〇万九〇〇〇部)

『出世の礎』(『キング』一九三一年新年号附録・単行本二月、一三万四二〇〇部)
『修養雑話』(一九三一年九月、二六万三八〇〇部)
『栄えゆく道』(一九三二年七月、四四万七〇〇〇部)
『野間清治短話集』(『キング』一九三五年八月号附録・単行本九月、五万部)
『世間雑話』(一九三五年一一月、八八万三〇〇〇部)
『私の半生』(一九三六年六月、千倉書房)

こうした出版社主による自己宣伝は、講談社に先行した「大正の雑誌王国」実業之日本社の増田義一も行っており、野間は増田を追いかけたとも言える。増田の著書『青年出世訓』『青年と修養』『大国民の根柢』『思想善導の基準』『立身の基礎』は、自社の『実業之日本』『婦人世界』などで「不朽の五名篇」と盛んに宣伝されていた。

大宅荘一は、野間清治の盛んな自己宣伝を「帝国主義段階に入ったジャーナリズム」の象徴と位置付けている。

「たとへば、報知の野間社長、時事の武藤〔山治〕社長、更に国民の伊東阪二、新潮の佐藤〔義亮〕、誠文堂主小川〔菊松〕等々の諸氏を挙げることが出来る。これら出版経営者自身が、評論活動をもつて積極的にジャーナリズム界へ進出して来たことは最近に於ける特徴的な事実で、興味ある現象と云はなければならぬ。[61]」

具体的に挙げれば、一九三二年鐘ヶ淵紡績社長・衆議院議員から時事新報社長に就任した武藤山治の『武藤山治百話』(大日本雄弁会講談社、一九三三年)、『キング』と張り合い『日の出』を創刊した新潮社・佐藤義亮の『生きる力』(新潮社、一九三六年)、『子供の科学』『初歩のラジオ』『無線と実験』など科学雑誌で成功した誠文堂新光社の小川菊松の『商戦三十年』(誠文堂新光社、一九三二年)である。しかし、大宅が挙げた中で最も興味深い人物は、相場師・伊東阪二(本名・松原正直)である。世界恐慌下の混乱に乗じて巨万の富を築いた伊東は、「東洋のマタ・ハリ」川島芳子のパトロンになり、陸軍省に一万円を寄付して注目を浴びた。(62)彼は「日本国民主義」を掲げて帝国ホテル内に事務所を借り切り、一九三二年『日本国民』を創刊し、執筆陣に市川房江、岸田国士、川端康成などを迎えた。「世界一の大雑誌」を謳った『東京朝日新聞』一九三二年三月二五日の創刊予告広告は次のように始まる。

「神に似た人間の手は左右である。思想も亦、左右完全せざるべからず。左傾は不具思想、右傾は片輪思想である。我等は冷たきマルクスを超えて、哲学なきファッシヨを越えて、遂に人類のために創造したる、世界一の新しき「日本国民主義」をかざして、断々乎として前進するの権利がある。世界は挙げて我等の日本国民主義に、同行するの義務がある。」

この雑誌『日本国民』は五月に創刊号が出て、両国の国技館で盛大な出版記念講演会が開催された。永井柳太郎、澤田謙、平田晋作が伊東阪二と共に熱弁をふるったように、執筆者は『キング』の常連とも重複している。しかし、発刊当初の勢いに似合わず、『日本国民』はわずか六ヶ月間一〇月号限りで廃刊になった。(63)『日本国民』に連載された澤田謙「ヒットラー伝」は、後に講談社で単行本化されている。その間、同年七月一五日、伊東は徳富蘇峰ゆかりの『国民新聞』を根津嘉一郎から買収し、三日天下ならぬ三ヶ月間、野間の講談社、報知新聞社に対峙した怪人物である。だが、伊東の没落は早く、一九三五年一〇月には詐欺罪で逮捕されている。[64]

宮武外骨の目には、他の出版資本家よりも相場師・伊東こそ野間に近い存在であったろう。「正伝」や「社史」は触れないが、野間の株式投資熱も相当なものであり、野間は『報知新聞』一九三〇年一〇月九日で自らの相場師魂について赤裸々に告白している。

「一攫千金の大野心を以て勝敗を一機に決せんとする、売と命じ買と号令する、丁度大軍を叱咤する大将軍のやうな気がする、そこに男性的の驚天動地の面白味があり、人間が練磨されて人格が高くなり、(中略)本当に相場師こそは壮快な正に男子の仕業(しわざ)といふべきです。[65]」

ちなみに、野間の株投機については、次節で触れる『積悪の雑誌王』に一九三五年末の所有株式が列挙されている。[66] 出版関連株のほかに、重化学工業関連、あるいは満鉄など特殊会社の社債が目立っている。こうした投資有価証券が戦時体制下で膨らんでいった結果は、敗戦時に講談社がGHQに提出した財務資料からもうかがえる。一九四五年一一月現在、王子製紙二万一八〇株、凸版印刷一万八一一〇株、日本出版配給一万一〇〇株、日本報道社一万一六〇〇株など出版関連企業のほか、石川島造船一万八〇〇株、三菱重工業三万四四〇〇株、小松製作所一万二〇〇〇株、神戸製鋼所九二〇〇株など軍需優良株を大量に保有していた。[67]

結局、宮武は「野間清治を嫌ひな理由」(一九三四年)を、次のように要約している。

「ワタシは彼の公的言動が気にくはないのです、営利本位の事業を雑誌報国と云ふなど、総てが香具師的、誇大的虚偽的ぢやありませんか、乃木会、木堂会にマネた野間会などでも、人格高潔とか何とか、自分が金を出して諸新聞に広告するなど、此一事だけでも彼の性格ゼロは察せられます、（中略）彼は貴族院議員に成りたがつて居り、又男爵をねらつて居るさうですが、如何に金銭万能の世の中でも、マダそこまでは行きますまいよ、どうでせうか。[68]」

確かに「明治の雑誌王」博文館の大橋新太郎は『キング』創刊の翌年、一九二六年に貴族院議員に勅撰されている。「大正の雑誌王」実業之日本社の増田義一や改造社の山本実彦が衆議院議員として政界に進出していたこともあり、「昭和の雑誌王」の思惑はともかく、そうした世評は広く流通していた。こうして爵位を望む金権言論人に宮武の反骨精神は燃え上がったのであろう。「大衆欺瞞の著書宣伝」（一九三五年）の罵倒は、極め付きである。

「近頃又彼が『世間雑話』といふ著書を出版して例の如く衆愚を欺瞞して居るのが小癪に障る。購読もせず、借覧もせず、書店で立読もせずであるから、其内容の如何は知らないが、彼が署名せる著書とすれば、従来出版した処世の道、修養雑話、出世の礎、栄えゆく道などと同じく、どうせロクなものであるまい、彼の体験、彼の立場からの著書であるから、旧慣墨守の盲従を強ゐ、虚偽を語るものであつて、新しい世間雑話でないことに定まつて居る。封建的思想を巧みに保護色化して自己が恩恵を負ふ所の資本主義社会に阿ねりつゝ、アマイ大衆を欺瞞して私利を計る者に違ひない。然し、それがどうであつてもよい、予は彼が其著書を宣伝する手段と文句が気に喰はないのである、例の如くヤシ的誇大的虚偽的で、新聞広告、引札広告等、あらゆる方策を廻らして、一冊でも多く売らんとする奴根性がイヤなのである。

実に面白い本　トテモ為めになる本　素敵に安い本　三十銭の使ひ方　何処でも偉い評判　一身の幸福　一家の繁栄　立身出世の近道　と大書し又「就職口沢山あり」の見出し広告で「世間雑話の読者に失業者なし」など云ふに至つては、窮民の零細金をも搾り取つて私腹を肥やさんとする者ではないか[69]」

こうして徹底的に野間を嫌った宮武は、「野間清治は突然病死」と題し死者にも鞭打っている。

「其性格の虚偽を憎み、予は雑誌『スコブル』を始め、『震災畫報』や『面白半分』などで痛罵を加へ、本誌では不徳富猪一郎と合せ目のカタキにして居たが、去る十六日狭心症で急死したさうである(中略)キング、冨士等の発行者で、偽善と大衆欺瞞で財産をつくり、近年は貴族院議員に成りたいとか、華族に列したいなどの野心を起して居たが、遂に其目的を達せずしてゴネたは、社会風教のため喜ばしい。又彼は金力で報知新聞社長に成つたが、毎月の大欠損に煩悶して居たのだから、息子の「恒」は同社を抛棄するであらう、尚「恒」は売買結婚後、腸結核の重態で親の葬式にも列し得なかつたといふ[70]」

『公私月報』の購読者であり、「講談社文化」に内心冷ややかであった小林一三が『キング』の「野間社長追悼録」特集に載せた次のような談話と比べると、宮武の自由主義の過激さは明らかだろう。

「殊(こと)に、ともすれば世に迎合するものゝ多い中にあつて、大衆に媚びず、而も大衆に離れず、これを善きに導いて行く、その不即不離のかねあひはまことに至難なものである。野間さんは、こゝを見事に切り開いて行つた人である。私は自分が仕事の上で、同じやうに大衆を本位にと心懸けてゐるだけに、特にこの点に於て野間さんの偉さに敬服して来た。」(38-12：特29)

小林が言葉どおり野間の「偉さに敬服」できたとすれば、それは前年に東宝映画株式会社を設立してマスメディア経営に本格参入したためだろうか。「野間報知社長が急に成仏した。大衆の知性低下に対する功労は尠くない」と報じた一九三八年一一月一日付『現代新聞批判』の同一誌面では、新聞の高踏的な映画批評に「営業妨害」とクレームをつけたとして小林東宝社長が厳しく糾弾されている。[71]

第二節　野依秀市の「言論資本主義」批判

宮武外骨自身、「読者の範囲は極狭い」(六四号)と書いているように、『公私月報』は東京帝大明治新聞雑誌文庫での公私にわたる活動を記録した個人雑誌であり、明治文化研究会関係者を中心に配布先は「二百三十位」といわれている。[72] これに対して、野依秀市の野間攻撃ははるかに大規模で、新聞各紙や『中央公論』などにも「野間攻撃」特集(『実業之世界』一九三一年七月号)の全頁広告が掲載されている。

野依秀市の年譜[73]を眺めると、少なくとも「苦学―雑誌経営―宣伝本位」という点で野間と多くの共通項をもっていたことが判る。野間清治に遅れること七年、一八八五(明治一八)年、野依は大分県中津町で呉服商の次男として生まれた。一五歳で中津藩出身の福沢諭吉の食客たらんとして上京するも失敗して帰郷。実家が没落した後、一九歳にして五島子爵家の書生に採用され慶応義塾商業夜学校に通った。一九〇五年、武藤山治の支援を受け石山賢吉（一九一三年にダイヤモンド社を創業）の協力で、『三田商業界』を創刊した。一時、日本新聞社に入社した後、一九〇八年五月、『三田商業界』を『実業之世界』に改題し、その一頁広告を『時事』『報知』『朝日』各新聞に掲載する。野依は、これを「日本雑誌界嚆矢」と主張している。帝大法科大学書記の野間が大日本雄弁会を設立した一九〇九年、野依は大隈重信、三宅雪嶺などを招き私学学生を中心に「先輩青年連合大演説会」を神田錦輝館で主宰している。この間、『傍若無人論』『野依式処世法』（一九〇九年）、『短刀直入録』（一九一〇年）、『無学の声』『青年の敵』（一九一二年）など数多くの著作を刊行している。

一九一二年『実業之世界』の批判記事に端を発した東京電灯会社恐喝事件で入獄、翌年「監獄は人生の大学なり」と表紙に大書した「野依秀市出獄記念号」を発行する。一九一五年には『世の中』『女の世界』『探偵雑誌』を創刊するが、翌年愛国生命に対する恐喝事件により再び入獄。一九二〇年出獄後は浄土真宗に帰依し、翌年『真宗の世界』を創刊し大日本真宗宣伝協会を組織する。

一九二八年五月より『実業之世界』で朝日新聞の非国家的態度を糾弾する「朝日新聞膺懲論」を展開し、翌年二月には「華族・貴族院廃止論」「宮内大臣民選論」を提唱する。衆議院議員（政友会所属）に当選した一九三二年、『帝都日日新聞』を創刊し、社賓・三宅雪嶺に隔日で社論を執筆させた。三宅雪嶺は『実業之世界』にもほぼ毎号寄稿している。野間が『キング』誌上で「健全なる歌」の募集を始めるのは一九三〇年だが、三年後には野依も『帝都日日新聞』創刊一周年記念として国民歌の懸賞募集を始めた。日エ親善讃歌「行けエチオピアへ」(一九三四年)、「支那事変一周年記念の歌」(一九三八年七月)、「靖国神社を讃えまつる歌」(同年一〇月)などが発表されている。

野依の逮捕歴からは、その講談社批判が「右翼政治屋による恐喝」イメージも完全には否定できない。しかし、野依を単純な利権右翼と見なすべきではない。例えば、二・二六事件に際し朝日新聞社が反乱軍の襲撃をうけると、日頃の朝日新聞批判にもかかわらず、野依は『帝都日日新聞』に次のような論陣を展開した。

「若し、政府及び軍当局が言論機関を通じて国民の輿論をもつと率直に発表させてゐたなら、テロ行為が如何に反国民的であり、大衆の支持を受けてゐないかに就いて、もつと深い反省が行はれたであらう。(中略)我等は今回の朝日新聞事件を通じて言論機関の防衛を主張すると共に、社会的批判の自由を確保することが、如何に社会の合理的発展に寄与するかに就いて、当局の啓発を要求するのである。[74]」

野依の野間批判の過激さは確かに突出しているが、この特異なファシスト的ジャーナリストの周辺には多彩な言論人が集まっていた。『実業之世界』や『帝都日日新聞』には三宅雪嶺、安倍磯雄、高橋亀吉など著名な知識人も執筆している。三宅は、『キング』創刊号の「本誌賛助員諸先生」に夫人の三宅花圃(かほ)ともども名を連ねている。また、「徳富蘇峰先生文章報国五十年祝賀会」の『出席各位芳名録』(蘇峰会、一九三六年)で野依と野間が同一頁に登場するように、両者の距離はそれほど離れてはいなかったのかもしれない。いや、むしろ近親憎悪をいうべきだろうか。斎藤貢「野間清治論」(一九三一年)によれば、帝大書記時代に野間は野依を訪れ「雑誌経営秘法」を尋ねたという。

「日本で雑誌で一番誇大広告をして眼の錯覚を利用したのは野依秀市でその次は野間清治である。二人共に山カンの分子を多量に持つてゐる。唯野依は五月の鯉の吹き流しのやうにハラワタも中身もない山カンであり野間清治は山県(有朋)式知略に山カンをプラスした男である。(75)」

一九三七年五月、九段軍人会館にて開催された「実業之世界創刊三十周年記念大講演会」では、野依のほか社賓・三宅雪嶺、大蔵省主税局長・石渡荘太郎、中外商業新報編輯局長・小汀利得(おばまとしえ)、ダイヤモンド社長・石山賢吉、評論家・白柳秀湖が演壇に立っている。その後、日独軍事同盟推進の論陣をはった野依は、日米開戦後には「米本土空襲飛行機献納資金」募集運動を展開し、当然ながら戦後GHQにより追放処分となっている。

野依の言論活動の大衆的拡がりは確認できないが、知識人に一定の支持基盤があったことは、『帝都日日新聞十年史』(一九四三年)を紐解けばわかる。一九四二年一〇月九日帝国ホテルにおいて開催された『帝日』創刊一〇周年祝賀会での玄洋社・頭山満、興亜同盟総裁・林銑十郎、元鉄道大臣・中島知久平、大政翼賛会興亜局長・永井柳太郎、商工大臣・岸信介などの祝辞にまじって、海軍省外郭文化団体「くろがね会」を代表して木村毅が『帝日』は世界の三大新聞の一」を寄せている。いうまでもなく、木村は『講談社の歩んだ五十年』の編集代表者である。

「私が一年間前金で購読料を払つて居る新聞は、ロンドン・タイムス(日刊)、ニユーヨーク・タイムス(日曜刊)それからもつと先きから読んで居る『帝都日日新聞』の三つだけであります。[76]」

『実業之世界』における野間批判キャンペーン

一九三一年六月号から一一月号まで半年間、野依は自らが発行人兼編集人である『実業之世界』(実業之世界社)において、野間講談社批判キャンペーンを集中的に展開した。ちょうど若槻礼次郎民政党内閣の成立直後であり、その行財政改革と協調外交に対して政友会所属の野依は政府批判を強めていた。このキャンペーンの最中、九月には満洲事変が勃発し、一二月には犬養毅政友会内閣が成立している。こうした非常時局において、平均一六〇頁の誌面の二割近くが、野間批判に向けられている。まずは、見出し文句を目次から拾っておこう。

六月「正義巨弾号」の第一特集は「絶対反対官吏減俸」である。巻頭論文は高橋亀吉「金融資本擁護の為めの弱者イヂメ」であり、小汀利得「給料生活者全般の生活を脅す」ほか財界人が論文を寄せている。興味深いことは、第二特集「暴漢野間清治の正体」との間に野依が司会する「無産派婦人座談会」があり、そこには赤松常子、奥むめお、平林たい子など労働・婦人活動家ばかりか堺利彦まで出席している。それは野依の言論活動のポピュリスト的性格を象徴している。それに続く、野間批判特集記事（全一六頁）は、「野間は悪資本主義の強行者」「野間の雑誌暴国創業時代物語」「東京日日新聞に対する野間の世界に類例なき暴慢非礼」「皇室の尊厳まで犯し奉る野間の名士利用振り」「「人肉の市」「肉の栄光」で儲けた講談社野間の濁富」。

七月「破邪顕正号」の第一特集は、「男・女として・各職業人としての心得」である。菊池寛「芸術に親しみ芸術に生きよ」、社会民衆党書記長・赤松克麿「闘争から闘争へ」、電通社長・光永星郎（ほしお）「健全なる精神で肉体制服（ママ）」、堺利彦「若く生きる秘法」などがある。野間批判特集（全三二頁）は野依署名「教訓業者としての野間清治の大欠陥」以下、「野間清治と菊池寛と悪資本主義と○○と」「講談社野間打倒の声」「奇々怪々講談社の名士推奨文作製法」「学者作者の権威を蹂躙する野間の悪辣」「野間の「崇高なる新聞道」の正体」「天誅野間に降る！　横断飛行失敗真相」「少年地獄講談社の少年社員虐使」「暴漢野間清治半生物語」「新聞紙の敵！　正義の敵！　講談社」「野間の新案ヒトリ特許！　原稿タダ取り法」。

八月「財界実話号」には、野依署名「思想悪化の張本人野間清治」以下の講談社批判（四四頁）の前に、「出版界に光る岩波茂雄君奮闘伝」が置かれている。ちなみに、この年には一月号「出版界に活躍する誠文堂・小川菊松君」、五月号「改造社の盛挙！『日本文学大全集』山本実彦氏」、六月号「通信教育界の第一人者・河野正義君と彼の畢生の事業・大日本国民中学会」、一〇月号で「文芸出版の覇王　新潮社佐藤義亮氏奮闘伝」、一一月号「教科書出版の覇王（亀井忠一翁）三省堂を語る」、さらに翌一九三二年二月号「婦人雑誌界の覇王・石川武

「野間征伐」特集の扉頁（『実業之世界』1931年7月号「破邪顕正号」）

美氏が主婦之友を育て上げた奮闘の跡を語る」が掲載されている。いずれも、学術書、教育書、婦人雑誌、文芸書とジャンルこそ違うが講談社文化と対峙する出版勢力への翼賛記事となっている。「嘘八百宣伝の「どりこの」征伐」ほか講談社発売の滋養飲料「どりこの」批判一〇本、「国辱！報知新聞横断飛行」ほか飛行イベント批判四本、「講談社野間打倒の声」「講談社攻撃と新聞紙の態度」「賭博類似のオマケを附けた幼年倶楽部の不埒」「身の程も知らずに修養を説く野間に絡る五つの暗影」「雑誌『キング』の不敬問題摘発」。

九月特集号も、野依署名「野間清治先生と有田音松先生」以下、全三〇頁の特集。「インチキ「どりこの」総攻撃」ほか「どりこの」批判六本、「飛ばぬ報知の横断飛行機」ほか飛行イベント批判三本、「新渡戸イズムと野間イズム」「経営行詰りから邪道に落ちた報知新聞」「講談社の内幕をあばく」「勅選を狙ふ野間清治」「講談社野間清治打倒の声」。

一〇月特集号では、満洲事変下の挙国体制の必要から野間攻撃の抑制を訴える日清紡績社長・宮島清次郎「野依君に忠告す」に対して、野依署名「宮島氏の忠言に答へて――野間清治筆誅の態度を明にす」以下、全三〇頁の追撃を続ける。「時事の計画を金力で押潰した野間清治」ほか飛行イベント批判三本、「分析表を看板に世人を瞞着する奸手段」ほか「どりこの」批判二本、「金！ 金！ 金！ の野間清治」「イカサマ通信百貨店講談社代理部解剖」「講談社から馬鹿にされる文芸家協会弱点暴露」「報知新聞に絡(まつ)はる第三種郵便認可怪聞」「大日本雄弁会講談社内部組織の解剖」「思想悪化する野間の寄附金カキ集め」「講談社野間清治打倒の声」。

一一月「大声叱呼(たいせいしっこ)号」の第一特集は、民政党内閣井上準之助蔵相に対して金本位制の即時停止を要求する「有史以来の経済危機と其対策」であり、第二特集の野間批判(三五頁)は、「私設『文部大臣』野間清治を弾劾す」「分析表を悪用した「どりこの」の正体」ほか「どりこの」批判三本、「航空界の面汚し報知新聞と吉原」ほか飛行イベント批判三本、「大衆を盲目化する不良目薬パミールの正体」「野間の毒手　在米邦人に及ぶ」「『野間清治論』著者の無恥さ加減」「『修養雑話』が泣く野間の悪徳満点」「外国人からも見すかされた野間清治の正体」「講談社野間清治打倒の声」。この号には、「野間清治に劣らぬ大偽善者」として希望社の後藤静香を糾弾する記事も存在する。

翌年から『実業之世界』の筆鋒は誠文堂新光社の小川菊松に向けられ、講談社批判はしばらく中断する。しかし、一九三二年一一月号、「悪辣!! 野間清治を勧誘員に明治生命の契約者獲得振り」「報知新聞野間の暴挙「第三報知日米号」の行方」で再開される。つづく一二月号でも、この太平洋横断飛行イベントについて大正大学教授・加藤精神「野間よ自己の著書に恥ぢよ」ほか、寄稿が集められ「速やかに一切を発表し野間清治よ自決せよ」との勧告文が掲げられている。

『積悪の雑誌王』における不敬問題

こうした野間批判キャンペーンは、芝野山人『積悪の雑誌王――野間清治の半生』(一九三六年)にまとめられ公刊された。野依没後に刊行された記念論集『野依秀市』の年譜には、一九三六年一〇月に「積悪の雑誌王野間清治の半生」を著す、と明記されている。

しかし今日、大学図書館、公立図書館に所蔵されている『積悪の雑誌王』は、確認する限りすべて以下の三箇所が切り取られている。最初、講談社関係者が破り取ったかと疑ったが、古書店在庫も含めすべて同一箇所が切除されていることを確認した後、検閲資料を調べた。すると、厳秘『出版警察報』第九八号の「安寧削除」の項に同書が上げられていた。

「本書ハ野間清治ニ積悪アリトシテ其ノ行為ヲ暴露攻撃シタルモノナルガ一〇六頁乃至一〇八頁及三〇五頁ノ記事ハ徒ラニ皇室ニ関スル事例ヲ以テ攻撃シ却ツテ不敬ニ渉ル処アリ、又一三七頁乃至一四〇頁ハ引例記事卑ニシテ羞恥ヲ感ゼシムルニ因リ安寧風俗削除。[77]」

つまり、同年一〇月二九日、不敬二箇所四頁、風俗一箇所二頁が「安寧削除」の対象となっている。なるほど、「不敬」箇所を指し示して、つまり強調して、公開することは、それ自体「不敬」となるのは道理であろう。しかし、『実業之世界』の当該記事は不問のままであった。同一内容でも読み捨てられる雑誌と蓄積される書籍では検閲の扱いが異なっていたのである。戦前における「不敬記事」検閲問題を考える上で興味深い事例なので、ここに三つの切除箇所を復元しておきたい(78)。

(1)「雑誌『キング』の不敬問題」＝全文(一〇六―一〇九頁・切除箇所)

昭和二年十一月号の『キング』で畏(かしこ)い話だが、「××××」と云ふ粗製濫造の冊子を附録として問題を起した事がある。

第一、商略上、畏くも××××の御逸話を附録とし、読者を釣ることは、不敬以上実に怪しからん話である。こゝらが野間式で、××を利用し、一度に巨利を摑んだのである。この時の宣伝は講談社一流の文句で「この『キング』の附録「××××」は、畏くも××の御逸話を記せるものであるから、応接室または書斎の上段、或ひは神棚に祀るべきである」と云ふやうなことを記した。これは、是非さうあらねばならないのである。

が、直截に申すと、大日本雄弁会講談社自身の態度はどうか、となるのだ。その社自身はこともあらうに、この『キング』の附録「××××」の残本を、同社入口の受附のところに山のやうに積んで、その上を、同社自慢の栄養不良と過労勤務に色艶もない少年達や残本係の主任達が汚れた草履ばきのまゝ、踏み上つてゐたのだ。――かう書くだに余りに畏れ多い極みで、これを目睹せる同社の訪問客は、いづれも、余りの仕打に腹立たしく思つたのである。

×

そして、中には悲憤の余り「貴様達は怪しからん。薄汚れた草履ばきで、畏くも××の御真影ある冊子を踏みつけるとは何事だ」と、怒鳴り散らした某と云ふ有名な老教育家もあつたのである。

野間の使用人も、野間の根性と同じく、万事この式だ。たゞ儲けさへすればよいのだ。それにしては、余り常識が無さすぎるではないか、不見識極まるではないか。

この一事だけでも、如何に不敬極まる行為であるかゞ分る筈だ。しかも『キング』では皮肉にもこの附録の発行と相前後して、有名な不敬事件、例の菅原の道真の「捧持毎日拝余香」の作り替をやつたのである。「放屁して毎日余香を拝す」といふのだ。何といふ不真面目ぞや。これがために大問題を起し、講談社では某右翼団体に詫び証文を出して勘弁して貰つたのだ。これは当時の他の雑誌にもその経過を詳細に掲げられてゐる。

それから、この「××××」の原稿蒐集に際して、同社では御用文士や出入のルンペン文士に総花的に原稿執筆の依頼をしたものだ。その時の依頼文なるものは、原文は忘却したが、

「感奮興起させる××の逸話、美談何でも買ひます。それから特に大帝の御逸談を浪花節、琵琶曲等に創作したるものも歓迎」

といふやうなことがあつた。実に怪しからんではないか。畏くも××××の御逸話を浪花節に綴り、一般の興味的読物に資するとは何事であるか。これは同社某君より探聞したところであるが、出入文士のサトウハチロウに浪花節にして呉れと頼んだが、この注文には流石のハチロウも閉口して引下つたといふことだ。

これを見ても、いかに同社の態度が、営利以外、眼中何物もないかが判明する。口では、なかなかキレイなことを云つても、蔭では散々悪事をやつてゐるのが野間清治である。だからこそ、世間の具眼者は、野間氏とは云はないで、「野間氏(ヤマシ)」と云つて居るのだ。

その他、同社創業当時より現在までの記事には、可成りいろんな不敬を犯した記事が見当る。××××にばかりではない。世間の不遇な名士、人格者、仁者等、どれだけその記事で迷惑を蒙(こうむ)つてゐるか知れないのである。野間清治は、宜(よろ)しく罪を天下に謝して、「雑誌報国」などといふことを云はず「雑誌廃業」でもしてしまへ、と云ひたくなる。

「「××××」と云ふ粗製濫造の冊子」とは、『明治大帝』（一九二七年一一月号付録）である。それゆえ、右文中の「××」は「大帝」となる。八三〇頁ある同書で一箇所、六ポイントの柱の「明治大帝」が「明治犬帝」になっていたため、右翼の攻撃を受けたことは、講談社側の資料にも登場する。(79) また、エロ、治安、政治関連の発禁事件については「社史」も公然と記述している。

「社史」記載の最初の発売禁止は、一九一六年三月二八日『講談倶楽部』春の増刊「滑稽ぞろい」であり、小説「赤いものギライ」が摘発対象とされた。ロシアの社会主義革命以前であり、「赤」に政治的意味が読み取られたわけではない。赤いケダシや長襦袢を描いた折込口絵(井川洗厓画)が煽情的と見なされたためである。翌号で「謹謝」の社告を掲げているが、当該号は発行部数の八割を売切っており一種の特別宣伝になったようだ(「社史」上346)。

切り取りを命じられた記事としては、震災直後の『少女倶楽部』一九二三年一〇月号の懸賞募集「夏休みの土産話」欄にあった「不逞鮮人襲来」がある。朝鮮半島における独立運動に関する話だが、関東大震災での流言蜚語を助長する不適切な記事として切除を命ぜられた(「社史」上584)。

さらに『現代』一九二九年一〇月号では、写真墨塗り事件が起きている。西川光二郎「左傾せる一青年と語る」に、『労働世界』(労働組合期成同盟)発行当時の西川が堺利彦、石川三四郎、幸徳秋水と並んで写った記念写真(一八九九年撮影)が掲載された。「大逆犯」が写っていることに発行後気付いた講談社側は、幸徳の写真を塗りつぶすため取次店に墨やインクをもった少年部員を走らせている(「社史」下152)。

しかし、ここで野依が言及した一九二七年『キング』一一月号の菅公駄洒落事件は、有名な事件でありながら「社史」には記載されていない。高杉三郎が左翼雑誌『讀書』(一九三四年)で紹介するところでは、この件で押しかけてきた右翼暴力団との「口止め料」交渉が決裂して、講談社側は「社長親衛隊」を組織したという。(80) ただし、高杉が引用した「放屁(ほうひ)の香ひ尚(な)ほ傍らにあり、捧げもちて毎日余香を拝す」も、野依の文章同様、正確ではない。問題の文章は、「滑稽語呂合わせ」という埋め草的な囲み記事にある。有名な漢詩や擬古文をもじって笑わせる内容で、九つのうち最後の二つを引用しておこう。

「身体髪膚之を父母に享く。敢て毀傷せざるは孝の始めなり。――寝台白布之を父母に享く。敢て起床せざるは孝の始めなり。」

旧制高校の寮生活を描いた文章で、この文句を張り紙して朝寝坊する学生のエピソードを読んだ記憶がある。当時、かなり流布していた語呂合わせであろう。問題は、次の文章である。

「恩賜の御衣尚此にあり。捧持して毎日余香を拝す。――坊子のうんこ尚此にあり。掃除して毎日余香を拝す。」

すなわち、「放屁して毎日余香を拝す」でも、「放屁の香ひ尚ほ傍らにあり」でもなく、正確には「坊子のうんこ」であった。こうした誤伝が発生したのは、講談社側が手早く書店に当該頁の切除を依頼したためである。翌一二月号の奥付頁にキング編集局の「謹告」が掲載されている。

「キング十一月号は第百七十六頁の欠けたのをお買ひになつた方が多かつたことと存じます。右は発売後に於て同頁中図らずも差支の一句あるを発見し急遽全国書店に依頼し該頁を切取つたからであります。キングは、雑誌報国の素志を以て創刊以来一行一句の末に至るまで深甚の考慮を払つて編輯してゐることは各位の既に御諒知の処でありますが、今回偶々右の如き不注意のあつたことは一同衷心之を遺憾とし、茲に愛読者各位に対し厚く御詫び致す次第であります。」(27-12：384)

「偶々右の如き不注意」と詫びているが、その左頁を見れば世界恐慌以後に本格化するエログロ・ナンセンスの空気が「雑誌報国」の牙城をも侵していたことがわかる。この謹告と向き合う裏表紙の広告は、「戀！　戀！　戀！　戀程不可思議な威力を持つたものはあるまい　謎の美人——あらゆる異性を魅了する濃艶なる一妖婦が、この世を通過した後に遺された傷ましき負傷者の群れ！」と大書した小杉天外の長編小説『真空鈴』の全面広告である。意図的でないにせよ、「謹告」に向けられたイラストの女性の眼差しは、「遺憾」の意をみごとに中和している。右翼団体からさらなる批判があったことは、翌年新年号で再び「謹謝！」の広告を掲げていることからも推察できる。

「本誌第三巻十一月号百七十六頁に不注意の記事を掲げました事に就て、愛読者並に諸団体の各位から御親切なる御注意を頂きました事は、編輯局一同の深く感謝する処で御座います。」(28-1：557)

なお、この切除部分でも野依は「野間氏」とルビをふっているが、別の箇所では野間氏が「正真正銘の山師」になったことを批判している。[81]一九三四年に野間清治は朝鮮京城府和泉町に野間鉱業部を設置、一九三八年二月までに泰昌鉱山、大源鉱山、永同金山、固城金山、八興金山、龍池金山などを買収して採掘に着手した。「朝鮮鉱区一覧」によれば、すでに一九三六年一月時点で、野間所有の一〇鉱区総坪数五〇〇万坪に対して鉱区税だけで年間一五〇〇円以上を収めているという。内地でも岩手県でマンガン鉱を買収するなど、講談社の鉱山事業は一九四三年の金山整備令まで拡大の一途をたどった。

(2)「講談社が全力を注いだ『修養全集』の致命的不謹慎」＝前半（一三三―一三六頁）は存在、後半（一三七―一三八頁）が切除箇所。

今ここに暴露する一材料によつて、内容が精選どころか、内容杜撰、真に胆を寒うせざるを得ないものであつたことが読者の知るところとならう。

読者諸君！　諸君の中に、若し『修養全集』を所蔵せられるとせば乞ふ、第十二巻「日本の誇」と題する一巻を取出せ。この『修養全集』は、主として日本国体の精華誇るべき国民性を謳歌せる文章、詩篇を蒐めたもので、

建国物語、日本の皇室、国旗の由来、我国の武士道、錦の御旗、大楠公小楠公、高山彦九郎、霊器日本刀

等の内容一斑（いっぱん）によつて、編纂者の意図が如何なるところにあつたかを判断し得やう。

中には「菊の雫（しずく）」と題した中村文学博士の謹撰した御歴代天皇、皇太后、今上陛下、皇后陛下、皇太后陛下の御製、御歌も組込まれてゐるのである。

さてその次ぎに「御国の光」と題した一項があつて、古来の皇族、歌人、忠臣、武人、文学者等の名吟秀歌をあつめてゐるが、その中の第五百四十頁に、ところもあらうに、乃木大将並に乃木夫人が明治天皇御大葬の夜殉死を遂げた時の有名なる辞世の歌に隣合つて、極めて奇怪なる男女両性の閨中の合戦を唄つた左の如き二首がある。

鳳凰は夜着のもやうにあらはれて枕を高ういぬる君が代　小田手乗安

君が代や嗟（ああ）気味がよやきみがよやあれ又幾世限り知られず　虎渓

作者の一人は「ヲダテノリヤス」他の一人は「コケイ」である。おだてに乗り安き男、滑稽な男、かかる戯作的人物の先づ登場する場面ではないのである。

この二首のことは、さすがに筆者も解説を躊躇するが、簡単に言へば、第一首は長襦袢をさへ解きみだしてゐる半裸の女人を讃へたる歌。第二首に至つては、事を「君が代」に仮託してはゐるが、

キミガヨヤ、アアキミガヨヤ、キミガヨヤ、アレマタイクヨ、カギリシラレズ

と仮名書にして口誦して見よ。この歌が如何なる意味を歌はんとしたものであるか、説明を待たずして会得するであらう。

その方面の戯作物や、狂歌、淫詩に委しい某学究に聞くに、これ等の歌は明治二十年頃に出版された「寸鉄狂歌集」(この寸鉄は男性の性器を意味する)といふものに蒐められてあるものとなし、又、或る人はこれを江戸時代の戯作人の手になるものだと称してゐる由である。この歌が何が故に「日本の誇」の中にまぎれこんだかを調査すると、多分「寸鉄狂歌集」の如きものゝ中から、一旦は講談社が以前出してゐた『面白倶楽部』あたりに転載されたのが「どうやら「君が代」なぞといふ文字があつて面白いから——」といふので『修養全集』に飛び込んだのであらうとの話。この径路については既に講談社の幹部長谷川卓郎あたりは十分に承知してゐるらしき形跡もある。要するに小学教員上りの講談社出版部員の無智を暴露したものなのである。

又、一面、講談社の伝統的方針たる面白いものなら何でもよいとするやり方がこの過失

を敢てしたとも言へるのである。然しながら幾ら面白いからとて、斯かる猥褻(わいせつ)な歌を選んだ軽率不用意を責めらるべきであらう。

×

さて説をなすものは、この『修養全集』第十二巻には、この猥痴極まる二首の淫歌の外に、巻頭の「明治天皇震筆」が「宸筆」の不敬極まる誤りだといつてゐるし、更に第五百四十六頁の〔三浦〕樗良(ちょら)の俳句

　立山や雪に分け入る雁のかげ

もいけない。猥褻なる意味を持つてゐるともいふ。けれども前者は考へやうによつては許されてよい用字とも言へるし、又、後者の如きは牽強附会の説と云へなくもない。

けれども上記の二首に就ては、私設文相の野間清治は何と弁明するつもりであらう。これも亦国民精神涵養の絶好資料であると強弁する自信があるか。この事実をつきつけられても、なほ且つ「古往今来(こんらい)、これほど材料を精選し、これほど苦心して編纂された出版が他にあるまい」と信じてゐるのか。精選の二字が杜撰の誤植以外の何物でもあるまい！

　隣合つて淫声を聞かされる乃木夫妻こそは迷惑千万である。咄(とつ)！贋造(がんぞう)文部大臣奴(め)！

×

以上の事実は既に一部識者の発見するところとなつて、講談社は散々糾弾にも会つてゐる筈なのである。従つて平身低頭、罪を天下に謝すべきであるに拘らず、例の暴慢な野間清治は深く金力に恃(たの)んで謝らぬ。

野間の番頭の一人、長谷川卓郎の如きは、昭和六年五月十六日附を以て、某教化団体の幹部の糾弾に対して、

（前略）修養全集第十二巻中の題詞に就ては当時其筋の御意見を伺ひ候処、差支へなしとの事に候ひしも、解釈の如何に依りては多少の疑問も相生じ候に付、早速其頁を切取り訂正致し置き候次第、従つて其以前読者の手に入りしもの丶外全部改訂せられ居る筈に御座候、其点御諒察願上候

と返書をした丶めてゐるが、これは全くその場限りの遁辞でまる（ママ）。その証拠をここに明白かにして長谷川を叱責して置かう。

〔以下は現存のため三行中略〕

この十月四日附に購（あがな）つた新本にも麗々しくこの淫猥を極めた「キミガヨヤ」が依然として掲げられてゐる。野間の輩下の嘘ツキ奴（め）が！これでも「全部改訂せられ居る筈」といふか

×

『人肉の市』を売つて儲け、『肉の栄光』を売つて儲け、今、またエロ歌を盛つた『修養全集』を売つて儲けた野間清治のインチキよ。人間ならば少しは恥を知れ！と云つても、そんなことは超越して御座るのであらう。

『人肉の市』（一九二一年）、『肉の栄光』（一九二三年）は、講談社の初期単行本ベストセラーである。『キング』創刊第二号の全面広告では、「出版界驚異の売行」として、前者九二五版、

後者一二八版と大書している。一三万六五〇〇部を売った前者は、明治、大正期を通じて賀川豊彦『死線を越えて』（一九二〇年）に次ぐ単行本売上の第二位といわれている（「社史」上501）。広告でその内容は各々次のように紹介されている。

「花を欺く美少女が大誘拐団の毒手に陥つて不知不識の中に堕落の淵に沈み行く怖ろしい運命を中心に聞くも悲惨な女子売買の怪事実少女と貴公子の哀切な恋、悪魔団の罪業、巴里紅街歓楽境の裏面、土耳古迷宮殿の秘密、其の他前代未聞の奇怪事件を暴露した空前の名著である。全世界を通じてその有する読者は数千万と称せられてゐる。訳文は極めて流暢。本書こそは万人必読、読まざるは現代人としての大いなる恥辱であらう。」「独逸の一代女と謡はれ、世界一の美人と讃へられた本書の女主人公は実に恋愛と性慾の甘泉に飽くまで身を委ね尽す。一字一句異常な深刻さで描かれてゐる。欧洲の一世を圧した大名著。」

『現代』に連載された『人肉の市』は、エリザベート・シエーン『二十世紀の恥辱、白き女奴隷』の翻訳で、このヒットで味をしめた訳者・窪田十一が持ち込んだ第二弾がドロロサ『肉の栄光』である。連合独逸婦人協会幹事アンナバー・プリッツ女史、女子売買国際防止国家委員会ワグネル少佐の序文をつけ、一応、女子売買禁止や婦人貞操問題への参考書風な形式をとっている。しかし、「恋愛読物として将又探偵読物として世界随一」と謳う広告宣伝を見て正義感や道義心から購入した人物が一人でもいただろうか。むしろ「高畠華宵画伯装丁」の裸体表紙と「妖艶挿絵」（「社史」上501）が読書目的を如実に示している。なお、『人肉の市』は、一九二三年島津保次郎監督により松竹蒲田撮影所で舞台をハルピンに変えて映画化された。『肉の栄光』も同年若山治監督により日活向島撮影所で撮影されている。

さすがに、「家庭読本」を謳う『キング』での同広告は、一部に顰蹙を買ったのだろう。他の書籍広告は繰り返されているが、六月号以後「人肉」広告は見当たらない。野依はこう書いている。

「野間自身吹聴するところによると、この『人肉の市』は暴風的売行を示し、初刊以来一年四ケ月に三百六十版、その後の五ケ月足らずに七百七十版に達し、総売上は七十万(?)と称し、『肉の栄光』の方も初刊を出して四ケ月間に百二十八版を売ったといふのだ。(中略) 然るにだ。この一点賞めるところのない猥褻な肉書に対して大毎、大朝が正直な新刊紹介をかいたのが悪いとて、広告中止の卑劣な弾圧手段を加へたといふのだから、野間といふ男はドコまで図々しく出来てゐるか知れない[82]。」

一方、『修養全集』について付言すれば、「賜天覧台覧」印の誇示にもかかわらず、かなり杜撰な製作であったようで、次のように「不敬」に意識過剰な正誤表が挟まれている。

「修養全集第八巻『古今逸話特選集』中、誤植の箇所左記の通り謹んで訂正す。

目次　第二頁二行目　御三条天皇を　後三条天皇と訂正す

本文　第二十六頁二行目　後光尾天皇を　後水尾天皇と訂正す

索引　第八百六頁下段　御光明天皇を　後光明天皇と訂正す」

この円本全集は全一二巻を毎月一冊ずつ総計三一二万一九八九部発行したが、時期的にもブームに乗り遅れた大赤字の企画である。残本の多くは報知新聞の拡販材として無料配布さ

れた。(83)

(3)「聞いて呆れる野間清治の崇高なる新聞道の正体」＝削除部分(三〇五―三〇六頁)

▽　勅選を狙ふヤマ気

この男が新聞に関心のあつたことは他日倫敦タイムスのノースクリッフの向ふを張るつもりだつたらしく、『東京タイムス』といふ題号登録をやつてゐることでも読まれるが、新聞に関心を持つに至つた真の動機は「勅選」になりたさからである。その証拠に、昨今社説で浜口雄幸を蓋世(がいせい)の偉人と讃へたり、宇垣一成に色目をつかつたり、若槻礼次郎のお太鼓などまで叩いてゐる醜態見られたものではない。

けれども郷党の少年やシガナイ商売の文士連中を搾つたり、『肉の栄光』や『人肉の市』の如き野間自身も流石に恥としてゐる(その証拠は新しい講談社の出版目録に『人肉の市』は抹消してゐる)猥本で儲け、株の売買で箔をつけ、畏くも「明治〇〇」を売物にして産を成しただけでは「勅選」になる可能性に乏しい。報知新聞社長ならと思つたのも清坊相当の知慧であらう。従つて大隈重信以来の情誼からでも何でもない。彼は全く新聞社長の椅子を踏台として、自己の名聞(みょうもん)欲を満さんがために『報知新聞』の経営を引受けたのである。

▽　卑俗なるオマケ新聞道

豪傑気取りの大見得を切つて『報知』に乗込んだ清坊が何をするかと見てゐると「崇高

なる新聞道の確立」とやらいふ似而非看板を押立てた。この看板は高遠なる駄法螺侯爵への情誼を口実とする清坊の言ひさうなことだが、この男の標榜することは雄弁道だとか、雑誌報国とか尤もらしく語彙だけは新奇を衒ふが、凡そ野間の「崇高なる新聞道」位奇妙奇手烈のマヤカシでインチキなものは古往今来、全くその類例を見ない。清坊の崇高なる新聞道の正体は、崇高でも何でもなく、極度に卑俗なオマケ新聞道であり、福引新聞道であり、新聞帝国主義であるに過ぎない。

　多年病弱を表面の理由として門外不出だつた野間は報知新聞社長就任決定の翌日、即ち昭和五年六月廿七日同社に出かけて社員を集め、午後五時から「社長就任の辞」を演説した。その演説は野間の著述の中にも出てゐるが、頗る平凡なもので全く紹介に価しない。するとその後間もなく都下の新聞に全三段位の広告を出して例の「崇高なる大新聞道の建設！」とやらを宣言したのだ。その広告を通じて大新聞道とは何かと見れば、

　国家の繁栄の為に、人類福祉の為に清く明るく、正しき新聞を作ることであります

といふのだ。が、正しい新聞とは良い新聞をつくることであらうのに、その後、格別『報知』がよくなつたなどとシンから思つてゐる者はあるまい。日刊『キング』と思へば精々である。その広告には「新聞界に前例なき大計画を樹て四六判の立派な雑誌『日曜報知』を月極め読者に贈呈する」と言ひ、「流石は雑誌王国講談社の社長だけあつて野間氏は偉いことをやる」と誰も賞めぬと覚つてか憶面もなく手前味噌を並べてゐる。

この箇所の切除理由は、今ひとつよく判らない。「皇室ニ関スル事例ヲ以テ攻撃シ」(『出版

警察報』)に該当する箇所は、二段落目である。ここだとすれば、『人肉の市』と「明治〇〇」「勅選」云々を並べたことが不敬ということなのだろう。

いずれにせよ、こうした講談社攻撃が一部に支持された理由は、雑誌界の一人勝ちに対する嫉妬ヤッカミだけではなかろう。社内に原稿審査会や稿料査定会を設けるなど、当時の出版事業にはめずらしい資本主義的＝合理的経営が文筆家の反発を招いたことは否定できない。一九三〇年一一月文芸家協会が講談社を名指しで批判し、翌年二月には直木三十五、葉山嘉樹など委員が交渉し、最低原稿料協定など二一ヶ条を確約させた。しかし、これを「講談社折れる」と詳細に報じた『東京日日新聞』に対して、野間は激怒し東日への広告掲載を中止している[84]。いずれにせよ、野依に講談社や報知新聞社の内部情報を提供する関係者が、多く存在したことは間違いない。「日刊キング」『報知新聞』については、第Ⅳ部で改めて論じたい。

第三節　講談社少年部(ノマ・ユーゲント)のダイナミズム

「大正の松下(しょうか)村塾たらしめよう」が少年部の合言葉だったと「正伝」は語る。少年部員が『誠志録』(一九二六年)に書いた文章が引用されている(「正伝」879)。

笑はん者は笑へ　謗(そし)らん者は謗れ
あらゆる罵詈(ばり)も　あらゆる誹謗も

私のこの決心に指一本触れることは出来ません
是等(これら)は他山の石として　寧ろ私等の喜び迎ふるものであります

この文章自体が、当時、少年部に対して多くの嘲笑、罵詈、誹謗が存在したことを証言している。高畠素之は、野間講談社の営業振りを、佐藤義亮(新潮社)、山本実彦(改造社)、下中弥三郎(平凡社)と比較して「下品ではあるがズバ抜けてゐる」と評し、その特色を少年部に見いだしている。

「彼れ自身師範出の教員上りであるところから、使用人にも同郷の教員上りを駆りあつめ、それに彼れ一流の独裁的気息(きそく)を吹き込んで、同族的結合を固めてゐるとのことだ。小僧一人雇ふにも、いきなり社へは出さず、一年なり半年なり社長自身の身辺に置いて、あらゆる雑役にコキ使ひ、且つ撃剣(げっけん)などを強制的に教へて、厳格な修業を積ませる。十中八九はこの修業煉獄に堪ゑ切れないで逃げ出すさうだ。無事にパスした者が社員にとり立てられるのだが、その時には既に十分、野間式訓練を仕込まれて、完全にその奴隷と化し、一々指図しなくても主人の意の通り働らくやうになつてゐるとのこと。[85]」

野依も『積悪の雑誌王』の一節「真に現世の少年地獄！　講談社の酷使虐待振り」で、講談社少年部を批判している。しかし、その末尾は次のように結ばれている。

「だが、こんなに酷使されても少年社員が不平も言はぬところに、野間の偉大なる魅力はある訳なのであらう。不可思議なる温情王国よ。[86]」

野間の英文自伝で「少年団(ボーイ・スカウト)」、独文自伝で「少年分隊(ユーゲント・アプタイルンク)」と表記された講談社少年部を、「奴隷制」とみなしたのは左翼(本書第Ⅰ部第三章)ばかりではなかった。ここでは、野間清治の「若き親衛隊」を『キング』との関係で考察しておきたい。「キングの時代」の講談社を象徴する組織、少年部は、「野間社長が、人物養成の目的を以て特設した実学修養団です。」(30-1：338)

講談社の社員第一号は後の『キング』編集長・淵田忠良だが、少年第一号は一九一三(大正二)年入社の高橋君一(戦後、常務取締役・経理担当)であり、一九一六年には茂木茂(『婦人倶楽部』編集長、戦後、光文社初代社長)ほか五人が入社している。一九一九年入社の少年には笛木悌治(『幼年倶楽部』編集長)がいる。一九一九年ごろ「少年部」という名称が定着したらしいが、その制度化には、すでに触れた長男・野間恒の教育問題が大きく作用していた。恒が小学校を卒業する一九二二年に出版した自著『体験を語る』で野間はこう述べている。

「学問・才智が一番のやうに考へられたり、持て囃されたりしたのは、世間一般の間違ひであつた。明治から大正に亙つての、教育上の非常な誤解であつた。それが今漸く目が覚めて来た。其の弊害が段々露はれて来た。(中略)人物の悪い学士よりも、人物の良い小学卒業生の方がどれほど価値があるか分らない。[87]」

一子恒を進学させず、独自の教育を行う場ともなった少年部は、社業の拡大とともに、一九二一年に九名、一九二二年に一六名と採用者が増加した。『キング』創刊の企画が進む一九二三年、一九二四年にはそれぞれ四三名、四六名の大量入社が始まり、採用方法も変化している。二〇歳以下の小学校卒業者からの履歴書審査から、新卒者の募集に切り替えられた。すなわち、『キング』創刊と同じ時期に、少年部システムも制度化された。『キング』一九二七年新年号でも「天地正大の気鐘る『少年団』」は、講談社の中核として報じられている。

「彼等は、雑誌社に起居する者であり、雑誌のために働くものであることに異常の感激と矜持とを持つてゐる。彼等は誰に強ひらるゝでもなく、自ら相誡め相励んで、非常に厳格な自治規約を作り、それを欣んで格守してをる。彼等は日曜毎に修養会を開く、月々、お互ひの修養程度を投票を以て競べ合ふ。（中略）「雑誌報国」の純情燃ゆる彼等二百の少年こそ、世にも頼もしき「人生の若木」ではないか。実に、天地正大の気、わが少年団にあつまる、と云ふも溢美ではあるまい。」(27-1：433)

『キング』一九二九年六月号には「少年社員採用試験・受験者三百名＝入社六十名」と採用試験の模様が写真入で紹介されている(29-6：421)。この年から毎年、少年部の応募者数と採用者数が『キング』誌上に公開された。募集範囲も一九三二年ごろまでは、野間の生地・群馬県に限られていたが、栃木、新潟、長野など北関東・北信越に拡大された。昭和期に入ると、少年部には毎年五、六〇名が入社し、一九三五年には八七名が入社している。「時としては在籍少年は四百名にも及び、社員少年合して無慮一千名の一大集団を形成したこともあつた。」(「正伝」883)

社員からは「御大」(御大将の略)と呼ばれていた野間は、少年には「旦那様」と呼ばせた。野間直轄の少年部は「少年指導者―分隊長―隊員」のラインの下に分隊長は一二、三人ずつの部員をもち、分隊長からなる少年指導部が置かれた。あらゆる仕事は分隊別の競争で行われ、指導部から毎日、「旦那様」か「奥様」の手に皮革封筒で報告書が届けられた。ちなみに、一九二六年ナチ党再建党大会で正式発足した党公認の「ヒトラー・ユーゲント」の組織も一〇人前後の団員からなる班を最小単位として、小隊—中隊—大隊へと各レベルに競争を組み込みつつピラミッド状に編成されていた。「正伝」は、少年部の生活の意義を次のように書いている。

厚司姿で箱車をひく12歳の長男・野間恒(上)と「少年部演説会」(題目は「私がもし書店の主人であつたらば」)風景(下).(「正伝」909頁および英文自伝281頁).

「この団体生活様式は軍隊のそれと等しい。滔々たる個人主義、自由主義の謳歌された時代において、民間の一会社にかゝる制度があり、世間の風潮を外にして身心の陶冶に力めた少年部の存在したことは一つの驚異であつた。」(「正伝」894)

だが、軍律的生活の記述の二〇頁あとには、「個性の尊重」も言挙げられている。

「彼は規律の中にあつて規律を脱した少年を作らうと念願した。彼は自身の青年時代を回顧して、不羈奔放、自由闊達に振舞つたことを反省し、少年部に対しては、外形より見れば、所謂「自由」を戒慎したけれども、毫も各自の志向の自由を奪ひ去ることなく、常に少年の個性を尊重し、その個性に随つて天稟の長所美点を伸ばす教育に努めた。」(「正伝」914)

講談社の修養教育は滅私奉公、すなわち個人の組織への従属と一般に理解されたが、躍進する運動体内部において少年たちが感じたのは、個性への抑圧感ではなく高次な存在へと自己同一化する高揚感であったろう。笛木の回想に見られる充足感は、心身ともに共同体へ没入する合宿生活の中で生まれている。

「郷里にいる時に、農家のはげしい労働を経験しているものだから、講談社の仕事などは遊んでいるより楽なくらいで、とてもじっとしてはいられない。仕事を見つけては自分から働く。もちろん先輩に教わりながらであるが、それだけでは物足りない。[88]」

一九三〇年四月頃の音羽邸における日課表によると、午前五時四五分、起床、点呼。七時まで、朝掃除。(古参少年中都合のつくものは)六時半より八時まで剣道。七時より八時まで、朝学。八時、朝食。八時四〇分、作業始め。(新少年のみ)一一時二〇分より正午まで、剣道基本。正午から午後一時まで、昼食と自由時間。一時、作業始め。四時から五時半、剣道。六時、終業。六時半まで、講評。六時半、夕食。七時半から九時半まで、修養会。九時半より入浴就寝。（「正伝」890 f.）

修養会では、手紙の書き方、口上の述べ方など社会常識から経済など一般的教養のほか、五分間演説、即席演説、美点賞賛演説など演説の訓練が行われた。二年目以降は、定期的に交代で各部署に配属され、修養会は週一回になる。さまざまな雑用のほか、少年部を主力とした仕事は、宣伝物などを梱包して送る発送部の作業、一日に二、三軒の書店を巡って宣伝する書店訪問などがあった。

「帝都名物の一つなる「大日本雄弁会講談社」と染め抜いた厚司姿の少年の姿」が、都内書店を駆け回った（「正伝」883）。他誌に比べて返品率が異常に少ない『キング』の販売成績も、絶えず市内小売店を駆け回る少年部員に支えられていた。

ただし、こうした講談社少年部は、戦前の教化運動組織、つまり出版社の理念型であって、その特異性を強調すべきではあるまい。「私設文部省」に対して「進歩陣営の大本営」と評された岩波書店について、大宅壮一は戦前の「封建的」性格を次のように指摘している。

「店員の大部分は、店主の郷里などから年季奉公のような形でつれてきたもので、人件費は驚くべく安かった。一例をあげると、大正末には、数え年十八歳の店員で、給与は一カ月二円五十銭程度だったというから、今の金になおせば、五百倍としても千二百五十円である。顧問、相談役、あるいは特定の部門を限っての嘱託などとしては、たとえば三木清、谷川徹

三、林達夫といったような大学出の新鋭を使ったが、店員としては小学校しか出ていないものが多い。今日の岩波を築き上げる上にもっとも大きな役割を果たし、今も最高幹部となっている堤常(現会長)、小林勇(現専務)、長田幹雄(現常務)などがそうである[89]」

とすれば、講談社少年部が特に注目された理由は、組織形態ではなく、その教団的性格であった。松浦総三はそのカリスマ性から、野間清治の戦後的姿を創価学会の池田大作に見ている。

「両者とも本質的には愛されたジャーナリストであり、宗教や道徳のシュガーコートにつつんだ新聞や雑誌や本を売りまくった点で似ている。前者が日蓮正宗と現世利益で売りまくれば、後者は教育勅語と出世教で売りまくった[90]。」

確かに、聖教新聞社を中心に潮出版社、第三文明社など巨大出版コンツェルンを形成し、『人間革命』を始めとする自著で社会正義の自己宣伝を展開する池田のジャーナリズム活動には野間のそれと多くの類似点が見出せる。だが、むしろ野間と比較すべきは池田の師である創価学会第二代会長・戸田城聖のように思える。戸田も小学校高等科卒業後に問屋で奉公し、独学で代用教員となった。一九三〇年牧口常三郎に協力して創価教育学会(創価学会の前身)を設立し理事長に就任した。出版・印刷業をはじめ受験塾を経営し、人を引き付ける話術、鋭い勘と強引な手法により株取引で大成功し、事業の最盛期には一七の会社を傘下に収め、資産六〇〇万円、月収は一万円を超えたという。一九四三年には不敬罪、治安維持法違反で牧口らとともに投獄され、敗戦直前に出獄し創価学会を再建し、折伏活動で青少年信

者を育成した。(91)

「キングの時代」の出版人は、「アカデミズム教」であれ「コミュニズム教」、はたまた法華経のそれであれ、現世利益と社会正義の融合を目指していた。菊池寛は『文藝春秋』一九三五年二月号の連載コラム「話の屑籠（くずかご）」で次のように述べている。

「新潮社の佐藤さんが、「人の道」には入つてそれを雑誌経営のイデイオロギーとしてゐる。しかし、さう云へば講談社にも、ちやんと「栄え行く道」と云ふのがあつて、創業以来そのイデイオロギーで、やつてゐるわけである。たゞ前者に、多少の神秘化がある丈で日常道徳の上では、よく似てゐる。(92)」

すなわち、『キング』に体現された出版王（キング）は、野間清治一人ではなかった。「キングの時代」には、数多くの「野間清治」たちが国民的公共圏の王座を争っていたことを忘れるべきではあるまい。

「野間宗」と立身出世主義

「少年部は野間宗の教団であり、少年はその宗徒であつた。宗祖と宗徒との関係の中に彼と少年との一体化が存する。これを理解しないならば少年部の本質を論ずることが出来ない。」(「正伝」874 f.)

「正伝」の伝えるように少年部は、「偉くなりたい」という一つの目標を掲げた運動体であった。野間自身が少年たちに、こう語りかけている。

「諸君！ 一日一日が集つて一月となり、一年となり、一生となる。「その一日を偉く」し給へ。諸君、子としては子として、友としては友として、奉公人としては奉公人として、偉い子、偉い友、偉い奉公人と謂はれるやうにし給へ。僅々数人にも愛敬せられずして、世間多数に敬仰せらるゝ道理はない。今日々々が立派でなくして、一年一生が立派にゆく道理はない。若く、強く、前途洋々たる諸君！ 偉くならうとすれば、いくらでも偉くなれるといふのは、何と愉快なことではないか。(93)」

すでに、野間の生い立ちでみたように、彼の事業欲そのものが没落士族の階級上昇意識に由来していた。才能も野心もありながら中学進学の機会を持たなかった少年達にとって、「偉くなれる」少年部が持った魅力の大きさは想像に難くない。そのエネルギーが出版事業に引き込まれたとき、少年部を中核として同心円状に広がる「立身出世主義の国民化」とも言うべき講談社精神に結晶した。実際、『体験を語る』以下の野間著作は、もともと少年部で行われた講話を土台に構成されており、やがて立身出世主義のバイブルとして普及した。さらに言えば、著作を刊行年順に並べると、その冒頭も「中等学校に入らなくても偉くなれる」(『体験を語る』)から、「世渡りの極意」(『処世の道』)、「如何にして希望を達すべき乎」(『出生の礎』)を経て、「明るい日本を目指して」(『修養雑話』)へと、個人から世間、さらに国家へと偉大さの空間的な拡大をなぞっている。

見田宗介は、日本の近代化プロセスにおける立身出世主義を西欧のプロテスタンティズムの機能的等価項目と見なし、そうした上昇欲求を底辺から支えた「観念の誘導水路」こそ、篤農二宮金次郎をモデルとする「金次郎主義」(94)であるという。それは講談社少年部と『キング』の精神にまで色濃く影を投げかけている。

大衆教育熱の高まりとともに発展した講談社が「私設文部省」と呼ばれた意味も、こうした立身出世主義システムの自己組織化プロセスとして説明できる。教育の制度化は学歴競争を生み出すが、競争は必然的にごく少数の勝者と圧倒的多数の敗者を生み出す。大衆雑誌が大量の読者を必要とするならば、その読者の多くは学歴競争での敗者であろう。挫折者の加熱した出世欲求を冷却して安定化する回路とは、「プロテストなきプロテスタンティズム＝金次郎主義」に他ならない。『キング』の「読者倶楽部」に手紙を寄せた読者は、ほぼ例外なく金次郎主義者である。

「私は貧しい労働に従事してゐる者です。過去はさうでもありませんでしたが、国を飛び出したのが誤〔り〕でした。所がキング三月号誌上前東京市長永田秀次郎氏の「現在に忠実なれ」の文を読み、しみじみ有り難いと思ひました。(中略)併し、もう今日限りそんな心は改めます、そして現在に忠実になつてきつと偉い者になるやう努力いたします。どうぞ永久にお導き下さい。(大阪市・田中博次郎)」(25-5：351)

「待ちに待ち焦れたキング五月号、取る手遅しと隅から隅まで一字一句を余さず読破しました。キング愛読者となりましてから、私の暗黒の生活に一道の光明を認めました。私は永久に本誌に依つて享くべき利益幸福の甚大なる事を衷心から感謝するものであります。(山形市外　時雨生)」(25-7：327)

「私は呉服店の一小店員ですが、運動は毎日実務の上でやつてゐますが精神的慰安がなくて、つく〴〵悲観してゐましたが、キングを読み始めてからは心が愉快になり、仕事もはかどり、楽しく毎日を送つてをります。今後永遠にキングを愛読し、愉快に執務しようと思ひます、何卒立身出世談を沢山記載して下さい、願ひます。（長崎市　松武旭光）」(25-7：327)

「キングは常識大学だ。中学校へ行けなかつた僕達には有難い家庭教師だ。どんなに文字を識り人情道徳を教へられたことか。四年来愛読せるキングは僕の書架に光り輝いてゐる。僕は感謝に堪へない。（長野県中野町　小山生）」(33-10：407)

こうした読者に、野間の『体験を語る』がどれほどの感激をもって読まれたか。野間よりも垢抜けたモダニスト小林一三でさえ、「どうしたら抜擢されるか――立身出世の要諦はこゝだ」と金次郎主義を『キング』誌上で次のように説いている。

「実力なるものゝ内容は時世につれて常に変化する。戦国時代には武勇であり、封建時代には忠義であり、維新時代には英気であり、明治時代には新知識であつた。それの如く、今や私の多年主張して来た平凡主義によつて進路をひらき、謂ゆる縁の下の力持ちをなし得る人間が一番早く其実力を認められる時代であつて、実力本位とは平凡の仕事を規則正しく几帳面に終始一貫遂行し得るといふことに外ならない。」(30-3：112)

競争の「敗者」が「勝者」の栄光を心理的に共有するキーワードは、「参加」である。こうした参加の前提は、同じ情報を共有すること、つまり同じ雑誌を読むことの共同性である。一九三〇年「キングを読んで得た利益」原稿募集には一三万五九二三篇の応募があった。その内訳は、家庭生活の円満向上(三万八六〇〇)、自己修養(三万五七〇〇)、発奮努力による抜擢登用(二万九〇〇〇)、教育・宗教の説話に活用(二万一〇〇〇)である(30-5：351)。『キング』の効用は、人間関係に集中している。

同じ雑誌の購読に「参加」することの歓びは、読者の手紙から溢れ出ている。

「工場で働く者にとつては、よき友、社会学修養あらゆる方面のよき指導者であります。毎月キングの発行が待遠しくて月始めに書店に二、三回も飛ぶやうな有様です。工場ではキングの小説陣に物凄い人気です。毎月読者の増加するのを喜んでゐます。(鳥取県市勢村　手島惣市)」(36-10：508)

「キングの読者である事は私にとつて大きな誇りであります。キングは今、日本国民の前に与へられたる真に尊い指導者であるやうに思ひます。事務の暇には何時もキングに読み耽つてをります。そして一字一字を実際の仕事に活用して行きます。読んでをりますと私の心の憂ひは自然と晴れて光が増して来ます。(奈良県上北山村　下高谷一)」(36-10：508)

「読者の増加」は、こうした愛読者＝参加者に「大きな誇り」を与え、自らの生き方を肯定してくれた。そのために読者は、積極的な勧誘活動まで自主的に行うのである。

「僕も小学校時代は少年倶楽部を愛読してゐましたが、学校卒業後はキングを愛読してゐます。僕は店員です。店員に五十銭といふお金は大金でございます。僕はわづかの小使をためてキングを買つてをります。僕の主人の家の姉さんをキングの愛読者にしました。記者先生お喜び下さい。これからまだキングの愛読者をふやすつもりです。(秋田市上中城　内藤

利八)」(36-8：435)

『キング』があらゆる手段を使って表現しようとしたものは、そうした全体的参加――皇族や閣僚、帝大教授から労働者、農民まで――のイメージである。それゆえに、本来は読者を細分化=階層化することで発展する「雑誌メディア」でなく、第Ⅲ部で見るように『キング』は階層横断的メディアとしての「ラジオ」に自己同一化を試みたのである。

III

「ラジオ的雑誌」の同調機能（グライヒシャルトゥンク）

1925 - 1932 年

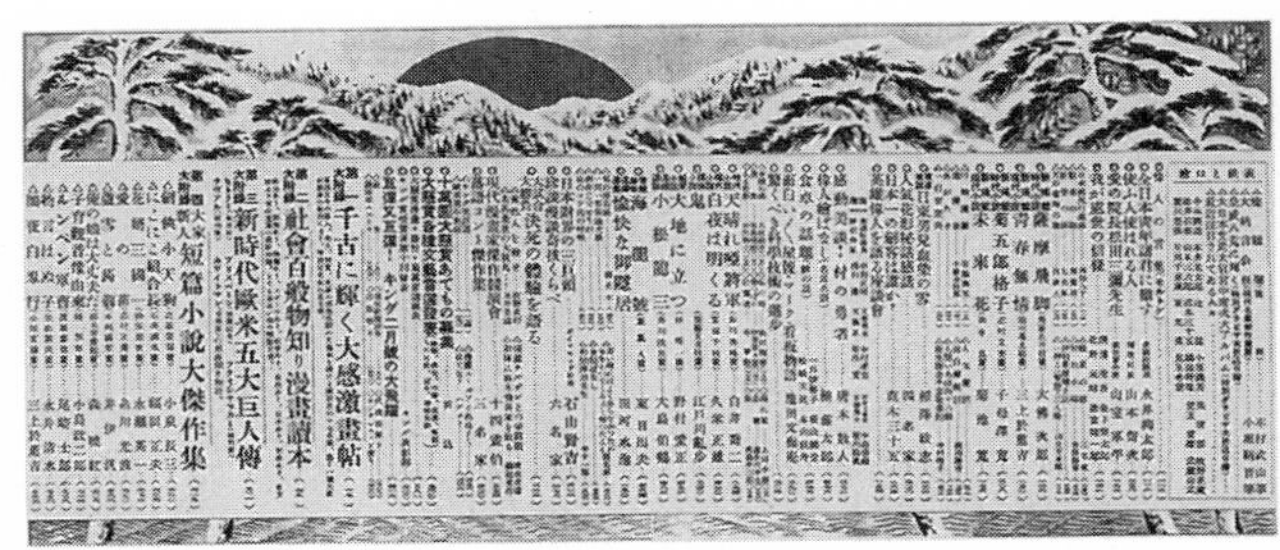

（1932 年新年号目次）

ラヂオの社会的使命——そしてそれがラヂオの真の使命である——の一つは、社会的独裁である。社会的独裁の要求せられるところの発展の過程において、ラヂオがその使命を満たすべく存在するのである。ラヂオはたゞなる通信上の革命であるのではない。通信上の革命から出発して世界革命へと発展したのである。（中略）少数の撰まれたるものが笛吹き、民衆の駄馬が踊るのである。シヤアラタン〔ヤマ師〕が世界に叫んで「人民主権」が自在に舞台に踊るのである。こゝには最早代議士の時代も過去である。

室伏高信「ラヂオ文明の原理」『改造』一九二五年七月号

第一章　「くち・コミュニケーション」の企業化

「その声天地にあまねく、その姿捕捉すべからざる王者」

「先生、大変むずかしいです」

「それではこういたしましょう。国のはてまで声のとどく王様」

「日本ですか？　西洋ですか？」

「昔の王様でございますか？」

「歴史に関係ありません。あなたがたはよくご存じの筈(はず)ですよ。日本にもきています」


『少年倶楽部』の連載小説、佐々木邦(くに)「苦心の学友」（一九二七年一〇月―二九年一二月）に登場するなぞなぞである。答えは残念ながら、国民雑誌『キング』ではない。

「ラジオ、即ちラジ王です」[1]

だが当時、「国のはてまで声のとどく王様」は、登場間もない「楽耳王(ラジオ)」ではなかった。『キング』と答えた方が正解といえるだろう。たとえば、『キング』に寄せられた次の投書を見ればよい。

「剣難女難（吉川英治作）及人間味（村上浪六作）にはたゞ〳〵感謝あるのみです、僕等は東京より五百哩（マイル）の当市に於て貴誌が発表されたる遠距離用ラヂオ鉱石にて毎夜放送を聞いて居ります。（青森　キング生）」（26-4：284）

当時、放送局は東京、大阪、名古屋の三局のみで、放送出力は一キロワットにすぎなかった。実在の鉱石ラジオの聴取可能範囲は各市の周辺数十キロである。青森で鉱石ラジオが利用できるようになったのは、昭和天皇御大礼の全国中継を目指して放送網が整備された一九二八年である。それゆえ『キング』は、キング生にとってかけがえのない「遠距離用ラヂオ鉱石」であった。

第一節　大衆的公共圏における「楽耳王（ラジオ）」

ラジオは『キング』とともに登場したニューメディアである。国民雑誌『キング』創刊号発売の六日前、一九二四年一一月二九日東京放送局（ＪＯＡＫ）設立が認可され、一九二五年三月一日ラジオ試験放送が開始された。アメリカのＫＤＫＡ局放送開始に遅れること五年、イギリス放送会社（ＢＢＣ）設立から三年目の放送である。

『キング』一九三一年新年号附録『明治大正昭和大絵巻』の「大正十四年」には「小鳥流行とキング創刊」（細木原青起（ほそきばらせいき）筆）、「初放送」（吉邨（よしむら）二郎筆）が選ばれている。

「此年雑誌キング創刊され、驚異的部数を発行し忽（たちま）ちにして世界の大雑誌となる。」

「「ゼー・オー・エー・ケー、ゼー・オー・エー・ケー、此方は東京放送局であります」朗なアナウンサーの声が始めて東洋の天地に放たれたのは三月一日のことだつた。満都の人々は拡声器の前に集つてこの科学文明の驚異に感嘆と歓喜を禁じ得なかつた。」

このラジオを囲む家族のイメージは、そのまま家庭における『キング』のイメージに重なることにも注目しておきたい。確かに当時出版界のラジオ熱は凄まじく、博文館の『太陽』は、特集「ラヂオの世界」(一九二四年一一月号)を皮切りに、新年号特集「最新科学発明界の進歩」でも「ラヂオの知識」「放送無線電話の現状と将来」「最も経済的な無線受信器の装置」三本を掲載している。また、実業之日本社は、ラジオ放送開始に先立って、一九二四年八月一六・一七日両日、「無線電話放送大会」を主催した。本社のマイクロフォンの前で挨拶した増田義一の声を聴くため、上野精養軒、日比谷音楽堂、鍛冶屋橋・中村太陽堂の三箇

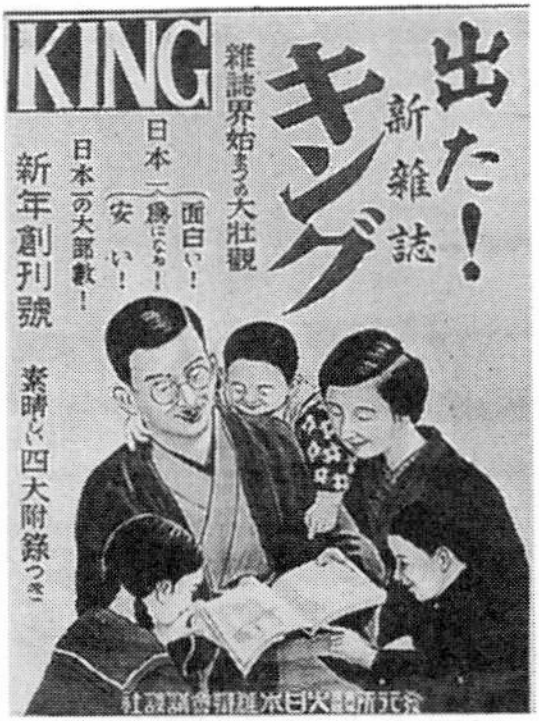

吉邨二郎筆「初放送」(『キング』1931年新年号附録『明治大正昭和大絵巻』)(上)と『キング』創刊時の大ポスター(「社史」上621)(下).

所に置かれた受信機の前に二万人の聴衆が群がった。(2)『実業之日本』では翌年新年号から三月号までラジオのイラストが表紙を飾っている。各地のラジオ商は「三月一日放送開始を祝す」というポスターを店頭に張り出し、「放送開始記念号」を準備した新聞雑誌も二、三にとどまらなかった。

とはいえ、「満都の人々は拡声器の前に集つて」はキング一流の誇張表現であり、この実験放送が行われた三月一日正式に認可された受信機は九百余台、聴取申込数は一八三七件に過ぎなかった。(3)東京の小学校訓導の初任給が男子二五円の時代に、舶来のスーパーヘテロダイン式は一五〇〇円、国産真空管の電池式で一〇〇円から二〇〇円、自分で組み立てるレシーバー式鉱石ラジオでも三〇円かかり、さらに年間一円ずつの設置料、聴取料も必要であった。(4)一般大衆にとって、ラジオはまだまだ高嶺の花であったとしても、それが生み出す公共圏、すなわち世論空間を大衆に開く機能は、熱烈な憧憬をもって語られていた。『キング』創刊第二号の柴田守周(もりちか)「無線電話(ラディオ)の話」は、放送開始前の一般大衆の認識レベルを示している。

「東京での音楽会を、大阪や、京都の人たちが、ゐながら同時に聞きとれる、と、さうしたことは、今日の日本に於いてこそ不思議がられもするが、アメリカ辺では、立派に実現されてゐることとなのである。(中略)大統領の議会に於ける演説は即刻、無線電話(ラディオ)の力によつて、全米国民の耳に伝へられる。(中略)それが、世界中で一番に無線電話(ラディオ)の発達してゐる、アメリカ今日の有様なので、一昨年の十二月、ヤツとのことで、無電に関する法令が布告されたばかりの、日本、そこに住んでゐるわれ〳〵日本人にはまつたく、想像することも出来なかろう話だ。」(25-2 : 210 f.)

試験放送開始後に掲載された北畠利男「トテモ素晴らしいラヂオの将来」(25-7 : 194-197)では、「新聞も学校も不必要」とラジオ熱を煽り立てている。

「先づラヂオの発達につれて、今日のやうな新聞紙は無くなるに違ひない。そしてあらゆる出来事は世界の隅々から、事件の起こつたと同時に直ちに報道されて、街の辻口や家の屋根などに取り付けた拡声器で自由に絶えず聞くことが出来るやうにならう。またラヂオの発達のために世界中の学問は全く統一的になつて来るだらう。東京帝大の講堂に於て、伯林大学でアインシュタイン教授の講義してゐるのをそのまゝ聴くことも出来る。各学校には教師や博士をそれぞれに傭(やと)はなくともよくなる。例へば東京帝大に各博士連は集つて、一定の時間に講義すれば、全国の各大学ではそのまゝ聴講が出来る訳だ。いや何も学校まで行かなくともいゝ、自宅に居つて自由に勉強出来る、そして学問をする費用が大変安くなる。」

『キング』の広告頁に中学講義録、女学校講座など「通信教育」広告が大量掲載された時代に、読者がラジオ講座に抱いた期待感は、高等教育の普及した現代では想像も難しいだろう。こうした「通信的」教養への熱望を、「面白く為になる」『キング』は見事にすくい上げていった。以下では、「ラジオ的雑誌」＝『キング』の成立背景をまず「音読文化の現代化」、あるいは「くち・コミュニケーションの企業化」として考察したい。雑誌研究が出版学の一領域として行われてきたため、これまで『キング』と音読文化の関係はほとんど見落とされてきた。『講談倶楽部』創刊以来、「家族のあいだで音読できる娯楽雑誌」を理想とした野間の読者像は、「音読から黙読へ」の近代読者モデルに逆行しているようにさえ見える。そもそも、大日本雄弁会講談社は、市民的＝文筆的公共圏では周辺的だった「語りの産業化」において急成長した特異な出版社である。だが一方で、『講談社の絵本』から『現代』に至る世代別雑誌のラインナップは、識字教育による社会化のプロセスと重なっている。その意味では、『キング』こそ「語り」文化と活字教養の統合した国民雑誌と言える。「読者倶楽部」によせられた投書にも、読み聞かせ体験が多く紹介されている。

「よく勉強の折々母に読んで聞かせます。あれもこれもと註文に応じて読んで居るうちにすつかり声がかれてしまひます。（香川県　大理日出子）」（25-5：351）

「六十歳以上の親爺も十五歳の妹も、日ねもす放さず見て居ます。夜は私の番だとキングを出すと、「読んで聞かせろ」と家内中からせがまれます。（新潟県南魚沼郡　宮田市太郎）」（25-9：266）

「只（ただ）キングを唯一の友として公園の涼しい木陰に近所の子供を集めて有益な所を読み聞かせてをります。（埼玉　田口倉之助）▽近所の子供を集めて有益な所を読み聞かせるとは、何と云ふ美しいお心掛けでせう。衷心から敬意を捧げずにはをられません。どうぞ、子供許りでなく、教育がなくてキングが読めないやうな、気の毒な人々の為に時々キングを読んで聞かせて下さい、お願ひ致します。（記者）」（25-10：328）

こうした語り用の活字メディアは、翻訳文体に染まった教養主義インテリ層にも「ながら雑誌」として浸透できた。つまり、現代人、すなわち「ラジオ人」（M・ピカート）にとって、『キング』は思想活動と両立できる併読誌であった。絶え間ないラジオの音声が人間の内面的連続性を欠如させ、内省の機会を減少させたというピカートの大衆社会批判は[5]、『キング』に従来加えられた「卑俗な娯楽、日常的実用と忠君愛国、義理人情とをないまぜにしてそぎこむ」という『昭和史』の批判といみじくも同調する[6]。

それは、講談、浪曲から教養講演に至る当時のラジオ番組の総合的編成と『キング』の内容構成上の一致によるだけではない。そこには、大衆的公共圏におけるラジオと国民雑誌の共振効果も存在したはずである。そこに生まれた「音声の複製物」こそ、『キング』が生んだキングレコードである。第三章で詳述するようにレコードは法律上は「印刷物」であり、出版法の規制下におかれていたのである。

第二節　雄弁文化のラジオ化と商品化

『キング』創刊の四ヶ月後、一九二五年三月二二日、東京放送局は定時放送を開始した。開局第一声の挨拶をした東京放送局総裁・後藤新平は、ラジオの使命を「文化の機会均等」「家庭生活革新」「教育の社会化」「経済機能の敏活化」と表現した[7]。

「これまで各種の報道機関や娯楽慰安の設備は都会と地方とによつて多大の隔り（へだた）があつた。一家の内でも主人は外でいろいろの文化的利益を受けてゐるのに、家庭にある者は文明の落伍者たる場合があり、ある階級の者が受ける便益を他の階級の者が受け得ない場合もまた無きにしもあらず。」

ラジオの普遍性は、空間的障壁を取り払い、それは新しい家庭像を生み出す。

「従来ややもすると家庭を単に寝場所、食事場所と考へ、従つて慰安娯楽を外に求める傾向があつた。しかるに放送によつて家庭は無上の楽園となり、ラヂオを囲んで一家団欒、家庭生活の真趣味を味はふことができる。」

文化の機会均等は、家庭を媒介として教育の社会化を進める。

「放送の聴取者は今後数年を出ずして幾万幾十万に達するであらう。この多数の民衆に対して、しかも家庭娯楽の団欒裡にある人に向つて、眼よりせずして耳より日々各種の学術知識を注入し国民の常識を培養発達させることはこれまでの教育機関に一大進歩を与へるものである。」

その結果は、経済の活性化と国富の増大に繋がる。

「海外経済事情はもちろん、株式、生糸、米穀その他の重要商品取引市況が最大速力で関係者に報道されることによつて一般取引の状態がますます活発になることはいふまでもない。」

こうした放送事業に対して、国民各人の自治的自覚と倫理性を後藤は訴えた。

「現代及び将来における国家生活と社会生活とを支配する一大新勢力の勃興、それが即ちラヂオである。これを成功させ、発達させると否とは一無線電話の消長のみでなく、実に国家禍福の分れるところである。何となれば、この一事によつて、第一には日本国民の科学的能力、第二には文化的素質、第三には協同的精神、第四には自治的観念、第五には民衆的倫理の健否を赤裸々に証拠立てるからである。」

後藤の演説はこう結ばれている。「この事業をして盛大に且つ善美ならしめ、もつて国家社会の福祉を大いに促進することを期待してやまない。」

三五〇〇世帯が聴けた後藤演説の「ラヂオの使命」を一〇〇万人単位に向けて嚙み砕けば、『キング』同月号掲載の編集方針「キング十徳」とほぼ重なる。いわく、

一、キングを読む人は楽みながらに修養が出来る。
二、キングを読む人は常識が発達し人中に出て恥をかゝぬ。
三、キングを読む人は頭が磨け知らぬ間に人柄が立派になる。
四、キングを読む人は居ながら面白い娯楽慰安が得られる。
五、キングを読む人は感奮興起し立身出世が出来る。
六、キングを読む家庭は一家円満幸福になる。
七、キングを読む町村は風紀が良くなり繁栄する。
八、キングは国民の趣味を高尚にし文化を盛にする。
九、キングの到る処道徳起り平和を齎らす。
十、キングは世界から凡ゆる悪思想を掃蕩(そうとう)する。

右はキングに対する諸名士の批評と満天下の声とをコンデンスしたもので、取も直さず

キングの精神であり編輯方針であります。(25-3：目次裏)

確かに、この「キング十徳」は、御大典記念として刊行された初の臨時増刊『国民修養絵物語』(特別定価三〇銭、一五〇万部)の奥付にも大書されている(28-臨：328)。『キング』創刊号に論説「自治の真精神」(25-1：76-79)を執筆した後藤新平は、この三月号「名士のキング評(二)」でもその「学俗同化」を賞賛している(25-3：140)。ちなみに、わが国初の教養放送は、後藤演説の翌日、つまり放送二日目の三月二三日に行われた早稲田大学総長・高田早苗博士の講演放送「新旧の弁」であるが、同名の要旨が『キング』第二号の扉「名家の叫び」に掲載されている(25-2：1)。このように、「登壇」する名士の人選においても『キング』とラジオ放送は重複していた。

演説する編集者たち

『キング』成功の余勢を駆って、野間は後藤新平の演説集『政治の倫理化』(一九二六年)を初版四〇万部、定価一〇銭で刊行した。腕を振り上げ獅子吼する後藤の写真をあしらった表紙には、「泣いて国民の良心に訴ふ」とある。巻末には後藤が組織した「政界革新教化運動・普選準備会綱要」とその入会申込書が刷り込まれている。『キング』誌上(26-12：352 f.)でも大宣伝されたこの冊子は、その効果もあって一〇〇万部を売り切った(「社史」上732 f.)。

こうした「雄弁熱」の中で育まれた講談社文化は、ラジオ時代への適応に特別に優れていたと言えよう。「正伝」によれば、講談社編集室は来客など何事かにかこつけて絶えず演説会場となったという。編集部員の間からも、「巷に出でよ」「雑誌から演壇へ」という声が頻りに発せられていた(「正伝」702)。大日本雄弁会主催の第一回時局演説会(一九一四年一一月七日、於神田青年会館)以来、野間自らが率先して演説し、各地で雄弁大会を主催していた。一九一六年には社内に雄弁修練を目的とする「三五会」が結成されている。命名の由来は、次のように書かれている。

「乃ちこゝに雄弁修練の目的を以て、『三五会』を組織したり。蓋し大正五年五月五日、五字三を重ぬるの故を以て也。のみならず、一八二一年の五月五日は、ナポレオンがセントヘレナに於て、「おう、我が軍……」の一語を遺して逝ける記念すべき日也。即ち一八二一年五月五日は、剣の英雄逝ける日にして、一九一六年五月五日は舌の英雄生るるの日也。剣は古き力の様式を代表し、舌は新しき力の様式を代表す。見よ、東海の島帝国の一角、「諸君、諸君」の一語を発して生れ出でたる若き子の群を。」(「自補」618)

第一回普通選挙を控えた一九二六年一〇月二三日青山会館で行われた大演説会では、一八歳の後継者・野間恒が処女演説を披露している。一九三四年以降は、報知新聞社との共催で全国青年雄弁選手権大会(於報知講堂)が盛大に行われた。内地四四府県に樺太、朝鮮、台湾の代表を加え、後には満洲、米国在留の代表も招待されて一九四一年第八回大会まで続けられた。

こうした大イベントとは別に、少年倶楽部愛読者大会から発展した巡回講演会のために、一九一五年以来、全国を巡回する講演班が組織された(「正伝」704)。さらに、一九二九年

『雄弁』創刊二〇周年記念事業として、師範学校や青年団を対象とする「巡回雄弁法講座」(講師・久留島武彦)が開始され(29-3：260 f.)、女学校や婦人会に向けた「巡回修養講座」(講師・川村理助)も併せて行うまでに発展していた(29-7：314)。さらに、一九三〇年より朝鮮総督府学務局、同社会教育課の後援により、朝鮮半島全土に「巡回通俗講座」(講師・佐田至弘)も始まった。

「之が目的は、本社従来の念願とする一般思想善導、人格修養を中心とした朝鮮文化の普及開発及び日鮮融和で、その方法としては童話(小学校児童)通俗修養講話(女学校、婦人会等)一般講演(父兄会、青年団等)師範及中学校講演等で、十二月初旬の京畿道各地を最初に、順次各道に開催の予定であります。」(31-1：414)

やがて、佐田は講談社に入社して講演部長となり、一九三一年一〇月からは「全国巡回婦人講演会」で講演を続け(31-11：348, 32-3：480)、さらに一九三二年から安倍季雄を講師とした第二班、石澤善次講師の第三班も増設された(32-6：435)。一九三三年には映画班の全国巡回開始が始まり、安倍班が婦人講演会、石澤班が巡回童話講演会に再編された(33-11：483)。第二班によって続けられた婦人講演会は一九三四年三月の本土一巡で終了している(34-6：537)。

『キング』の誌面から溢れ出す高揚感は、そうした集会場と編集局の往来から生み出された熱気だったのではあるまいか。集会場と編集局の往来が生み出す宣伝の威力を鋭く分析した著作に、ヒトラー『我が闘争』第二巻(一九二七年刊)がある。ヒトラーは、マルクス主義を奉じる社会民主党が議会第一党に登りつめた要因として、「演説によるマルクシズムの成功」を強調している。

「マルクス主義の新聞は煽動者によって書かれ、ブルジョア新聞は文筆家によって好んでアジテーションをやっていこうとするのだ。ほとんどいつも集会場から編集局へやってくる社会民主党のつまらぬ編集者は、期待にそむかず比類なく大衆を知っている。だがブルジョア的ヘボ文士は、かれの書斎から大衆の前に出てくるのであるから、すでに大衆の気息だけで病気になり、それゆえ文章的なことばだけで途方にくれて大衆の前につっ立つのである。」[8]

集会場の空気を熟知した弁士によって編集された社会民主党機関紙は、「やはり書かれたものではなく、語られたものである」とヒトラーは述べている。この意味で、『キング』を中心とする講談社の雑誌も「やはり書かれたものではなく、語られたもの」に他ならない。

「その昔ナポレオンがさうであつた。そしてヒットラーがさうである」は、鶴見祐輔『ナポレオン』(一九三一年)と並ぶ講談社のベストセラー、澤田謙『ヒットラー伝』(一九三四年)冒頭の一節である。ナチ政権誕生直後、鶴見も「快男子」ヒトラーの雄弁を称える「ヒットラーは大空に叫ぶ」を『キング』に寄稿している。

「私は殷々と我が耳に鳴るヒットラーの声を聴きながら、遠い遠い祖国のことを考へてゐた。(中略)見よ！　磨墨の闇の空に、三条の火の柱が燃え上つてゆく。暗黒独逸の救ひの火が、いま国民社会党の純情の中から、太虚に向つて奔騰してゆく。雄弁と情熱との火の塊である天才児ヒツトラーを象徴するやうに。」(33-4：62)

こうした演説重視との関連で、ヒトラーの教養市民層批判が大衆に対して持った魅力も連想しておきたい。ヒトラーは「教育の欠陥」を次のように批判している。

「それ〔戦前のドイツの教育〕はきわめて一面的な仕方で、純粋な「知識」を教え込む目的で編成され、そして「能力」が目標となることは少なかった。個々人の性格形成——このことが一般に可能な限り——はよりいっそう軽く見られ、喜んで責任を引き受ける気持を奨励することなどはまったく少なかったし、意志と決断力のための教育などは全然なかった。その教育結果は実際に、強い人間ではなく、むしろ従順な「物知り」となって現れた。(9)」

これとよく似た教養批判は、『キング』の随所に見出せる。そして、『キング』が単なる「活字」や「雑誌」であると考えるならば、矛盾を生じる主張も多い。たとえば、「読書の利害」(25-4：87)では、世間を見えなくする読書の弊害が羅列されている。さらに、『キング』一九三一年新年号附録『出世の礎』の冒頭で野間は、こう述べている。

「一体我等は学とか才とかいふものに、余り囚はれ過ぎて居る嫌ひがある。今日の所謂学問といふものは、機械的文明の知識を授けることは出来るであらうが、人間を造る力がない。学べば学ぶだけ高く〳〵と舞ひ上つて、実生活からはいよ〳〵遠ざかつて行く。(10)」

野間の「知識偏重」批判が、ヒトラーの教養批判と同質であると断定するつもりはない。しかし、同時代の雄弁家が大衆的公共圏の制覇という同じ課題に向きあっていたことは指摘できる。博覧強記を誇る第一級の知識人・木村毅が、『キング』と野間清治に不快感を抱いた理由はここにあろう。ナチ政権成立直前に執筆した「編輯者協会から表彰された人々」で、木村はこう書いている。

「聞くところによると講談社の或る雑誌には、新聞も読まない人が主筆になつてゐるのださうである。社長も、社員に学問したり、読書したりする事は決してすすめないと云ふ。暗黒時代の欧洲や徳川期の為政家のやうに大衆を愚（おろか）にする雑誌を作る政策かも知れない。」[11]

しかし、公共圏の、つまり政治参加の拡大を問題とする本書では、『キング』を愚民化政策のメディアとみなすよりも、その「開かれた集会場」＝「国立公園（ナショナル・パーク）」的メディア特性に着目したい。そこで説かれた修養主義は、確かに市民的、あるいは「会員制ゴルフ場」的公共性のイデオロギーである教養主義とは大いに異なっている。「人格の陶冶」という抽象的で永遠に到達不能な目標を掲げることで、教養主義が現実的な効用を無視した、あるいは無視する余裕があったのに対し、野間の修養主義は一貫して効果のある、現実的な成果のあがる人格形成を主張していた。それこそが、「面白くて、為になる」『キング』の本質である。『キング』時代、つまり戦前の講談社が面白さとも効用とも無関係な「純文学」から距離を置いていたのは、そのためだろう。[12]

第三節　ラジオ文明の民主的独裁

『キング』創刊後の出版大衆化現象として、「善い本を安く読ませる！　この標語の下に我社は出版界の大革命を断行し、特権階級の芸術を全民衆の前に解放した」（一九二六年、改造社の円本『現代日本文学全集』内容見本の予約募集告示)、あるいは「生命ある不朽の書を少数者の書斎と研究室とより解放して街頭にくまなく立たしめ民衆に伍せしめる」(一九二七年、岩波文庫創刊言)がしばしば引用される。しかし、蓄積される個人的な円本全集や岩波文庫より、集団的に受容され読み捨てられる『キング』の方が、活字的教養の平準化を促す流動的な特性においてラジオに近かった。当時、『キング』の読者水準を引き合いに出してラジオが市民的公共圏を根底からくつがえす可能性を論じたのは、室伏高信「ラジオ文明の原理」(『改造』一九二五年七月号)であった。

「政談演説のごとき類ひのものと雖もその水準は今日あるよりも遥に以下にと引き下げられなくてはならぬ。そこには多くの少年の聴手、老耄者、低脳なる婦人の聴衆の無数がある。ラヂオの前に立つものは常に斯くのごとき無知なる大衆を相手とするものでなくてはならない。その標準は『キング』の読者以下である。(中略)凡ての真摯なるもの、凡ての難解なるものは生存の権利を喪失して、凡ての俗悪なるもの、低級蕪雑なるもの、煽動的なるもの、「産業(三行)評論」的なるもの、夕刊新聞的なるものが凱歌を掲げなければならぬ。[13]」

室伏によれば、新聞紙は一九世紀の地方的小社会の要求であり、二〇世紀の高度文明の原理はラジオの知的統一である。それゆえ、新聞紙はラジオに駆逐され、この時代で生き残るためには、すべての人はラジオの聴取者たらねばならない。

「世界のラヂオ化であり、人間のラヂオ化であり、凡てのもののラヂオ化である。ラヂオ文明と、われ〳〵の名づくるところのものは、世界の、人間の、そして凡てのもののラヂオ化を意味する。[14]」

さらに室伏は、市民的で自由主義的な新聞紙に対して、大衆的で独裁的なラジオを対置する。社会主義であれ国家主義であれ、ラジオ文明を前提とした大衆化は独裁を必然化する。

「ラヂオは常に大衆的であると私はいふた。独裁的であり、そしてまた大衆的である。独裁的であることと、大衆的であることとは、しばく\矛盾する二つの観念のごとくいはれてゐる。それは、けれど、最も見易(みやす)きの誤謬である。[15] 独裁は大衆的である場合において可能である。大衆的であるものはまた常に独裁的である。」

『キング』読者を見据えた室伏のラジオ文明論には、シュペングラー『西洋の没落』第二巻(一九二二年)のペシミズムが色濃くうかがえる。そこには、読書人の市民的公共圏へ大挙押しかけた大衆読者の公共性に対して、「賤民的公共性」の言葉を投げつけたニーチェの思想も見いだせる。

「ニイチエが罵(のの)しりて「新聞文化」と呼びなしたところのものは更に益々低下して新らしい「ラヂオ文化」なるものがとつて代るのである。俗悪、低調、煽動、要するに三行評論的なるものが時代の生ける力であり、指導であり、原理であり、文化であるのである。一方にキネマ女優がある。他方にラヂオ俳優がある。キネマ女優とラヂオ俳優とが、今や時代の二つの星である。[16]」

こうしたラジオ文化とファシズムの共振性については、メディア論から以下のように整理することができる。[17] 音声のみを伝達するラジオは、視覚を要求しないため、ラジオは別の活動と両立できた。つまり、運転手や職人が仕事をしながら、主婦が家事をしながら、聴くことができるメディアであった。そのためラジオは、集中力を要求する演劇やオペラなどの総合芸術よりも特に軽音楽と結びついた。また、市民革命期に朗読された新聞のように、ラジオの情報は文盲や子供にも届いた。教育段階によって階層化された活字リテラシーが年齢、階級、性別に応じて情報へのアクセスコード習得のプロセスを段階的に序列化したのに対して、記号的抽象度が低く意味理解が容易なコードを持つラジオ情報では、社会化の段階は単純化された。しかも、ラジオは家に居ながらにして情報にアクセスすることができた。それゆえ、市民とコーヒーハウス、青少年と学校、労働者と職場組合といった、情報へのアクセス回路と物理的場所の伝統的な関係が解体され、帰属集団の伝統的枠組みは大きく揺さぶられた。また、ストックされる書籍に対して、フローな放送は、知識量の直線的序列化から離れた対等な相互行為を促した。

ラジオ放送が集団的に受容されえた状況も、蓄積される書籍より読み捨てられる雑誌と似ている。テープレコーダーなど録音装置がまだ普及していない一九三〇年代は、ラジオの流動的な特性が突出した時代であった。それは社会システムの編制替えを政治コミュニケーションにおいて促し、伝統的権威や合理性による支配に対してカリスマの優位を生みだした。ラジオと政治の関係が問題となるとき、ヒトラー、ローズヴェルトというカリスマ的指導者や「玉音」放送が想起されるゆえんである。

というのも、ラジオは発話内容(記号)のみならずそれを包む肉声(印象)を伝達するため、印刷メディアよりも情緒的に機能した。大衆社会では指導者が何を話したかでなく、どう話したかが重要になる。ローズヴェルトのプロパガンダ放送は「炉辺談話」と呼ばれ、ヒトラーのプロパガンダ放送は「獅子吼」と形容された。そこでは内容の真偽が問題なのではない。だから、「玉音」放送は、たとえ内容が聞き取れなくても、十分にその効果を発揮した。

つまり、ラジオは事実性より信憑性を伝達するメディアであり、それは共感による合意を求めるファシスト的公共性にとって最適なメディア環境といえた。同じように、《一家庭一キング》、「近頃東京ではこんな標語が流行りだした」(25-3：143)というとき、『キング』はその内容如何にかかわらず読者に国民的な一体感を与えたのである。

かくして、ラジオがファシスト的公共性の中核メディアであり、また『キング』がラジオ的雑誌であれば、共感による合意形成を組織するファシスト的公共性の日本的形態は『キング』の分析から明らかになるはずである。

それは、また共感の母体となる、共通の「記憶」を創造していく。例えば、一九三六年ベルリン・オリンピックの思い出を年輩者にたずねると、ほぼ間違いなく「前畑ガンバレ！前畑ガンバレ！」、前畑秀子が金メダルを獲得した際のラジオ実況放送の記憶が語られる。しかし、あの当時、あの中継放送を実際に耳にした人はそんなに多かっただろうか。この一九三六年、ラジオの全国普及率は二二・四％、市部でこそ四二・一％だが、郡部では一〇・四％だった。確かに、この前年、一九三五年四月一日よりラジオ聴取料は従来の月額一円五〇銭から引き下げられ、終戦まで「五十銭」時代が続いた。[18] つまり、『キング』定価と同額であり、ラジオもようやく「キングの時代」に突入していた。通常の最終プログラムは午後九時半だったが、この実況中継の開始は八月一一日深夜一一時(現地時間午後三時)前である。放送時間を六分間延長して午前〇時過ぎに放送は終了した。この真夜中の放送を翌一二日付『讀賣新聞』は「この一瞬の放送こそ正にあらゆる日本人の息を止めるかと思われるほどの殺人的放送だった」と取上げている。だが、多くの人の「体験」は、その後の記録映画やレコードで創造されたものだろう。[19] しかし、ここでは「記憶の嘘」を指摘したいわけではない。むしろ、そうした国民的体験の神話を形成しうるほどの力をラジオが持っていた事実である。さらに言えば、それを補強したのが『キング』であった。『キング』のオリンピック大特集には、ラスト二五メートルで「ガンバレ」を二三回連呼した河西三省(かさいさんせい)アナウンサーの放送筆記「大和撫子前畑嬢優勝(女子二百米平泳)」を含む「熱血躍る大感激の二大放送」(36-11:134 ff.)が掲載されている。その読者は、実際には聞いていない実況放送も体験したと確信できたのである。

「十月号の第十一回オリムピツク大会熱血躍る大感激の二大放送は終始泪(なみだ)して読んで其(その)新な感激に浸つてゐます。(和歌山県伊都郡九度山町　岩根運良)」(36-12:516)

もちろん、この読者は実況中継を聞いていたのかもしれない。しかし、「新な感激」がラジオ体験の再現であったと短絡するべきでもないだろう。ただ、この『キング』読者が、河西アナウンサーの中継放送の感激を甘美な国民的記憶として共有し続けたことだけは間違いない。

「前畑嬢喜んで居ります。まだプールの中に居ります。始めて日章旗を挙げた前畑嬢のために、万歳を叫んで今日の放送を終ることにします。祖国の皆様さやうなら。」(36-11：146)

第二章 「ラジオ読者」の利用と満足

第一節 ラジオ的読書の定期性と多様性

「本誌創刊当時は、僅(わず)かに外国通信を通して、此の文明の利器を盛に利用して居る海外の人々を羨んで居たものです。所が僅二ケ年を経た今日では、我が国に於ても既に中央(東京)・大阪・名古屋の三放送局あり、加入者も三十余万の多数に達し、此の分では今後どの位発達普及するか、殆ど想像するに難(かた)い程です。」

一九二七年『キング』新年号グラビア「最新式ラヂオ展覧会」のキャプションである。だが、この「三十余万」加入者は総合雑誌の読者層、つまり『キング』の平均的読者よりかなり収入も教養も上位の階層であった。この段階では、むしろ新潮社の円本『世界文学全集』予約者とラジオ受信契約者の重複が大きい。一九二七年二月一五日『東京朝日新聞』に掲載された新潮社の広告は次のように謳っている。

「世界文学に親しむは、朝に汽車電車を利用し、夕に活動ラヂオを享楽する者の義務だ。屋根にアンテナを張つて書斎に本全集を具へないのは屈辱だ。従つて本全集の成果は日本の民衆の世界に於ける文化的レベルを表示する好箇のバロメータァだ。見よ、各国各時代の代表傑作を網羅して全日本に放送せんとする此の一大マイクロホンの前に、全民衆・全家庭が狂喜して一円を投じつゝある事実を。是れ本全集の絶大なる成功を語るものに非ずして何であらう!!」

『世界文学全集』がある程度の教養を必要とするのに対して、『キング』の場合、グラビアや挿絵を眺めて楽しむことなら六歳の児童にもできた。実際、「キングを読みこなす六歳の神童」(25-8：216)が紹介されているが、ラジオを聴くように『キング』をめくるだけなら神童でなくても可能である。「ラジオを聞く」とは断片的な聴取を意味するのであって、ラジオを聴き続けることでも、内容を理解することでもない。つまり、「思考のための聴取」≠読書は持続的な注意力の集中を必要とするが、「ながら聴取」可能なラジオでは、情報への接触が目的であり、理解や学習が本来の目的ではない。同じことが、『キング』読書についてもいえる。試験勉強の気晴らし、通勤電車の暇つぶしなどにも利用された『キング』の内容は、注意力の持続を必要としないレベルにとどまっていた。さらに、『キング』の雑多で断片的な構成は、どこから聞いても楽しめるラジオ的構成であった。すなわち、多くの読者にとって「『キング』を読む」ことは、国民的公共性に自分も触れているという安心感、あるいは「想像の共同体」へ参加した満足感を意味していた。

「雑誌は天下の公器であります。国民文化の普及、民衆教化の徹底に重大な使命をもつ天下の公器であります。我国全雑誌の約八割に及ぶ発行部数を持つ小社九大雑誌の社会に及ぼ

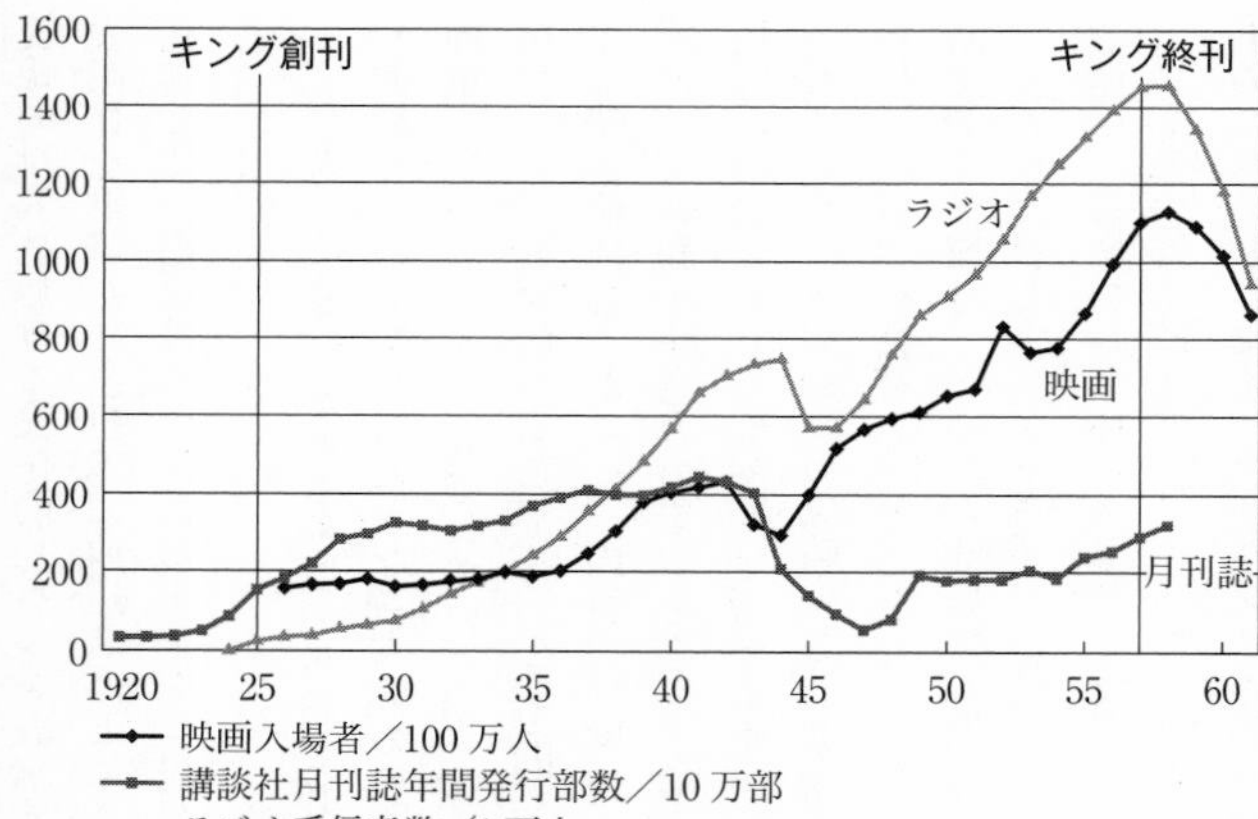

グラフ 2　講談社雑誌発行部数(週刊誌創刊の 1959 年まで全月刊誌年間総発行部数)及びラジオ受信契約者数(日本放送協会調査)，映画館入場者数(日本映画製作者連盟調査)の変動グラフ．(『講談社七十年史年表』85 頁，『放送五十年史　資料編』608, 644 頁より作成)．

す結果を考ふるとき、私共は自らの双肩にかゝる責任の重きに、思はず慄然として感奮興起を禁じ得ないのであります。」(32-2：414)

『キング』が「天下の公器」たることを社告で宣言した一九三二年二月、それは満洲事変勃発から四ヶ月後のことだが、ラジオ受信契約数は一〇〇万世帯を突破した。この段階で『キング』とラジオは肩を並べたことになる。だが、ラジオ受信契約者一〇〇万の内訳は、市部住民六〇万に対し、郡部住民は四〇万で、職業的には商業従事者四二%、公務員・自由業者三七%で、農業従事者は四%に過ぎない。[20] 一九三五年には、ラジオ受信契約数は二〇〇万世帯を越えて『キング』を完全に凌駕するが、同年のラジオ普及率は市部で三六・八%、郡部で八・一%である。[21] つまり、『キング』が圧倒的なシェアを誇った郡部(本書第I部第二章参照)では、なお『キング』は「代用ラジオ」として機能していた。少なくとも、市部と郡部の格差が縮小し始めるのは、日中戦争勃発の一九三七年段階であり、一九三〇年代半ばまで『キング』を通じて「楽耳王(ラジオ)」を疑似体験した読者は多かった。いずれにせよ、ラジオが生み出す大衆的公共圏へ読者を誘導する機能を『キング』が果したことは確かだろう。逆にいえば、月刊誌発行部数の頭打ちは、機能的代替物たるラジオの急速な普及によって説明できる(グラフ2参照)。

『キング』の編集とラジオの編成

『キング』が誌面をラジオに模していたことは、目次に並ぶ「ラヂオ講演」(25-9:192 ff.)、「ラヂオ画報」(26-1:198 f.)などに色濃く反映している。ラジオ流行を唄った「川柳番附」では、「浄るりになるとラヂオへ母も来る」(横綱)、「説教になつて『ラヂオ』の前が散り」(前頭)など読者投稿も紹介されている(26-4:186)。また、笑話や狂句を集めた「家庭慰安 滑稽放送局」(26-7:298 f.)や「新春娯楽福笑ひ鬼笑ひ誌上大放送」(27-1:391 ff.)など、「KING(ケイアイエンジー)、こちらは滑稽放送局であります」で始まり、「これで今晩の放送を終りました。また明晩をお楽しみに……ではキングの皆さま! さやうなら。KING(ケイアイエンジー)」で終るコラム枠も一九二八年五月号から常設化された。そこに登場する漫画やイラストについても、「時々御目の前に最新発明にかゝるラヂオ撮影漫画が現はれますからお見落しのないやうに願ひます」(27-1:

392）と但し書きされている。ちなみに、ラジオ講座を模倣した「キング講座」でも、逓信省電気試験所技師・槇尾年正（としまさ）「無線遠視（テレビジョン）の発明」などで海外の放送事情がいち早く紹介されている（27-10：202 ff.）。昭和天皇御大典記念事業としてラジオ体操が開始される前年には、「ラヂオ流行の時代とは云ひながら、体操の放送とはタイソウ珍らしい話ぢやありませんか」と、アメリカのラジオ体操が写真付きで解説されている（27-8：グラビア）。講談社が放送に積極的に関与する姿勢は、「実験国家」満洲国で一九三七年一一月二五日行った『キング』新年号の広告放送にも確認できる。広告放送が認められた満洲国で、講談社は一九四〇年三月の広告自粛まで、雑誌や絵本の宣伝放送を実施している[22]。

ちなみに、『キング』創刊の一九二五年度における東京放送局の一日平均放送時間（五時間一八分）の内訳は、「報道」一時間二三分（二五・四％）、「講演講座」一時間一七分（二四・八％）、「子供の時間」一七分（五・三％）に対して、「音楽」一時間一五分（二三・八％）、「演芸」五九分（一八・五％）、「雑」七分（二・二％）であった。報道と講演が全体の五〇・二％を占めており、全体的には著しく教養主義的傾向をもっていた。それゆえ、実際の番組内容と一般聴取者の希望番組には大きな落差が存在した。同じ年に東京放送局が全聴取者に送った希望番組アンケートの結果は、第一位ラジオドラマ、第二位舞台劇、講演、映画物語、第三位琵琶、浪花節、第四位オーケストラ、第五位長唄、義太夫、漫談、以下の順になっていた[23]。東京放送局の「音楽」番組は、洋楽中心で始められたが、視聴者の増大によりその希望を反映して急速に和楽中心に変化していった。根強い伝統流派に安住し、お座敷芸と化していた

和楽界も、ラジオの出現によって新たに転機をつかみ、大衆向け慰安放送の主流を占めるようになった。(24)

一九三二年五月、日本放送協会は全聴取加入者に対する一二三万枚のアンケートを配布する全国ラジオ調査を実施した。「放送に対する希望」では、「聴取料値下げ」に続いて「浪花節の増加」が圧倒的であった。ちなみに、聴取者の人気番組は、第一位落語漫談(五七・六%)、第二位浪花節(五七・五%)、第三位ラジオドラマ、風景(五一・二%)、第四位映画劇、映画物語(四九・三%)、第五位講談(四八・〇%)、第六位歌舞伎(四三・四%)などであった。(25)このうち、第五位までは『キング』誌面でも主な要素を構成していた。第四位の映画物語は、第Ⅳ部で見るように『キング』誌面でも人気の企画だった。『キング』で映画の誌面上映が目指されたのに対し、放送番組では映画的な誇張表現や不自然な発声を排したラジオ特有の形態が模索された。一九二六年一一月一三日大阪放送局が放送した岡田嘉子主演「椿姫物語」が新しい形式の嚆矢とされ、やがてラジオ独自の芸術形式に発展し、ただ「物語」とも呼ばれた。特に、一九三二年一一月二四日に夏川静江主演で放送された「釣鐘草」(吉屋信子原作)の成功が画期とされている。(26)「釣鐘草」は、『少女画報』から『少女倶楽部』へ書き継がれた「花物語」の一篇であるが、一九三五年に新興キネマ、一九四〇年に東宝京都で同名映画が製作されたように、「花物語」ではラジオ化が映画化に先行していた。もっとも、映画女優の起用からも明らかなように、「物語」は映画を強く意識した放送ジャンルであった。

だが、「商品」である大衆雑誌と異なり、「文化」を志向した公共放送では聴取者の人気に反して、邦楽より洋楽、浪花節より講演が優先されたことも事実である。労働運動における「左翼キング」の必要性を訴えた早坂二郎は、一九三五年ラジオ番組の大衆化を雑誌モデルで要求し、次のように書いている。

「毎月一週間づゝを放送局員の一切関係せぬ「大衆週間」とする。そして、その一週間を、大衆の要求をキヤツチすることを職業とする。従つて大衆の要求に最も敏感であるべき筈の雑誌編輯者に任せつ切りにするのである。「今月は文藝春秋週間だぜ。」「来月は婦人公論週間よ。」マダム達の眸が異様に輝く。「今度こそ、講談社週間だ。威勢のいゝトコで堪能出来るぜ」これが、その頃の大衆の期待のスナツプ・シヨツト。(中略)一年を通じて、「雑誌週間」の選手権争覇戦、聴取者の投票なども面白からう。[27]」

ちなみに、日本雑誌協会主催の第一回「雑誌週間」は、「家族一人に雑誌一冊」をスローガンとして一九三三年九月七日から、講談社の赤石喜平が委員長となり実施された。講談社の独自企画としては、講演部が山口から静岡まで「雑誌週間記念少年少女大会」を、映画部が門司から鹿児島まで「雑誌週間記念大映画会」を巡回している(33-11:482)。ラジオ放送でも一〇月八日永井柳太郎拓相が『雄弁』『キング』の名を挙げて「雑誌の文化的意義」に熱弁を振った(『社史』下281 f.)。以後、雑誌週間のラジオ記念講演は恒例となり、一九三六年には全国中継の「一大放送」が実施された[28]。

早坂がラジオ番組の大衆化を提案した際、「講談社週間」と並んで「文藝春秋週間」を挙げていることにここでは注目したい。文藝春秋社長でもある菊池寛は、一九三四年第二回雑誌週間の記念講演「雑誌の思ひ出を語る」で次のように述べている。

「とにかく雑誌に人の悪口を書かずに、誉め過ぎる位人を誉めて居りますが、あれなども講談社の成功した所以ではないかと思ひます。[29]」

換言すれば、批判的精神を欠いた総与党的な娯楽雑誌の成功ということになるが、それは『キング』にも当てはまる。永嶺重敏は、非読者層を新たに雑誌読者層として開拓する「上向きの大衆化」を体現した『キング』との対比で、『文藝春秋』は少数の知識人読者が大衆層に近づいていく「下向きの大衆化」に寄与したと結論づけている[30]。こうした上下のベクトルが、ある時点で交錯する可能性は、適度な批判精神を帯びた『文藝春秋』誌面からも読み取れる。

『文藝春秋』一九二七年二月号の「新年号雑誌総評」は、「本誌読者の親しみ易いと思はれる各種の雑誌」を取り上げて短評している。それは、『改造』『女性』『婦人公論』『婦女界』『週刊朝日』『サンデー毎日』『新青年』『苦楽』『大衆文芸』『中央公論』『新潮』であり、講談社系雑誌は存在しない。しかし、『改造』と『中央公論』に対する次の厳しいコメントは明らかに大衆の視線を『キング』と共有している。

「巻頭末広〔巌太郎〕氏の論策から創作欄の終頁まで、公平なる興味と求智心を以て通読し得る者、天下に果して幾人あるか？――と思へば壱円五拾銭の定価いかにも過重な負担である。」

「おほ、この文字の蓄積よ！　読むだけで一ケ月はたつぷりかゝる。（中略）何せ改造を抜くこと頁数に於て約一百、価に於て三拾銭、——何と云ふ厖大さであらう。して何と云ふ痛ましい競争と努力、(お互に)であらう。」

さらに、同じ号の「編輯後記」で菊池寛は次のように述べている。ちなみに、同年の新年号から菊池は連載小説「赤い白鳥」で『キング』に初登場している。

「キングが百万刷つてゐる以上、『文藝春秋』も五十万以上刷れる見込がある。中等学校卒業程度以上の人は、本誌の読者になつて貰へる可能性がある。[31]」

ここで菊池が問題にしているのは、レベルであってジャンルではない。一九二三年文芸雑誌として創刊された『文藝春秋』が、時事的内容も扱うべく出版法から新聞紙法に登録変更し総合雑誌化したのは、この二ヶ月前である。もちろん、「人の悪口を書かずに、誉め過ぎる位人を誉め」るため、誰にも安心して読まれる『キング』の特性が『文藝春秋』に採用されたわけではない。しかし、挿絵を多用し、短い読物や小記事など雑多な内容を取り入れ、どこからでも読め、いつでも止められる「ラジオ的雑誌」の手法は大いに採用された。つまり、『キング』と『文藝春秋』は、集中力を必要としない断片的な「ラジオ的読書」の大衆化を別方向から推進した。さらに、それが『キング』と『文藝春秋』だけにとどまらないことを、宮武外骨は「名実相違の雑誌」(一九三三年)で、次のように批判している。

「近頃の多く売れてる雑誌を見て見よ、『実業之日本』に実業に関係のない病気治療法、『雄弁』にヘタな小説、『改造』に探険談や伝記逸話を載せるなどを始め『婦人公論』に公論などは一つもなく、際物の雑談や洋服の仕立方などで紙面を塡(うず)め、『経済往来』が経済に没交渉な法律問題や文芸上の記事、又文芸と称する『文藝春秋』に文芸上の記事は十分一もなく、株式の秘訣や裁判の記録、浮世様々の随筆(中略) 其標榜の題号を無視した記事を平気で採録する弊習が生じて居り、又それを構はず当然なるかの如く心得て購読する者が多い、誠に莫伽〳〵しい事である(中略)『文藝春秋』も創刊当初には文芸記事ばかりであつたが、多く売りたい何でも主義を執る事にしたのである、こゝに到つて、蘇峰が云ひし日刊新聞ばかりでなく、大衆向きの諸雑誌も亦、各々其個性を失つて、いづれも同じ百貨店式に変じたのであると云ひ得る「標題を隠せば東朝か東日か讀賣か判らない」ばかりでなく、表紙を剝がせば何雑誌か判らないやうに成つたのである」[32]

以上、雑誌がラジオを模倣した例を、『キング』を中心に見てきたわけだが、一方で草創期のラジオも既存のマス・メディアである新聞や雑誌のスタイルを応用したので、両者の親和性はいっそう高められた。例えば、「放送小説(立体物語)」(大阪放送局、一九二八年五月二一日開始の『海国兵談』など)、「ラヂオ小説」(東京放送局、三四年一〇月放送の北村喜八作・村瀬幸子主演『母のこゝろ』、八住利雄作・東山千栄子主演『マダムX』など)、「子供の新聞」(東京放送局、一九三二年六月から)、「ラヂオ社会面」(大阪放送局、一九三六年一一月一一日放送の「リンカーンの苦学」から)などである。[33]

「ラヂオ小説」とは、小説に音声的効果を求め、物語部分の描写などに小説的手法を生かしながら会話を配して小説の立体化を図ったもので、従来のラヂオ・ドラマとラジオ物語を融合したものである。[34] これが連載小説の形式と結合して、一九三五年一月より林不忘作『犬娘』(市川八百蔵主演)、吉川英治『盲笛』(坂東蓑助主演)など「連続長編ラヂオ小説」が開始された。放送番組もまた、新聞雑誌との融合を模索していた。その意味では、次のような比喩も可能だろう。市民的教養の読書が「レシーバー式鉱石無線機」での聴取であるとすれば、大衆的娯楽の読書は「スピーカー付真空管受信機」での聴取である。日本放送協会の調査では、新規聴取契約者のうち、レシーバー式鉱石ラジオの割合は一九二六年には七〇・五%と圧倒的だったが、一九三〇年度にはスピーカー式真空管ラジオが八八・五%となり、スピーカー式への移行に約五年間かかっている。ちなみに、実際にちゃぶ台を囲んで一家団欒にラジオを聴くという情景が現出したのは、一般の交流電源を利用できるエリミネーター式受信機が普及した一九二八年以降である。一九三一年には鉱石式九・八%、電池式九・四%となり、「ラヂオは電灯線から」が一般化していた。(35)

第二節　教化ナショナリズムの語り口

ちゃぶ台で聴くラジオで、圧倒的な人気を誇ったのは浪花節であった。『日本放送協会史』(一九三九年)によれば、放送開始当初(つまりレシーバー式鉱石ラジオ時代)は、講談の人気が最高で、落語、人情噺がこれに続き、浪花節の人気はこれらの三分の一に過ぎなかった。しかし、聴取者の増大、つまりラジオの下方的大衆化は番組編成において浪花節人気の拡大として表面化する。

「浪花節はその後次第に隆盛を示し、大正十四年頃より昭和三年頃迄はその放送回数も講談、落語、人情噺より下位にあつたのが、昭和四年頃よりは落語、人情噺を、八年頃よりは講談をも凌駕するに至つてゐる。[36]」

浪花節の二大ジャンルは、侠客物と仇討物であるが、その特色は『キング』の場合、毎号四、五本ずつ短編を集めた「特別読物」に色濃く反映している。そのキャッチコピーを創刊号から一年間列挙しておこう。

「偉人傑士　異聞秘録」「英雄烈婦　痛快物語」「侠勇義烈物語」「悲壮豪胆物語」「勇士美人痛快物語」「義血熱血物語」「復讐美談」「恩愛義侠物語」「武勇貞烈　熱血物語」「任侠犠牲壮烈物語」「怪傑烈婦誉の場面」「赤穂義士壮烈美譚」。

また、子爵・小笠原長生の逸伝「私の見た清水次郎長」(25-9 : 72 ff.) などでも「任侠もの」は幅広く取り入れられていた。上州人の野間自身、股旅ものに特別な思い入れがあった。澤田和一『新聞人国記』(一九三八年)の「群馬県」冒頭では、野間清治は次のように紹介されている。

「群馬県人即ち上州人は、気質と情熱と侠気であの有名な国定忠治や大前田英五郎など日本の代表的長脇差や、講談でお馴染の安中町の草三郎などをだしたところだ。(中略)新聞人には、何といつてもこゝには講談社、報知新聞社長野間清治がゐる。[37]」

野間は、編輯会議では「もっと股旅ものはのらぬか」と繰り返し催促した(「社史」上4)。それは、保守的な講談師と対立してまで庶民的な浪花節を誌面に採用した『講談倶楽部』の

「恩愛義侠物語」(1925年8月号)(左)と「義士誠忠秘録」(1927年12月号)(右)

系譜に『キング』が連なるからでもあろう。任侠と仇討ちは、やくざと武士、下層と上層という対照的な主人公を持ちつつも、「義理・人情の板ばさみ」という物語の基本構造においてはほとんど同一である。特に、「義士誠忠秘録」(27-12)、「義士絵物語」(28-12)などほぼ毎年一二月号で繰り返された「忠臣蔵」特集だが、一九四一年第一回野間文芸賞に輝く眞山青果の戯曲「元禄忠臣蔵」の『キング』連載が始まるのは、一九三五年一月号である。日米開戦直前の一九四一年一二月号まで断続的に連載された「元禄忠臣蔵」は、興亜映画で溝口健二監督によって一九四一年前編、一九四二年後編として映画化された。映画封切りとともに、主要都市で「元禄忠臣蔵展覧会」も開催されている。

それにしても、仇討ちのために世を忍んで身をやつし、幕藩体制の法を犯して吉良邸に押し込み、暴力的に宿願を果たすという物語は、既存秩序に超越した大義の存在を示している。すなわち現実社会で下層に属する低学歴、低所得の大衆読者が、天皇を戴く国民国家の大義に共感できる回路がここには用意されている。この回路があればこそ「中学を出なくても偉くなれる」という講談社イデオロギーは、学歴ルサンチマンを国民主義の高揚へラディカルに直結させることに成功したのである。

兵藤裕己は浪花節の「声が創る心性の共同体」を「〈声〉の国民国家」と名づけ、「貧民窟出自の芸人の声」が、「明治期の日本にある無垢で亀裂のない心性の共同体をつくりだす」プロセスを詳述している。都市下層の大道芸能として始まった浪花節は、日本人なら誰でも知っている講談本をネタにした物語を前提にしており、語り手と聞き手を共犯関係に誘っていた。それゆえ、「労働者大衆の意識向上をめざし、かれらの知的前衛を自任した明治の社会主義者たちは、ほかならぬ浪花節の、「下級労働者」への「感化」力によって足もとをすくわれてゆく」。こうした明治期における浪花節―社会主義運動の関係は、そのまま昭和期における『キング』とプロレタリア文学運動の関係で繰り返されたことは、すでに第Ⅰ部第三章「大衆の争奪戦」で見た通りである。

いずれにせよ、満洲事変によって隆盛の糸口をつかんだ浪花節は、一九三七年日中戦争勃発までに、娯楽放送の王座に君臨した。やがて、それは「教化演芸」と呼ばれるまでに発展した。

「浪花節、講談、義太夫等はその内容に日本人固有の美しい人情風俗が多分に織込まれてゐるものが多いので、支那事変勃発後は特にこの種の放送に重点をおき、先づ浪花節、講談、義太夫、琵琶、物語の五種目を選んで、昭和十三年二月より「教化演芸」の時間を第二放送に特設したことは注目すべきであらう。[40]」

「教化演芸」は、第二回国民精神総動員強調週間にちなんで、一九三八年二月一二日午後八時から三〇分ゴールデンタイムに放送された。日中戦争に取材した作品も多く、「河内山宗俊」を得意とする木村友衛が、松島慶三作「誉れの飛行場」を、「佐渡情話」で知られた壽々木米若が荻原四郎作「南京最後の日」を演じている。こうした時局的内容を取り込むことで、知識階級には見向きもされなかった浪花節が次第に支持層を上方に拡大し、当時の指導層にも喰い入るまでになった。このため、「大衆性に芸術的品位を」盛り込むため管弦楽付浪曲(渥美清太郎作「義士伝」)や、ピアノ伴奏付き「歌謡浪曲」(和田肇ピアノ、松平晃唄「石と兵隊」)なども試みられた。[41]

一九四一年一月には、情報局と大政翼賛会宣伝部が帝劇講堂に国会議員を招いて愛国浪曲の鑑賞会を催すまでになった。一九四二年の「演芸」放送の総時間九六八時間のうち、浪曲は四五二時間を占めていた。[42]

第三節　マス・メディアのパーソナル・コミュニケーション

一般のラジオ受信機、すなわち、スピーカー付受信機は「双方向」の無線機から発信機能を奪って単純化した情報の分配装置である。こうした「一方通行」装置が、何ゆえ共同体への連帯感を煽り得たのか。既に述べたように、「ラジオ的雑誌」がもたらしたものは、「参加の感覚」である。たとえ一方向的であっても、それまでエリートの、都市生活者の、男性の特権であった情報への回路が、大衆の、地方生活者の、女性の手に、すなわち全国民に開放されたのである。しかも、多くの国民にとって、それは「一方通行」とは感じられなかった。そのことは、『キング』の懸賞応募や投稿に寄せられた膨大な数の手紙から裏付けられる。

今日のラジオやテレビが電話やファックスによる視聴者の「直接」参加を呼びかけるように、あるいは視聴者参加番組が選択肢から回答させることで「主体的」参加を演出するように、『キング』と読者の親密性は、手紙というメディアによって補強されていた。『キング』には読者の感想文などを紹介する「読者倶楽部」欄(一九二八年以降「読者通信」または「読者だより」と呼ばれたが、一九三六年八月に復題。一九四〇年六月号から再び「読者だより」となった)や、和歌、俳句、川柳、民謡など「懸賞読者文芸」欄が備付けられていた。もちろん、こうした投書欄や寄稿欄そのものは伝統的なもので、何ら革新的なものではない。だが、その規模は空前のものであり、『キング』創刊の一九二五年、講談社は郵便部を新設している(「正伝」735)。

すでに創刊前から大々的に原稿募集を行っていた『キング』は、短歌、俳句から写真、小説まで毎号のように投稿を募集した。例えば、一九二八年一一月号で「入選者披露」が行わ

「一万人当選特別大懸賞」応募葉書と仕分け中の少年部員(1926 年 12 月号)

れた「探偵・怪奇・冒険・科学小説」原稿募集には、一万三五六四篇が集まっている。評点九四・七、賞金五〇〇〇円の榎本俊二「恐怖の輪」を筆頭に、評点九〇以上の入選一一篇、八〇点以上の「選外秀逸」四一篇ほか、「選外佳作」が列挙されている(28–11：396–398)。

また「キング大懸賞」など各種当選者を毎回膨大なリストにして公表することで、「マス」メディアへの「パーソナル」な参加意識を一貫して煽りたてた。すでに一九二三年、懸賞原稿の整理と商品発送を担当する懸賞部が設置されているが、『キング』一九二六年九月号で発表された「一万人当選特別大懸賞」の応募者はアメリカ、中国大陸を含め総数四九万四二七通に達した(26–12：グラビア)。九大雑誌の新年号だけで一〇〇万内外の応募者があったという(「正伝」735)。一九二八年上野公園で開催された大礼記念博覧会では、講談社は「雑誌報国」の大旆を掲げた施設を設置したが、愛読者に直接発送した案内状だけでも八五〇万通に達した(28–6：120)。

統合雑誌『キング』には系列各誌のアンケートや原稿募集も告知された。例えば、『キング』一九三二年新年号には「幼年倶楽部便り」があり、西郷隆盛、水戸黄門、岩見重太郎などを挙げて子供の最も読みたい偉人伝のアンケートを蓄音機「ナポレオン六十号」とキングレコードの懸賞つきで募っていた(32-1：537)。さらに、一九三四年新年号からは一万名以上の当選者を発表する「読者慰安大懸賞」が恒例となり、毎回五〇万件前後の応募者を集めている(34-1：424 f.)。発行部数一〇〇万部に対して応募が毎回五〇万という数字が誇張でないなら、つまり購入者の二人に一人が本当に葉書を投函したとすれば、読者の参加意識は異常なまでに高揚していたと見なさざるを得ない。この場合、読者の多くがまず開く頁は、大懸賞当選者発表欄であったはずだ。

そうした参加意識を煽る装置として、編集部内の情報も積極的に開示された。一九二八年の『キング』新年号から「講談社ニュース」欄(28-1：328 f.)、同年六月号から「キングポスト」(28-6：354 f.)が登場し(一九三一年新年号より「キングタイムス」と改称、三三年七月号より「キングポスト」に復題)、編集局からの読者への呼びかけや「局内五色譜(ゴシップ)」など楽屋落ちの共有による読者との内輪意識も組織化された。

こうした手紙による相互コミュニケーションでは、むしろラジオ放送が『キング』の手法を追いかけた。日本放送協会の放送文芸懸賞応募は、一九三四年「仲秋名月の夕」から本格的に開始され、多様なジャンルで繰り返し行われた。このときの応募数は俳句(選者・高浜虚子)一万三二四七、短歌(川田順)四五一〇、小唄(泉鏡花)七五七、箏曲(高野辰之)二七〇、歌謡

曲(西条八十)一六四八、童謡(北原白秋)二四四四であった。(43)

講談社代理部と『キング』

すでに何度か触れたように、『キング』は必ずしも農村ないし地方向けの雑誌ではない。(44) しかし、都会より地方を対象とする雑誌という印象を与える要因の一つは、講談社代理部の存在である。その前身としては、教科書、事典などを扱う「雄弁会代理部」の広告が『雄弁』一九一三年五月号誌上に確認できる。

「本会は地方愛読者諸君便宜の為め特に代理部を設け比較的廉価をもつて新古書籍を取次ぎ呈供(ていきょう)すべし。」(『社史』上211)

確かに、最初は地方読者へのサービスとして始まったが、『婦人倶楽部』創刊後に売薬、化粧品を扱って急成長を遂げた。『キング』広告欄でも代理部は「本社特選 四球式高級受信器」(26-9:355)の通信販売などを呼びかけている。一九二七年、小池金作主任の下で販路を広げ、扱う商品は一〇〇〇点を超えた。

「之は本社が愛読者皆々様に代つて、本当によい品、御重宝の品を選定し、お取次をいたしました結果、之れ亦皆々様より絶大の信用を博し、その取扱個数の如きも年々に激増、大正十年二万二千五百九十七個、昭和元年度三十五万一千二百五十六個、昭和四年度は六十八万個以上に達する見込であります。」(30-1:337)

一九二九年自社製品の開発、販売を調査する企画部が設立され、「婦人倶楽部浴衣」につづいて、一九三〇年高橋孝太郎博士の「世界的大発明」「高速度滋養料」『どりこの』[45]、「アイリス石鹼」(36-9：507)の販売を開始した。一九三三年、企画部は商事部に拡大され、「内田式水圧療眼器」、養毛剤「ワカミヅ」、胃腸薬「イノール」、風邪薬「トラシン」、目薬「パミール」の製造販売を開始した。この「便利な通信百貨店」(35-1：522)の成功と収益がキングレコード独立の動機とも言われている(「正伝」732)。一般に読者は書店や駅売店で雑誌を購入し、出版社と直接金銭のやり取りをすることは少ない。こうした通信販売という直接取引も、投稿や懸賞応募同様、読者と講談社の親密感を高めたことは間違いないだろう。

第三章　『キング』レコード

第一節　出版物としてのレコード

「声」の資本主義化に邁進した講談社は、『キング』を母体として、一九三一年「キングレコード」を発売し、レコード産業に進出した。ちなみに今日、講談社系列企業(通称、音羽グループ)の中で「キング」の残照を留めているのは、唯一(株)キングレコードだけである。レコードの統制法規が出版法であったことからもわかるように、一見まったく異なる書籍とレコードは、ともに「プレスされた」パッケージ商品である[46]。また、「○月の新譜」と広告されたレコードは、発売日の定期性において、雑誌とよく似ている。だが一方、フローな情報媒体である(聞き流される、読み捨てられる)ラジオ放送や雑誌に対して、ストックされる(収集され反覆利用される)レコードは、記録性において書籍に近い。とすれば、雑誌とレコードが、活字メディアと放送メディアの接点となることは意外ではない。敢えて言えば、「活字放送」たらんとした『キング』が必然的に生み出した「ラジオ出版(プレス)」がキングレコードである。実際、『キング』は創刊第四号から「レコードに吹き込んだ如く、語調、癖、地方訛(なま)りまで、全く丸写しにした」と銘打った「誌上レコード　名家の声」を収録している(25-4：337 ff.)。

ラジオ放送開始とともに急増した需要を背景に、一九二七年レコード業界は三大レーベルに再編され、日本コロムビア(旧日本蓄音器商会、イギリス・コロムビア系)、日本ビクター(旧セール・フレーザー会社、アメリカ・ビクター系)、日本ポリドール(旧阿南商会、ドイツ・グラモフォン系)の鼎立時代を迎えた。一九三一年講談社は日本ポリドールと提携し、ポリドールの商標を付けた「キングレコード」が誕生した。

キングレコード誕生前夜を、星野辰男「レコード市場争奪戦」(一九三〇年)は次のように描いている。

「一般家庭へ入るレコードの売れ行きを大観すれば、まず日本物が七分で、西洋物が三分の割合であるらしい。然しトーキー全盛の尖端を切つてゐる東京では、何といつても西洋物が全盛を極めてゐる[47]。」

西洋物では、トーキー映画の主題歌を入れたフォックストロットを筆頭に、ジャズ、ダンス音楽、クラシックに人気があり、日本物では、長唄、義太夫、清元、常磐津などもあるが、「流行の新民謡や小唄以外」では浪花節の普遍性に及ぶべくもないという。「無産大衆の唯一の娯楽」浪花節レコードの人気は絶大だが、新民謡や小唄も含めレコード売上には、ラジオ、映画の影響が大きかった。

「ラヂオと映画とレコードとは三題噺にでもあるやうな興味ある因果関係を持つてゐる。

例へば昨年度に俄然流行歌壇を席捲した新民謡はむしろラヂオに依つてトツプを切られて、レコードで流行を招致したといつてよろしく、従来の籠の鳥やストトン調のセンチメンタルなデカダン風の小唄に代つた道頓堀行進曲や紅屋の娘や東京行進曲などといふジヤズ風、カフエー趣味的小唄映画の進出はレコードによつて映画宣伝百パーセントの効果を挙げると同時に、銀座の灯に生きる女給のルージユの唇から東北寒村の田圃の畦に草をむしつてゐる守つ娘の鼻唄にまで伝はつて行つた[48]。」

一九二七年「ちゃっきり節」(北原白秋作詞、町田嘉章作曲)や一九二八年「波浮の港」(野口雨情作詞、中山晋平作曲)など新民謡はもちろん、全国化した地方民謡もラジオ放送が生み出した「新しい共同体文化」の典型であった。

「安来節は問題外として、追分節や磯節、博多節、大島節、おばこ節、木曽節、佐渡節等在来から一般的に唄はれた地方俚謡は、ラヂオの放送によつて、一層地方的俚謡趣味の範囲を拡めると共に、レコード姿に特殊な各地の唄の吹込を盛んならしめた。その一方須阪小唄に遠因を発して信州各地の新民謡熱——それは唄による土地の宣伝紹介を目的として——は俄然関東地方から遠く九州まで延びて行つた。又ラヂオがその熱を一層にあほり、レコードがその熱の伝波に偉大な力を副へた。(中略)と一方我等のテナー藤原義江の波浮の港や出船の唄はレコードに依つてモガ、モボの口ずさむ所となると共に、このレコードによる流行に目をつけた日活は小唄映画の主題歌のレコード宣伝といふ一手をあみ出し、いやが上にも小唄流行の力をつけることになつた[49]。」

第二節　健全なる国民歌謡

こうしたブームの中でキングレコードは企画されたが、「正伝」はすこしさかのぼって『キング』創刊前夜から次のように書いている。

「大正の末期から昭和の初頭にかけては、国民思想の動揺甚しく、自由主義、個人主義、共産主義の思想が跋扈跳梁し、「枯すゝき」や「籠の鳥」などといふ亡国的哀調を帯びた流行歌が、遍く歌はれ、これ等が弾圧されると、「酒は涙か溜息か」といふ世紀末的な歌が流行する有様であつた。」(「正伝」685 f.)

「おれは河原の枯すゝき」とは一九二一年の大ヒット曲「船頭小唄」(野口雨情作詞、中山晋平作曲)の一部、「籠の鳥」(千野かほる作詞、鳥取春陽作曲)は一九二四年の流行小唄である。ともに同名で映画化され、『船頭小唄』(池田義信監督、松竹蒲田、一九二三年)、『籠の鳥』(松本英一監督、帝キネ、一九二四年)も小唄映画ブームを生み出した。「酒は涙か溜息か」(高橋掬太郎作詞、古賀政男作曲)は一九三一年のヒット曲である。

こうした哀調溢れる「退廃的」流行歌に対して、『キング』は創刊以来、「健全なる歌」を強調してきた。第Ⅰ部で紹介した創刊キャンペーン・ソング「キングの歌」(日蓄レコード)は、「頗る愉快で楽しい流行歌」である。さらに、創刊第三号の「常識相談 キング親切部」には、次のようなレコード問答が掲載されている(25-3：253)。

問「子供に聞かせる蓄音機の唄はどう云ふ風なのがいゝでせうか。」

答「愉快であつて、それでゐて野卑でない音調、簡単明晰な語詞、児童の心理に適合した内容――かう云ふ条件を有するレコードなればよろしいのです、実例を申しますと、靴が鳴る(東蓄レコード・フジ山印)、青い目のお人形(日蓄レコード・ワシ印)、澄宮殿下御作童謡レコード(日蓄レコード・ワシ印)、夕暮の歌、蛍(最近発売のヒコーキ印、他の一面は「五一爺さん」)、月に浮かれて(日蓄レコード・ツバメ印)等が子供に聞かすレコードとして好適であります。」

こうした童謡の需要に答えるべく、『キング』誌上には「小さいキング」(北原白秋作詞〔25-4:12 f.〕)、「朝日を浴びて」(時雨音羽作詞、中山晋平作曲〔25-9:2 f.〕)、「楽しい此の世」(白鳥省吾作詞、小松耕輔作曲〔25-10:20 f.〕)など「キング歌曲」と題された楽譜が盛んに掲載された。さらに、創刊時の「キングの歌」(野口雨情作詞)とは別に、一九二八年には新たに作り直された「キングの歌」(西条八十作詞、中山晋平作曲)も発表された。口絵では花柳壽輔(じゅすけ)による「新しい」キング踊りの振付が紹介されている(28-2:グラビア)。

仰(あお)げ、若もの、芙蓉の峰は　意気の高さで雲をば凌(しの)ぐ。
摘めよ、乙女子(おとめご)、琵琶湖の水は　熱い情で千尋に湛(たた)ふ。
君は尊し、我身は軽し、意気と情(なさけ)は日本の花よ。
千古涸れない日本の花で　飾るキングは我等の誇り。
読めよ、人々、世界は夜明け、沖に狭霧(さぎり)が、あれ、ほの〴〵と。

西条と中山は、一九三一年新年号にもさらに別の「キングの歌」(31-1：170 f.)を発表している。

海原(うなばら)遠く望み見て　歓呼とどろく大八洲(おおやしま)
応ふるごとく檣頭(しょうとう)に　揺めく旗の字は『キング』

新年号から「歌へ！　歌へ！　明るく歌へ！　新国民大歌謡」がカラー特集された一九二九年、『キング』連載中の菊池寛「東京行進曲」(28. 6-29. 10)が溝口健二監督により日活で映画化された。「流行歌手第一号」佐藤千夜子が歌う主題歌(西条八十作詞、中山晋平作曲)は二四万枚という空前の大ヒットを飛ばし、これにあやかるべく「キング行進曲」(鈴木洸太郎作詞、弘田龍太郎作曲(30-1：50 f.)が発表された。『キング』のラジオ性が良く示されている。

歌は飛ぶ飛ぶ、木萱(きかや)に響く、往けよ、今こそ、命の友よ。
風だ、ラヂオだ、らら、突き進め、
キングはひらめく、らん、らん、らん、
——キングはひらめく緑の電波。

また「東京行進曲」のメロディを使った「キング読込流行替へ唄」(31-12：491)も紹介されている。

ひろい東京ひろいよで狭い　人の持つ本みなキング
あなたキングなら私もキング　キングならでは夜が明けぬ
芝居見ましよか　シネマにしよか　いつそキングを読みませう

元歌に登場する「ジャズで踊ってリキュルで更ける」モガ・モボの都会的欲望と個人主義がきれいに脱色されて、家族主義に回収されている。ちなみに、『新語新知識附常識辞典』(『キング』一九三四年新年号附録)で「モガ・モボ」などは次のように説明されている。

【モガ・モボ】モダン・ガール、モダン・ボーイの略。さき走つた軽佻浮薄な様子をした青年男女を指す。

【モーダン・ガール】もう旦那があるの意。和製英語。

【モダニズム】近代主義、現代式、当世風。主なる特徴として挙げられるのは、スピード的であること。刹那的、享楽的、ジャズ的であること等々である(50)。

こうした軽佻浮薄モダニズムに対抗する「真剣宣伝」キャンペーンこそ、キングレコードの出発点である。一九三〇年年頭『キング』社説「真剣にやりませう」(30-1：52 f.)を請けてポスター五〇〇〇万枚をばら撒く「真剣宣伝」キャンペーンが開始された。先に引用した「キング行進曲」に続き「真剣の歌」(西条八十作詞、中山晋平作曲(30-2：42 f.))も用意された。このキャンペーンの一環として社内にレコード部が設置され、『キング』ほか六誌の一九三〇年新年号では「健全なる歌」の懸賞募集が行われ、応募総数は一七万九二五六篇に達した。すでに社内では「レコード報国」という標語も使われ始めた(「正伝」690)。選者は、子爵・小笠原長正、貴族院議員・永田秀次郎、文学博士・中村孝也、作曲家・中山晋平、詩人・野口雨情、作曲家・山田耕筰、詩人・西条八十、詩人・北原白秋、作曲家・弘田龍太郎、文部省社会教育局長・関屋龍吉である。賞金二〇〇円の一等作品は、「天皇讃仰」「日本娘の歌」「海外発展歌」「国民歌」「田園歌」である(30-5：446)。「近時の淫蕩的頽廃的なる俗歌の流行を憂慮して、本社が昨年大々的に募集致しました」健全なる歌は、一九三一年一月日本ポリドール商会により「キングレコード」として発売された(31-2：346)。

第一回新譜七枚は、「君ヶ代・天皇讃仰」(合唱)、「つくしをつんで　日本よい国」(童謡)、「明るい日本　ゆけよゆけゆけ」(唱歌)、「日本娘　可愛い坊や」(歌謡曲)、「ジャワは極楽　ジャワメロディー」(流行小唄)、「君ヶ代踊り　浪路はるかに」(新小唄)、「マドロス小唄　おいら国さで」(新民謡)である。「君ヶ代踊り」(西川喜洲振付)はもちろん、淡谷のり子歌う「マドロス小唄」にも花柳寿三郎振付の「新舞踊」が用意された(31-3：354)。振り付けの強調は、キングレコードが個人鑑賞用＝ヘッドフォン型ではなく、空間共有用＝スピーカー型の目的で作られたことを示している。

レコード新譜の新聞広告は全二段がせいぜいであった当時、講談社は有力紙に全面の特大広告を打ち出した。レコード新譜は『キング』誌上「大日本雄弁会講談社ニュース」欄でも毎月紹介された。ちなみに、第一回新譜にも登場する「歌謡曲」というジャンルの由来を、『日本放送協会史』は次のように述べている。

「歌謡曲は昭和四年頃よりプログラム面に現はれた種目であり、最初レコード界にあつて「新小唄」とか「新俚謡」とか称されてゐたのをラヂオが「歌謡曲」として取り入れてからこの名称に統一されたものである。」(51)

野間清治は、あたかもキングレコードで「私設ラジオ番組」を構成しようとしたかのように、第二回新譜に向けて次の如く指示した。

「今後は歌謡曲ばかりでなく、他の種目も加へて行きたい。義士や侠客を扱つたものも宜(よろし)からう。忠臣孝子を歌つたものや、報国美談も宜からう。」(「正伝」691 f.)

この結果、第二回新譜には浪花節、児童劇、薩摩琵琶が加えられた。さらに第三回では、「義士小唄」と「景気小唄」に加え、報知新聞社イベントとタイアップした長岡外史将軍演説「太平洋横断飛行に就て」(表面)と益田甫(はじめ)作詞、松山芳野里(よしのり)独唱「太平洋横断飛行々進曲」(裏面)の記念盤も臨時発売された(「正伝」692, 31-3 : 351)。

大和島根の桜花　空一飛びにアメリカへ
うつし植ゑなんいさをしを　共にたゝへよやまと武士(31-6 : 107)

ちなみに、翌月号では野間報知新聞社長も実名で登場する竹田敏彦の戯曲「北太平洋横断飛行」が掲載された(31-7 : 148 ff.)。第五回新譜では『近代結婚風景』(帝キネ)、『大楠公(だいなんこう)』(東亜)などの「映画小唄」、「不思議なラヂオ」(北村壽夫(ひさお)原作『少女倶楽部』連載)の児童劇、「悲願の人柱」(渡辺黙禅作『キング』連載)の浪花節など映画、演劇、寄席と連携したレコード化が展開されている。

しかし、一種平均一万枚という当初の見込みは見事にはずれ、一万枚に達したものはわずか一種目に過ぎなかった。このため、初年度上半期の成績は膨大な宣伝費のため一一万円の赤字になった(「正伝」692 f.)。

第三節　愛国歌謡のメディア・イベント

こうした停滞を救ったのは、満洲事変の勃発である。一九三二年五月新譜七枚のうち、四枚は軍歌「月下の塹壕」、独唱「古賀連隊長」ほかの時局ものであり、六月新譜では『少年倶楽部』連載漫画の児童劇「のらくろ二等兵」が四万枚に達した。「のらくろ一等兵」から「のらくろ少尉」までシリーズされた児童劇レコードはいずれも三万枚を超える大ヒットとなった。さらに、映画主題歌「女の友情」(松島詩子唄、吉屋信子原作『婦人倶楽部』連載)八万五〇〇〇枚、東海林太郎を一躍人気歌手に押し上げた「山は夕焼」五万七〇〇〇枚などもあり、「キング」レコードはようやく赤字脱出に成功した。[52]

確かに、軍国歌謡の作詞募集では、一九三二年の朝日新聞社「肉弾三勇士」、毎日新聞社「爆弾三勇士」の大ヒット以来、新聞社系の企画が頻度においては突出している。[53] それでも、自社レーベル・キングレコードをもった講談社は、「肉弾三勇士」に関しても多様なレコード化を展開した。「レコード便り」(32-6:369)では、「第一番の傑作である、と、陸軍当局より光栄ある讃辞を賜はる」として、三上於兎吉作詞、青葉宵三作曲「噫肉弾三勇士」とともに、「浪界の巨匠」木村重友の「北川一等兵とその母」が紹介されている。翌月号の「講談社ニュース」では、三勇士所属旅団長・下元熊弥少将の讃辞も引用されている。

「キングレコードが事実を正確に調査し之を浪花節に吹き込んで汎く世に伝へんとするは

実に意義深い事である。」(32-7：437)

キングレコードが軌道に乗り始めた時期、『東京朝日新聞』文芸欄(一九三三年六月一二日)に杉山平助「現代流行歌論(二)　流行歌の本質」が掲載されている。

「端的に独断的にいつてしまへば凡そ流行歌を歌ふといふ社会層は、比較的に知識レベルの低いものと見られねばならず、それは酒屋の小僧でも芸者でも女給でもタクシー運転手でも、ともにこれを歌つて感動するやうなものでなければならない。従つてそれは、主として人間の原始的な、低いしかしながら非常に根強い感情を衝撃するところのものであらねばならない。そこには高級な知識的要素は一切無用である。[54]」

杉山によれば、音楽一般は予備知識を必要とせず、人間の感情に訴える芸術である。流行歌とは「一般大衆の日常生活に共通した低いむき出しの情感を題目としたもの」である。「万人の心を打つ感傷性」と「商品性のゆがみ」をもった流行歌の大量生産に対する杉山の批判は、彼の『キング』批評の変奏に過ぎない。杉山は同一紙面に「氷川烈」のペンネームで「豆戦艦——七月の雑誌評」を執筆しており、『キング』一九三三年七月号を一刀両断する。まず、「キングをキングたらしめる酵母」として、「道話臭の強い」川村理助(調布高女校長)「一少女の力」、中川日史(妙国寺貫主)「大海の底の小石」を取上げている。

「要するにスマイル(『西国立志伝』の著者)の亜流で、こゝによく傾聴し感奮すべきものゝあるのは事実だ。しかしこんなエライ説教をするヲヂサン達も、かうした道徳的な智恵とともに、チヤツカリした世間的智恵を働かせることによつて、始めてこの世に生きてゐられるのだといふことを、きはめて内証(ないしょ)ながらキング読者にお伝へしておきたい。」
　さらに、『キング』「読切傑作選」の「人前にだせたものではない」新人作家たちを攻撃する。特に、俗情を煽る高東馬(コ・ドンマ)「内鮮美談　恩讐を超えて」には手厳しい。
「高東馬など、朝鮮人といふハンヂキヤツプをのぞけば、最低俗の筆しか持つてをらんではないか。[55]」
　杉山が酷評した一九三三年七月号には、国際連盟脱退を言祝(ことほ)ぐ北原白秋作詞「非常時音頭」(33-7：58-60)が掲載されている。

　　何が世界だ、男の度胸だぞ、
　　たかが聯盟、亡者(もうじゃ)ども、さよなら。
　　そうだ、総出だ。起つなら、今だぞ。
　　締めろ、きりりと。真向(まっこう)からぶつかれ。
（「非常時音頭」三番）

すでに、別冊『時局問題　非常時国民大会(附・軍国美談・愛国歌謡)』を付けた『キング』一九三三年五月号で、『雑誌報国』の一助」として九誌共同の愛国歌大募集が告示されていた。その審査員には編集局長・淵田忠良の他に、北原白秋、西条八十、佐々木信綱、中村孝也、山田耕筰が加わった(33-5：412 f.)。北原白秋「参謀総長宮〔閑院宮載仁(ことひと)親王〕に奉る歌」「軍令部長宮〔伏見宮博恭(ひろやす)王〕に奉る歌」(33-9：58 f.)、西条八十「愛国音頭」(33-5：58 f.)、「日本音頭」(34-1：364)も誌上公開された後、レコード化されている。

　　弾(たま)は肉弾、九千余万　ソラシヨ

飛んで砕かぬ敵はない、敵はない。
ホイサカ、イヤサカ、ヤツトンナ、ソレ、
ホイサカ、イヤサカ、ヤツトンナ。

（「日本音頭」六番）

満洲事変をスプリングボードとして三大レーベルを急追したキングレコードは、専属歌手制度も導入した。満鉄調査部を辞めた後キングレコードに入社した東海林太郎のヒット曲「山は夕焼」「恋の並木道」は、それぞれ松竹蒲田（佐々木恒次郎監督、一九三四年）、大都映画（三枝源次郎監督、一九三五年）が同名で映画化したように（35-7：477）、キングレコードは『キング』を中核とする雑誌媒体をラジオやトーキーと融合するメディア・ミックス戦略に道を開いた。

一九三五年三月ドイツ・テレフンケン社と正式に提携した講談社は、翌三六年六月末にポリドールとの提携を解消して「完全に独立、名実共に『講談社のキングレコード』」（37-1：516）となった。『キング』一九三六年一〇月号の巻頭グラビア「レコードの出来るまで」は専属歌手、スタジオ風景、プレス工場を大特集している（36-10：33 ff.）。同月、独立第一回新譜として新たに歌謡ドラマ、演劇、謡曲、長唄、義太夫なども加えて一挙二七曲を発表した。

一九三七年にはテレフンケン・レコードの輸入発売権を握って洋楽にも進出し、メディア・ミックスを武器に先行三社に迫ろうとしていた。「読者慰安大懸賞」で自社ブランド「キングポータブル蓄音機」（36-7：522 f.）が発表されたのは、ちょうど「国民歌謡」という言葉が成立した時期と重なる。

「国民歌謡は如何なる場所でも、如何なる人の前でも声高らかに歌ひ得る全国民の歌たることを期してゐるのであつて、昭和十一年四月二十九日〔天長節〕「新歌謡曲」の名の下にBK〔大阪放送局〕より初放送せられ、その後放送編成会議を経て「国民歌謡」と名づくることとなり、同年六月一日〔大阪放送局開局記念日〕からは週間反覆放送の道を拓いて、今や歌謡曲純化運動の有力なる中枢勢力となつて居る。(56)」

反覆放送とは、従来の流しっぱなし方式ではなく、一週間連続して同一曲を繰り返す普及目的の放送である。『キング』の「健全なる歌」キャンペーンを官製化したような「歌謡曲純化運動」の旗手となった大阪放送局文芸課長・奥屋熊郎は、その趣旨を次のように述べている。

「一、レコード企業の齎らした「流行歌氾濫時代」の今日、（中略）ラジオ自らの立場から新しい歌謡曲を創造すべきであること。

二、歌詞も楽曲も清新、健康、在来の大多数の流行歌の特徴を為した頽廃調を払拭すること。

三、家庭でも高らかに、明朗に、または感激して歌うことのできる歌曲であること。

四、時代感覚に共鳴する愉悦な歌曲であること。そして欲を言えば生活の疲労や懊悩に滲透するだけの消極的慰楽にとどめず、明日の生活創造へ働きかける積極的な慰楽分子を努めて多く含むこと。(57)」

国民歌謡の第一弾が奥田良三「日本よい国」（今中楓渓作詞、服部良一作曲）であったことは、象徴的である。童謡ではあるが同名のレコードが、キングレコード第一回新譜にも含まれていた。第二弾は東京放送局の「朝」(島崎藤村作詞、高階哲夫作曲)で、以後大阪、東京が一週間ずつ交互に反覆放送を実施した。さすがに戦後の記述だけあって『日本放送史』は、国民歌謡運動が大衆への普及宣伝に果たした役割を強調しつつも、その記述を次の言葉で締めている。

「絶望頽廃のかげをすっかり洗い落した代りに、無味乾燥なものとなったことは争えない。(58)」

無味乾燥の是非はともかく、国民歌謡の隆盛はラジオ普及を加速させた日中戦争の勃発とともに、新規参入のキングレコードに追い風となった。「日支事変号」と銘打たれた『キング』一九三七年一〇月号には、キングレコードの新譜一〇曲を含む「赤誠報国歌謡集」が付けられた。そこには以下で引用する前陸軍新聞班長・秦彦三郎「国家総動員の歌」(キングレコード 弐〇〇〇四)と歌人・相馬御風「往け往け男児」(キングレコード吹込 番号未定)が並んでいる。戦争詞というジャンルの玄人は、軍人だろうか詩人であろうか。

挙(こぞ)れ赤心(せきしん)　いやさらに
一億の民　一炷(ちゅう)の　炎となりて　桜花
花より赤く　咲かんかな
今、総動員の秋(とき)いたる。(37-10 : 55)

往け、往け、男児、同胞の　忠霊義魂天翔(あまがけ)り、
血潮大地に花と咲く　満洲、北支、東洋の
平和の護り皇国の　大なる使命負ひて往け。
往け、往け、男児意気高く。(37-10：56)

南京攻略の興奮も覚めやらぬ一九三八年三月二八日、陸軍省から選抜派遣されたキングレコード専属「演芸慰問キング班」(三門(みかど)順子、松山映子ほか)は東京を出発し、五月上旬まで上海、蘇州、南京、蕪湖、杭州を巡回慰問して帰国している(38-6：525)。

「聖戦三年目」を期して一九三九年『キング』八月号には、陸軍省後援の下で「出征兵士を送る歌」が「第七回雑誌週間」向けの大イベントとして公募されている(39-8：420)。一等・陸軍大臣賞は日本刀一振と賞金一五〇〇円で、佐々木信綱、西条八十、小森七郎、佐藤惣之助が作詞審査顧問、山田耕筰、京極鋭五、堀内敬三、信時潔(のぶとききよし)、大沼哲(さとる)、内藤清五(せいご)が作曲審査顧問となった。一二万八五九二件という応募総数(39-10：45)は歌謡募集として空前絶後であり、内閣情報部が総力をあげた「愛国行進曲」の官制募集五万七五七六編と比べれば、その並びない大衆動員力を推し量ることができる。同時期に朝日新聞社が募った「皇軍将士に感謝の歌」(入選「父よあなたは強かった」)の応募数二万五七五三の約五倍に達する。キングレコード「出征兵士を送る歌」(生田大三郎作詞、林伊佐緒(いさお)作曲)は、明治節を期して発表された。『キング』一九三九年一二月号の告示によれば、作曲の応募も「遠く海外の同胞、大陸の第一線に活躍される将士よりも応募あり、内地にあつてもいやしくも作曲の心得ある人の

ある所、大都市は勿論、山村、漁村よりも応募あり、その総数実に一万八千六百十七篇の多数に及びました。この数字は日本に於ける作曲に心得ある人々の総数に近きもの」(39-12：314)というが、これぱかりは誇張とも言えない。

ほぼ同時期、日本放送協会は一九四〇年紀元二千六百年奉祝イベントとして、「奉祝国民歌」「国民歌謡[59]」「放送文芸」(ラジオ・ドラマ、ラジオ小説、物語、浪花節、講談、歌謡曲)を募集している。だが、「紀元二千六百年国民奉祝歌」作詞の応募数は一万八〇〇に留まった。まだ、動員力においてラジオ放送は「ラジオ的雑誌」を凌駕してはいなかったのである。

「出征兵士を送る歌」の大ヒットに続いて、キングレコードからは、国民歌「愛馬行進曲」「海行く日本」「少年兵を送る歌」、大日本青少年団制定歌「世紀の若人（わこうど）」をはじめ、「聖戦民謡集」「楽しい管弦楽」、箏曲「大東亜の曙」、謡曲「観世左近全集」などヒット盤が続出した。また、三門博の浪曲「唄（うた）入り観音経」は、一九四一年七月にラジオ放送され日本初のミリオンセールを記録している(「正伝」698)。

しかし、フローなラジオを保護育成した戦時体制の下で、ストック財であるレコードはやがて規制、節約の対象となっていった。日中戦争勃発直後の一九三七年八月、洋盤レコードに対する輸入贅沢品税は税率二〇%の物品税に代わった。翌一九三八年にはレコード業界の外国資本は撤収を余儀なくされ、蓄音機に鋼鉄の使用が禁止された。これにより事実上、蓄音機の製造は不可能となった。レコードに対する物品税は、一九四一年五〇%、一九四三年八〇%、一九四四年には実に一二〇%に引き上げられた。

放射能

「能」の字が示すように、本来は物質が放射線を出す現象または性質をいう語。放射能をもった物質が漏れるという意味で「放射能漏れ」という言い方をすることがあるが、もとの意味からすれば誤用。「放射性物質漏れ」とでも言うべきところだが、報道などで頻繁に使われて、『広辞苑』でも、放射性物質自体を指す用法があることに「第七版」から言及している。

それでもキングレコードでは、一九四二年度に独唱曲「蕎麦の花咲く道」、一九四三年度に長唄「勧進帳」、箏曲「勝利への曲」、軍事保護院選定「大亜細亜獅子吼の歌」(大木惇夫作詞)が文部大臣賞を獲得している(「正伝」698)。その戦争詩の一番と五番。

東の　日出づる国の　日の皇子の　御民のわれら
御鉾とり　すでに起ちたり　虐げて　アジヤをみだる
よこしまの　夷を撃つと
八紘　宇と為すべき　すめ御稜威　すめ御光に
わざはひの　雲はらふまで　神怒る　アジヤの敵を
撃ち撃ちて　撃ちてしやまむ(43-10:40 f.)

この「大アジヤ獅子吼の歌」(二万六〇〇〇枚)は、一九四三年八月までの一年間の販売枚数で、ニッチク「暁に祈る」(四万一〇〇〇枚)、ビクター「空の神兵」(三万三〇〇〇枚)に続く第八位である。ちなみに、一位独走はニッチク「若鷲の歌」(二三万三〇〇〇枚)であった[60]。

一九四三年二月一日タイヘイレコード(日本蓄音機株式会社)を買収した講談社は、同年四月には「(キングレコード改め)富士音盤」と告示した(43-5:94)。その際の「臨時発売盤」は、情報局認定・愛国百人一首「しきしまのやまと心を」(永田絃次郎、長門美穂、富士混声合唱団)、同「天皇に仕へまつれと」(井口小夜子、富士混声合唱団)、朝鮮総督府・朝鮮軍報道部推薦・青年歌「我等は兵に召されたり」(永田絃次郎、日本合唱団)、国民歌「海ゆかば」(日本合唱団)、浪花節・室町京之助作「浪曲大東亜戦争(第二輯)・誉れの木曾駒」(富士月子)である。

一九四三年九月講談社は、軍用及び放送用録音機ならびに録音盤製造の大比良貿易店より事業の一切を譲渡され、大日本録音工業社を設立した。一九四四年には富士音盤西宮工場が富士航空工業株式会社に改組され、「紙の弾薬」や「音の兵器」ばかりか、本物の軍需工業にも進出した(「正伝」1008)。富士音盤は旧キングレコードであり、これは本来なら「キング航空工業株式会社」と呼ばれるべき会社であった。

Ⅳ
「トーキー的雑誌」と劇場的公共性

1933－1939 年

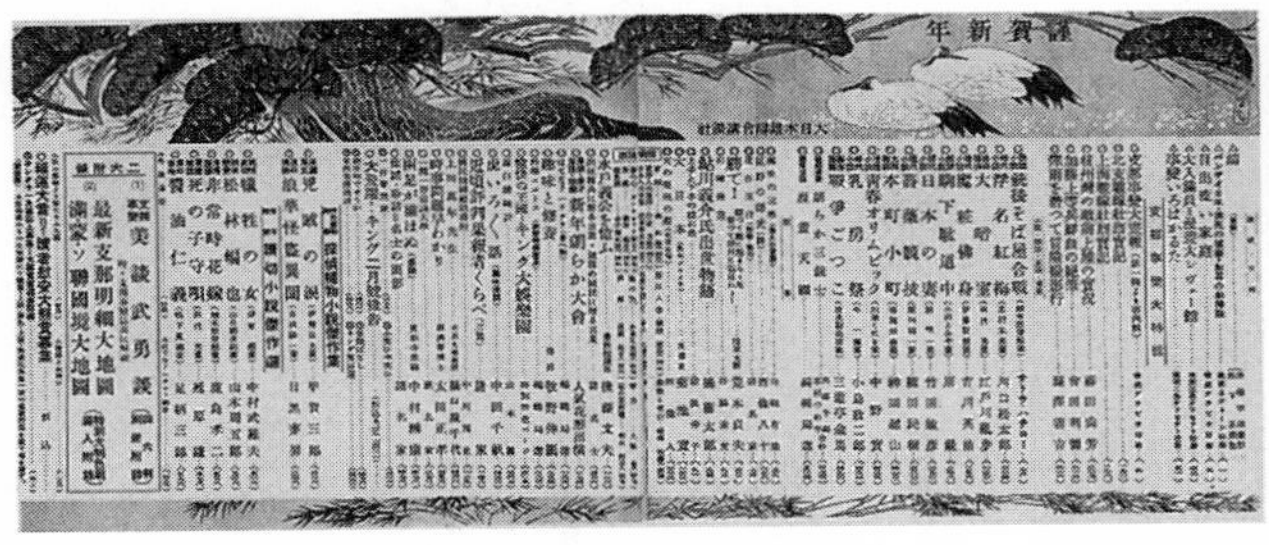

謹賀新年

大日本雄辯會講談社

（1938 年新年号目次）

活動写真の娯楽性大衆性が第一次欧洲大戦によつて昂揚された社会民衆主義、経済的自由主義、個人主義的自由主義の潮流に乗せられて、娯楽一切の範囲に展開し、其処に「民衆娯楽」といふ一存在を創り出した。然るに最近に於ける新しい事態、支那事変によつて作り出されたとも云ひ得るし、寧ろその逆に事変そのものをすら生み出したとも云ふ事の出来る偉大な底力を持つた「時局」は、此の民衆娯楽を止揚して、国民娯楽を生み出さうとしてゐるのである。民衆娯楽より国民娯楽へ！　それは単に娯楽に関する限りの傾向である丈けでなしに、新しい時代の趨向（すうこう）一般を指示するものと云ひ得やう。

権田保之助（やすのすけ）『国民娯楽の問題』一九四一年

第一章　「ラジオ的雑誌」のトーキー化

第一節　トーキー化とナショナリズム

世界初のパート・トーキー『ジャズ・シンガー』は、一九二七年一〇月六日ニューヨークのワーナー劇場で公開された。その半年前、『キング』一九二七年二月号に掲載された「活動写真の社会的勢力」で橘高廣(元警視庁検閲係長、映画評論家)は「聞いたり見たりの映画」について次のようにのべている。

「同時に多数の人に見せることが出来、観る人の年齢の長幼、教養の有無、人種の如何乃至また国語の相違に拘らず、たゞ見て居りさへすればすべてハッキリと分るのである。(中略)大衆的と云ふ点では、ラヂオも亦その一つであるが、目下の所ではまだ声を聞くばかりだから、聞いたり見たりの映画には敵(かな)はない。(中略)私は、映画が出版物を圧倒する時代が来ると信じてゐる。」(27-2:355)

映画を「教化宣伝手段」として研究した橘は[1]、「キング感話集」に本名の立花高四郎で「映画文献蒐集の苦心と悦び」を寄稿している。

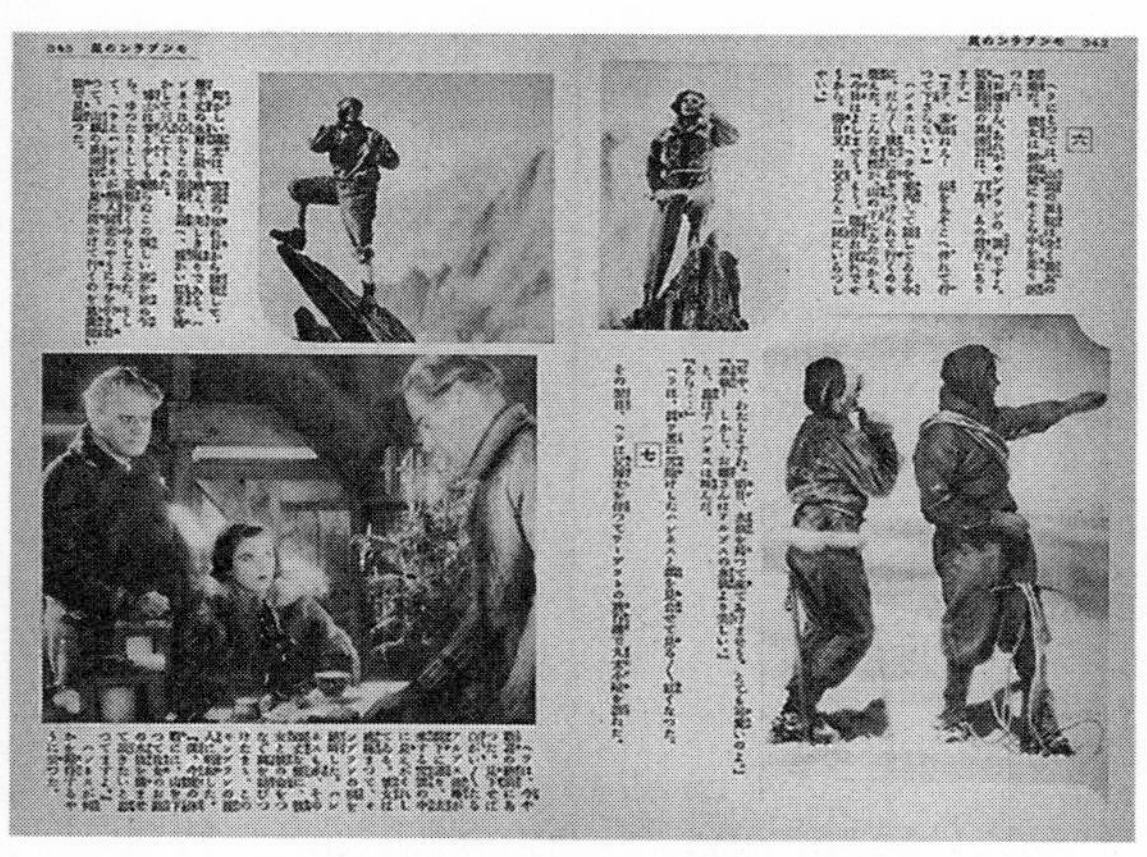
キング特選映画「モンブランの嵐」(1931年9月号)

「モーション・ピクチユアと云ふ文字があれば、必ず映画関係の書籍と思つて、取り寄せて見ると、これが通俗小説であつて、今更乍ら自分の不注意を恥ぢたこともある。」(30-12:121)

　確かに、映画の発達はアメリカでも劇画と会話文を多用する大衆読物「パルプ・マガジン」を生み出した。その意味では、一九三〇年代の『キング』もまた「モーション・ピクチユア」の側面を持っていた。各頁ごとに映画シーンをグラビア印刷した「映画物語」は、クララ・ボー主演のパラマウント『つばさ』(28-5:209)を皮切に『キング』の人気企画の一つとなった。「読者通信」でも、映画物語を求める声は大きかった。

　「映画の『つばさ』は何といふ素晴らしさでせう。毎号日本ものと代る代る出して

下さい。頼みます。（秋田　文子）」(28-6 : 355)

「五月号の『つばさ』七月号の『怪紳士』に一同熱狂致候続々かゝるグラビア映画欄を毎月御掲載願上候。（広島　山本）」(28-9 : 349)

高級グラビア印刷、美術オフセット印刷・アート原色写真版などイラストの高級化を強調した「映画読物」「映画物語」として、ユナイテッド・アーチスト社特作、ノーマ・タルマッジ主演『噂の女』(29-4)、フォックス社特作『幸運の星』(30-4)、ウーファ社特作『モンブランの嵐』(31-9)など次々と誌上公開された。こうしたトーキーを紹介する「映画物語」は、掲載小説の挿絵にも影響を与え、一九三〇年代には動きのある劇画調が主流になっていった。

しかし、こうした誌面のトーキー化は、前章で触れたように、ラジオ放送を介して『キング』に持ち込まれたと考えるべきだろう。ラジオ番組には、『キング』創刊直後から「映画物語」というジャンルが存在していた。すでに、一九二五年三月一一日東京放送局の試験放送中に活動弁士・熊岡天童主演の映画物語「噫無情」があり、本放送では同四月二九日に「大地は微笑む」(溝口健二監督、日活大将軍)の「せりふ放送」が行われている。

「「映画物語」は昭和二年頃より非常に隆昌を見せた種目であるが、トーキーの出現に依つて解説者が姿を消した為め昭和九年頃より急激に亡びてゐる。[2]」

やがて、映画脚本の模倣から離れた放送独自の「ラジオ劇」(旧劇の時代もの)、「ラジオドラマ」(新劇の現代もの)が創作されていった。[3]放送番組で「映画物語」が衰退するのと、『キング』で「映画物語」が増加するのはほぼ同時である。

メディア論からすれば、「トーキー映画＝連続写真(サイレント映画)＋音声(レコードまたはラジオ)」である。いみじくも、講談社のレコード部設置は国産部分トーキー第一号『ふるさと』(溝口健二監督、日活太秦)が公開された一九三〇年、「キングレコード」発売は完全トーキー『マダムと女房』(五所平之助監督、松竹蒲田)が公開された一九三一年である。「ラジオ的雑誌」は、グラビアの多用とレコードへの進出によって、「トーキー的雑誌」へと進化した。

映画史的には、トーキーの意義とは活弁文化を排除しつつ視覚表現を技術的に洗練させ、映画から「香具師的なイメージ」を切断したことにあった。しかし、トーキー化には大いなる文明論的逆説が存在する。サイレント映画は「国語」を持たなかったので、そこで開発された「純映画的」技法、すなわちクローズアップやモンタージュなど視覚操作の文法には「国境」がなかった。そうした「国際性」によって、サイレント映画の国際市場は急速に拡大した。しかし、トーキー化は、各国の映画に自国語という「国境」を導入することになった。一九二〇年代におけるサイレント映画と国際協調主義、一九三〇年代のトーキー化とブロック経済体制は、その時代精神を反映したものである。それは、ソビエト・ロシアの一国社会主義化とも対応している。映画による視覚の革命的教化を目指したプロレタリア映画運動も、その視覚統制の志向性において見れば、資本主義国家と何一つ変わるところはない。(4)受け手への効果を過大評価した「マス・コミュニケーション研究」パラダイム、いわゆる弾丸効果理論は、この時代、ファシズム体制であれ民主主義体制であれイデオロギーの左右を問わず前提とされていた。(5) かくしてトーキー化とナショナリズムの亢進は同時進行しており、その中で『キング』の「トーキー的雑誌化」とは戦時動員化を意味した。戦前の『野間清治伝』は、直截にこう述べている。

「新聞雑誌は紙の砲弾であり、ラジオは戦車であり、映画は飛行機にも譬(たと)へられよう。中でも映画は視覚に訴へるだけにその効果は最も急速である。」(「正伝」706)

野間が国民の聴覚をつかむために投入したキングレコードに続いて、その視覚支配のために「キング映画」を生み出す可能性は『キング』になかったであろうか。

第二節　活動弁士と「活動読者」

『キング』創刊号巻頭「キンググラフ」には、演劇界、歌舞伎界のスター達と並んで、英(はなぶさ)百合子、森静子ほかキネマ界の女優ブロマイドが掲載されている。

「猶(なお)この外松竹、日活、帝キネ、マキノ東亜等を通じ幾多の偉材スターが活動して居る状は真に賑々(にぎにぎ)しい限りであります。」

この創刊号が店頭に並んだ一九二四年末は、国産映画が公開巻数でアメリカ映画を初めて凌駕した日本映画産業の画期である。「書き講談」を映像化したチャンバラ映画が量産され、国産映画製作本数が五〇〇本を超えた一九二六年には、「剣戟王」阪東妻三郎が太秦(うずまさ)に独立プロダクションを建設している。映画産業は原作を求めて『キング』に飛びついた。創刊号

下村悦夫「悲願千人斬」(井川洗崖画)の一シーン(1925年2月号)

掲載の岩崎留吉「軍神を泣かしめたる孝子清一郎(社会美談)」は、一九二五年七月には朝日キネマで映画化、公開されている。同五月号の渡辺黙禅「国境を戍る人(殉職美談)」も「朝鮮総督府の大々的後援の下に映画に収める事になり、既に日活京都派の花形が朝鮮に於いて撮影する事に確定」(25-8：302)と報じられている。

創刊期の目玉となった吉川英治「武侠小説 剣難女難」、下村悦夫「熱血小説 悲願千人斬」など挿絵をふんだんに盛り込んだ剣戟小説は、映画原作に最適だった。一九二七年には『剣難女難』(石田民三監督、東亜キネマ)、『悲願千人斬』(吉野二郎監督、松竹蒲田)が封切られている。こうした人気小説は『キング』を国民雑誌にしたのみならず、剣戟映画を国民文化に引き上げた。

それは講談社文化の国民化過程とも重な

るが、一九三〇年代のトーキー定着まで活動写真が、活弁すなわち活動弁士と不可分であったことを忘れてはならない。活動写真も「くち・コミュニケーション」メディアとして登場したのである。当時は、活動小屋が「悪所」として風紀上の規制を受け、活動弁士は「口上屋」と呼ばれ、浪花節語りの系譜に位置付けられていた。その意味でも、活動写真の観客は「講談」文化の下流に存在していた。

人気活弁の一人だった徳川夢声は、『キング』一九二七年二月号「映画百般物識り帳」で、自らの体験からトーキー上陸まで三〇年間の活弁史を六期に分けて論じている。第一期は映画自体が不思議な見世物で「映画機械の構造について盲目滅法の大講演までやってのけた」映画不可思議時代。第二期は、「講談本そのまゝに、前説を面白可笑しく一時間位演じた」マヘセツ万能時代。第三期は、前説に対して映画内容を展開にしたがって「ドアの開け閉てまで丁寧に説明した」ドーア説明時代。第四期は、「浪花節もどきの声を張り上げ、七五調の人情劇をやる」七五調浪花節時代。第五期は、「最近迄全盛を極めたもので、愚声なども吾ながら冷汗ものゝ美文を捏ち上げて客を唸らせた」美文説明時代。トーキー前夜に相当する第六期、「最近はタイトル以外には成るべく喋らない、強ひていへば気分本位時代」が到来していた。

夢声のこの解説によれば、活弁は講演―講談―浪花節と大衆化し、すでにトーキー登場以前に役割を終えていた。

「内容が複雑になり、上映尺数が多くなるにつれ、説明者が映画の前に現はれて客を悩殺する事は自然消滅の機運に向つた。(聊か手前味噌だが、私は断然大正五年名画『シビリゼーション』の興行から所謂「マヘセツ」即ち前口上を廃した。)」(27-2：364)

第一次大戦中に人類愛と平和主義を訴えた『シビリゼーション』(トマス・H・インス監督、一九一六年)は、アメリカ海軍後援の下で一〇〇万ドルの巨費が投じられた大作である。その前年製作されたデヴィッド・W・グリフィス監督『国民の創生』と並び、映画独自の視覚文法を完成した記念碑的作品である。こうしたアメリカ作品に比べれば、確かに日本最初の映画スター、「目玉の松ちゃん」こと尾上松之助が主演した忍者映画などは単純な視覚トリックに過ぎない。ちなみに、松之助を起用して忍術映画をヒットさせた牧野省三は、「映画若かりし頃」で児童へ悪影響を与えたと反省を表明している。その反省に立って、牧野は全国処女会創立記念映画『都に憧れて』(内務省社会課選定)を製作したとも告白している。

「この映画は忍術映画の流行を作つた私の罪滅しに、国家の教育事業への一奉仕であると共に、また一面に於いてはこの映画に依つて声色を廃し、映画は一人の説明者の説明で充分である、といふ今日の映画劇の導火線ともなつた映画であつたのである。(中略) この映画が動機になつて私は終ひに日活から分離して独立し、マキノ教育映画製作所時代マキノキネマ時代東亜キネマとの合同時代を経て今日のマキノプロダクシヨンに至つたのである。」(28-11：321 f.)

こうした活動写真の観客の多くは、書籍文化、あるいは市民的公共圏の外部にいた青少年や女性を含む労働者層であった。一九三〇年代前半まで、雑誌やラジオの労働者層への普及は遅れており、メディア接触では映画が圧倒的に先行していた。社会調査資料から各メディアの普及を分析した有山輝雄は、「（映画の素材となった講談ものに）活字メディアで接する前に映画で接し、更に映画のイメージをもとに活字メディアで読む」という労働者のメディア環境を指摘している[6]。ここでは、活動写真のイメージで活字を読む読者を「活動読者」と呼ぶとしよう。その存在を裏付けるように、娯楽費の用途を映画鑑賞から『キング』購読に切り替えた「活動読者」の手紙が、『キング』にも何通か掲載されている。

「記者様、私は創刊号からキングの愛読者ですがこの頃では自分ながらも生れ変つたやうな心持がします。一、活動を見にゆかなくともすむやうになりました。二、何事も善意に解釈する事が出来るやうになりました。三、感謝して起き、感謝して眠れるやうになりました。これはみなキングのおかげだと思ひます。厚く御礼申し上げます。（京都の一青年より）」(29-7：459)

「私は或る会社に勤める一女工であります。（中略）以前は映画好きで度々見物に行きましたが、キングの読者になつてから、殆ど止めたといつてもよい位になりました。一日の労働をすまして家に帰り雑誌を手にとる時の楽しみ、仕事の疲れもどこへやら、本当にキングは私の一番良き友であります。（山口県防府市　近藤ユキコ）」(37-4：538)

『キング』編集部でも、講談社九雑誌の売上部数上昇を「活動読者」の流入と理解していた。

「世の中が真面目になり、真剣に修養せんとする気風が勃興したことも有力な原因と思はれます。殊に、少年少女などには、活動や其他悪い娯楽をやめて、よい読物に親しむやう、父兄教育家が誘導されてゐることは、誠に喜ぶべき現象であります。」(29-12：410)

第三節　文芸の映画化

大衆雑誌より早く大衆娯楽となった映画が、小説に与えた影響をメディア論として考察した先駆的論文に、平林初之輔「芸術の形式としての小説と映画」(一九三〇年)がある。平林によると、映画の流行によって脅威を受ける芸術ジャンルは一般に思われている演劇ではなく、文学、とくに小説である。つまり、映画表現の本質がモンタージュであるならば、演劇と映画の類似は外見のみであり、本質的な類似性は小説と映画に存在する。小説も映画も活版であれ現像であれ印刷術(プリンティング)によって大量複製されたが、演劇ではそうした工業化は不可能である。また、演劇は舞台の時間と空間に拘束されるが、映画は小説同様、独自の時間と空間を創出することができるからである。すなわち、「その間に」という言葉で異なる空間での出来事を結びつける小説技法こそ、[7]モンタージュの原型である。もちろん、小説においてはフィルムを切り貼りする必要もなく無制限のカット編集が可能である。一方で、映像で感覚に直接訴える映画に対して、小説は文字記号を媒介としなければならない。

「大体に於いて、集団をあらはすには映画の方がすぐれてをり、個人をあらはすには小説の方がすぐれてゐるといふこと、具体的なものをあらはすには映画による方が便利であり、抽象的なものを現はすには小説の方が便利であるといふことは言へるだらう。[8]」

とすれば、「個人の心理」(小説)でも「大衆の現実」(映画)でもなく「大衆の心理」を扱う娯楽雑誌が「小説の映画化」に進むことは必然といえる。持続的な集中力と抽象的思考を要する(談笑し酩酊しながらでは楽しめない)活字一般に比べて、刺激により視線を誘導してくれる映画は大衆が格段に参入しやすいメディアだった。作家にとって小説が真面目な生産物だとしても、その読者たる大衆、すなわち「活動読者」にとっては気晴らし、暇つぶしの消費対象で十分であった。『キング』の成功は、集中力を必要としない断片的構成を採用して「ながら読書」を可能にした上で、劇画的演出で刺激性を高め、既に存在した「活動読者」を雑誌購読に導いたことではなかったか。「読者通信」には、『キング』連載中に映画化が開始された吉川英治原作『万花地獄(まんげ)』(中島宝三監督、片岡千恵蔵第一回主演、マキノプロ、一九二七年)について、次のような「活動読者」の実践が紹介されている。

「先日私の近町へ『万花地獄』の活動写真がやつて来た。友人六人を誘うて出掛けた。皆堪(たま)らなく面白さうに陶酔してゐる。こゝぞと「この写真を見て面白かつたものはキングで続きを読め、キング一冊たつた五十銭で愉快な小説が満載されてゐる」と抜からず勧誘、全部キング党へ入党させた。(千葉　久保田秀穂)」(28-10：386)

この連続長編映画は、一九二七年に正編全四篇が製作されたのち、『キング』一九二九年四月号の連載終了後『続　万花地獄』(稲垣浩・曾我正史監督、千恵蔵プロ)の全三篇が製作されている。

こうした剣戟映画とは、活字化された講談、それが発展した大衆文学にイメージ(映像)を吹き込み、個人の読書を国民規模の映像的記憶の上に大衆化する装置であった。こうして『キング』は剣戟映画と手を携えて大衆時代の「英雄伝説」を確立した。テーマ設定から表現様式まで通俗に徹した『キング』の典型ぶりは、時代小説の様式化を極限にまで押し進めた。エピソードの立て方からキャッチコピーの紋切り型まで、『キング』は「活動読者」が求めた映画的「真実」を再構成したといえる。「キング・ポスト」が紹介する読者の声もそれを裏付けている。

「「国境警備の女丈夫」こんなよい読物はない。活動写真のやうだ。キング万歳!(川崎敏夫)」(29-3:453)

こうした「活動読者」を念頭におきながら、一九二九年大宅壮一は優秀な編集技術と宣伝力さえあれば短期間で成功できる雑誌と映画の類似性を次のように指摘している。

「雑誌は新聞よりも映画のプロダクシヨンに似てゐる。従つて今後新聞に比して遥かに凄じい投資的競争の対象になるのであらう。」

その上で、「巨大プロダクション」講談社に対抗する進歩的雑誌の創出に向けて、次のように提言している。

「偉大なヂヤーナリストや親切な批評家は、丁度映画プロダクシヨンで新しいスターをつくつて売り込んだり、講談社が講談社専属の作家を養成したりしてゐるやうに、もつと積極的に(勿論悪どい資本主義的手段は極力排斥して)、もつと親切に、新しい無名の作家の間から、未来ある新人を見出して、その成長を援けるべきである。(9)」

第二章 「雑誌報国」と「映画国策」

第一節 剣戟映画の近代性

映画スチールの利用(「映画物語」)とは別に、小説や浪曲の挿絵を映画スタッフが撮影する「映画小説」あるいは「誌上映画」も、三上於菟吉作、日活時代劇部撮影『悲恋殉忠記』(29-2)以降、何度か試みられた。あるいは、掲載小説の一場面を映画俳優に演じさせた特別グラビア「芝居と映画=名優実演写真帖」(35-夏・面白づくめ号)、「芝居映画俳優実演グラフ」(37-夏・面白づくめ号)など映画界との提携は一九三〇年代『キング』の特色となった。

もちろん、『キング』掲載小説の映画化は多く、グラビア頁で盛んに紹介された。例えば、一九三二年一二月号グラビア特集「キングから出来た芝居と映画」では、子母澤寛(しもざわかん)『投げ節弥之(やの)』(松竹)、大島伯鶴(はっかく)『小松竜三』(東活)、久米正雄『白夜は明くる』(松竹)、野村愛正(あいせい)『大地に立つ』(日活)、大仏次郎(おさらぎ)『薩摩飛脚』(日活)。

一九三三年四月号グラビア「本誌評判小説名場面」では、下村悦夫『忠治の夜歩き』(あやめ池右太プロ)、菊池寛『未来花(みらいか)』(日活太秦)、神田越山『竜造寺大助』(日活太秦)、野村愛正

『光りを行く』(松竹蒲田)。

一九三四年七月号グラビア特集「キングの生んだ映画」では、小山寛二『明暦名剣士』(松竹)、川口松太郎『子別れ笠』(日活)、長谷川伸『晴れ晴れ左門』(新興)、新堀尚平『虫のまゝに動く男』(松竹)、田澤透『音無し剣法悲史』(大都)、金子洋文『首売り山左郎』(新興)。

大衆に圧倒的な人気を誇る時代劇映画については、当時すでに長谷川如是閑が「政治的反動と芸術の逆転」(一九二六年)で、次のように厳しく批判している。江戸時代を舞台とした髷物映画の流行は、「西洋式の前代的な社会葛藤をアメリカのフイルムが現代的に作りかへてゐるのと反対に、現代的葛藤をさへ前代の形式に造りかへる」封建的ロマン主義への逆転を示している(10)。確かに、現代小説が作品のリアリティを個人の風俗体験におくのに対して、時代小説は大衆の集合的記憶を支えにしたロマン主義を基盤として成立する。しかし、このロマン主義は国民統合

「本誌評判の小説名場面(其一)」下村悦夫作『忠治の夜歩き』あやめ池右太プロ(国定忠治〔市川右太衛門〕, 乾児梅吉〔市川右門〕)(1933年4月号)

の必要性から「創造された伝統」であって、表層的な「封建性」よりも本質的な「近代性」をそこに見るべきだろう。

娯楽雑誌『キング』に剣戟小説や戦争映画が数多く登場した理由として、両親が剣術師であった野間の生い立ちや好みを挙げることができる。しかし、それが一般読者に歓迎された理由としては、別の社会的説明が必要だろう。第一次大戦後の社会変動で理性と心情の分裂に苦悩する「精神的なラスコリニコフ」と化した知識人において、大衆文学、つまり剣戟小説とその映画がもった魅力を中谷博「大衆文学本質論」(一九三四年)から引いておきたい。

「大衆文学が大人の読み物であり、通俗恋愛小説が女学生の読み物であると云ふ意味から言へば、剣戟映画は知識人の観るものであるが、現代劇映画は女学生、又は中学生の観るものであるやうだ。此の連中が何も剣戟映画を見ないと云ふわけではないのだ。大衆文学の場合と同じやうに、見ることは見ても、親の脛を嚙つて、暢気(のんき)に遊び暮らしてゐる連中には、剣戟映画の持つ虚無的な破壊的な味はひが端的には飲み込めないと言つてゐるのだ。実際、大正十五年から昭和二年三年にかけて、大衆文学の映画化されるものが相次いで、その傑作は殆んど競映の形でスクリーンの上に踊つたものであつた。(中略)今までは子供の見る活動写真、安価な英雄主義の見世物であつたものが、時代劇映画、剣戟映画となつて、大人が、しかも知識人が愛好する高級娯楽となり得たのである。」(11)

この剣戟映画論が収録された『早稲田精神』(一九四〇年)には、中谷がナチ・ドイツ留学(一九三五―三七年)から帰国した後に書かれた「欧洲より帰りて」など時局論も多く収録されている。自身「精神的なラスコリニコフ」の一人であった中谷は、『民族の祭典』(ベルリン・オリンピック)に沸き返る第三帝国で何を見ただろうか。[12]

「ヒトラーをしてヒトラーたらしめてゐる真の力は、実は独逸の国民の力なのだ。時あつて我々は、現今の日本に国民的英雄の生れ出ないことを嘆く声を聞くし、英雄さへ生れ出れば、現今の日本の行きつまりは立ちどころに解消するかのやうに語る人を見る。これほど本末を転倒した話はない。英雄を生み出すものは国民なのだ。」

剣戟映画に知識人の精神的解放感を見出した中谷は、ドイツ全体主義に「個人の解放」を見出し、封建的日本社会に向けて個人主義の導入を訴えている。

「全体主義を生かし得るものは、個人主義の、善導されたる個人主義の徹底化にあること、個人主義への排撃は全体主義の早老を導き出すであらうことを忘れてはならぬ。物の正しい発展を企図するならば、厳にこれを取締るよりも、寧ろ先づこれを解放することから始めるべきだ。」

これを、国民が主体的に参加するファシスト的公共性、あるいは総力戦体制下の国民的公共性の提唱と理解することは可能だろう。中谷の指摘どおり、一九三〇年代の剣戟映画が「知識人が愛好する高級娯楽となり得た」とすれば、それは「活動読者」の上方への拡大を示唆している。こうした知識人予備軍を取り込むべく、『キング』では一九三〇年一一月号の「中等学生諸君に御願ひ」(30-11：350)以来、中等学校生徒を標的としたキャンペーンが繰り返された。キング発展会に入会した学生には、配布用の宣伝ビラなどとともに記念メダルが贈られた。一九三一年一一月号「キング発展会だより」(31-11：347)によれば、一〇月号で募集した中等学校男女生徒の官製はがきによる申込みには一ヶ月で約一五万名が申し込んだ。[13]一九二〇年代の読者欄では珍しくなかった「貧しい小学校卒業読者」からの感謝の手紙は、満洲事変以後は減少していった。

「特輯・満洲軍肉弾実記」(32-2)後の『キング』では、時局の解説記事や政治論説が巻頭の戦場グラビアとともに増加してきた。グラビアと実記が戦争という巨大な「映画物語」の一部として「楽しまれた」ことはまちがいあるまい。

実際の「映画物語」では、日中戦争勃発の一九三七年にこの形式が特に多用された。日独合作『新しき土』Die Tochter des Samurai、MGM『ロミオとジュリエット』、MGM『暁の爆撃隊』(以上、37-3)、RKO『大帝の密使』、トビス『恋人の日記』(以上、37-7)、ローマ・フィルム『リビヤ白騎隊』、フォックス『蕃地の恋風』(以上、37-夏臨)、ウーファ『スパイ戦線を衝く』(37-11)など、一九三七年の『キング』はほとんど映画雑誌の様相を呈した。また、ウーファ『スパイ戦線を衝く』の上映広告と同じ新聞紙面に、「スパイ戦線を衝くの詳細な物語が『キング』十一月号に出て大評判である。(中略)キング十一月号売切近しお早く!」とタイアップ広告も行われた。ちなみに、この人気企画、映画物語の最後はウーファ特作『最後の一兵まで』(40-3)であった。戦争映画が圧倒的に多いことは一目瞭然だろう。敢えて言えば、「ラスコリニコフ」型インテリにとって戦争シーンこそが最大にして最高の「高級娯楽」ではなかったか。

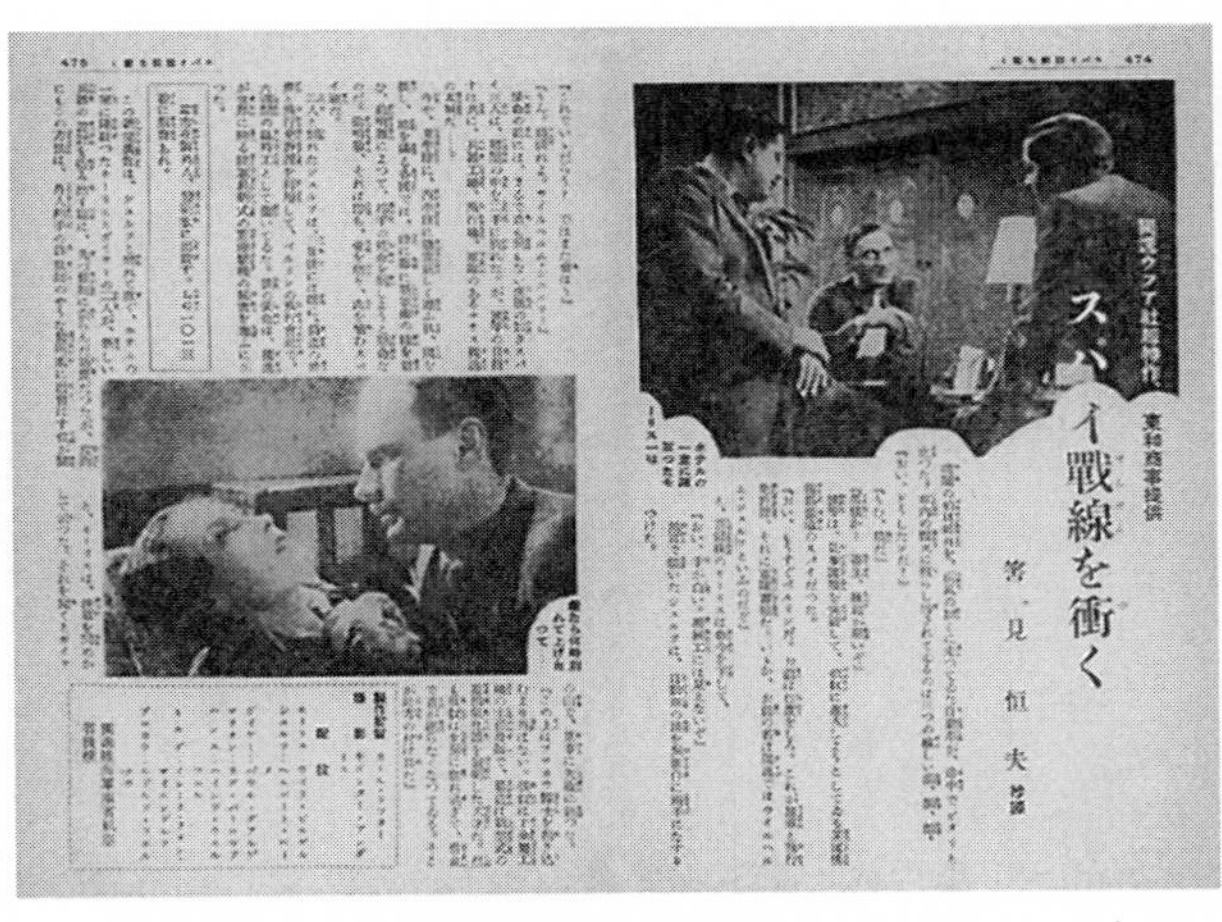
スパイ戦線を衝く

筈見恒夫 抄譯

「映画物語 スパイ戦線を衝く」筈見恒夫抄訳(1937 年 11 月号)

一方で、『キング』十八番の英雄主義は、政界や軍部に「スター」を追い求めていった。繰り返し誌面を飾った「人気花形映画俳優大座談会」(32-7：330 ff., 32-8：442 ff., 32-9：414 ff.)、「東西合同映画スター大座談会」(36-12)など映画スターの座談会や紹介記事は、松岡洋右の出席する「国運発展大座談会」(32-2)など政治、軍事に容易に転用できる枠組みを提供している。こうした「スター」企画について、『時局新聞』(一九三三年二月二五日)は、「キングの英雄はかくして出来る」と題して批判している。

「講談社のキングの記者が、さき頃寿府から帰つた某新聞社の幹部のところを訪ねて「ジユネーヴの英雄、松岡全権」を語つてくれと頼み込んだ。その人は、「松岡全権の醜体なら幾らでも材料があるが、英雄らしいところは生憎(あいに)く一つもなかつた」といつて断はつた。講談社の記者はクビに拘(かか)はるから、どうでもこうでも英雄にして一席弁じてくれと頼んで已(や)むことなかつたが、つひに、その目的を達しなかつたさうである。英雄は、かくの如き悲惨な方法によつてジャーナリズムの上に動員されるのである。」(14)

一九三三年二月二四日、リットン調査団報告をうけた満洲問題解決案の国際連盟採択に対し、「連盟よ、さらば」の名台詞を残して退場した日本全権代表・松岡洋右は、さながら「サムライ日本」の英雄であった。帰国後、五月一日ラジオで「全国民諸君に告ぐる」を演説した松岡は、故郷の防府市三田尻に引きこもった。しかし、講談社は『松岡全権大演説集』(竹内夏積(かせき)編)を緊急出版し、一九三四年新年号に大論文「沈黙を破りて九千万同胞に訴ふ」を執筆させている。「沈黙と静思の半歳」から始まる見出しは、「風雲を捲き起すもの」でムッソリーニ、ヒトラー、スターリンを論じ、最後は次のように結んでいる。

「本来の日本人たる真の姿に立ちかへつて、国民全体が、「向ふ五箇年」は磔刑(たっけい)も甘んじて受けよう、それが国家への犠牲と、奉公なれば、恐れ多けれど伊勢大廟の神鏡にかけて、自己の姿を見直すといふ信念のもとに、日本国民未曾有の大試練に直面したい。曠古(こうこ)の大試練、それにはまづ「年若きもの一斉に立て」と叫びたいのである。」(34-1 : 561)

ここにも、一人の「ラスコリニコフ」的知識人を見いだすことができる。松岡はこの論文で、自らの愛唱する句を、「折にあへば散るもめでたし山桜」と披露している。

第二節　講談社映画班

『キング』一九三二年二月号の折込広告では、「映画小説」が懸賞募集されている。

「映画小説は、純然たるシナリオでなく普通の小説体(シナリオを加味したるものにても結構)に書き、読物としても面白きこと(例、『キング』新年号「村の勇者」参照)。入選後の映画化並びに著作権は本社に帰属するものとす。」

唐木散人「感動美談！　村の勇者」は、各頁の上段に劇画を置き、会話文を多用した小説だが、こうしたスタイルの作品が「映画小説」と呼ばれていた。懸賞募集以外でも、斎藤豊吉「偉くなつて下さいよ」(吉郁二郎画)、北村壽夫「兄弟」(伊勢良夫画)、畑耕一「光の花束」(小島操画)を集め、「映画小説傑作集」(39-6)として掲載されている。

野間は、映画との誌上タイアップのみならず、自社上映にも手を伸ばしていった。一九三一年一〇月(「正伝」では六月)社内に巡回映画班が組織され、全国主要都市で『楠公父子』(池田富保監督、太秦発声)など教育映画の無料公開が行われた。講談社の教育映画への進出意欲を意識してのことだろうが、「人気花形映画俳優大座談会」で『大学は出たけれど』(小津安二郎監督、松竹蒲田、一九二九年)で主役俳優・高田稔は次のように語っている。

「今文部省とか内務省とかで統計をとつて見ると、活動写真による感化で不良少年になつた数がいくらとか云ふ事を云つて居りますが、私は、活動写真の見方を、父兄が本当に子供

大日本雄辯會講談社ニユース

本社製作の
トーキー映畫完成
全國津々浦々に紹介

本社の事業と其の精神を天下に紹介すべく本社立案のもとに松竹ニユース部によつて作成中のトーキー映畫『文化の母・雑誌の出來る迄』五巻が昨年末に完成致しました。内容は本社の全貌を披露すると共に雑誌が出來上るまでの順序を極めて詳細に而も興味深く紹介したもので、その内容充實さに於て、その編輯撮影の巧妙さに於て、更にその文化的價値に於て正に空前の大成功を收めた特作映畫として、試寫以来各方面から激賞讃歎されて居ります。

因に右映畫は全國の常設館に上映されるほか、本社の映畫班によつて全國津々浦々に紹介、愛讀者諸賢の御覧に供へることになつて居ります。どうぞ御期待下さい。

寫眞說明

『文化の母』の一場面で、本社少年部員が屋上に於て「君が代」を合唱しながら國旗を掲揚するところです。

『文化の母』完成を伝える「大日本雄弁会講談社ニュース」．写真は映画の一コマ．本社屋上にて少年部員が君が代を唱和しつつ国旗を掲揚するシーン(1935 年 3 月号)

に教へていただきたいと思ひます。活動写真は見方によつて、これは生きた教育に近いものではないかと思ふのですがね。」(32-8：451)

もちろん、講談社の無料公開は地方常設館にとって脅威であり、種々の妨害をこうむったと「社史」は記述している(「社史」下 224)。そうした抵抗をはねのけて、一九三三年には映画班を拡大した「全国巡回教育映画会」が組織された(33-3：416)。

「第二国民の徳性涵養、思想善導の大目的を以て新に設立された本社全国巡回教育映画会では、更に陣容を整へ、茲に実益興味両全のフイルムを厳選し、東京近県を皮切りに、全国巡回の壮途に上りました。」(33-4：443)

その巡回先は、『キング』誌上の「大日本雄弁会講談社ニユース」でその都度、報告されている。

「去る七月三日いよ〳〵出発、同月十五日まで埼玉県下の各都市を巡つて、到る処で大変な人気、素晴しい好評を博し、予期以上の大成功を収めることが出来ました。」(33-9：468)

このときの上映作品は、『僕の武勇伝』(キング掲載トーキー)、『のらくろ二等卒』(少年倶楽部連載、田河水泡原作、村田安司作画、横浜シネマ商会、一九三三年)、『少年戦線』(少年倶楽部掲載、大倉桃郎原作、三上良二監督、マキノプロ、一九三〇年)、『世界横断』(猛獣映画)である。その後も、訪問地の予告は『キング』誌上のニュース欄でも逐次告示された。最初は地元書店が上映の世話役となったが、やがて学校と直接結びつき一九三五年には二班、三七年三班、四〇年には七班に拡大され、朝鮮半島にも巡回は及んだ(15)。

一九三五年には秋の「雑誌週間」に向けて講談社立案、松竹ニュース部製作の宣伝トーキー『文化の母・雑誌の出来る迄』五巻が公開され、大日本雄弁会講談社は映画制作に進出した最初の出版社となった(35-3：486)。この映画は松竹系常設館でも全国上映され(35-9：464)、同時にキャンペーンソング『雑誌小唄』(西条八十作詞)も作られた(35-10：42 f.)。

一人一人が　雑誌のページ、
開けて日本の夜が明ける。
家に居ながら　選りどり見どり、
雑誌文化の百貨店。

勇士いぢらし　露営の月に
故郷を想うて読む雑誌。
軒に電灯　炉辺に雑誌
在れば浮世に闇はない。

トーキー『文化の母』を見た観客の脳裏に浮かんだのは、前年発行された陸軍パンフレット『国防の本義と其強化の提唱』(陸軍省新聞班、一九三四年一〇月一日発行)冒頭のフレーズ「たたかひは創造の父、文化の母」ではなかったろうか。[16] このパンフレットでは国際情勢の緊迫に対処するため、経済、外交、国民教化など高度国防体制に向けて抜本的改革の断行が主張され、国際主義・個人主義・自由主義思想の芟除(さんじょ)が謳われている。このパンフレットの草案執筆者である陸軍砲兵大佐・清水盛明も、一九三九年八月号に「戦争に勝つ為めに国家総力戦の戦士に告ぐ」を寄稿している。

「国民は皆国家総力戦の戦士であります。昔の武力戦の様に軍人だけが戦士ではなく、国家総力戦となると、軍人は素より、官吏も政治家も、学者も教育者も、農工商等の各種の職業に従事する人も、其の他の老幼男女も皆等しく戦士であります。(中略)新聞、雑誌、放送、映画、演劇、演芸等、言論思想の指導宣伝に任ずる人々は積極的に国策に協力し、特に日本精神の顕揚、時局認識の徹底、国民精神総動員運動の実践事項の促進等に努力すると共に、大いに対外思想戦を強化すること。」(39-8：76-78)

こうした要請に応じて、講談社映画班は青少年向けの時局映画を上映し続けた。映写機は三五ミリ・デプライトーキーを一四台、備付映画フィルムは「日本精神の昂揚に資し、感激深く興味豊かにしてしかも悪影響なきもののみを厳選して」六三本、「年間平均開催数千五百内外、観覧人員一五〇万人以上」を動員したとされている(「正伝」707)。

第三節　キング映画への道

野間清治の映画産業への進出意欲は、阪急・宝塚の総帥・小林一三との対談の中で明確に語られていた。文藝春秋社長・菊池寛が司会となり、『キング』一九三七年三月号をめぐりながら二人は対談を始めた。[17] 同号には、小林が阪急の新社長に抜擢した「中学を出ただけの平社員の美談、「佐藤博夫氏出世鑑(かがみ)」が「最近出世幸運児物語」の筆頭で取り上げられている(37-3：574 f.)。また同号では、菊池寛も連載小説「現代の英雄」に加え、連載コラム「僕のメモより」で「読書浄土」を謳いあげている。

「日本の印刷文化は、世界に冠絶してゐる。日本位、古今東西あらゆる書物が、廉価に提供されてゐる国はないであらう。日本は、読書家に取つては、天国である。」(37-3：94)

ちなみに、この座談会が行われた一九三七年二月、林銑十郎内閣組閣に際して、野間清治は文部大臣を打診されたといわれている。[18] これは、実現しなかったが、統制派の立場で反政党的姿勢を貫いた林内閣周辺で、野間と講談社が高く評価されていたことは確かだろう。

この「両雄対談」は、「日本の映画事業に就て」の見出しで始まる。映画をめぐる野間、小林の奇妙な鞘当てが興味深い。冒頭で野間は小林と二〇年ぶりに会うというが、最初の出会いも和やかなものではなかった。

野間「その時お目に掛かつたのは、私の方の雑誌に宝塚の記事が出まして、その中に少女歌劇の生徒さんのことを女優と書いてあつたので、小林さんが怒つて訴へなすつた、その事件の時なのです。」

それもあってか、野間は『少女倶楽部』編集部に次のような指示を与えていた。

「少女歌劇などに興味をもつのは極く一部の人であるから、かうしたものは成るべく取上げないやうにしたい。」(「正伝」555)

一方で、小林は『キング』にもしばしば寄稿したが、野間批判の急先鋒である宮武外骨に財政的援助を与えた財界人として有名である。両者の直接対談に張り詰めた空気があったとしても不思議はない。まず野間が映画の教育的効果を強調し、映画事業への意欲を表明する。

野間「現在では、映画は三班ありますが、今度、五班にしようと思つて居ます。(中略)私も、いつかは、さういふ良い映画を拵へて、教育的に、御国のために、同胞のために尽し度いなどと考へて居ります。(中略)私は、ふだん外へは出ませんが、一月に一度位は、自宅で映画を見ることにして居ります。」

さらに野間は、教育改革として全国の小学校に映画観覧場の設置を主張する。

野間「経費は思ふ程かゝるまいと思ひます。観覧所と雨天体操場とを兼ねた様なものを、学校に一つづつ建てれば宜いのですからね。」

こうした「映画報国」論に対して、小林は水をさす発言に終始している。

小林「私はまだどうしても、映画をやらうと云ふ気にはなれませんね。日本の今の映画と云ふものは、私共事業家の立場から見ると、非常に危険に見えるのです。（中略）算盤の基礎がてんで無いですね。（中略）私は、六大都市の映画館だけは、やつて行けると云ふ自信がありますが、田舎は全然見込みが無い。」

だが、この半年後、一九三七年八月にＰＣＬ映画制作所、ＪＯスタジオ、写真化学研究所を合併して東宝映画株式会社を興すのは、他ならぬこの小林である。野間と小林の映画談義は平行線のまま続き、司会の菊池も接点を探りあぐねているが、それは両者が映画に求める目的の違いに由来していよう。映画をもっぱら社会教化の手段と考える野間に対して、都会的な健全娯楽と考える小林は映画に過剰な期待を寄せてはいない。

小林が作ったモダンな宝塚少女歌劇団と、野間の作った守旧的な講談社少年部ほどに異質な両者の議論を、菊池は次のように強行着陸させている。

小林「私共は、ノラが家を飛び出して、色々不幸な目に遭つて、後でノラに「あゝ。飛び出さなければよかつたナア」と言はせたいのですが、今の若い人はさうぢやありませんね。芝居でもさうだと思ふのですが、若い人は、私共の考とは、反対ですね。」

野間「さうでもないでせう？」

菊池「ハハハ……。いや、さう云ふ連中もあるし、講談社の雑誌なんかは、どれも之（これ）も、皆な教訓的のものですが、あれがあんなによく売れるところを見ると大衆は矢張り、さう云ふものを或程度迄、望んでも居るのですな。」

野間「淫蕩なものや人間の弱点を扱つたものは、歓迎されません。之は見る事を好まぬといふのではないが、人間の本然の気持としては、見たあとの気持がいゝものではない、何となく気持が濁る、不愉快な感じさへ残る。ですから、映画や雑誌などでは、扱はない方がよろしい様に考へて居ります。」

小林「さうすると、浪花節を利用して、教育をやるのと同じ事ですね。」

慶応義塾正科を卒業し三井銀行に入社したモダニスト小林の一言に込められた毒が、野間に伝わったかどうか。小林はさらに追い討ちをかける。

小林「文部省の拵へる映画は、どれも之も、何処へ行つても面白くないので困りますね。」

小林の脳裏に、「私設文部省＝講談社」の連想はあったであろうが、この対談録を読む限り、野間はそれに気づいていない。あるいは、気づかないふりをしていたのだろうか。そうであれば、自著を映画化した『栄え行く道』(新興キネマ、一九三二年)の不評と興行失敗も脳裏をかすめていたであろう。

自伝映画『栄え行く道』

この「自伝」映画について、「正伝」も「社史」も一切黙殺している。「新興キネマ太秦通信」によると、最初は渡辺新太郎監督で予定されていた特別企画である。

「次回作品は予て立花〔良介〕専務に映画化を計画、数次の交渉の結果確定した野間清治氏の著書『栄えゆく道』を製作と決定、目下藤田潤一氏が潤色中であるが、本篇は現代劇オールスターキャストにて部分的発声版にて発表する由。[19]」

しかし、一〇月二一日号の同通信で監督は、曾根純三に替わり、藤田潤一・九鬼隆爾脚本、主演は由利健次、徳川良子ほかでサイレント撮影された。この映画の製作意図について、新興キネマ撮影所宣伝部長・米田治は「キワ物に栄光あれ」と述べている。[20] 一九三二年の日本映画で最大収益を上げたのは「三勇士物」と『天国に結ぶ恋』(五所平之助監督、松竹蒲田)という二種類の「キワ物」であった。前者の場合、素材がすでに国民的なセンセーションを起こしておりニュースのままに映画化すればよかった。そのため三勇士映画は、二流三流プロダクションで同名映画が濫作され、いずれも興業的に成功した。すなわち、『忠魂肉弾三勇士』(河合映画)、『爆弾三勇士』(日活太秦)、『忠烈肉弾三勇士』(東活、同名で一九三六年マキノトーキー)、『昭和軍神肉弾三勇士』(福井映画)、『肉弾三勇士』(赤沢映画)などだが、[21]『キング』一九三三年一一月号「映画大特輯」によれば、新興の『爆弾三勇士』(小川正監督)は日本映画史上もっとも安く出来たヒット映画である。

「撮影日数僅に三日間、セツトは簡単な兵舎を只一つ、ロケーシヨンの費用が大枚一円七十銭也だつたといふから驚く。それでゐて大当り、全社員に大入袋を出させたホームラン映画である。」(33-11：469)

「三勇士」報道から二ヶ月後、五月九日神奈川県大磯町の坂田山で慶大生と恋人の心中死体が発見され、センセーショナルに報じられた。これを映画化した『天国に結ぶ恋』を米田は、「ロマンティックなセンチメンタリズムを近代的粉飾の中に生かす事に成功した」と、映画として技術的高さを評価している。こうした映画界のキワ物流行は、その素材を提供する新聞雑誌の変化とも連動している。

「その供給先であるジャーナリズム自身が、文芸第一主義の旗を下ろしかけてゐる。昨今ぼく達の目を惹く新刊の雑誌広告の特号活字は、曰く非常時日本何々座談会、曰く軍国主義講話でなければ様々にスタイルを変へた人生記録、告白物等々、すなはち所謂キワ物を呼物(よびもの)として読者にうつたへてゐる。(中略)若しジャーナリズムの現在の行方を正しいとしたら、少くとも大衆の心の動向の反映であるとしたら、映画がキワ物を重要な課題としてとりあげる事に遅すぎても決して早すぎはしないだらう。[22]」

米田は、技術的に高い自社製作「キワ物」映画の具体例として、撮影中の『栄え行く道』と『世界の戦慄――国防篇 日本若し空襲を受ければ』(田中重雄監督)を挙げている。しかし、映画『栄え行く道』の内容紹介を読む限り、「かくて正しい者の上に光輝ある生活が展(ひら)ける[23]」という結末のほかは、原作とはほとんど無関係なストーリーとなっている。

『栄え行く道』は、一九三三年一月七日に嵐寛壽郎主演『丸橋忠弥』(山本松男監督、嵐プロ)と二本立てで新興キネマ直営の電気館(浅草)、帝国館(新宿)で封切られた。主題歌「春は来る来る」(時雨音羽作詞、堀内敬三作曲、春山一夫唄)は、「栄えゆく道小唄」(野口雨情作詞、大村能章作曲、新橋小多美唄)と組み合わされてキングレコードから発売されている(33-2:426)。

しかし、映画興行的には失敗作であった。「内外映画興行価値」(『キネマ旬報』四五九号)は、

「講談社がこの単行本に大宣伝を懸(かけ)てゐた当時、この作品が出来上つてゐたら、相当興行的にヒットしたのではないかと思はれる」としつつも、評価は手厳しい。

「古い人物のヒロイックな自叙伝物語などと云ふものは、どうしても都会的な趣味ではないから、封切館の不振となつたのであらう。あれ程(講談社の)宣伝が利いてゐるのだから、タイトル・バリュウ丈でも好い作用をするのではないかと思はれたが、所謂講談社趣味は断じて都会のものではないのだ。だから、地方的には、必ずこの映画は好評を博すると想像される。(24)」

しかし、地方での好評を伝える記事は見当たらない。次号『キネマ旬報』(25)批評欄で友田純一郎は、「古くさい教訓談を映画化さう(ママ)とした企劃の誤り」と切り捨てている。こうした世評も、野間の映画進出を慎重にさせた理由の一つであろう。

内閣情報部参与

それにしても、この奇妙な鼎談の三人は、その半年後に設置された内閣情報部に深く関って行くことになる。野間と小林はそろって内閣情報部の参与に選任された。翌年、逝去した野間の後任に迎えられたのは、司会を勤めた菊池である。

一九三七年九月二五日、内閣情報部は内閣情報委員会より改組された。この改組によって従来の職掌、すなわち関係各省との連絡調整、国策通信社・同盟通信社の監督とならんで新たに「各庁ニ属セザル情報蒐(ママ)集、報道及啓発宣伝ノ実施」が加わり、独自な情報宣伝実施機

1937年10月2日首相官邸における内閣情報部参与の初会合記念写真．前列右より芦田均，野間清治，風見章，増田義一，大谷竹次郎，2列目右より緒方竹虎，高石真五郎，片岡直道，古野伊之助，3列目左端に横溝光暉内閣情報部長(「正伝」807頁)

関が成立した。情報委員会の仕事を引き継ぎ『週報』『写真週報』『東京ガゼット』などを刊行するほか、思想戦講習会、思想戦展覧会、時局問題研究会、地方時局懇談会などを開催し、その要員は各省派遣者も含めて約一五〇人に達した。これに対応して事務局の比重が高まり、「事務官」に代わって新たに一二名の常勤「情報官」という職制が設けられ、民間メディアなどの協力を得るため勅任官待遇の「参与」制が導入された。参与には、新聞界から緒方竹虎(『東京朝日新聞』専務取締役兼主筆)、高石真五郎(『大阪毎日新聞』『東京日日新聞』取締役兼主筆)、芦田均(ひとし)(ジャパンタイムズ社社長)、通信社から古野伊之助(同盟通信常務理事）、放送界から片岡直道（日本放送協会常務理事兼業務局長）、出版界からは野間清治の他に増田義一（実業之日本社社長、印刷文化協会会長）、映画・演劇界から小林一三（東宝映画社長）、大谷竹次郎（松竹株式会社社長）、学識経験者として前情報委員会委員長・藤沼庄平が任命された。

この内閣情報部時代に、戦後に連続するメディア体制が整理統合の名のもとに急速に構築された。特に、映画では、一九三八年秋からニュース映画四社の統合が検討され、翌三九年四月五日の映画法制定をうけて、一九四〇年四月一五日社団法人日本ニュース社に一本化された。だが、この映画法体制は、小林と野間の映画観、すなわち「最重要な国民の娯楽」という現状認識と「国民教化・国策宣伝」という活用意図を併存させたまま成立していた。我が国初の文化統制立法である映画法に、文部省が深く関った背景には、観客の主流が低学歴の青少年であり、なお低俗文化の代表例の一つと目されていた国産劇映画を、「推奨されるべき文化」にしようという意図が存在していた[26]。これまでの映画法に関する研究は、雑誌研究と同じく、政府の操作統制（能動性）と受け手の感化同調（受動性）を前提として行われてきた。しかし、娯楽雑誌が購読を強要されたことがないように、映画も学校行事を除き鑑賞を強制されるものではない。観客の人気、敢えて世論と言ってもよい、が映画事業を左右した事実は過小評価するべきではない。

また、インテリ知識層が大衆映画に向けた視線も、『キング』に向けられたそれとよく似ている。『キング』連載の時代小説がさかんに映画化されたこととあわせて、「映画報国」を掲げた映画法も意図において「キング映画」、すなわち「面白くて為になる」映画を目指していた。その意味では、戦時動員の本格化は、映画における教化と娯楽の対立を「大衆の国民化」において止揚しようとしていた。

さきの鼎談の最後に、野間、小林、菊池は、戦争とファシズムについて次のような会話を残している。

野間「嘗て、私の師として敬慕して居りますキリスト教の堀貞一先生に、方々に戦争があるといふ事について、先生の御考を伺つた事があります。先生は、之も神様の思召、摂理によることであつて、之でよろしいのでせうといふお話でした。（中略）その時、私は、先生の様な方が、こんな風に考へてゐられるのかと、遽かに考へ出して、今までの考へ方をあらため、総べてに勝ち得る様に、神様の思召に適ふ様に、斯くて戦に依つて悪い思想も悪い感情も悪い性格も世の中から死に失せて、美きもの正しきもの優れたるものが天地に留まる様になるのだ、斯の意味を先生に云はれたのではあるまいか、それ故人に於ても国に於ても、優越の地位を占める様にならなければならぬものだとつく〲感ずる様になりました。」

野間が引用した堀貞一（一八六三―一九四三年）は新島襄の洗礼を受け、一九〇九年よりハワイ日本人独立教会牧師をつとめ、一九二七年帰国後は同志社大学宗教主任、同志社教会牧師を務めたキリスト者である。堀は、「新島襄先生を懐ふ」(31-11：30 ff.)など『キング』に寄稿しているが、本当に戦争を「神様の思召、摂理によること」と言ったかどうかは確認できない。

小林「ヨーロツパの様な国に住んで居ると、自分が少しぼんやりして居れば直ぐ横合から出て来られるに決まつて居るので年中武装して居り、年中、国家非常時の形ですね。――だから私は、戦争は必ずある、と云ふ事を確信して帰つて来ましたですよ。」

菊池「戦争は宜いけれども、僕は、内乱は厭ですな。内乱はどうかして無くしたい。日本なんかも、内乱が起らないやうに、或る程度、お互に協和して、内乱だけは起して貰ひ度くないな。」

小林「内乱は莫迦々々しいですな。けれども、日本は、内乱は起りませんよ。私は日本は、ファツシヨも起らないし、独裁政治も起らないと思つて居る。日本位、何も彼もうまく行つて居る国はありません。之は今日は軍人の間に於ける革新派と云ふものが、真剣だからでもあります。あの連中には、少しも邪気が無い。」

これは二・二六事件から一年後、日中戦争勃発の半年前の座談会である。小林一三は一九三八年二月に首相官邸で行われた第一回思想戦講習会で「思想戦と映画及び演劇」を講演している。[27]小林は、ここでも「娯楽特有の効果」を強調して、内容の画一化をまねく統制強化に反対し、製作者の「競争」の必要を訴えている。製作者の自主性を制限する映画内容の統制を小林は批判しているが、むしろ配給や経営の合理化は積極的に要求しており、「効率性」の論理が貫かれている。しかし、こうした効率性の重視は、結果的には映画を教化メディアと考える野間の方向で、革新官僚が主張した「教化的指導的任務を積極化」する映画報国にからめ取られていった。

急逝した野間の後任として内閣情報部参与となり、一九四〇年二月開催された第三回思想戦講習会で「思想戦と文芸」を報告したのは、菊池寛である。この講演で菊池は、文芸と思想とは何らの関係もないと言い切り、思想の宣伝に文芸を利用すると「二流のもの」になると主張している。第I部で紹介した菊池の「大衆文学と純文学の定義」(本書二七頁)からすれば、それは当然の帰結である。「旺盛を極めましたプロレタリア文芸が結局物にならなかつた」理由も、宣伝のために受け手のコードで「人生の嘘を書いては本当の文芸とは言へない」からである。

「その当時私なんかも『文藝春秋』を出しましたのは、矢張りプロレタリア文芸に対抗する為もありました。プロレタリア文芸は本当の一流の文芸ではない、思想を宣伝する為の文芸だから嘘が出て来る、自分の思想を尊いと思ふから、其の思想を宣伝しようとすればどうしても嘘が出て来るのであります。(28)」

しかし、この論理は「思想戦のための文芸」にも跳ね返ってくるはずだ。情報関係のエリート軍人や官僚を前に非公開で行われた「密教」のため、菊池の本音がよく表れている。当然ながら、一般国民に語られる「顕教」は異なる。情報局文芸課長・井上司朗は、『キング』記者のインタビューに答えて、次のように「国民文学」を語っている。

「つまり芸術のために民族があるのでなくて、民族のために芸術があるのです。(中略)私としては、国民文学といふものは民族の生成発展しようとする本質を正しく具象化し之を鼓舞する文学であるといふやうに解してゐるわけです。(中略)作家が若しも純真な動機から出たならば、お国のための御用文学、又結構ではないでせうか。その作品が初めは非常に生硬だつたり、観念的なものであつても仕方がないと思ふのです。」(41-9 : 156-161)

菊池の自己矛盾は、「二流のもの」、すなわち大衆文芸を書きながら、それに満足できなかった自身の教養に由来する。野間・小林との鼎談で菊池の演じた奇妙な役割も、そこから説明できよう。

思想戦講習会で報告することなく没した野間は、「キング映画株式会社」を創業することも出来なかった。しかし、その意志を継いだ講談社は、一九四〇年一二月に記念トーキー『初代社長様』、児童向宣伝映画『心のお友達』など映画の自主制作を手がけている[29]。『キング』一九四一年新年号では、映画化・レコード化を前提とした一等賞金三〇〇〇円の「時局小説懸賞大募集」が、新興キネマとの共催で告示されている。陸軍省、海軍省、大政翼賛会の後援を得て、審査員には『キング』編集長・淵田忠良、新興キネマ東京撮影所長・六車修(むぐるま)、作家・竹田敏彦、木村毅、尾崎士郎のほかに、陸軍省情報部長・松村秀逸、海軍省海軍軍事普及部委員長・伊藤賢三、大政翼賛会宣伝部長・久富達夫が加わっている(41-1 : 99)。同年七月号の当選発表では、千数百篇の応募の中から戸澤みどり「明日の課題」が選ばれた(41-7 : 237)。「明日の課題」は一九四二年三月号に著者写真経歴入りで披露されているが、映画化された形跡はない(42-3 : 56 ff.)。

続いて一九四一年八月号では「航空映画小説」大募集(陸軍省、逓信省、海軍省、情報局後援)が公示されている(41-8 : 138 f.)。『キング』掲載の航空小説としては、一九三九年七月号から一二月号まで連載された北村小松「燃ゆる大空」が有名である。一九四〇年九月二五日同名の東宝映画(阿部豊監督、円谷英二特撮、大日方傳主演)で封切られ、同名の主題歌(陸軍省選定、佐藤惣之助作詞、山田耕筰作曲)は日本放送協会の「国民歌謡」第六四集に採用され大ヒットしている。翌年二月に当選三作、佳作三作が発表されたが、映画化に関する記載はすでに存在しない(42-2:97)。前年九月より、映画フィルムの民需使用が制限され、一九四二年一月新興、大都、日活製作部門を統合した大日本映画製作株式会社(大映)が発足した後、映画製作は、松竹、東宝、大映の三社で月二本に制限された。奇しくも、というより当然だろうか、統合会社・大映の初代社長に就任したのは、野間の後任として内閣情報部参与となった菊池寛である。もし野間が生きていたなら、菊池のポストは彼の手に帰し、当選作品が実際に製作されたのではあるまいか。

それでも、一九四三年一月、講談社映画班員一五名が陸軍航空本部嘱託に任命され、陸軍航空映画の上映を委託された(「社史」下224f.)。また、海軍からも上映映画の実費購入の便宜を得て、「年々十数万円の経費を投じて、百八十万の全国青少年に眼による文化宣伝を続けてゐるのである。」(「正伝」707)

第三章　「日刊キング」と戦争ジャーナリズム

野間の映画へのこだわりは、彼の「新聞王」を目指す立場からも説明できる。満洲事変以後、全国紙『朝日新聞』『毎日新聞』は、ラジオ・ニュースの速報性に対抗すべく、ニュース映画に進出した。一九三一年九月朝日新聞社は「事変活動写真公開第一報」、毎日新聞社は「満洲事変映画第一報」の巡回上映を始めた。翌一九三二年一月、朝日は『輝く皇軍』、毎日は『守れ満蒙』を劇場用記録映画として公開し、いずれも大ヒットとなっていた。これを契機に一九三四年から「朝日世界ニュース」「大毎東日トーキーニュース」の定期製作が開始された。アメリカでは映画会社がニュース映画を製作したのに対し、映画資本の弱体な日本では新聞社が「目で見る新聞」としていち早くこの分野に進出していた。松竹は独自にニュース映画を製作配給したが、東宝系はユニバーサル、ウーファと提携した朝日新聞社から、新興キネマを主とする日活系はＲＫＯ・パテと提携した毎日新聞社から配給を受けた。これを追った「讀賣新聞発声ニュース」の製作が軌道に乗るのは、一九三七年の日中戦争勃発以後である。

こうした全国紙のニュース映画進出を、報知新聞社長・野間清治が焦りをもって眺めていたことは想像に難くない。もちろん、『報知新聞』にも映画班は存在していた。『キング』一九三三年四月号には、報知新聞社主催の満洲青年慰問団による野間社長宅への帰国挨拶が報告されている。

「尚、その節、社長の演説は報知新聞映画班によりトーキーに収録されました。」(33-4：442)

一九三六年六月一日、報知新聞創刊六五周年に際して、野間は「時代の趨勢と新聞紙の使命とに鑑み、国家社会に貢献せんことを期して」、以下の五大記念事業を発表している。「露満国境踏査並に警備隊及び移民団の慰問隊派遣」「在満皇軍並に同胞移民の慰問袋大募集」「南方問題調査会の設置」「東京府観光十二ヶ月の設定」とならび、「報知トーキーの配給」(東亜発声ニュース映画製作所と提携)がそれである。「報知トーキー」の設立目的には、文化、教育、科学、ニュース等の短編映画製作配給が謳われている。[30] 野間の映画への関心は、新聞経営を介しても高まって行った。まず、野間が『報知新聞』の経営を引き受けた経緯から見ておきたい。

第一節　報知新聞と「新聞王」

野間の英文自伝『日本の雑誌王』(一九三五年ドイツで出版された『講談社』の副題で「日本の新聞王」に変化していた。『キング』一九三〇年九月号には、「野間本

社々長　報知新聞社長に就任、日々奮励」が報じられている。

「今回野間本社々長は、前報知新聞社長大隈信常侯その他知名の方々よりの懇望に依り、報知新聞社長に就任、同社経営の任に当られることになりましたが此炎暑にもめげず、病ある身を以て日々出社、どうしても崇高なる新聞道を打立て、雑誌と新聞を以て、御国のため、同胞のため、大いに尽したいと汗だく〳〵の大奮闘であります。何卒、本社のため同紙のため一層の御援助を懇願申上げます。」(30-9：421)

報知新聞社は、明治新聞界における名門中の名門である。一八七二年『郵便報知新聞』(一八九五年『報知新聞』に改題)として創刊され、明治末期から大正期にかけては東京で第一位の部数を誇っていた。大震災直前の一九二三年八月、東京の五大新聞は、『報知新聞』三四万部、『国民新聞』三〇万部、『時事新報』三〇万部、『讀賣新聞』一〇万部、『萬朝報』一〇万部であり、大阪系資本の『東京朝日新聞』と『東京日日新聞』が二四、五万部でシェアを伸ばしていた。震災後も報知新聞社はいち早く復興し都内トップの七〇万部突破を宣言し、翌一九二四年七月から連載された白井喬二「富士に立つ影」が大衆文芸の傑作として好評を博した。この白井を中心に組織された二十一日会が一九二六年一月に創刊した『大衆文芸』は報知新聞社出版部から発行されている。

しかし、『東京朝日』『東京日日』が本格的に首都圏制覇に乗り出し、正力松太郎の『讀賣新聞』が追い上げの攻勢をかけると、『報知新聞』の部数は減少の一途を辿った。一九二七年、町田忠治社長の農相就任後一年半も空席だった社長に、大隈信常が就任する。大隈は松浦伯爵家の出身で、東京帝大法科卒業後、ケンブリッジ大学に入学し、帰国後大隈重信の養嗣子となり、一九二二年より貴族院議員、翌二三年から早稲田大学名誉総長に就任した伝統的エリートである。一九二九年五月、手堅く守勢の経営方針をとる大隈社長に対して、積極策を求めた大田正孝副社長が対立し、編集局長、営業局長、企画部長、社会部長を含む中核が退社する混乱状態が続いていた。一九三〇年六月二五日、これを収拾すべく迎えられた経営者こそ、『キング』の成功で絶頂にあった野間清治である。

副社長には、『雄弁』創刊の契機となった緑会弁論部を野間書記とともに組織した寺田四郎を据え、講談社から監査役・赤石喜平、広告部長・皆川省三、販売部長・岩崎英祐ほかを引き連れて野間は報知新聞社に乗り込んだ。

この時点で、『報知新聞』は『東京朝日新聞』『東京日日新聞』に続いて都下第三位の発行部数であったが、『讀賣新聞』の猛追にさらされていた。『讀賣』は『報知』『時事』追撃のため発行部数公開に踏み切り、自紙の広告料引上げを行った。正力が発行部数の非公開という新聞業界の不文律を破ったため、ここに「正力讀賣子と野間報知子の抗争」が勃発したと、『実業之世界』一九三三年五月号は伝えている。

「報復手段として、敢然戦を挑んだのが、野間社長経営の大日本雄弁会講談社の広告掲載ボイコットであつた。爾来正力対野間両君の対立抗争は益々激化し、広告代理店で内外通信社を兼営してゐる博報堂の瀬木〔博尚〕翁は、両者の抗争を調停すべく斡旋に努めたが、図に乗つた正力君は此の仲介者の斡旋に対し、自己の不信行為を棚に上げ、講談社に降伏するを

潔しとしないと、自己満足の強がりを見せ頑張つてゐる。(31)」(強調は原文)

崇高なる新聞道

厳しい部数競争を勝ち抜く戦略として、野間は「清く明るく正しき新聞」をモットーに雑誌的な紙面づくりを採用した。一九三〇年七月二〇日付『報知新聞』朝刊に掲載された「新聞界の一新紀元　大報知の大計画」と題した六段抜きの特大社告は宣言する。

「国家の繁栄の為めに、人類の福祉の為めに、努めて社会の美しきを挙げ、宜しきを探り、依つて以て世道人心の帰趨する所を暗示し、進んで俗を易へ風を移す。」

報知新聞社員に配布された小冊子『崇高なる新聞道』の要点は、「日刊キング」化である。

「ニュース本位の新聞には一種の圧迫感がともなひます。紙面に明るさを添へ、多彩的に興味豊かにする為に、ニュースと関係のない、為になる面白い記事や、名士の言葉を中に挟みたいと思ひます。(32)」

一方、『キング』一九三三年新年号に掲げられた読者向けの宣言、「日本一の報知新聞」にはこうある。

「野間社長によつて提唱された「清く、明るく、正しく」の現れとして、社会万般の出来事を洩れなく報道するは勿論ながら、大衆の一時的刺戟と興味に乗じ、特に報道を誇張するが如きことは断じてなく、善良なる風俗を害する如き劣悪惨忍なる記事には特に注意を払ひ、常に「安心して家庭に入れ得る新聞」を目指してゐることは、報知の有つ特色中の特色とい

はれて居ります。」(33-1：432)

内外に向けられた両宣言の表現は、『キング』一〇〇号記念に救世軍中将・山室軍平が寄せた祝辞とほとんど同一である。

「近頃の雑誌は、往々人の動物欲に訴へて、大いに売らん事を求めるものが多過ぎるやうに思ふ。その中にキングは、どこまでも体面を持して善良なる家庭の読物たるに恥ぢない事に努めて居らるゝ様に考へられる。誰に読まれても何か得る所がある。傷けられる怖れがないから、頗る健全な一般的家庭にとつて随一のものであると思つてゐる。敬服して居ります。」(33-4：316)

具体的には、雑誌拡大の定石である「大附録作戦」が『報知新聞』でも開始され、菊池寛、白井喬二、佐々木邦などの小説、木村義雄八段の「将棋上達の道」などを掲載した週刊『日曜報知』(B5判、三二頁)が定期購読者に無料配布された。さらに、翌一九三一年三月からは隔週誌『婦人子供報知』を加え、附録雑誌は一月六冊になった。一九三三年一二月から第一・第三日曜に『日曜報知』、第二・第四日曜に『婦人子供報知』と交互に月四冊の配布となり、一九三七年二月の有力八紙による販売合理化協定成立まで附録雑誌は発行された。(33)

すでに「社長就任の辞」で、野間は講談社における今後の計画として「その内に月二回の雑誌も出して見たい、更に進んでは月四五回の週刊の雑誌をも出したい」と述べている。(34) 当時の週刊誌といえば『週刊朝日』『サンデー毎日』いずれも新聞社系であったことを考えると、新聞王をめざす雑誌王の『日曜報知』創刊は必然であった。

紙面内容でも、雑誌の普及を婦人誌がリードした経験からであろう、「家庭向き新聞」が目指され実用記事に重点が置かれた。「改良婦人服」や「家庭遊戯」の懸賞募集、「家庭経済座談会」など連載記事のほか、一九三二年四月からは育児・健康・家事・法律・身上の五部門にわたる「家庭相談」欄も出現した。さらに、一九三三年正月には四六判で三〇〇頁を超える『家庭面白読本』が無料配布された。この年三月の増頁により朝刊の家庭面、ラジオ面が独立し、一九三六年一一月には家庭部が新設された。同年二月からは朝刊に「報知グラフ」「報知東京版」の二頁が登場し、一〇月からは朝刊に「趣味ページ」、夕刊に「コドモページ」「演芸映画」欄が加わって戦前最高の朝夕刊二〇頁立となった。毎日曜日の紙面には、各方面名士の修養講話を掲載する「日曜講壇」、商工関係読者の啓発を目的とする「商売往来」欄を作るなど、「雑誌」的性格がますます強化され、「日刊キング」化は進んだ。一九三二年、「報知新聞の歌」(土井晩翠作詞、堀内敬三作曲)が発表された。

明るく　正しく　清きを理想
明治の　五年に　基(もとい)を定め
波瀾を　凌(しの)ぎて　次第に進む
「報知」「報知」あゝ　わが「報知」！

二番以下の歌詞、「育てし伝統」「文章立教」を眺めると、晩翠が「大正の新雑誌」「雑誌報国」を念頭に、講談社との差異の表現に苦心した様子も想像できる。

一方で、創刊以来「家庭読本」を自称した『キング』は、満洲事変以降、急速に時局的要素を取り入れて政治化していった。結果からみれば、『『キング』の新聞化」と『『報知新聞』の雑誌化」は同時進行したことになる。しかし、政治的であるべき新聞が、時局の推移を無視して日常性にまどろむことはできなかった。そのため、野間の報知改革は矛盾するベクトルを抱えた中途半端なものになった。その最たる例が報知新聞社が行ったメディア・イベントである。

報知新聞社は一九三二年八月に「新東京八名勝」を募り、一九三三年に大陸認識を深めるため「満鮮版」を始めたが、いずれも『キング』の特集と連動する雑誌的企画である。その極め付きは、一九三三年一二月二三日皇太子殿下御生誕を記念し、模範的人物(文化賞一名、功労賞一〇名、篤行賞二五名)を表彰する「報知賞」制定である。一九三一年に教育勅語渙発四〇周年記念事業として講談社が制定した「キング賞」の高級版といえる。もちろん満洲事変に際しても、『朝日』『毎日』の先手をとって、『報知新聞』は愛国歌「満洲の歌」「満洲小唄」の懸賞募集を始めた[35]。イベントとしては、不運にも一九三二年二月一〇日の募集締切りから一二日後、上海事変で「昭和の軍神」が生まれた。それを軍国美談としてセンセーショナルに報じた『朝日』『毎日』は、二月二八日から「三勇士」顕彰歌の募集を開始した。こうした状況を考慮すると、『報知新聞』への応募数六万二〇一九通は、『朝日新聞』「肉弾三勇士の歌」の一二万四五六一通、『毎日新聞』「爆弾三勇士の歌」の八万四一七七通に較べても健闘しているとは言えよう。同じように、失敗に終わった「報知日米号」の北太平洋横断飛行(一九三二年)は、『朝日新聞』の「初風」「東風(こちかぜ)」号の訪欧飛行(一九二五年)を航空イベントにおいて乗り越えようとしたものである。[36] だが、こうした派手な宣伝キャンペーンと附録・懸賞の大量投入による「野間式」雑誌経営は、新聞事業では通用しなかった。

「大発展大飛躍の空鼓のかげには、大隈社長時代手形による借金二十九万二千百余円(昭和五年上半期)に過ぎなかつたものが、昭和八年上半期には驚くべし三百五万九千六百余円に及んでゐる事実を暴露するに至つた。(中略)而も野間によつて普及化(さ)れた日刊キング的紙面は全く生彩を失ひ報知の加速度的没落は蔽ふべくもない状態である[37]」

こう総括した『時局新聞』は、第五五号(一九三四年五月二一日)から「『日刊キング』報知の正体」を連載している。第一回「勅撰への近道」から「陰険なる社員優遇法」「孟子の首馘り法?」「弔慰金も危く不払」「無責任極まる太平洋横断計画」まで五回にわたり野間の報知新聞経営を徹底的に糾弾している。もちろん左翼的なバイアスはあるが、野間の報知経営失敗は否定しがたい[38]。

結局、野間の目指した「崇高なる新聞道」、すなわち家庭新聞的、当時の表現で「日刊キング」的路線は、満洲事変以後の速報主義、センセーショナリズムの渦にのみこまれ挫折した。『現代新聞批判』一九三六年二月一日に掲載された匿名評論「報知と〝野間道徳〟」は、悪意ある文章だが問題の本質を突いている。

「頭の単純な野間は、偽善と卑俗道徳の看板で押し出せば、講談社もどきの成功疑なしと観た。そこで社会面に孝子節婦忠僕義婢の記事を載せたりした。それが抑も失敗のもとであつた、世間は感心しないで笑つたのである。世間の人間は講談社の読みものに対してはさうした(美談)や卑俗道徳を要求するが、新聞に対しては別な要求を有つてゐるのである。新聞に対しては、もつと高い水準の記事を要求し、同時にセンセイシヨナリズムを要求する。報知はこの両者を欠いでゐたが故に、世間から見棄てられなければならなかつた。報知の経営が益々不振に陥るに至つて、狼狽し出した野間は、道徳の仮面をかなぐりすてゝセンセイシヨナリズムへと乗り出した。太平洋横断飛行の愚挙はセンセイシヨナリズムへのスタートだつた。そこで美事に野間は躓(つまず)いた。[39]」

一つの逆説——国民雑誌と家庭新聞

雑誌メディアの手法を新聞に持ち込んだ「野間式」経営の挫折を、野間の社長就任時に予想した人物がいる。自由主義ジャーナリストとして名高い馬場恒吾(つねご)である。「野間清治と報知新聞」(一九三〇年一〇月)は、次のように始まる。[40]

「野間氏はデーリー・メール式の新聞を作るのだといふ報道があつた。それを見たとき私はこの狙い所は正しいと思つた。(中略)ノースクリフの狙い所は、今迄物を読まなかつた階級に、如何にして物を読ますかと云ふ点にあつた。」

確かに、イギリスでの実質的な男子普通選挙である一八八四年第三回選挙法改正後のノースクリフと、一九二五年普通選挙法後の野間が、取り組んだ課題はよく似ている。選挙権を得た大衆をいかに安定的に国民的公共圏に組み入れることができるか、その意味で馬場の指摘通り「狙い所は正しい」。

一方で、馬場は雑誌王が新聞王となる困難も指摘している。政党的色彩を出さないという『キング』の編集方針は、朝日や毎日と大差ない。しかし、「講談社式の英雄崇拝、偉人崇敬の方針」は、時の首相や大臣を批判することを難しくする。つまり、政府や権力なら何でも反対する新聞が読者の政治理解に役立たないように、いつでも「時の政府に好意を持つ」という講談社方針は「新聞の使命」から逸脱している。さらに、馬場は続ける。

「新聞も雑誌と共に公益事業であり、或程度迄は共に営利事業である。だが、程度の差がある。新聞は其影響する範囲から見て、より多く公益事業であり、雑誌はより多く営利事業である。従つて其経営方針も異るべきであらう。」

講談社本位に寝る間もなく働く講談社社員の心性は、新聞記者に望ましいものではない。新聞社と社会公共の利害が一致しない場合、社会のために自社を批判するのがあるべき新聞記者の姿である。よって、「野間王国の忠臣義士」は新聞記者にはふさわしくない。ところが、野間は講談社方式をそのまま報知新聞社に持ち込むのではないか。こうした馬場の危惧は、みごとに的中した。つまり、「キング十徳」の思考回路、つまり一身の出世は、家族の誉れ、国家の利益、世界の平和という予定調和と、多事争論を前提とする「新聞の公共性」とは相容れなかったのである。

だが、まさにそれゆえに、総動員体制の昂進において「戦時雑誌の公共性」というパラドックスが生まれた。時の政府を批判するのではなく、翼賛することが「新聞の使命」となったとき、大衆的合意を生み出す公共圏で『キング』は大きな位置を占めていった。関心を細分化する雑誌本来の機能は、非常時の国民国家統合において抑制され、情報を総合する新聞的機能を戦時雑誌は果たすようになっていった。

第二節　前線グラフと慰問メディア

一九三〇年代『キング』の報道写真や時局記事の増大は、こうした報知新聞社と講談社の「同君連合」からも説明できる。新聞はラジオの戦況速報の速度に対抗できないため、写真号外やグラビア化による「視覚重視」でラジオの「音声」に対抗していった。特に一九三一年満洲事変の勃発は戦場写真の需要を増大させたが、従軍記者を派遣できない大半の雑誌社にあって、報知新聞と提携した講談社は有利な立場にあった。翌一九三二年に講談社は時局写真を全国の小学校に配布する「教育掲示グラフ」の発行を開始している（「正伝」730）。

そうした報道写真を集めて、講談社は『満洲事変上海事変新満洲国写真大観』（一九三二年四月）、内閣情報部監修『新支那写真大観』（一九三九年一二月）などを発売した（「社史」下432）。そもそも、日本の新聞におけるニュース写真の嚆矢は、『報知新聞』一九〇四年一月二日号に掲載された肖像写真であり、報知新聞社は写真技術の導入によって大衆化に成功した新聞であった(41)。しかし、一九二〇年代に入ると、報道写真の利用では資本力の大きい大阪系新聞に先行されていた。フォト・ジャーナリズムに代用される和製英語「グラフ・ジャーナリズム」の由来は、一九二三年一月に創刊された『アサヒグラフ』（朝日新聞社）である。野間は失

「本誌特約外国漫画　ジミーさん」(1925年3月号)

地回復を目指して、一九三六年二月より報知新聞朝刊紙面に「我が国唯一の日刊グラフ」として「報知グラフ」掲載を始めた。だが、これも『キング』が創刊号から採用した「キンググラフ」の転用と言える。

『キング』漫画と戦争グラビア

創刊号には「キンググラフ」とともに、視覚に訴える漫画として「本誌特約外国漫画　ジミーさん」Little Jimmy(25-1:214)と麻生豊「ママーと亭主」(同前:105)が掲載されていた。目次では「西洋ポンチ」とも表記された「ジミーさん」は、一九二六年三月号まで断続的に連載された。麻生は一九二三年一一月二五日より三年間『報知新聞』で連載された四コマ漫画「ノ

勝又泰「地球の大掃除」『電撃漫画中隊』(1942年3月号)(右)と北澤楽天「一億の総力が生む桃太郎」(1944年4月号)(左)

ンキナトウサン」で人気を博したが、『キング』にも一九二八年五月号から翌年一月号までワイド版「ノンキナトーサン」が掲載された。だが、何と言ってもキング漫画の指定席は谷脇素文の川柳漫画であり、小説を読まない読者でも谷脇漫画と一行知識だけは読んだといわれている(「社史」下419)。

漫画頁の増大は、一九三二年八月号から巻頭特集「大入り満員 漫画大レヴュー館」(特別二色オフセット印刷)の登場で本格化する。この「漫画大レヴュー館」は一九四〇年一二月まで続く長期の常設欄となった。一九四〇年九月、戦時色に対応して日劇ダンシングチームは「東宝舞踏隊」と改称しているが、『キング』の「漫画大レヴュー館」も一九四一年新年号から「百選百笑＝漫画電撃隊」、一九四二年新年号「電撃漫画中隊」、一九四三年新年号より「漫画兵団」(時局漫画)と名前を変えた。そしてついに、『富士』改題とともに一九四三年三月号で姿を消した。その後は、一九四四年三月号から北澤楽天の時局漫画「憤激の今昔」(44-3：73)、「一億の総力が生む桃太郎」(44-4：19)、「船だ！　海員だ！」(44-7：65)、また麻生豊の「増産資源」(44-8：65)、「買出し袋は奴等の顔に似てる」(44-11：55)などが掲載されている。もっとも、この時期の「笑い」を欠いた漫画には、ほとんど魅力が感じられない。

もちろん講談社の場合も、漫画の主要舞台は少年少女雑誌である。『少年倶楽部』には田河水泡「のらくろ」シリーズ(一九三一年一月—四一年一〇月)、島田啓三「冒険ダン吉」(一九三三年七月—三九年二月)、中島菊夫「日の丸旗之助」(一九三五年一月—四一年九月)、『幼年倶楽部』には坂本牙城「タンク・タンクロー」(一九三四年九月—三六年一二月)、吉本三平「こぐまのコロ助」(一九三五年八月—四一年六月)などヒット作が連載されていた。また、『少女倶楽部』には戦後「サザエさん」のヒットで国民栄誉賞(一九九二年)に輝いた長谷川町子のデビュー作「狸のお面」(一九三六年)が掲載され、引き続き「冒険トン子さん」や「仲良し手帳」(一九四〇—四二年)が連載されている。

田河水泡が『キング』に登場するのは、「夏のユーモア大パノラマ漫画」(31-8)が最初で、翌九月号より「愉快な連中」(31-9—33-12)、「お馬どん」(34-1—35-12)を連載した。また、一九三三年新年号からは、宮尾しげをの武勇絵噺し「日本太郎」も連載が始まる。同年二月には、松岡洋右が国際連盟で脱退を宣言しており、『キング』の漫画増加は非常時局化の進捗と一致していた。確かに、『キング』における漫画の増加、つまり「大入り満員 漫画大レヴュー館」や田河水泡の連載は、満洲事変後に開始されている。こうしたイラスト重視が頂点に達したのは、日中戦争期であった。

出征した肉親に関する戦況ニュースの希望が日本放送協会に殺到し、一九三八年五月徐州、一〇月漢口の陥落では、アナウンサーによる「前線放送」が実施された。

「祖国日本の皆様、祖国銃後の皆様、こちらは中支那漢口野戦放送所であります……」[42]

こうした前線の実況放送は、聴取者にイメージ(狭義の「image＝画像・映像」)の欲望を掻き立てた。イメージを伴った戦争報道が雑誌向きであることは、その特性からして当然だろう。雑誌メディアは、書籍に比べて回転が速く、新聞に比べて表現方法に幅があった。その意味でラジオの普及も、雑誌のグラビア化を押し進めた。『出版年鑑』(一九三八年度版)は、前年の雑誌界を次のように回顧している。

「昔時(せきじ)を顧みても、雑誌が戦争に乗ずる機運は日清日露の役もあり、この機運に乗じて博文館の進出となつた事を憶ひ出す。この事変にも再び雑誌界の活動と成り、戦時画報の如きが表れるのではないかと見られもしたが、新聞紙の発達は、或は特派記者の競争となり、写真班、映画班の活躍となり、或はグラヴイア版への進出と成り、此の領域では新聞社が独舞(ひとり)台の感を呈した。」[43]

だが、『キング』をはじめとする雑誌もグラビア版に進出し、「活動読者」のみならず一般国民に目立った効果をあげていた。「読者倶楽部」には、キングのグラビアに肉親を発見し

「支那事変大画報──進撃また進撃」(1937 年 11 月号)

た読者の手紙が数多く寄せられている。

「キング十一月号支那事変大画報の二十八、二十九頁にかけて掲載されてゐる敵機上に万歳を唱へる皇軍の写真中に愚弟勝が居ります、久しく会はなかつた戦場の弟に会ふことが出来て衷心より嬉しく存じます。厚く〳〵御礼申上げます。(東京麹町区　志賀岩夫)」(37–12 : 504)

「去る九月応召せる愚息は谷川部隊の一員として十月二十六日頃江湾競馬場時計台占領の節、報知新聞特派員の撮影により、時計台を背景として兵六名が万歳を称へつゝある写真中、後列中央が愚息なる事戦地より十月三十一日当方へ便りあり、キング新年号口絵に其の写真を拝見致し、是非共家宝として記念致したいと存じます。(埼玉県忍町　内田初次)」(38–2 : 510)

藤田嗣治「哈爾哈河畔之戦闘」(賜天覧・陸軍省貸下).ノモンハン戦における激戦を描き，第2回聖戦美術展覧会に特別展示された大作の中央部分(1941年9月号)

こうした銃後のイメージ需要を背景に一九三八年創刊された内閣情報部『写真週報』は官報にもかかわらず、一九四一年三月には発行部数二〇万に達した。新聞社系グラビア雑誌や『キング』も「絵になる」報道写真を競って満載していた。さらに興味深いことは、戦局が激化するなかで一九四一年以降、戦場イメージが「写真」から「絵画」中心に変化することである。しかも、寺内萬治郎「勇士有情(うじょう)」(41-1)、五味清吉「感激の占領」(41-5)、藤田嗣治「哈爾哈(ハルハ)河畔之戦闘」(41-9)、長谷川一陽(かずひろ)「敵眼下に在り」(41-10)、高光一也(かずや)「暁の遥拝」(41-10)、江藤純平「敵戦車殲滅」(41-12)など、すべて兵士の後姿が強調されている。写真でも特定できる兵士個人の姿はほとんど消えていった。「蘆(ママ)溝橋の勝鬨(かちどき)」(41-7)などでは、わざと写真にボカシを加えて、個人の識別を不可能にしている。そこに写った兵士は、読者の出征した肉親の「誰か」なのである。そのイメージの中に、肉親を発見しようとする読者は確実にそれを見いだしたのである。

戦争という国家的イベントのイメージは、『キング』など大衆雑誌はもちろん、婦人雑誌や少年雑誌まで席捲した。『出版年鑑』(一九三八年度版)は次のように報告している。

「幼少年雑誌でも、グラヴィアの事変ニュースが旺んになり、軍国美談等の外に、「世界に輝く皇軍の名作戦」(少年倶楽部)、「北支現地報告、剣と魂のいくさ」(小学六年生)、「上海現地報告、強くなつた支那兵」(小学六年生)等の正しい認識を与へやうとしてゐる事は、注意すべきである。(中略)皇軍の目覚しい活動振りは、映画にニュースに又あらゆる雑誌に光彩を添へた。(44)」

こうした「国民精神総動員の趣旨を体した雑誌」のなかでも、雑誌総売上部数(一九三八年当時)の三三・〇%と二四・九%を占める大衆雑誌と婦人雑誌の活躍が著しいことも高揚した筆致で指摘されている。雑誌のマス・メディア化をリードしてきた「日常性の婦人雑誌」の発行部数を、「非常時の大衆雑誌」が凌駕したのは一九三五年だが、日中戦争はこの流れを決定づけた。しかし、婦人雑誌も必死に踏み止まり、一九三九年には前年比一〇%を越える売上部数増を示した。『出版年鑑』(一九三九年度版)の評価はすこぶる高い。

「事実婦人雑誌の如きは彪大な資本と強力なジャーナリズムの全機構を動員して、家庭生活を中心にした分野に於て、最も積極的に国策の精神を支持したのであつて、其効果は何人も認める位顕著なものがあり、政府はその功労を賞して何等か表彰の方法をとつてもよいと思ふほどであつた。[45]」

実際、政府が表彰しなくても、その「功労」には市場が十分に報いたであろうことは、翌一九四〇年の驚異的な売上部数(前年比一六%増)からうかがえる(本書九五頁、グラフ1参照)。

『キング』地図の世界観

『キング』の場合、国民の時局認識を高めた「功労」との関連では、付録「『キング』の地図」が注目に価する。すでに、一九三三年『キング』新年号は付録に新聞紙四頁大の「最新世界地図」をつけ大好評を博し(「社史」下274)、同年四月号付録「最新大日本地図」以降、新聞紙二頁大の「非常時国防一覧 東亜太平洋地図」(35-1)、「最新欧洲大地図 列強国勢国防一覧」(36-1)、「日本遊覧旅行地図」(36-8臨)、「日本国民必携 最新大亜細亜地図」(37-1)を、日中戦争勃発後は「最新支那詳細大地図」(37-10)、「上海南京地方明細地図」(37-12)、「最新支那明細大地図」「満・蒙・ソ聯国境大地図」(38-1)、「広東・香港附近明細地図(表)、漢口・南昌地方明細地図(裏)」(38-3)、「最新世界大地図(表)・支那全土並に附近大地図、欧洲現勢大地図(裏)」(39-1)、「欧洲大戦大地図(表)・支那事変戦局並に処理明細地図(裏)」(40-1)、「蘭領印度を中心とする東洋・南洋時局地図(表)、オランダ、ベルギー、フランス、ドイツ西部戦線明細地図(裏)」(40-7)、「大東亜共栄圏並にその附近地図(表)・欧洲米洲時局地図(裏)」(41-1)、さらに日米開戦後は「太平洋時局地図(表)・南洋諸国明細地図(裏)」(42-1)、「ハワイ大海戦地図」(43-3)と、各種戦局地図を付録として刊行しつづけた。

そもそも国民国家の空間認識を表象する世界地図は、高度に政治的なメディアだが、「キングの地図」はそれ以上の意味を帯びていた。最初の「最新世界地図」(33-1)が示す世界像は、西はインド洋、南はソロモン群島、東はカリフォルニア、北は千島列島である。それは、後の「大東亜共栄圏地図」を既視感あるものとしている。

一九三五年新年号には石丸藤太（とうだ）海軍少佐「非常時国防一覧　東亜太平洋地図に就て」が掲載されている。冒頭に「本誌附録の地図を参照して御覧下さい」とあり、具体的な地図の読み方が示されている。

「まづ図の左下隅を御覧下さい。日、英、米三国の現在海軍力の比較が示してあります。(中略)然るに現存条約によれば、一九三七年以降からは我が比率は降る一方で、殊に米国の造艦計画が完成する一九三九年の末頃には、遂に総計に於て米の六割一分といふことになり、一朝事（いっちょうこと）ある時に我に勝算が危ぶまれるのであります。」(35-1：504)

つまり、この地図は翌一九三六年にワシントン、ロンドン両海軍軍縮協定が期限満了することを睨んだ海軍の軍備拡張プロパガンダであった。後に、教室や居間の壁に張られ、「日の丸」印が書き加えられる戦場地図も、『キング』の地図であった場合が多い。あるいは、一九三七年一二月三一日発行『社内通信』には、大陸に出征した兵士の次のような挿話が掲載されていた。

「今自分たちの進んでいる地点はどこら辺か、自分の駐屯しているこの町は、支那のどの位置にあるのか、兵隊たちはそれを知りたがったが、遺憾ながらよい地図がなかった。ところが、ある日偶然にも慰問袋の中から、本社の雑誌の地図が出たのであった。兵隊たちは大声をあげて喜んだ。一枚の地図はみなに引っぱり凧にされた。やがて兵隊たちは、故郷の父兄に向けて、本社の雑誌の地図をぜひ慰問袋に入れて送ってくれと手紙を書いたという。」(「社史」下 275 f.)

この報告のもととなった戦地からの手紙は「読者倶楽部」に紹介されている。

「陳者小生事此の度の事変に参加致し居るものに有之、北支各地を転戦し、其の間入手せる『キング』附録地図の誠に精細なる事は他の多くの戦友が持てる地図と比較するに格段の相違あり、他の地図は使用せずして多くの戦友が『キング附録地図』のみ使用し居る有様にて最早や破損し使用に難く相成り候も使用致し居り候、戦友一同は凱旋の暁には断然キング党に相成るべく申居候。（於石家荘　山下信雄）」(38–10：439)

慰問袋の『面白づくめ号』と『陣中倶楽部』

慰問袋中の「『キング』の地図」が象徴するように、戦時期の『キング』が前線と銃後の間で果たしたコミュニケーション機能は無視できない。「民衆詩派」白鳥省吾は、「歌へ！躍れ！　新興日本大行進曲」(32–5：88/94)で銃後と前線を繋ぐ二つの詩を寄せている。

女ごころを真紅の糸に　こめて縫ひましょ
千人針の　一人一針、春の風。（「愛国風景」）
鉄兜ぬいでラヂオを　きく夜は故郷の父母も

春の灯(ひ)に聴き給ふらむ、海こえて心は通ふ。(「四行詩」)

「海こえて心は通ふ」慰問メディアとしては、「読切もの」を集めたキング臨時増刊『面白づくめ号』が重要である。一九三五年秋に登場して六五万部を売り切った『武勇恋愛侠客探偵出世滑稽 面白づくめ号』の成功により、一九三六年は夏冬、一九三七年は春夏、一九三八年春夏秋と回数を増やしていった。「社史」の中で堀江常吉(講談社監査役)は次のように述べている。

「昭和九年から十一年にかけて、紙の生産が制限された。あまり紙が多くできすぎると値が下がるので、各製紙会社が立ち行かなくなり、各社は商工省の指導の下に協定して生産を制限した。その用紙の余裕に社長は目をつけて、それなら何とかして、少しでも紙を多く使ってやろうじゃないか、使う工夫をしようというので増刊を出すことを考えた。編集者だけが少し骨をおれば、製紙会社も紙屋さんも喜ぶし、小売店、取次店も喜ぶ、印刷屋も手がすいているから喜ぶ。みんなに喜ばれた。」(「社史」下 329 f.)

この説明が誤りというわけではない。しかし、「読切雑誌」(増刊号)で慰問品が連想されるような状況は既に存在していた。『面白づくめ号』刊行の前年、一九三四年二月号「キングポスト」には「満洲軍への慰問袋に『キング』ならいゝ」が掲載されている。

「私の学校で過般満洲軍に慰問袋を送らうとして、(中略)あれやこれやと物色致しましたが結局陸軍省へ尋ねて決定しようといふ事になりました。早速係の者が陸軍省へ出頭して伺ひましたところ、「キングは誠に為めになる雑誌だから、雑誌ならキングにして下さい」と、いはれたので、生徒にその旨を伝へ各家庭にあるキングを寄附して頂き送つてやりました。(三輪田高女校長三輪田元道(もとみち)氏談)」(34-2 : 424)

一九三五年の臨時増刊の題名は『講談倶楽部』が「勇士俠客美男美女、俠艶痛快大読物号」(35-9 : 464)、『富士』が「勇俠悲恋痛快滑稽探偵怪奇面白傑作満載号」(35-10 : 474)である。惹句の筆頭は「勇士」「勇俠」であり、『キング』の「武勇」とあわせて、いかにも慰問袋向けと言える。

だが、戦後の「社史」では二・二六事件に対する「講談社的レジスタンス」の象徴を一九三六年に夏冬二冊出された『キング』増刊「面白づくめ号」に見いだしている。

「こういう際に言論機関はどうしたらいいのか。言論にもいろいろあるが、特にむつかしいのは、講談社のような大衆雑誌は、この時局にどういう編集をしたら最も国家国民に役立つか。勇敢に、時勢に抗して卒直に反抗の声を上げるのは、壮は壮なりとしても、鉄壁に鶏卵をたたきつけるようなもので、自滅のほかに多くの効果はあるまい。かつまたそれは、講談社諸雑誌のそれまでの傾向でも、伝統でも、また使命でもない。それよりも重苦しい不安の重圧から大衆を解放して、彼らの頰に失うている笑をとりもどし、その萎縮した心におもしろさ、愉快さを与えて、元気づけることこそ大切であろう。それが講談社式レジスタンスであり、講談社式奉仕活躍の領域である。」(「社史」下 346 f.)

ちなみに、『キング』一九三六年五月号は「二・二六事件　美談の人々と其の感激実話」を特集し、「岡田前首相を救出した三憲兵の話」「首相官邸を護つて殉職した四警官の話」な

ど で、憲兵隊や警視庁を称え上げている。そこに「レジスタンス」はないが、『キング』が前線銃後の国民を「元気づけた」ことは否定できない。「読者の声」を聴いておこう。一九三〇年代前半は質量ともに縮小された「読者の声」欄が、一九三六年八月号より見開き二頁の「読者倶楽部」欄として復活している。その冒頭には、軍人の手紙が優先的に収載された。

「私達は最前線黒龍江の対岸に警備してゐます。兵舎と云つては別になく、たゞ満人の家に軍隊生活を営んでゐます。泰安嶺からも私はキングを愛読してゐます。ほんとうにキングばかりは、兵隊の身ではありますが、自分の体からはなした事がありません。(中略)五月号は大黒河で買ひました。国境で只慰安になるのは良き雑誌キングのみです。日本人の居るところどんな不便なところでもキングの雑誌のあるのを見ます時本当に愉快になります。(満洲国龍鎮県呉関東軍小石中派遣隊　古川義雄)」(36-8:434)

「不肖一昨年当蒙古軍に奉職の頃より当地大安商店によりキングを購読致居候。討伐に警備に蒙古兵教育に専心致す時キングのみ唯一の慰安と致居候。曠(こう)野(や)の間を東奔西走する軍隊生活の裡(うち)にキングを得て尊き教訓、世界の近況、面白き小説等により彼等を教育致居候。彼等も之れにより日本人を理解し尊敬の念をも深め居り実に良き助力者として感謝致し居る次第に御座候。(興安騎兵第五団本部　大塩留吉)」(37-4:538)

海軍からの手紙も引いておこう。

「我等海軍々人にとり最もたのしみな、待ちあこがれの一つは、便船入港の時、故郷からの便りと、酒(しゅ)保(ほ)に「キング○月号着」と掲げられる赤いはり紙です。キングによつて社会を知り、たのしみを得、修養の目的を達してゐます。キングは我等にとり最も有り難き恩人の一人であります。(上海海軍特別陸戦隊第四大隊第八中隊　宮崎芳男)」(36-11：519)

慰問袋が『キング』普及の宣伝となった例も、「読者倶楽部」に見出せる。

「私は一昨年満洲守備隊に入営中、慰問品でキングを見初めてから、キング熱に冒され戦友と共に発行日を待つ様になりました。除隊後家内にも感染して今では大のキングファンです。来月号が待遠しくて毎月臨時増刊があればよいと思ひます。(青森県三戸郡　留目精一)」(37-6：506)

特に日中戦争勃発後は、臨増号を慰問袋に入れて送ったという読者の手紙(37-11：509)もあり、各号の特集「皇軍慰問面白大会」(38-春)、「皇軍慰問演芸大会」(38-夏)、「皇軍慰問余興大会」(38-秋)、「皇軍慰問大笑はせ大会」(39-春)、「人気花形演芸慰問」(39-夏)、「皇軍慰問寄せ書集」(40-春)を見れば前線慰問向けの編集は一目瞭然だろう。『出版年鑑』(一九三八年度版)の「雑誌界」によれば、日中戦争勃発時に「極端な流行を呈した」のは講談社が先鞭をつけた臨時増刊の量産である。

「同社は『キング』、『富士』、『講談倶楽部』等々の臨時増刊を旺(さか)んに続行して、九大雑誌も実は十三四雑誌の発行元たる観を呈してゐる。新規に雑誌を出すよりは、名の売れた雑誌の増刊として出す方が有利でもあり、一面から見ると、雑誌繁殖の一法でもある。之れはいろいろな原因から行きつまつた附録の延び行く一つの姿でもある。それであるからこの方法は直ちに以て他社でも真似ざるを得ない。」(46)

もちろん、臨時増刊号の激増は国内の旺盛な購買力の反映である。一年間に雑誌界全体で臨時増刊が二六六種の雑誌で発行された一九三七年以降の状況を、『出版年鑑』(一九四〇年度版)はこう分析している。

「事変以来財界の膨張、軍需産業界の殷賑に伴ひ、出版界は概して好況に恵まれてゐたのであるが、殊に本(一九三九)年度に至つては其売行き良好を加へ、出版物はあらゆる社会層に浸潤し、書物は「出しさへすれば売れる」と言はれる程の盛況を呈した。」[47]

『キング』の社告は、「「講談社の雑誌は銃後の弾薬である」とか、「慰問品には講談社の雑誌」とか、その方面でも非常な評判歓迎をいただき」(39-1：392)と自賛しているが、講談社は同年四月、陸軍恤兵部委嘱により前線兵士向け慰問雑誌『陣中倶楽部』(尾張真之介編集長)を創刊した。発行部数は最初七万七〇〇〇部で、口絵の「陣中グラフ」以下、小説、講談、漫才に加えて「誌上封切映画」も含んでいた[48]。

だが、「国策協力」の標語が表紙に登場する一九四〇年四月号以後、紙質の劣化、頁数の激減とともに『キング』誌上から映画やレコードに関する記事も急速に減少していった。それでも「事変ニユース映画撮影の冒険座談会」(38-2)の「冒険」が暗示するように、『キング』巻頭の戦場グラビアはいかにも「映画」的であり、社告「輝く戦捷の春を迎へて」に言う「街頭にキングレコード調を氾濫せしめつゝある現象」(38-1：486)は極めて「ラジオ的」であった。とすれば、『キング』の紡ぐ「物語」自体も戦争というイベントの巨大化に圧倒されたと言うべきだろうか。戦争の記録文学と体験報告が時代小説を押しのけて誌面を圧するようになっていった。亢進する戦争熱の前には、時代小説の統合力さえ色褪せて見えた。吉川英治「戦陣訓の歌」(41-5：38 f.)の陳腐さは大衆＝国民文学の限界と考えるべきだろうか。

ますらを我等　いざ行かむ
になふ使命に　ほゝ笑みて。
わが一億の　興亡と　義を八紘に　示すべき
その戦陣ぞ　今日にあり。

『キング文庫』(一九三三年創刊)**と『日本小説新書』**(一九四三年創刊)

文学にとって不毛であっても、戦争は戦場兵士の慰問用読物の巨大な需要を生み出した。前線将兵の読書欲について、『社内通信』第四四号(一九三七年一〇月一七日)は、上海戦線を視察して帰った木村毅の「土産話」を紹介している(「社史」下378 f.)。

「陸戦隊の戦線において、最も多く読まれている雑誌は『講談倶楽部』と『キング』だそうだ。もうこれらの雑誌は戦線のいたるところで読まれているということである。(中略)無論戦地だから、娯楽機関は何もない。兵は殆ど不眠不休だ。僅かの交替時間を利用して、『キング』や『講談倶楽部』を読む。これが兵たちには無上の楽しみなのである。吉川英治氏も北支戦線から帰来されたとき、木村氏とほぼ同様な観察をいっておられたが、氏の表現によると、雑誌にありついた――無論買うのだ、戦地では雑誌がないから買ってもありついたという――兵は、雑誌を読むというより、たべている。一字一字をむさぼりたべていると話しておられた。」

この報告では、『現代』連載の「旅順攻城戦」(35-4：507)で、流行作家となった木村毅が「大衆小説作家」としてのアイデンティティを再確認したことになっている。

「今まではこういう緊迫した時局の最中に、大衆小説などを書いているのは、無用の業のように思われて、とかく確信が持てなかったが、戦線を視察して国家に身を捧げ生還を期せずと誓ったつ、わ、も、の、ども、が、こんなにまで、自分たち小説家の書いたものを熟読してくれる——という事実を見て以来、大衆小説を書くこと決して無用の業ならずとの信念を得たといって喜んでおられた。」(強調は原文)

この文章を「社史」に再録した編集代表者が木村自身なのだから、それは戦後も風化せぬ実体験であったに違いない。木村は、この年「スパイ研究の第一人者」(37-11：510)として編著『国際スパイ実話』、さらに翌年には支那事変記録小説『戦火』を講談社から刊行している(38-10：448)。

『社内通信』(一九三七年一一月二五日)には、前線から届く兵士からの懸賞応募の例も紹介されている。

「拝啓、北支派遣の一兵士です。小生八月召集を受けただ今は○○にて御国のため微力を尽くしております。小兵ある機会に御社の『キング』十一月号を入手いたしました。陣中で『キング』を読むことのできたわれわれ兵は何と幸福でしょうか。内地の様子もわからず、まして戦況ニュースも一向われわれの耳には入らぬのです。そのわれわれが『キング』を見たときの喜び――想像して下さい。戦友とともに陣中の暇をみては読みふけっております。(中略)戦争にきていて懸賞を出すなどお許し下さい。小兵たちに与えられたただ一つの慰安と思い応募いたしました。『キング』十一月号の軍事読物を読んで行く中に思わず目頭が熱くなるとともに、われわれの責任の重大なることを感じ、いよいよ御国のため力の続く限り働く決心です。戦友とともに誓いました。十月十七日　陣中より　梶田成夫」(「社史」下380)

この一九三七年一一月特別号の目玉は木村毅「上海に事変秘話を探る」などを含む巻頭大特集「支那事変大画報並に記事」(全一二五頁)と別冊付録『日本軍歌集　附、愛国歌謡』(袖珍型美本)である。梶田氏が読みふけったのは、新連載の竹田敏彦「日本の妻」(林唯一画)や吉川英治「魔粧仏身」(伊藤新樹画)だったろうか。あるいは、時代小説の子母澤寛「江戸五人男」(志村立美画)、鷲尾雨工「孤城の華」(服部有恒画)、はたまた探偵小説の江戸川乱歩「大暗室」(田代光画)、海野十三「悪魔の背中」(吉邨二郎画)だったろうか。おそらく、「日本の妻」であったのではあるまいか。この作品は特に出征兵士に人気があったようで、部隊内での「大熱狂」を伝える北支派遣軍兵士の手紙が紹介されている(39-4：417)。連載終了の三ヶ月後には映画『日本の妻　前編・流転篇　後編・苦闘篇』(佐々木啓祐監督、川崎弘子主演、松竹大船)が公開された(39-11：426)。そうした人気のため、『日本の妻』は一九四四年に後述の「恤兵文庫」に収録されている。ちなみに、梶田氏が陣中より応募した「読者慰安大懸賞」(37-11：514 f.)は、一等・モーニングコート(又はオーバーコート)四名、二等・総桐重箪笥

(又は洋服ダンス)五名、三等・御婦人訪問着(当選者には仮仕立て)五名、四等・キングポータブル蓄音器(評判キングレコード三枚付き)五名などである。四等なら一〇月発売されたキングレコード新譜の塩まさる『涙の慰問袋』(福田正夫作詞、北村輝作曲、B面は三門順子『愛国千人針』)が付いていたはずである。

配給された　慰問品
兵舎にひらく　袋には
銃後の民の　まごころの
こもりて泣かす　便りかな(37-11：511)

だが、前線の梶田氏に何か賞品が送られてきたとすれば、それは一万人分用意された一三等・キング文庫『短篇小説傑作集第二輯』(三五判新書サイズ：一四・四×八・七センチ)であった可能性が高い。慰問用としては『キング』本誌以上に好都合だったことは、次のような投書からも伺える。

「過日上海安達部隊の中にゐる出征せる愚弟に『漫画傑作集』を送りましたところ非常に感謝されました。本の大きさ、金額が慰問袋に入れるのに実に手頃で重宝です。『キング文庫』を慰問袋に活用する人の一人でも多くなる様念願致します。(香川県長尾町　白井浜子)」(38-2：517)

娯楽が制限された前線の兵士や銃後の軍需労働者のために、陸軍恤兵部や産業報国会の注文で雑誌や文庫、新書が大量に出版された。こうした流れの中で講談社も文庫や新書へも進出していった。「上海軍壮烈実記」が特集された一九三二年五月号の「出世目覚時計五百個、外一万人当選大懸賞」で、九五〇〇人に配られる「残念賞」として企画された『幸福の泉』が「キング文庫」の始りである。その後、読者慰安大懸賞が恒例化するにともない「キング文庫」としてシリーズ化=月刊化され、その好評を受け一九三三年一〇月に定価二〇銭で市販され始めた。『金言名句集』『はてな、はてな』『一行知恵袋』『寸鉄知識』『川柳漫画』などが特に好評だった。また『昭和立志伝』『彼が一旗挙げるまで』など立身出世をテーマにしたもの、『新時代手紙の書き方』『先手後手聯珠必勝法』など実用や趣味を扱ったもの、『支那事変美談感話集』など時局ものなども人気だった。『キング』の記事の二次利用で原稿料もないため、一九四一年まで九九冊が刊行されている(「社史」下 279 f.)。

戦局の激化によって、「キング文庫」以外でも、一九四三年二月の「日本小説新書」など軽装版が登場する。戦争は物資節約と携帯の便からソフトカバーを一般化させ、今日的な一般図書のイメージがここに確立した。その企画趣旨は、次のように記されている。

「大東亜戦争を転機として、国民生活のあらゆる部面に一新紀元が画されて居りますが、本社出版局に於ては、国民の理想を高揚し、日本精神の真髄を発揮する国民文学の樹立を目指して、優秀作品を網羅する『日本小説新書』の出版を企画して居りましたが、今回左の三著を第一回作品として出版することに決定致しました。

『新月』今井達夫著、『阿波山嶽党』中澤巠夫著、『日本海流』山田克郎著」(43-2：156)

この新書シリーズでは、南川潤『生活の扉』、鹿島孝二『情熱工作機械』、岡戸武平『小泉八雲』などが刊行され、戦後も販売が続けられた。

さらに、一九四四年になると銃後向け慰問文庫の一種として、大日本産業報国会の要請で講談社が発行した「産報文庫」が登場する。「産報文庫」第一期は佐野孝『水戸黄門漫遊記』、野村無名庵『荒木又右衛門』、鈴木彦次郎『谷風梶之助』の三冊で、それぞれ約二万部が一九四四年八月下旬に出版されている。[49]第二期は大倉桃郎『乃木大将』、佐野孝『筑紫市兵衛』、高垣眸（ひとみ）『木下藤吉郎』であった。一ヶ月一冊のペースで刊行準備が進められたようで、「社史」によれば、この「産報文庫」は、陸軍恤兵部に納入された「恤兵文庫」とともに、終戦後も「講談社文庫」としてしばらく発行が続けられた。[50]その中には菊池寛『女性本願』、尾崎士郎『古城夢ふかく』などが含まれている。

第三節　雑誌王の殉国

満洲事変、日中戦争と続く国民総動員体制の昂進は、野間清治における「栄えゆく道」であった。「野間道」による新興日本の建設を目的として、一九三二年五月二六日「野間会」が結成された。野間会は講談社の用紙・印刷・製本などの関係者が組織した親睦会が発展したもので、顧問には、貴族院議員・馬越恭平、同・藤原銀次郎、同・徳富猪一郎、同・大川平三郎、大倉組頭取男爵・大倉喜七郎の五名、会長には凸版印刷社長・井上源之丞が就任した。帝国ホテルで催された発足式には、文部大臣・鳩山一郎、政友会総裁・鈴木喜三郎が出席し、民政党総裁・若槻礼次郎の祝辞が代読された。鳩山文相の祝辞はいう。

「小学校卒業後、中等教育、進んでは高等教育を受ける人々は、僅々約二割でありまして、残り八割の人々は単に小学校教育を受けるのみであります。小学卒業だけの知識を以てして、世の中のためになるやうな働きをするといふ事は、なか〳〵むづかしい事と思ひます。そこで大衆教育と云ふことが非常に必要になつて参ります。（中略）この意味に於きまして、我国に於ける全雑誌発行部数の八割を出してゐると言ふ様な野間さんの一大事業が、如何に大衆教育に与つて力あるかといふ事を想ひます時に、私は心から感謝に堪へない気持になるのであります。」(32-8：467 f.)

「思想善導、社会浄化、皇国隆昌ヲ期スルヲ以テ目的トナス」野間会の会報『報国』が毎月会員に配布された(32-10：405)。野間会発足を追う形で、一九三二年七月一三日発行された『栄えゆく道』は空前の大宣伝が展開された。八月六日には佐藤紅緑、桜井忠温などを弁士として大阪中之島公会堂に五五〇〇人を集めた「栄えゆく道大講演会」が開催され(32-10：404)、九月以後も名古屋、京都、神戸、岡山、広島、福岡で開催された(32-11：530)。野間会は、一九三三年四月二六日、満洲上海両事変の「靖国神社新合祀者」遺族を歌舞伎座に招待する慰安会を主催している(33-7：442)。

一九三六年一月一八日、野間は日本雑誌協会会長に選出され、一九三八年には無投票で再選された。販売業者全国一万五〇〇〇人を擁する雑誌業における最大の功労者と、ライバル新潮社の佐藤義亮でさえ、野間を評価している。

「曽(かつ)ては文学青年の道楽か専門研究の発表機関かに過ぎなかつた雑誌をして――、換言すれば、屋〔家〕(ママ)内工業的だつたものを、機械工業的組織にまで発達せしめた」(51)

野間が、内閣情報部参与に選任された一九三八年九月、『キング』は社告「聖戦下の雑誌週間」(38-10：122 f.)で以下のごとく「満天下の読者諸君に熱願」した。

「殊(こと)に昨年七月、未曽有の大事変に直面し、皇軍聖戦の歩武を大陸に進むるや、我等は時局の重大性に鑑み、国家の為め我等の忠誠を捧ぐるの要、正にこの秋より切なるはなしと、即ち同人一同、いよいよ愛国の赤心に燃え立ちつゝ、率先日本精神の昂揚と総動員体制の強化とに全幅の努力を致し、一は以て前線将士の労苦を慰め、一は以て銃後の護りを固むるに微力を捧げ来つたのであります。(中略)

御承知の如く、戦時経済パルプ統制のため、雑誌用紙も節約を余儀なくされて居りますが、われらは国策の線に沿ひつゝ、絶対に読者各位の御満足を得べく、編輯に内容に一段の真剣と工夫を重ねて居ります。愛国の熱誠に燃え立つ最善最良の雑誌を、いよ〱多く世に普及して銃後国民の修養と指導に資する、これが時局下に於けるわれらの重大任務と信じて居ります。

大方の各位、冀(こいねがわ)くは、我等のこの精神、この赤誠を諒(りょう)とせられ、『雑誌報国』の念願成就の上に、一層の御後援を賜はらんことを。此際、御左右、御知人に就て、少くも月々雑誌の一二冊は誰方(どなた)も是非御覧になるやうお奨め願ひ上げたく、これ単に雑誌のためにあらず、必ず国家社会のためであると確く信ずるものであります。

ます。」

雑誌週間に際し、衷情の一端を披瀝し、敢て満天下読者諸君の御仁俠に訴ふる次第であり雑誌週間の標語集として、「雑誌をよみませう」(38-10：112 f.) のスローガンが掲げられている。「○雑誌は激励の父慰安の母　○日本魂をつくる講談社の雑誌　○子供にも時局が判る雑誌の力　○良い子、できる子、雑誌を読む子　○雑誌を読んで明るい家庭　○健全な雑誌は国家を強くする　○思想戦の主力部隊講談社の九大雑誌　○非常時でいよ〳〵真価を示す講談社の雑誌　○防共の楯講談社の雑誌　○輝く出世、雑誌の手柄　○陣中慰問は雑誌が一番○雑誌は国策の伝令　○戦時の雑誌、価値百倍　○商売繁昌、雑誌の手引き　○雑誌光りて国強し　○旅は道連れ、雑誌連れ　○忠孝も義理も人情も雑誌から　○必需費に雑誌を入れる新家計」

ある意味で、この標語集は戦争景気の明るさを反映している。一九三八年五月より『キング』表紙に「国民精神総動員」のスタンプが刷込まれたが、この事変勃発一周年の七月特大号は、空前絶後の七二六頁に達した。社告に言う「戦時経済パルプ統制」にもかかわらず、『キング』の頁数はこの一九三八年に最高記録を更新し、一九四〇年までは五〇〇頁台を維持し続けた。この絶頂期、一九三八年一〇月一六日、「雑誌王」野間清治は狭心症に倒れた。『キング』一九三八年一二月号には、全一一八頁の特集「野間社長追悼録」で「巨人の英霊永へに眠る——野間社長の葬送式と告別式」(38-12：特 6 ff.) が再現された。

野間の葬儀にあたり、昭和天皇の勅使として侍従・久松定孝が差し遣わされ、内務大臣は総理大臣・近衛文麿宛てに叙位の具申書を提出している。

「右者少壮ニシテ教育界ニ身ヲ投シ後転シテ大日本雄弁会講談社ヲ創立シテ其ノ社長トナリ皇室中心主義ヲ標榜シ雑誌報国ノ信念ヲ以テ各種ノ雑誌ヲ刊行シ国民ノ各層ニ亙リテ多大ノ読者ヲ有シ一般国民ノ修養ニ資セシメタルノミナラス昭和五年六月報知新聞社長トナリ報道並ニ輿論ノ指導ニ努力シ殊ニ支那事変ノ勃発スルヤ克ク政府ノ政策ニ順応協力シ事変ノ真意義ヲ周知徹底スルニ力ヲ致シ全国民ノ積極的協力ヲ促ス所大ナルモノ有之候」(「正伝」982 f.)

「事変の真意義を周知徹底する」の功により、宮内省は、従五位を「特旨ヲ持テ位記ヲ追賜」した。葬儀に際しては、近衛文麿の弔辞を内閣情報部長・横溝光暉が代読している。

「また以て国民啓発に寄与せる所尠なからず、最近内閣情報部参与仰せ付けられ病中尚その職責を竭す等、国家公共のため尽瘁せらるゝ所大なり。」(「正伝」991)

野間は、自慢の息子恒を後継者として報知新聞社に入社させていたが、野間急逝の一ヶ月後、二代目社長・恒も急死し、「野間報知」時代は終わる。同年一二月、左衛未亡人が三代目社長となり、講談社の組織改革が断行された。ここに、「キングを頂いた野間商店」は、資本金一五〇〇万円の株式会社となり、取締役に就任した高木義賢、淵田忠良、長谷川卓郎の集団指導体制で総力戦を戦い抜くことになる。左衛は、野間が新聞経営につぎ込んだ約九〇〇万円と所有の報知株、あわせて一〇〇〇万円を報知新聞社に譲渡し、新聞事業から手を引いた。[52]「新聞王」の虚名に囚われた野間清治には、おそらく出来なかった見事な決断である。一九三九年年頭の講談社社員総会において社員少年一同の名で、初代社長の遺訓を守り、三大社是、「渾然一体」「誠実勤勉」「縦横考慮」の精神に基づき、時難を克服して社業の発展を期する旨の誓紙が新社長に提出された。

一方、ポスト野間の報知新聞社では、立憲民政党幹部で広田弘毅内閣で逓信大臣を務めた頼母木（たのもぎ）桂吉が社長に就任した。頼母木は明治三〇年代に業務局長として『報知新聞』の全盛期を演出し、政界入り前には早稲田大学で新聞学を講じた逸材として再建を期待されたが、一九三九年五月東京市長就任のため半年で辞任した。その後を継いだのは、「政界の策士」三木武吉である。「これまでの野間色を脱し、時局にマッチした編集方針をめざした(53)」三木は、一九三九年八月一日から論説を第一面に押し出した。その社説では「社会の木鐸」の使命のもと「新時代への先駆」たらんとする益荒男（ますらお）ぶりが誇示されている。野間時代の「家庭の新聞」から「国体の新聞」へと変質したというべきであろう。

翌一九四〇年には元朝日新聞「天声人語」執筆者で『革新日本の書』(一九三七年)など絶叫調の時局評論家・武藤貞一が論説顧問として迎えられた。武藤貞一は「文筆軍需工場ともいふべき戦争ヂヤーナリスト」の筆頭と大宅壮一に評せられた人物である。

「上は高級総合雑誌から下は低級な通俗大衆雑誌にいたるまで、彼の名を見ないものはなく、そのほかに彼の書きおろし単行本が毎日のやうに新聞の広告面を賑はしてゐる。(54)」

武藤は『驀進』(一九三八年)最終頁に採録されたコラム「娯楽雑誌・ガソリン」で、生活の国家総動員の視点から雑誌の委託販売制を批判していた。

「当局が雑誌社について一ケ月の返品の数量を調べ上げ、翌月の発売部数からの返品の何割方を強制的に減少させるといふ方法をとれば比較的穏当に返品の無駄を省いて行くことが出来る。ガソリンの節約について流し円タクの取締りをもつて満足せず進んで大阪でいへば市バスと青バスとの合同を断行すべきだ。（中略）今日の時局を真に認識すれば一枚の紙も無駄には使へなくなる。(55)」

一円で市内乗り放題の円タクは「円本」という呼称の源流にあり、自由競争と市場経済の時代は終焉を迎えようとしていた。武藤が唱導した実売部数調査と用紙割当制度は、まず新聞から導入された。一九四一年五月二八日、同盟通信社と全国の有力紙の二〇四社を集めて新聞界の統制団体「日本新聞聯盟」が発足した。その際、新聞用紙割り当てのため調査された販売部数は、『讀賣』が一五六万、『大阪毎日』が一四二万、『大阪朝日』が一二八万に対して、『報知』は三四万部であった。一九四一年八月六日、讀賣新聞社が『報知』の全株式を買い取り、正力松太郎が会長に就任、営業局長に務台光雄が送り込まれた。最終的に翌一九四二年七月一一日の株主総会で報知新聞社は讀賣新聞社に合併された。やや遅れて、同様の企業整理が始まった雑誌出版界では、『キング』と「御大（キング）なき講談社」が新たな躍進を続けていた。

V

『キング＝富士』のファシスト的公共性

1940-1945年

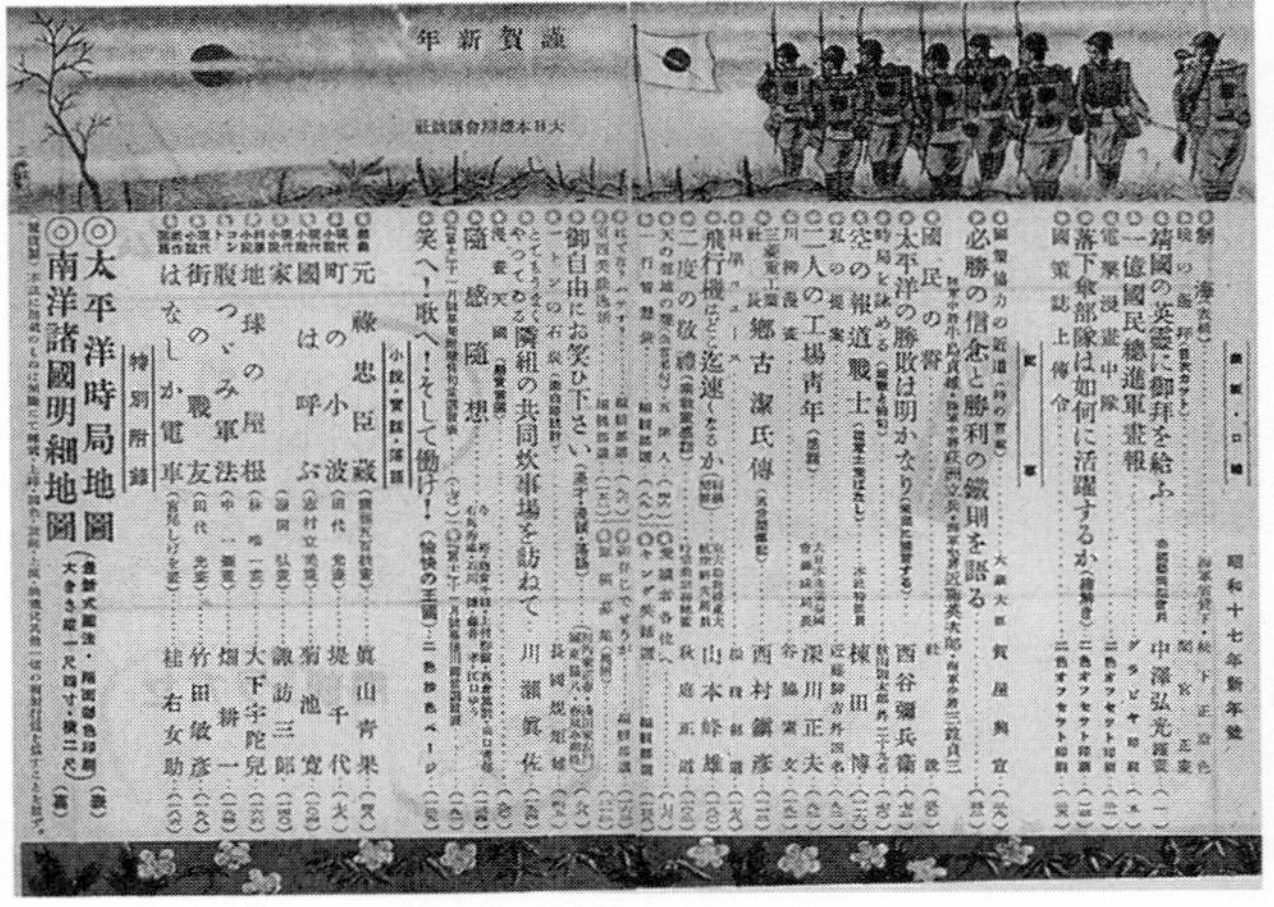

謹賀新年

大日本雄辯會講談社

昭和十七年新年號

○靖國の英靈に御拜を給ふ

○一億國民總進軍畫報　中澤弘光

○電撃漫畫中隊

○落下傘部隊は如何に活躍するか

○國策誌上傳令

○必勝の信念と勝利の鐵則を語る

○國民の誓

○太平洋の勝敗は明かなり　西谷彌兵衞

○空の報道戰士

○二人の工場青年　深川正夫

○郷古潔氏傳

○飛行機はどこ迄速くなるか　山本峰雄

○二度の敬禮

○御自由にお笑ひ下さい

○隣組の共同炊事場を訪ねて

○隨感隨想

○笑へ！歌へ！そして働け！

小説・實話・講談

元祿忠臣藏　眞山青果

町の小波　堤千代

國は呼ぶ　菊池寛

地球の屋根　大下宇陀兒

腹つゞみ軍法　畑耕一

街の戰友　竹田敏彦

はなしか電車　桂右女助

特別附録

◎太平洋時局地圖

◎南洋諸國明細地圖

（1942年新年号目次）

【問】ジャーナリズムとはどういふ意味ですか

【答】狭い意味では、新聞雑誌業と云ふ事ですが、今日使はれるジャーナリズムは、その外に、もつと違つて、「新聞雑誌的傾向」と云ふ事に解釈されます。人気のある「時の問題」を機敏に捉へて、面白可笑(おか)しく人気に投ずるやうに書く報道、或はこつちから問題を作り出して、人気を煽るやうな、近代雑誌、新聞の宣伝的、挑発的な行き方、等何れ(いず)もジャーナリズムの発露です。

キング編集局編『新語新知識附常識辞典』一九三四年新年号付録

第一章　雑誌の黄金時代？

前部で扱った一九三〇年代以降は、出版史では通常「出版の受難時代」として叙述される。レコードの取締りを盛り込んだ一九三四年改正出版法中に明記された「皇室ノ尊厳ヲ冒瀆」の禁止は、確かにその後の一九三五年美濃部達吉天皇機関説事件や一九四〇年津田左右吉事件で政治的に利用された。また、一九三六年不穏文書臨時取締法や一九四一年言論出版集会結社等臨時取締法などで出版統制は法的に整備強化されていった。さらに、一九三七年日中戦争勃発とともに始まる内閣情報部の文化統制は、一九四〇年代の「高度国防国家」化を推進した。

一九四〇年五月には、これまで企画院と商工省が担当していた用紙の統制を強化するために内閣に新聞雑誌用紙委員会が設置された。同年八月三一日には新たに一割削減を求めた第四次雑誌用紙使用制限率が発表され、基準期間とされた一九三七—三八年実績の四割に近づいた。同九月七日、内閣情報部主導により出版新体制準備会が組織され、一二月出版企画を事前審査する日本出版文化協会(文協)が設立された。文協は東京出版協会、日本雑誌協会、中等教科書協会ほか業界団体を統合した組織だが、さらに取次を一元化する日本出版配給株式会社(日配)、用紙、印刷、小売の各部門を統制する日本洋紙共販株式会社、日本印刷文化協会、書籍雑誌小売商業組合が相次いで結成された。また、雑誌数の統廃合も進められた。さらに一九四三年国家総動員法に基づく出版事業統制令施行と日本出版会による一元化、一九四四年「横浜事件」を契機とした『中央公論』『改造』の廃刊、ついに一九四五年すでに瀕死であった出版界に止めを刺した東京大空襲。以上が戦前・戦中期出版史のアウトラインといえる。

第一節　戦時期雑誌研究の問題点

当然ながら、雑誌メディア史も言論弾圧史の枠組みで行われてきた。手元にある雑誌関係文献のタイトルを一瞥すれば、それは明らかだろう。黒田秀俊『血ぬられた言論――戦時言論弾圧史』、美作太郎ほか『敗北の言論』、畑中繁雄『覚書昭和出版弾圧小史』、松浦総三『戦時下の言論統制』……。

一方で「草の根のファシズム」を問う民衆史研究も始まったものの、「軍部や新聞に国民は騙されていた」、「国民は暗く貧しい時代に声をひそめて生き抜いた」、そうした通俗的な戦前暗黒史観は、今なお根強い人気をもっている。テロルにおびえ宣伝に騙された「被害者」として戦争を告発する方が、戦果に熱狂し進んで体制に翼賛した「加害者」であることを告白するより当然居心地はよいだろう。日中戦争・太平洋戦争期の少年体験を綴った妹尾河童『少年H』(講談社、一九九七年)が、ベストセラーになったのも、その帯にある「大人も新聞もウソつきや」が世間一般の「常識」に迎えられたからであろう。悪者が独占資本や軍閥であれば、提灯行列に参加した大衆は「善意の第三者」となるだろう。「少年H」の「記憶の嘘」を徹底的に暴きだした「少国民H」山中恒は、こう述べている。

「戦後史観は権力憎悪の極端な階級的分析にはしり、杓子定規に抑圧者と被抑圧者をわけて歴史を分析してしまい、皇国史観の全否定に性急に力を尽くした。それもあって、戦時中は庶民も法律の網の目をくぐって、結構非合法的手段で本音と建て前を巧みに使い分けていたなどということは、戦後史観はふれたがらなかった。(1)」

こうした雰囲気は、もちろんメディア史研究全般を覆っていた。そもそも、マス・コミュニケーションとは送り手と受け手の相互作用であり、送り手の意図が必ずしも受け手に効果として現われるとは限らない。にもかかわらず、内閣情報部や大本営発表など戦前戦中の情報宣伝に関しては、「国民は騙されました」式の議論が続いている。国民がメディアの「被害者」になろうとしたように、メディア関係者も国家権力の「被害者」になろうとする。各出版社の社史類や編集者・経営者の回想録も多くが自らの「アリバイ」や「権力者の強制」を主張している。もちろん、『少年H』版元である講談社の場合も例外ではない。

「社史」では、支那事変に反対する「平和主義者野間清治の面目を躍如」するエピソードがいくつか紹介されている。その一つは、野間が『キング』一九三八年新年号附録『支那事変美談武勇談』を見て、キング編集局の黒川義道を呼んでこう叱責したというもの。

「諸君は、編集者として、こういうものを作らないと売れないのか、戦争を謳歌するよう

1938年新年号附録『支那事変美談武勇談』（右）と同3月号附録『支那事変忠勇談感激談』（左）

なものを付録につけないと売れないのか」（「社史」下375）

しかし、二ヶ月後の三月号のキング編集局「謹告」では、「非常な好評で、更に続篇を刊行するやうにと各方面から、熱烈に要望されますので」と、南京陥落を扱った二段組み三〇四頁の姉妹篇『支那事変忠勇談・感激談』の刊行を誇示している（38-3：209）。この「謹告」に当局の圧力でも読み込まなければ、「平和主義者」野間清治の苦言といっそう好戦的な「忠勇談」の出版との辻褄が合わない。だが、日中戦争期の『キング』をおおった異様な高揚感を、すべて国家権力による無理強いと理解することは困難である。

そこで、「社史」では定石通り、「国家権力の手先」として陸軍省情報部の出版担当・鈴木庫三（くらぞう）少佐（陸士三三期、終戦時は大佐)の名前が頻出する。鈴木は、雑誌の構成、表紙や内容にまで介入して、講談社の雑誌を軍部の希望する方向に押し進めたという(「社史」下427)。具体的事例としては、一九四〇年に『講談倶楽部』連載の川口松太郎「女浪曲師」を時局に合わないとして中止に追い込んだこと、福永隼人の不倫の噂から「こういう奴が書いている雑誌は発売禁止にする」と脅したこと(「社史」下445f.)などが挙げられている。注目すべきことは、「社史」に掲載された当時の回想が、軍組織ではなく、もっぱら鈴木個人の横暴を糾弾していることである。『現代』編集長・御郷(みごう)信佑は、鈴木が軍においても特異だったと指摘している。

「軍といっても、海軍は割合におだやかだったといえる。陸軍の中でも話のわかる、まことに感じのいい人もあったが、とにかく鈴木中佐には手こずりぬいた。」(「社史」下473)

確かに、鈴木の写真を『キング』誌上で見る限り粘着質的な性格類型が感じられる。陸軍から派遣されて東京帝国大学文学部で学んだ鈴木は、『岩波講座　教育科学』の編者・阿部重孝の指導により『軍隊教育学概論』(目黒書房・一九三六年)などを公刊している。陸軍省情報部に入る前は、陸軍自動車学校教官として教育法を講じていた。彼が多くの出版関係者から恨まれた理由の一つは、その非正統的キャリアから生まれた反エリート的なメディア観に由来するだろう。日配の設立に際して挨拶に立った鈴木は、「書籍も、雑誌も戦時には必要がない。教科書と新聞とラジオと映画とあれば充分じゃ」(「社史」下455)と言い放った(2)。兵站担当の輜重兵科である鈴木は、メディアに対する独特な大衆的嗅覚を持っていたのだろうか。

鈴木は既に『現代』一九三八年一二月号の「忠勇壮烈鬼神も哭(な)く　最近帰還の部隊長座説

会」を司会しており、一九三九年『キング』七月号の「時事問題早わかり(支那事変の将来)」以来、「支那事変で日本は何を得るか」(40-6：238 ff.)、「国防国家とはどんな国家か」(40-10：234 ff.)などわかり易い解説記事を執筆している。さらに、読者の質問に答える「之からの見方考へ方(質問解答)」(41-9：78)など陸軍省スポークスマンとして誌面でも活躍している。

一九四一年二月一二日、鈴木から顧問制導入を提案された講談社が、編集権を守るべくその辞退を申出ると、「鈴木氏は憤然色をなして立ち上がり、傍に立てかけてあった軍刀をとるなり、ドッスンと床を鳴らし」、編集局総務部長・加藤謙一に散々な暴言を浴びせかけた(「社史」下475)。結局、鈴木の推薦により、国民精神文化研究所から吉田三郎ほか四名、陸軍省情報部に属して世論研究をすすめた大東研究所から城戸元亮ほか五名、日本世紀社から花見達二ほか四名、合計一三名(後に満田巌が加わり一四名)を顧問とし、毎週一回の会議を行うことになった(「社史」下476)。だが、こうしたシステムを鈴木個人が立案したはずもなく、また、顧問制導入が雑誌統廃合の際に講談社、とくに総合雑誌『現代』に有利に作用したことは確実である。鈴木「悪玉」論の強調は、より大きな構造を隠蔽してしまう。

もちろん、メディアの戦争責任を正面から追及する著作も存在する。雑誌については、高崎隆治『雑誌メディアの戦争責任』(一九九五年)や『主婦之友』のイラストを扱った若桑みどり『戦争がつくる女性像』(一九九五年)が典型だろう(3)。天皇制ファシズム国家に翼賛して国民を戦争に駆り立てた「戦犯雑誌」という図式である。だが、メディア統制が国家権力の意のままに単線的に発展したわけではないし、「批判・抵抗」と「翼賛・便乗」との境界も実際にはそれほど明確ではない。[4] 言論弾圧といい出版統制といい、マルクス主義に理解ある論者が多い割には、これまで出版界が置かれていた経済的状況(下部構造)について言及した研究は極端に少ない。実際、ここで問題としたいのは、インテリ向け総合雑誌における「思想」状況ではなく、雑誌界の経済的主柱である大衆雑誌が置かれた「景気」状況である。出版統制を取り巻く情景は、意気消沈した不況か、沸き返る好況かで、大きく変わるはずである。

暗黒時代か？

戦時統制下における出版文化の衰退を示すデータとして、しばしば引用されるグラフに、布川角左衛門(ぬのかわ)「普通出版物の納本数」(グラフ3)がある。[5] だが、警保局図書課への納本数から「出版状況」を読み取れると考える発想には問題がある。平成一四年現在、日本の出版界の総売上は四年続きの減少であり厳しい出版不況が言われながら、新刊の刊行点数は急上昇を続けている。刊行点数で出版状況を評価すると、現在の出版不況は存在しないことになる。

さらに、問題なのは、「単行本」納本数データ(グラフ３の破線)にも、商品性のない書籍が数多く含まれていることである。取次最大手・東京堂扱い新刊点数(重版、予約本を除く)では、以下のような数字になる。むしろ、停滞していた書籍市場が日中戦争勃発を境に急速に拡大していったことがわかる。

一九三五年度　四八二一点
一九三六年度　五〇〇三点

一九三七年度　四九〇〇点
一九三八年度　五〇四一点
一九三九年度　五七六一点
一九四〇年度　六一二三点

『東京堂百年の歩み』は、「紙も足りない印刷も間に合わぬという時代に、不思議といえば不思議なことだった。それだけ各出版社とも用紙獲得には、あらゆる戦術を用いたのである。その売行きも「円本以来の好況」といわれた[6]」と総括している。一方、雑誌の動向については、小川菊松の証言がしばしば引用される。

「雑誌が国民生活に欠くことのできぬものとして、その後の雑誌文化の発展が大いに期待されていたのであったが、しかし戦争は、これらの動きをほとんど停止させてしまった。戦前の雑誌は、昭和十二(一九三七)年を最頂点として質量共に年々に低下をたどり、十九(一九四四)年以後は表紙もなく、頁数も三十二頁、製本もしてない素っ裸のまゝのものが、決戦時の雑誌として出されたのであった[7]。」

敗戦間際の粗悪紙の薄っぺらな雑誌を想起して、あたかも日中戦争勃発(一九三七年)から頁数と発行部数の減少が始まった、

グラフ3(左頁)　「普通出版物の納本数」
(布川角左衛門「戦時中の出版事情」『文学』1961年12月号101頁より)実線は出版法・予約出版法に基づき内務省警保局図書課に納本された，官庁出版物を除く「普通出版物」(ビラ，パンフ，地図，写真等を含む)．破線はその内，単行本のみの推移を示す．

もちろん，この破線グラフからも，単行本のピークが日中戦争勃発後の1938年であり，日米開戦後の1942年の数値が満洲事変後の水準を上回っていることは読み取れる．布川自身も，同論文で「文化統制なるものは，文学書に対する読者大衆の関心と購買力を増大することはあっても，容易に減少させることがなかったこと」を確認している．

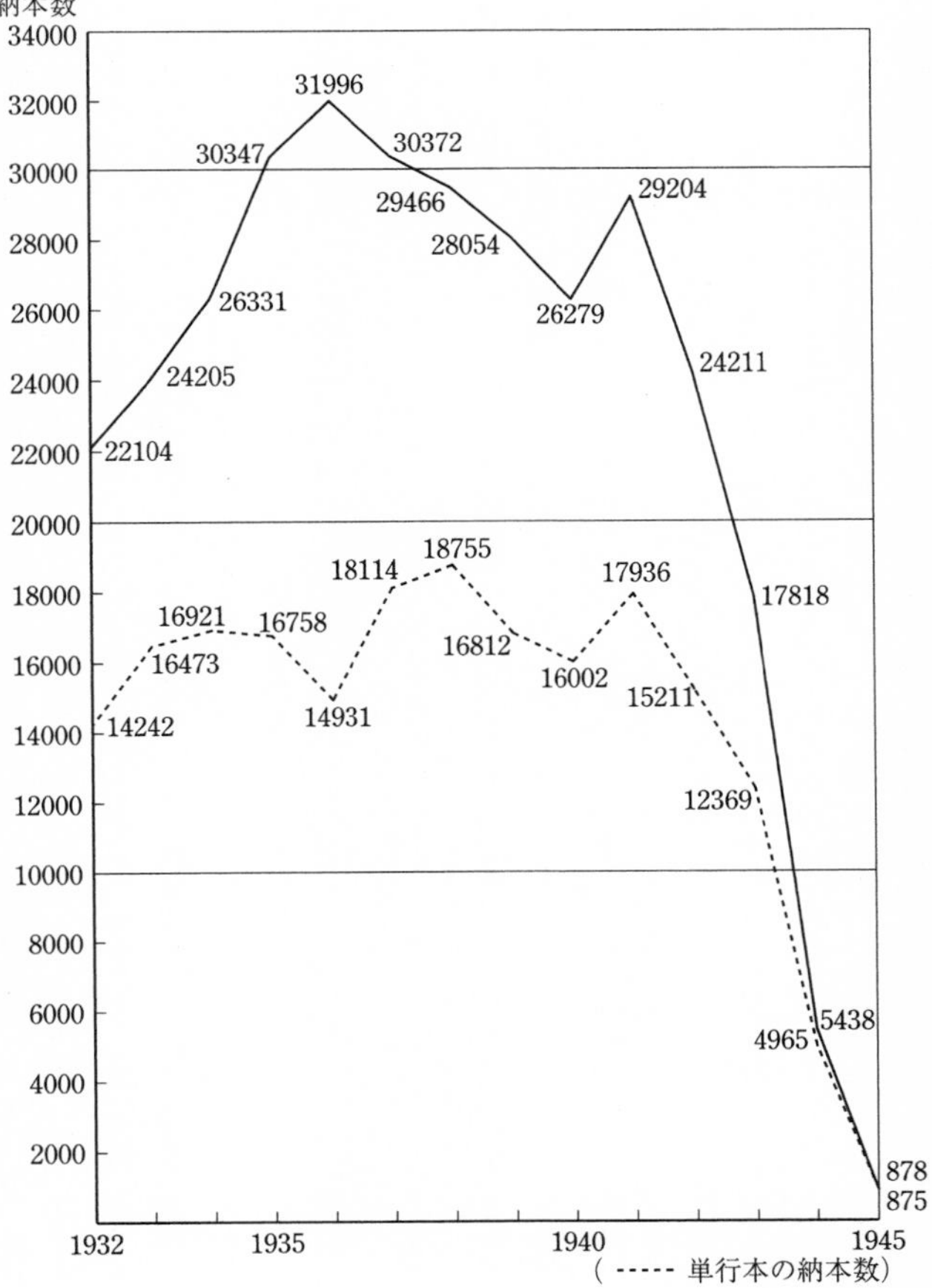
納本数
34000
32000
30000
28000
26000
24000
22000
20000
18000
16000
14000
12000
10000
8000
6000
4000
2000
22104
24205
26331
30347
31996
30372
29466
28054
26279
29204
24211
17818
5438
878
14242
16473
16921
16758
14931
18114
18755
16812
16002
17936
15211
12369
4965
875
1932
1935
1940
1945
（ ----- 単行本の納本数）

と思いがちである。だが、この記述は本当に正確だろうか。東京堂調査部が作成した主要七八誌の総売上部数(送本部数から返品部数を引いた実売売上数)統計を見れば、「戦前の雑誌の最頂点」は、一九三七年ではなく一九四〇・四一年であることがわかる。[8] 雑誌流通を独占した四大取次最大手・東京堂の雑誌取扱高は、一九四一年日配統合時、全発行部数の五五—六〇%に及んでいた。一九三七年度の増加の多くは、前部で触れたように各誌が行った戦時臨時増刊号の増発であるが、一九三八年度以後も増加傾向は続いた。[9]

一九三八年度　七五四七万四〇〇〇部　三・七%増
一九三九年度　八二二七万六〇〇〇部　九・〇%増
一九四〇年度　九三三九万三〇〇〇部　一三・五%増

まさに「出版バブル」というにふさわしい部数増を示している。こうした量的拡大とは反対に、東京堂で扱った雑誌タイトル数は、一九三七年の一〇一七を頂点として、一九三八年九五八、一九三九年九二〇、一九四〇年九六六、一九四一年八六九と減少している。つまり、雑誌に関しても、「一九三七年を最頂点」とする言説は、タイトル数に依拠している。もちろん、雑誌のメディア特性からすれば、こうした判断は必ずしも誤りではない。関心対象の細分化に従ってタイトル数を増加させていく雑誌のメディア特性に反する、同種同類雑誌の統合化こそが「戦時雑誌」の実体であったことは、特に留意しておかねばならない。この意味では、戦時雑誌は非雑誌的なメディアといえる。結論から言えば、それゆえ「ラジオ的・トーキー的雑誌」すなわち『キング』が重要な意味を持つことになった。

一九四〇年上半期より内閣情報部の主導により雑誌の整理統合が着手され、原則として新規創刊を認めず、同種誌の淘汰合併が強行された。そもそも雑誌統制には、管理対象の絞り込みが不可欠だったからである。だが、一般市販誌の売上部数は前年比一三・五％という「驚異的数字」を上げている。『出版年鑑』(一九四一年度版)は、こう報告している。

「単行本の場合と同じく、如何なる統制も、購読者の数を増しこそすれ、減ずることは殆どなく、本年の如きに品不足にも拘らず、有力雑誌は一冊の返品すら無いといふ有様であつた。これは、我が国力の充実を示すものであるが、本年度の好況は就中戦時産業の殷振、地方一般の好景気に基づく購買力の増大にその原因を見るのが妥当であらう。[10]」

一九四〇年、東京堂販売部長・鈴木徳太郎は、返品統計に関して「最近の様に殆ど返品皆無の状態になると全く調整の仕様がない[11]」と雑誌ブームに嬉しい悲鳴を上げている。

すでに第Ⅱ部で触れたように、講談社系雑誌も整理統合の例外ではなく、一九四一年『雄弁』は『現代』に、一九四二年『冨士』は『キング』に統合され、「七大雑誌」で日米開戦を迎えた。「七大雑誌」の年間総発行部数に関する堀江常吉の回想によれば、

「一番多いのは、十六(一九四一)年の四千四百三十一万三千五百三十四部、私が入社した大正九年からいちばん部数がよく出たのは昭和十五、六年です。これは講談社はじまって以来の好成績です。統制がはじまると返品というものがない。買切りだから、一ヶ月で大きな会社が一つできるくらいの成績でした。」(「社史」下416)

この証言は、『キング』の発行部数からも裏付けられる(「社史」下488)。『キング』の新年

号は、一九三七年で一一八万一四一〇部(「社史」下382)、一九四一年で一一五万一一六六部、一九四二年には雑誌統合で『冨士』を吸収して一二九万一五〇〇部、『冨士』に改題した一九四三年は一一〇万一七五〇部、一九四四年でも七〇万一五〇部、敗戦の一九四五年で五〇万一〇〇部である。(12)

一九四一年を頂点とする雑誌ブームを、『出版年鑑』(一九三八年度版)は次のように解説している。

「雑誌が今日の盛んな有様を示してゐるのは綜合的な娯楽機関としての力である。映画演芸等は都会地を中心として其余りに享楽的な傾があるが、雑誌は如何なる辺地に於ても購ひ読むことが出来、時と場所の制限なく各自の思ふまゝの姿に於て読み得て大なる精神的満足を得るのである。非常時の娯楽機関として、又教育機関として雑誌界の発展は頗る当然の事と云はねばならぬ。(13)」

それは、軍需景気による雇用拡大と米価高騰による農村安定によって、都市の知的メディアであった雑誌が、娯楽メディアとして農民や労働者まで深く浸透したことを示している。その結果、『雑誌年鑑』(一九四〇年度版)では、国民一般にとって、「新聞紙の減頁による報道、解説の不足を補充する機関ともなつて、雑誌が一種の実用品化した」ことも指摘されている。例えば、「雑誌各月実売数」(グラフ4)は、新年号の売上部数を一〇〇として、各月の売上指数を示したものである。上段の網目グラフ(一九四〇年)と下段の斜線グラフ(一九三六年)の間には、一九三七年日中戦争勃発がある。大衆雑誌の場合、日中戦争前に各月の売上指数は六

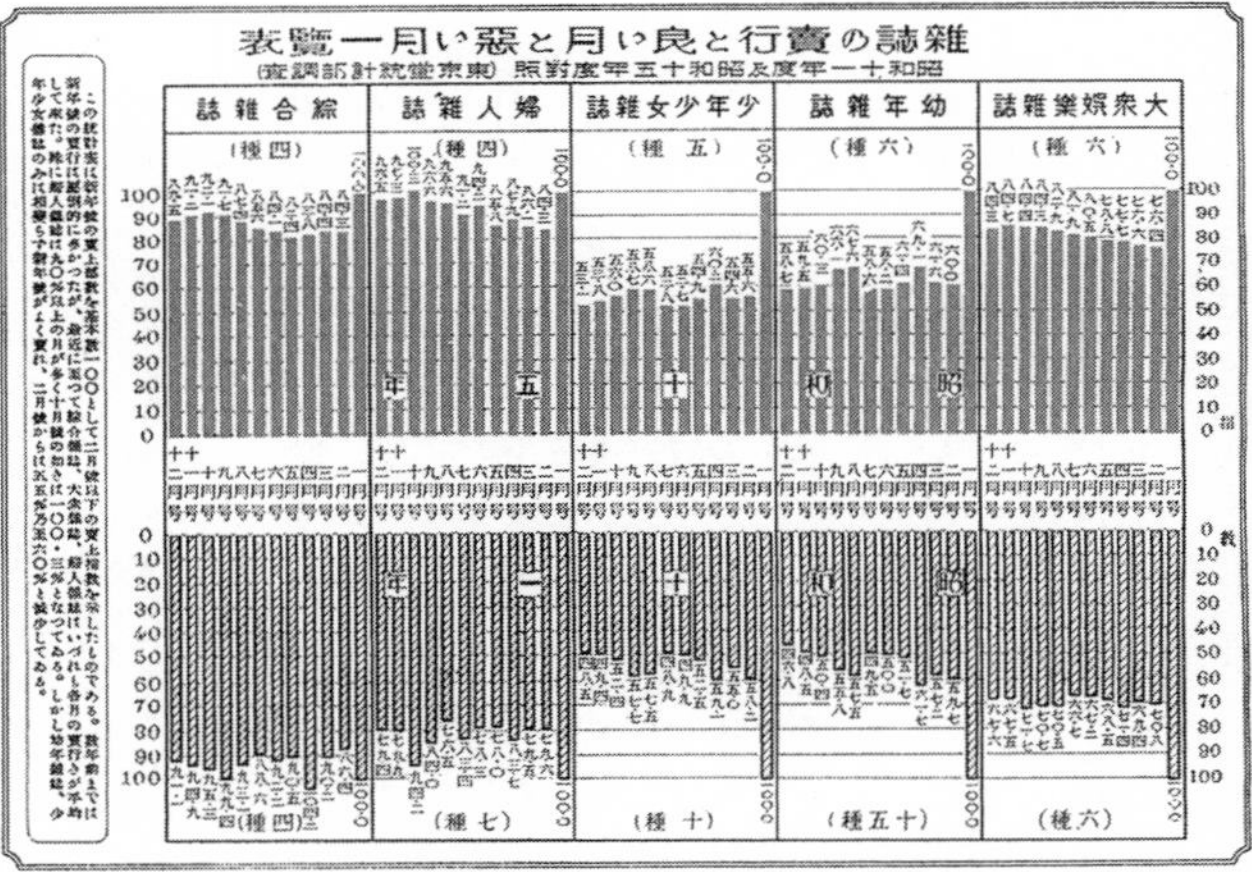

グラフ４　「雑誌の売行と良い月と悪い月一覧表」(『出版年鑑 昭和16年度版』)

〇―七〇だったが、一九四〇年では七五―八五まで上昇している。同じ傾向は七五―九五から八五―一〇〇に上昇した婦人雑誌に見られるが、幼年雑誌、少年少女雑誌の変動は少なく、総合雑誌はむしろ九〇台から八〇台へ下落傾向を示している。すなわち、日中戦争勃発を挟んで、それまで新年号や附録の内容によって、不定期に購入されていた大衆娯楽雑誌が、ラジオの受信契約と同じように、一年間を通じて定期的に購読されるようになっていったことがわかる。さらに、日米開戦後は、雑誌の定期購読が一般化し、一九四三年四月二一日より書籍買切制度が実施されると、雑誌の予約化も奨励された(43-4：123)。一九四三年一一月号から雑誌もすべて、日本出版会の配給規定により出版社の直接販売が出来なくなった。『キング』同年一〇月号の「謹告」では、最寄の書店か日配に申し込むよう読者に訴えている(43-10：86)。この結果、野間清治創業時代の「投機的」性格を失った雑誌経営は安定期を迎え、既存出版社の財務状況は一般に好転して行った。

もちろん、戦前出版暗黒史に対する違和感の表明も、これまで存在しなかったわけではない。たとえば、戦前から出版界に身をおいた山本夏彦は、『私の岩波物語』で一九三九年の状況をこう述べている。

「昭和十四年は本が最も売れて倉庫はからっぽになりつつあった時である。（中略）昭和十四年はノモンハンで大敗した年だが、国民は負けたとは知っていてもあんな大敗だとは知らなかった。好景気なのはむろん出版界だけではない。たいがいの商売は好景気だったからバー、カフエ、ダンスホールは満員で夜は浮かれ歩くものが多かった。戦前はひたすら暗かったと言うものが多いから念のために書いておく。[14]」

確かに、日中戦争から日米開戦まで続いた「戦時雑誌ブーム」の研究は見あたらない。だが、気を付けて同時代人の記述を調べると、こうした状況は随所に書かれている。例えば、日配の社員だった清水文吉は、『本は流れる』(一九九一年)でこう記している。

「この〝雑誌黄金時代〟は売上部数のみでみた場合、太平洋戦争開始直前の昭和十五年までつづいた。例を代表的な大衆娯楽誌十一誌の合計部数でみると、昭和六年度は総数一三七〇万冊であったが、昭和十五年度には二九五三万余冊に達し、実に一五八三万冊という倍増以上の増加を記録している。[15]」

あるいは、『岩波書店五十年史』の一九四二年一月三一日の欄には「出版事情ますます悪化」という見出しで次のように書かれている。

「時局に協力的な出版物には軍部から直接の援助があり、特別に用紙を配給されて、小売店の店頭にはその種の書籍が氾濫した。雑誌の表紙に情報局の示唆に従って〈鬼畜米英〉とか〈うちてしやまん〉などの標語を印刷するものも多かった。このような時局便乗の出版物にあきたらない読者が岩波の出版物に集まったため在庫品がはやく捌(さば)かれて、岩波書店は創業以来の一種の好景気を呈した。[16]」

岩波が「時局便乗の出版物」を出さなかったかどうかは別に検討が必要だが[17]、「創業以来の一種の好景気」は誤りではあるまい。実際、出版文化協会(文協)が第一回(一九四一年一一月)から第一六回(一九四三年三月)までに推薦した図書三二八点のうち、二三点の岩波書店は二位の講談社(一一点)、三位の創元社(一〇点)を大きく引きはなして独走している(「社史」下520)。さらに、岩波書店については、三輪公忠が次のように記述している。

「岩波書店の店主岩波茂雄は出版界の重鎮であった。近衛新体制運動のもと、後に情報局となる内閣情報部と連絡をとりつつ組織された日本出版文化協会の結成準備委員会には、民間代表としてはじめから名を連ねていた。一九四〇年初春早々から津田左右吉の著作に対する刑事弾圧がはじまった。それは出版法第二六条の「皇室ノ尊厳ヲ冒瀆シ……」の条を根拠にしていた。しかしこの書店の出版事業は一九四一年には、好況の絶頂に達した。岩波は自由な出版人として見識の高い人で、意識して、軍閥におもねったりする人ではない。それなのにこの好況を迎えていたということは、彼の選択が他の分野では、政府の見解と一致していたためだろう。そんな場合、検閲制度はあっても、岩波とすれば、出版の自由を享受していたのと同じ効果をもっていたとはいえまいか。（中略）制度的にはすでに言論の自由を奪われているはずのものが、自由だと感じるということは、その体制が、一つの革命的体制であって、その個人が、その革命を指向しているときだろう。[18]」

ここで三輪が「革命」と呼ぶのは、英米の世界秩序に対する挑戦である。しかし、それは同時に国内における公共圏の革命ではなかったろうか。大衆が運動の中に「参加」と「自由」を感じる社会関係(空間)を、特に第I部で大衆的公共性(圏)と呼んできた。総力戦体制は、「財産と教養」という市民的公共圏の壁を打ち破って、「言語と国籍」を入場条件とする国民的公共圏を成立させようとしていた。それは敢えて「ファシスト的公共性(圏)」と呼ぶこともできるが、イタリアのファシズム、ドイツのナチズム、あるいはアメリカのニューディールであれソビエトのスターリニズムにしろ、いずれもそうした国民的合意を生み出す運動であった。戦前の日本にも、歓呼の共感によって大衆世論を生み出す「ファシスト的公共性」は存在した。岩波が予感した自由とは、この公共性の構造転換において、岩波文庫創刊言「読書子に寄す」の精神が具現化することではなかったか。

「それは生命ある不朽の書を少数者の書斎と研究室とより解放して街頭にくまなく立たしめ民衆に伍せしめるであろう。」

その内容にかかわらず書籍や雑誌の購入とは、そうした自由と参加を街頭の大衆が直接感じることができる体験であった。こうしたファシスト的公共圏での出版好況は、会計上敗戦まで続いた。講談社がGHQに提出した財務諸表によって、一九四四年度（一九四三年一二月一日から四四年一一月三〇日）の収益を確認しておきたい。通常の歴史認識では、「四四年期」、つまり一九四三年一一月末のマキン・タラワ玉砕から、翌年七月の東条英機内閣総辞職を挟んで同一〇月二五日神風特別攻撃隊出撃開始までは、絶望的な一年のはずである。驚くべきことに、講談社の同期純益は一九三万七八三六円二三銭で対資本利益率は一割三分に達し、九〇万円が株主配当金に当てられていた[19]。

貧しく暗い出版状況の中で日米開戦に突入したと考えるのは、根本的に誤りなのではないか。出版界に限っていえば、むしろ「バブル」に浮かれて主体的に開戦キャンペーンに邁進したといえまいか。

第二節　出版バブルの中のファシズム

『キング』の研究を始めるまで、「物資統制により頁数は減少し、雑誌文化は衰退した」という戦時期の常識を私もまた共有していた。しかし、一九四〇年まで毎号五〇〇頁以上を維持した『キング』の「分厚さ」にまず圧倒された。日中戦争勃発以後も臨時増刊を繰り返す『キング』にバブルの熱気を感じたのである。

ちなみに、昭和恐慌期の出版界では、円本ブームに沸いた昭和初年（一九二七年から三〇年頃まで）を「変態的景気」[20]とする表現が『出版年鑑』（一九三〇年度版）に見いだせる。当世風に言えば「バブル」であろう。また『出版年鑑』（一九三九年度版）は、用紙統制など「幾多の不便」について触れながらも、戦時下の出版界を「俄然、円本時代に次ぐ好況を呈した」[21]と総括している。さらに、日米開戦直前に発行された『出版年鑑』（一九四一年度版）で、「この変体的現象に一層拍車を加へた感」は次のように表現された。

「新刊書の数は夥しく出版され、しかもその印刷部数の如きも従来の二倍三倍の数に上つてゐた。（中略）これ等の新刊書が市場に氾濫し、しかも立派に消化されて行く有様は、一面戦時下にあつて、かくも豊富に文化的所産の出づることの頼もしさをも感じさせたが、他面、好景気に乗る新規出版社の無選択、無軌道なるキワ物或は模倣出版物の続出に、識者を顰蹙させた。[22]」

この時期『キング』発行人をつとめた橋本求は、『日本出版販売史』で新刊書の氾濫をこう解説している。

「もっとも、その中には、今日の〝新書版〟の名の元祖ともいうべき「岩波新書」（昭和十三年起刊、岩波書店）の如き小型本や、仙貨紙刷りの〝戦時体制版〟（第一書房）と称するものや、あるいは旧著を改版した〝普及版〟（各社）など、時節がらの軽装廉価本もかなり加わっているのが目立つけれども、それにしても、用紙資材難の深刻化する中で、つぎつぎと驚くべき勢いで新刊本が生産され、店頭を賑わせていた事実は、ふしぎといえばふしぎな現象であった。[23]」

一九三〇年代後半からの「軽薄短小」書物の氾濫は、たしかに「バブル」と表現できよう。当然ながら、「ラジオ的・トーキー的雑誌」『キング』をとりまくバブル現象は、ラジオ普及や映画観客動員にも見ることができる（グラフ2、二五〇頁参照）。

ラジオについては一九三八年「一戸一受信機」を目標とする懸賞標語の募集が陸軍省・海軍省・内務省・逓信省によって行われた。六万通の応募作品から選ばれた一等賞は「挙つて国防、揃つてラヂオ」（鳥取県、壱岐喜久代）である。[24] さらに一九四〇年贅沢品製造販売制限規則により家庭電化製品の製造が縮小されるなかで、ラジオだけが唯一の例外とされた。本土空襲が始まると、ラジオは命に関わる必需品となり、受信契約者は一九四四年末に七四七万世帯、普及率五〇％を超えた。

映画に関して、『キネマ旬報』「景況調査」（七〇四号、一月二一日、八九頁）は、一九四〇年正月興業について、「実に十年振りでの賑ひ、昨年に較べて総体的に先ず二割から四割増しの好調」を伝えている。翌一九四一年の映画館入場者数は戦前最高の四億三〇〇〇万人となり、この数字は一九四二年になって戦時期ではじめて減少に転じた。[25] 情報蓄積媒体である美装本やレコードが制限され、情報消費媒体である雑誌・軽装本、そしてラジオ・映画が奨励されたことは、戦時動員体制が目指した大衆的公共性の力動感を反映している。この膨れあがった高揚感の中で、出版界は日米戦争の「バブル崩壊」へと突入したのではあるまいか。

こうした視点が戦時雑誌の先行研究に欠けていたのは、その問題設定自体によるだろう。例えば、高崎隆治『雑誌メディアの戦争責任』は、「戦時下の雑誌に「栄光」はあったか」と冒頭で問いかける。副題に『文藝春秋』『現代』『婦人倶楽部』が並んでいるため、こうした商業雑誌の〝栄光〟とは当然ながら国民的人気の獲得であり販売部数の頂点を極めたことだろうと思って読み始めた。ところが、まったく違うのだ。高崎の〝栄光〟とは、戦時下において権力への批判的姿勢を貫くことなのである。そして、高崎は『改造』や『婦人公論』の断片的記事を拾い出し「「栄光」は紛れもなく存在した」という。

「戦時下のジャーナリズムはすべてひとしなみに侵略を賛美し正当化したという粗雑な認識が一般化したのは戦後のいつごろからか知らないが、それはみずからの責任を拡散化する意図でふりまかれた権力的ジャーナリズムの謀略である(26)。」

この論理で戦時雑誌の研究を行うとすれば、〝栄光〟を裏付けるために、もっぱら当局の弾圧という聖痕が探し求められる。つまり、殉教雑誌が〝栄光〟を体現するのであり、戦時雑誌研究のクライマックスは『改造』『中央公論』廃刊に至る「横浜事件」となるだろう。両誌が敗戦後に復刊するのは、さしずめ「キリストの復活」であろうか。この神聖劇においては、部数を伸ばした商業雑誌は「厄病神にも等しい凶悪な存在」として次のように糾弾される。

「〔総合雑誌が〕「国民」の意志や感情を無視し、「国民」を侵略戦争の渦中に誘導するような権力側の機関誌的存在と化した時、読者としての「国民」ははたしてどういう反応を示すであろうか。消極的には読者であることを拒否する以外にないというのが、その場合もっとも良心的な行為であろうが、しかし判断に迷う読者の大部分はそのまま読者でありつづけることによって、やがてその渦の中に呑み込まれてしまうにちがいないのである[27]。」

「国民」とはそれほど消極的かつ受動的な読者だったのだろうか。売上部数の著しい伸張を見る限り、戦況を伝える雑誌に国民は殺到した。膨大な購読者に情報操作の犠牲者、メディア被害者としての免罪符を与えることは、大衆政治における政治的無関心や情緒的行動がもたらした結果に対する国民一人ひとりの責任を不問にすることにほかならない。その意味で、心情においてどれほど良心的であろうとも、こうした戦犯雑誌糾弾史に私は違和感を覚える。雑誌購読を通じて、大衆は政治参加を体験し、国民的アイデンティティを確認し、自由意志から戦争に翼賛したのではなかったか。その上で、櫻本富雄の次の指摘は正しい。

「あの戦時下に出版活動したジャーナリズムの世界から、いわゆる良心的で非妥協的な文章なるものを見出すとしたら、いくらでもある。つまりは全員免罪されてしまうのである[28]。」

もちろん、野間清治にも『キング』にも「良心的で非妥協的な文章なるもの」を見いだすことはできるだろう。戦後、鶴見祐輔はこう回顧している。

「野間さん自身は平和主義者なのに、世界が戦争へ戦争へと向かって進んで行く。その曲り角に立って、ただ反対すれば雑誌はつぶされるし、ちょうちん持ちはしたくない、といっておられました。そのころの雑誌を読んでごらんになったらわかると思いますが、苦労してやっておられた。ずいぶん苦しい時代だったのじゃないか、と想像しております。」(「社史」下376 f.)

本書執筆のために「そのころの雑誌」を閲読してきた私には、「見たい者には見えるのだろう」としか言えない。ポスト野間清治の『キング』を読む前に、出版バブルを可能にした下部構造を概観しておきたい。

第三節 「紙飢饉」と「海外進出」

「紙飢饉」の実態についても、戦後の回想などを無条件に信頼することはできない。新聞雑誌用紙統制委員会が内閣に設置されたのは一九四〇年五月一七日だが、終戦直後にGHQが調査したレポート(CIS-6500)には、次のように書かれている。

「実際の〔用紙〕配給は〔一九四一年〕七月二十二日に始まった。この配給実施は、かの悪名高い思想統制計画の一環として、出版物の内容にきびしい統制を実行したいという政府の野望からなされたもので、なんら経済的な必要性から生まれたものでないことは明らかである。というのは、この年度末には、総計三百四十万六千六十八ポンドという史上最高の用紙生産がなされたからである[29]」

つまり、日米戦争は国内用紙生産が最高度に拡大された時点で開始された。もちろん、配給制は用紙統制の最終段階であり、それ以前に行政指導による制限が存在している。すでに日中戦争勃発以前、国産パルプの人絹工業への転用増加と、外貨節約のため一九三六年一〇月から実施された製紙用パルプの輸入制限によって紙不足は深刻化し始めていた。軍需最優先の物資動員計画が一九三八年六月実施されると、まず大手新聞社五一社に対し、九月から一律一二％の消費制限が課せられた。以後、三次にわたる制限強化により、有力日刊紙は一九三八年までの朝夕刊二〇頁立てが一九四一年四月には半減して一〇頁立てとなっていた。用紙制限は新聞だけではなく、やや遅れて一九三九年一月から雑誌をも直撃した。

こうした行政指導と自粛は、しばしば戦時統制の代表的事例として引用されるが、『出版年鑑』を時代順に読んでいくと、戦争勃発と直接関係ない経済的「前史」があることが判る。すなわち、日中戦争前の一九三七年前半からすでに印刷用紙の高騰は深刻な状態となっていた。一九三七年三月の用紙市価は、一九三六年九月から四割も高騰していた。

円本ブームが終息した一九三〇年を底とする製紙不況は、一九三一年満洲事変勃発以後の軍需景気で反発し、印刷用紙の大量生産が開始された。一九三三年には樺太工業、富士製紙を吸収合併し洋紙生産の八〇％以上(新聞用紙の九五％)を占める大トラスト・王子製紙会社が誕生し、用紙の国内生産量はこれ以後一九四一年まで飛躍的に急増した。王子製紙は一九三六年、資本金の倍額増資により満鉄、東電、日鉄に次ぐ日本第四位の巨大会社となった。洋紙の九割六分を王子、三菱、北越など日本製紙連合会が製造したが、原料パルプの製造をほぼ独占した王子製紙がその八割以上を占めていた。

そもそも用紙不足と価格高騰の原因については、国際的なパルプ価格の高騰(特に人絹、ステープルファイバーなど新興化学繊維工業の興隆による木材パルプ需要の急増)と王子製紙を中心とする製紙トラストの価格操作の二つに大別できる。『出版年鑑』(一九三八年度版)では、出版業界の立場からこの製紙トラストに厳しい批判が行われている。

「主要製紙十二社は、製紙連合会を結成して、生産及び販売の統制を行ひ、また操業の短縮を協定して数年来特に紙価の維持を続け、製紙連合会は其の強力なる統制を利用して数次紙価の引上を行ひ、而も尚ほ引続き之を行はんとするの情勢にあつて、其の理由とする所はパルプの高騰の外に出でず、斯の如きは豊富なる自家原料を擁して、尚ほ剰余を他社に供給しつゝある王子製紙に就いては全く当らざるやの感がある。(30)」

日本製紙連合会は、世論の批判を回避すべく一九三七年四月八日臨時総会を開催、ようやく操業短縮廃止を決議し即日実施した。こうした状況の中で日中戦争勃発となり、貿易情勢の悪化からパルプ輸入が減少したため、国内需要の統制が国策となった。こうした統制経済の中で、製紙業界そのものは「大躍進の時代」を迎えようとしていた。ここでは、講談社が取引していた紙問屋三社、岡本商店、川島商店、博進社のうち(「社史」下60)、博進社を通じて関係のあった北越製紙の例を、その社史の第五章「太平洋戦争下の雄飛時代」から引用しておきたい。

北越製紙の主力製品は板紙・洋紙だが、板紙は一九四一年の生産高五五九四万七〇〇〇ポンド(二万五〇〇〇トン)、洋紙生産量も同年の一億一〇七二万五〇〇〇ポンド(四万九〇〇〇トン)を頂点として減少傾向を辿った。この傾向は、日本全体の雑誌売上部数やパルプ総生産量とも重なる。注目すべき点は、統制経済に護られた製紙業の財務内容が終戦まで際立った「好景気」を示していたことである。

「一六年五月期の平均払込資本金は一〇六四万七五〇〇円で、売上高は二五三二万円(売上高はこの期と同年一一月期はともに二五〇〇万円台で戦時中の最高であった)、利益金一六六万四〇〇〇円であったから、この期の対平均払込資本金利益率は三一%で、配当は一割をらくに据え置いた。以後一八年一一月期まで一割配当を続けてきた。二〇年一一月期は終戦を含む期であるだけに、同期の平均払込資本金は一五〇七万七五〇〇円、売上高は一六八二万九〇〇〇円、利益金は一〇六万五〇〇〇円で、対平均払込資本金利益率は一四%に低下したが、配当は六分を維持した。終戦によってほとんどの事業会社が無配のやむなきにいたった時期にもかかわらず、当社は配当を継続して株主に報いた。[31]」

とすれば、一九四一年までの「紙飢饉」とは「出版バブル」のコインの裏側にすぎない。つまり、「紙飢饉」とは供給量の欠乏ではなく、消費量の急増を背景としていた。

印刷・出版業界の海外進出

一方、印刷業界でも、一九三五年二月二六日、日清印刷、秀英舎が合併して、共同印刷、凸版印刷とともに印刷界を三分する大日本印刷(資本金六〇〇万円、従業員二五〇〇名)が誕生した。社長には実業之日本社社長・増田義一が就任した。共同印刷は博文館の印刷部に由来し、大橋家から社長が出ており、一九三七年六月二二日には野間清治が凸版印刷取締役に就任し、博文館―共同印刷、大日本印刷―実業之日本、凸版―講談社と出版界と連動した勢力範囲が確定した。もっとも講談社の雑誌では、『少年倶楽部』が共同、『幼年倶楽部』『講談社の絵本』が凸版、『キング』は創刊以来、秀英舎(大日本印刷)であり、講談社は印刷業界全体に影響力をもっていた。

一九三八年には重要物資臨時措置法に基づく商工省令の連発により、印刷業界に不可欠の活字地金やインクなどに用紙に先行する配給制が広がっていった。それにもかかわらず、『出版年鑑』(一九三九年度版)では印刷界の好況が報じられている。物資統制は必ずしも景気後退を意味しなかった。

「用紙の配給に苦しみ、必要なだけ刷れないといふ嘆声を聞きつゝも、出版界は以前にも増して、活発なる動きを見せ、『麦と兵隊』はじめ戦争物の、嘗て見ざるが如き大量出版は、北支・満洲に於ける教科書・有価証券並に軍関係印刷物の激増と共に、我が印刷界をうるほすこと決して尠しとしない。(中略)殊に各種材料の統制強化を見たる下期に於て、却つて一大躍進を示し、凸版印刷会社の如きは、新設会社の頻発、既設会社の増資、満洲・北支方面の有価証券需要の激増を反映してか、数年前の二倍に相当する営業収入を示してゐる。年末に際して、大会社は仕事を消化し切れぬための悲鳴すら上げ、また今に困る今に困ると先触れだけは、絶えず聞かされてゐる小工場方面も、不況で潰れたといふ話をあまり聞かない。(中略)大陸へ大陸へ、印刷人と材料人が慌しく往来を始め、北京や上海が時ならぬ賑ひを見せたのも頼もしい[32]。」

翌一九四〇年の「印刷界」も、好況が続いていた。

「一般出版物――殊に紀元二千六百年記念出版――が相当あり、好景気を保ち、内外地の有価紙類の印刷註文が殺到し、加ふるに、国民学校の制定に依る新教科書――主として色刷――の大量印刷といふ福音が音信して来たので、東京の三大印刷会社〔大日本、凸版、共同〕の営業成績は、正に数字的躍進を続けてゐる。[33]」

確かに、出版用紙不足の背景には、外貨獲得のため一九四〇年まで無制限に行われた満洲・北支への用紙輸出急増もあった。満洲移民や派遣部隊の増加により、書籍雑誌の輸出も激増していた。一九三八年北支から中・南支への戦局拡大にしたがって、内地出版物の販路はさらに広がった。それまで朝鮮・満洲での雑誌取引を書籍の大阪屋号書店とともに牛耳っていた東京堂によれば、一九四〇年の最盛期には満洲での書籍雑誌の売上高は、国内の全売上高の七、八%を占めたという。娯楽と活字に飢えた外地の兵士や軍属の読書欲求は強く、「〔昭和〕十四〔一九三九〕年ごろの東京堂調査によると、東京では千人に対して六百冊くらいしか読んでいないのに、外地では一人で三、四冊くらい読んでいるという結果が出た」という。[34]

海外進出は、東京堂だけではない。中堅取次の栗田書店も一九四〇年四月に貿易部を立ち上げた。同貿易部次長・国枝藤作の回想も引用しておきたい。

「私の知っている限りでは、栗田貿易部の一年半が野口さん〔野口兵蔵部長〕にとって得意満面の絶頂期であったのではないかと思う。誰からも束縛されることなく、思うままの仕事が出来、しかも業績は毎月上昇の一途で、返品はなし、ほとんどが前金で入金、遅れる心配皆無という誠に夢のような商売の一時期であった。[35]」

やがて、満洲書籍配給株式会社(満配)による統制強化後は、「外地販売のウマ味が薄くなった」としても、一九四〇年には「思うままの仕事」「夢のような商売」が出来たのである。日米開戦後は、講談社も海外進出を行っている。一九四三年五月に中国音盤事業のため北京支局を創設し、同年一一月には『新中華画報』ならびに大東亜共栄圏向書籍の企画編集のため対外部を新設している。対外部長は雑誌部長・加藤謙一が兼任した(「正伝」1008)。特に、大東亜共栄圏の日本語学校の教科書として、『ホセ・リサール』『ジンギスカン』など人物伝(B6小判)、『キョウエイケン　ヱトキチリ』『タロウヱニッキ』などが用紙特配で製作された。これを担当した『コドモヱバナシ』(『講談社の絵本』の後継)編集長は、情報局対外東亜課長を兼任していた(「社史」下567)。

かくして私的な出版企業は著しく公的性格を帯びるに至る。『雑誌年鑑』(一九四二年度版)で「雑誌の公共性」論が唱えられたのは、まさにこうした状況下であった。

第二章　「読書の大衆化」と「大衆の国民化」

「雑誌の公共性」論の前提をなす議論として、雑誌全体のラジオ化を提唱する慶応義塾長・小泉信三「雑誌文化の特性」がある。この一九四〇年「雑誌週間」記念講演は、同年九月九日午後六時からラジオ放送された[36]。ここで、小泉は雑誌の多様性、教育効果、経済効率、指導性を評価する一方で、付和雷同性を批判している。さらに、用紙制限という困難に触れて、雑誌文章の短縮化を提唱する。

「講演の方はラジオの放送で時間が厳守されるので、自然簡潔ということが或る方面では訓練されているように見られます。これは誠に喜ばしいことと思います。これと同様に、今日の用紙制限のこの機会に、もしも雑誌関係者が少しく適当に心を用いたなら、文章の短縮ということも随分行われるのではありますまいか[37]。」

小泉は、雑誌の用紙枠がラジオの時間枠として機能する可能性を示唆している。こうした発想は、公共放送と雑誌メディアを重ねることで、「雑誌の公共性」に繋がっている。こうして戦時動員体制とともに雑誌全体の「ラジオ化」が進む中で、『キング』の性格はどのように変化したであろうか。

第一節　『キング』の総合雑誌化

小泉の講演放送が行われた一九四〇年九月、この第八回雑誌週間によせて、『キング』はキング編集局名で告示を出している。七月二二日の第二次近衛文麿内閣の成立を受け、一〇月一二日大政翼賛会発足に至る新体制運動に棹差す意図は明白である。

「私共は編輯について斯く考へてをります。
○日本精神を作興したい。
○時局の真相を伝へたい。
○国策の伝令となりたい。
○戦線銃後の連絡者となりたい。
○時局生活に必要な常識を提供したい。
○国民に健全にして明朗な慰安を齎したい。
依て以て、皇国の興隆発展に貢献したいと、一同日夜奮励致して居る次第であります。

（中略）どうぞ、私共の足らざる処は、大小となく御教へ下さい、御注意下さい。そして弥ゝ、良いが上にもよい、日本の国民雑誌をつくり上げたいと念願する次第であります。

修養に慰安に方法はいろ〳〵ありますが、雑誌ほど健全で、有効で、一般向きで、費用のかゝらないものは無いでありませう。」(40-11：98 f.)

この編集方針は、総合雑誌が「キング化」する中で、『キング』の総合雑誌化を示している。そうした変化は、すでに同年四月号の「社説」常設化から始まっていた。三月二五日には議会で聖戦貫徹議員連盟が結成され、政党解党、挙国一致体制の動きが加速化していた。四月号「社説」では、「国策完遂協力運動」が宣言され、その第一歩として、「簡素生活の実行」が提唱された(40-4：38-41)。一九四〇年七月号「公を先に！　私を後に！（社説）」では、食糧報国が掲げられた(40-7：72 f.)。

すでに『雑誌年鑑』(一九四〇年度版)は、『キング』を含む「娯楽雑誌」の動向を次のように鳥瞰している。

「支那事変以来雑誌の読者もまた漸次増加してをり、この傾向は娯楽的な大衆雑誌に於て特に顕著であることはいふまでもない。この事実は娯楽雑誌に愈よ指導性と啓蒙性の必要を痛感せしめるのであるが、多くのものはこの点に気付いてゐるとみえ、その傾向の見られるのは喜ばしい。(中略) 近頃の大学生にキング党が多いさうで、注目すべき現象である。[38]」

確かに、欧州大戦の勃発した一九三九年九月以降、『キング』誌上でも本来メインの「小説・講談・落語・漫画」のコーナーを抑えて、戦争関連の座談会や陣中感話を含む「記事」の分量が増加していった。

一九四一年の雑誌界を回顧した『雑誌年鑑』(一九四二年度版)では、「娯楽雑誌」というジャンルはなくなり、「大衆雑誌」が次のように定義された。

「『キング』『日の出』或は『オール読物』等は、一般に大衆雑誌と呼ばれてゐる(中略)。

〝専門〟への対語としての〝大衆〟といふ意味ならば、およそ雑誌にして、大衆的ならざるものはない筈である。（中略）従つて、大衆雑誌の〝大衆〟といふ語は、単に通俗といふ意味ではなしに、大衆のための雑誌といふことでなければならない。つまり、特定の読者層でなしに大衆のために、教養と娯楽と時局認識とを用意する雑誌といふことでなければならない[39]。」

確かに、『キング』は創刊以来「教養・娯楽・時局認識」の三要素を含んでいたが、戦時体制下で時局認識の比重が増大していった。その結果、大衆雑誌が固くなりつまらなくなったという声が高まり、「果ては、「大衆雑誌は修身の教科書ではない筈だ」といつた、相当辛辣な批評まで」登場したという。その原因を『雑誌年鑑』はこう説明している。

「まづ第一に、時局の重圧がかなり激しく加つたことを見逃すことが出来ない。国防国家建設のために、あらゆる事物が国家目的に動員されたが、思想戦の弾丸と称される出版物の中にあつても、特に影響力の大きい大衆雑誌に対する要請が、殊に急且大であつたといふことはいふまでもない。その結果、大衆雑誌から娯楽性が棄てられて、教化性が強調されたのも、いはゞ避けがたいものであつたかもしれなかつた[40]。」

つまり、面白くて為になる「精神の温泉場」から、「面白い要素」が消えて「国民修身の教化所」が前面に押し出されていった。だが、問題はそれでも『キング』が売れたという事実である。講談社雑誌の年間総発行部数の戦前ピークは一九四二年の四四三一万部である。その後も総頁数こそ激減するものの一九四三年までは四〇〇〇万部を維持していた（グラフ2、二五〇頁)。発行部数の維持とは反対に、一冊ごとの頁数は一九四〇年以後、急速に低下した。まず、広告頁が縮小され、やがて小説や読物が削られたため、時局的な解説記事が突出して目立っていった。では、なぜ売れたのか。それは盛り込まれた内容や議論よりも、大きな歴史のうねりの中で皆が読んでいる「国民雑誌」の購入に大衆が「参加」の感覚を求めたと考えるべきではないだろうか。一九四一年三月号社説「論議を節約して新体制の確立に突入せよ」は、次のように結ばれている。

「国民がわがまゝをいつて、政府に施策を遠慮させること位、日本を危くするものはありません。今日よりは政府のやり過ぎを責めることなく、寧ろそのやり足らざるをこそ責めることに致しませう。それによつて、日本は始めて安泰たり得るのであります。」(41-3：55)

ここでは総力戦体制への国民の参加を「政府のやり足らざるをこそ責める」という方向に導いている。これは誘導というより煽動であるが、このレトリックに『キング』はやがて自縛されることになる。戦局の激化とともに高まる読者の欲求不満に煽動で応えるためには、自らの言説を政治の合理性を越えて極点にまで過激化せざるを得なくなる。それは気晴らしとして『キング』を読むことまで不可能にするはずである。そうした「参加」の暴走が行き着いた先として、例えば楠藤太郎「日本一の隣組――誠を以て貫く、名案熱血隣組長を訪ねて」(43-8：50-56)の記述を見ておきたい。

深川区福住町一丁目一七番地(第四一隣組)では、禁煙、断髪、早起き会から日用品の共同購入、国債消化、子女教育まですべて「半強制」(実質強制)である。朝五時半に太鼓が鳴らされ、ラジオ体操のレコードがガンガン鳴り響く。もちろん、寝ていることは可能である(実際は出来ないだろうが)。良い事だからと、自主的に禁煙や断髪が「一人の反対する者もなく決議」され、次々に実行されていく。長谷川組長はいう。

「こゝは都合のよいことには、隣組中の各家庭の財産調査が一軒残らず出来てゐます。月収がいくらで、家族が幾人で、交際費がどのくらゐ、支出がどのくらゐ、といふことが全部調べてある。だから収入に対する家族数、支出額と云つたものの率によつて国債を割当てる。」

こうした「熱血組長」は、国家や政府の強制や指示で禁煙や断髪を「決議」をしているわけではない。このレポートが「日本中の隣組斯くありたしと念じつゝ辞去した」と締められているように、日本全体でこうした事態が生じたわけでもない。東京の下町で比較的均質な世帯の集まり、つまり『キング』読者層であったために生じた現象だろう。しかし、「簡素生活の実行」は娯楽的要素の自粛となり、『キング』のモットー「面白く為になる」を変質させた。すでに、一九四一年五月号の社説「人の見方を変へよ＝国民学校の発足に際して」では、野間イズムの中核たる立身出世や現世利益までが否定されている。

「嘗ては、先づ人であれと叫びました。今日は徹頭徹尾国民であれと叫ぶのであります。嘗ての偉い人は、立身出世した人、大きい事業を成した人、成功した人でありました。今日以後の偉い人は、彼が如何に立派な国民であるか、如何にその職域に於てその国民としての任務を果しつゝあるかによつて判定されねばなりません。而して私共自身が、立派な国民であるべきが如く、私共の子弟を教育するに当つても、その立身出世を冀ふのでなく、先づ以て国家有用の人物たるべきことを念願とせねばなりません。」(41-5：77)

第二節　『キング』の宣戦布告

現実の日米開戦は一九四一年一二月八日だが、中立国アイスランドへのアメリカ軍の進駐を「アメリカの戦争地域突入！」と報じた三ヶ月前の『キング』九月号誌面で講談社の「宣戦布告」は行われている。社説「愈々その日が来た！＝予ての覚悟、今こそ実行に移す時だ」は明らかに対米開戦を意識している。

「キングでは、既に毎月々々、来るべきあらゆる事態を予想して、之に対処するの道を研究し報道して来た。いざ開戦といふ場合、戒厳令下の人の動員、物の動員、さうした場合に於ける食糧の確保策、防空壕の作り方から大空襲下に於ける市民の防衛、その他万端、斯かる場合は斯うしたがよい、斯うすれば大丈夫といふこと、而して国民がこれを実行しさへすれば、精鋭無比のわが陸海軍だ、最後に於ける皇国の大勝利疑ひないこと、雑誌として書き得る範囲のことは、繰返し〳〵説明し報道して来たつもりである。読者諸君に於ても十分御承知下さつてゐることゝ思ふ。従つて、今、いよ〳〵その時の到来に対し、我等は、心境頓に澄み渡り、また何をか思ひ煩はんやといふ感じである。予ての覚悟、たゞそれを実行に移せばよいのだ。颱風よ荒れよ、敵機よ来れ。神州一億の健児、身命を君国に捧げてこゝにあり。」(41-9：40 f.)

この年末、一二月八日の真珠湾攻撃に至る一九四一年の『キング』を読んでいくと、歴史の後智慧ながら、日米開戦の必至が大衆世論において確信されていたことがわかる。新年号から「記事」冒頭を列挙してみよう。

一九四一年新年号、内閣総理大臣・近衛文麿「臣道の実践(時の言葉)」を筆頭に、木戸幸一内相「大いなる時代の覚悟」、陸軍大将・小磯国昭「皇運扶翼の道」、社説「臣道実践、職域奉公」、中村明人「仏印進駐より還りて」。

二月号、大政翼賛会事務総長・有馬頼寧「国民の覚悟(時の言葉)」、三国同盟を推進した前駐独大使・大島浩「世界の新情勢に対して」、社説「日常生活に臣道実践」。

三月号では、外務大臣・松岡洋右「米国の猛省を促す(時の言葉)」、五名家「英米合作と太平洋問題を語る座談会」、社説「論議を節約して新体制の確立に突入せよ」。

四月号、貴族院議員・徳富猪一郎「刻下の急務(時の言葉)」、海軍中佐・高瀬五郎ほか「いざ開戦の場合を語る座談会」、海軍大将・中村良三「愈々肚を決める時が来た」、社説「国民挙つて食糧増産に努力せよ」。

五月号、独逸国総統アドルフ・ヒットラー「米国に告ぐ(時の言葉)」、陸海軍・防空協会より六氏「わが国土防衛を語る座談会」、吉川英治「戦陣訓の歌」、社説「人の見方を変へよ」、貿易組合中央会理事・大山周三「タイ国とはどんな処か」。

六月号、商工大臣海軍大将・豊田貞次郎「私の信念(時の言葉)」、陸海軍並びに報道陣

「独逸の英本土上陸作戦と米国の参戦」、企画院次長・宮本武之輔「大陸建設にこの努力」、社説「国力は急激に増大しつゝあり」、印度・仏印・インドネシアほか各国学生「大東亜の青年諸君と語る」。

七月号、駐支全権大使・本多熊太郎「全面和平の途(時の言葉)」、陸軍大佐・馬淵逸雄「支那事変の本質と解決を語る」、軍事参議官陸軍中将・尾高亀蔵「情に刃向かふ敵なし」、社説「世界は日本を中心として動く」、前国務大臣・星野直樹「満洲国皇帝陛下」、船長・機関長等八氏「軍隊輸送船の乗組員座談会」、国民精神文化研究所員・吉田三郎「英米罪悪史(イギリスの巻)」。

八月号、大政翼賛会中央訓練所長・八角三郎「祭礼を怠るな(時の言葉)」、海軍中佐・高瀬五郎・西谷弥兵衛「米国の参戦とその後の世界を語る」、社説「太平洋は我等の池であつた」、勅任逓信監察官・奥村喜和男「指導者原理とは何といふことか(現代思想講話)」、西村鎮彦「海軍航空本部長・井上成美中将伝(五分間伝記)」、吉田三郎「英米罪悪史(イギリスの巻)」。

この八月号まで「表紙口絵」「小説・落語・漫画」「記事」の順に配置されていた目次の項目が、九月号以後「記事」「小説・落語・漫画」へ逆転する。この段階ですでに読物が、いかに娯楽から離れていたかを示すには、九月号掲載のタイトルだけで十分だろう。棟田博「戦争実話　魂伝令す」、堤千代「現代小説　海鱸の茶碗」、菊池寛「現代小説　国は呼ぶ」、諏訪三郎「現代小説　家」、大下宇陀児「現代小説　地球の屋根」、竹田敏彦「現代小説　街の戦友」、山本周五郎「時代小説 奉公身命」、柳家権太楼「新作落語 しんせつ剤」。『キング』小説の売り物だった時代小説は山本作品のみになり、そのタイトルにまで時局の影響は明らかである。この八月号と九月号の間には、七月二三日南部仏印進駐決定、同月二五日アメリカによる在米日本資産の凍結、八月一日対日石油輸出全面禁止があり、九月六日御前会議で帝国国策遂行要領（一〇月下旬を目途に対米英蘭戦争準備を完成）が決定されていた。

九月号、大政翼賛会事務総長・石渡荘太郎「商人と消費者（時の言葉）」、元厚生大臣・吉田茂「人類救済の大使命」、社説「愈々その日が来た」、情報局情報官・鈴木庫三「之からの見方考へ方（質問解答）」、商工省事務官・村松敬一「資源動員が開始されました」、吉田三郎「英米罪悪史（アメリカの巻）」。

一〇月号、大蔵大臣・小倉正恒「国民諸君に要望す（時の言葉）」、渡邊世祐「国難〈元寇〉を憶ふ」、エス・ライフ「独逸国民の切符生活を語る」、鈴木庫三「之からの見方考へ方（質問解答）」、西村鎮彦「外務大臣拓務大臣・豊田貞次郎大将伝（五分間伝記）」、吉田三郎「英米罪悪史（アメリカの巻）」、さらに時局大特集として陸軍大将・荒木貞夫「日本の真価発揮の秋」、東部軍司令部・山本道義中佐「防空と国民の覚悟」、大日本防空協会主事・富岡東四郎中佐「家庭の防空はどうしたらよいか」など。

一一月号、巻頭グラビアに「防空防火必勝読本」、企画院総裁・鈴木貞一「民族魂を振ひ起せ（時の言葉）」、陸軍省戦備課長・岡田菊三郎大佐「経済戦に於ける日本の実力」、情報局情報官・古橋才次郎海軍中佐「航空母艦は如何に活躍するか」、西村鎮彦「航空総監・土肥原大将伝(五分間伝記)」など。

一二月号、巻頭グラビアに「人物臨戦体制(陸海軍首脳者画報)」、内閣総理大臣・東条英機「率先陣頭に立たん(時の言葉)」、枢密顧問官・金子堅太郎「大事を決するの日」、武藤貞一「米国の横暴非道を衝く」、陸軍諸学校教官「少年兵を語る座談会」など。

この目次を年表を横に眺めれば、あたかも日米開戦へ向けた一連のシナリオが出来ていたかのごとき感想さえ抱くだろう。開戦三日後、一二月一一日印刷納本された『キング』一九四二年新年号の社説「国民の誓」には、「宣戦の大詔を拝し、謹んで天地神明に誓ひ奉ります」が刷り込まれている(42-1：32 f.)。

さらに「愛読者各位へ」で、『キング』の使命が次のように宣言された。

「日本人の美徳を総動員せよ！　これキングの使命の第一であります。更に時代の向ふところを明かにし、国策の要求するところを日本の隅々まで伝へる、これキングの使命の第二であります。更にまた時局下の最も健全な慰安となり明日の奮闘への活力となる、これキングの使命の第三であります。」(42-1：76 f.)

実際、この一九四二年新年号で「慰安」的要素は分量でも三番目以下に後退し、全二一二頁のうち「小説・落語・漫画」欄は八六頁(四一％)まで縮小していた。それでも、一月二日マニラ占領を伝える三月号、二月一五日のシンガポール陥落を特集する四月号、落下傘部隊のパレンバン占領を伝える六月号までは緒戦勝利の報道も華々しく誌面にもなお躍動感があった。しかし、六月五日ミッドウェー海戦での戦局逆転の後、戦争報道にも見るべきものがなくなり、表紙グラビアも戦闘シーンから銃後風景に移行していった。

だが、一方ではこの時期から『キング』編集部ほか講談社社員の前線視察が活発化した。

「本誌橋本〔求〕編輯長は、大本営陸軍報道部嘱託として十月末南方視察に出発。『陣中倶楽部』木村〔喜一〕編輯長は陸軍恤兵部嘱託として、橋本氏と同行致しました。また講談倶楽部萱原〔宏一〕編輯長は、十一月中旬大本営陸軍報道部嘱託として南方に出発、三氏共目下現地の皇軍将兵の慰問及び建設状況を視察中であります。」(43-1:164)

橋本求の紀行文、「マライ縦走記」(43-2)、「スマトラ富源行脚(あんぎゃ)」(43-3)、「新生スマトラを往く」(43-4)、「甦る海原(うなばら)民族(新生スマトラの人々)」(43-5)、「ボロ服の兵隊さん(新生マライ・スマトラ紀行)」(43-6)が戦勝報道の代わりに連載されている。

第三節　『キング改題　富士』の絶叫

一九四三年二月号には、「三月号から誌名『キング』を『富士』と改題いたします」との謹告が掲げられた。

「『富士』は、御承知のやうに、かつて『キング』に合体した本社発行の兄弟雑誌の名でありました。私共は思ふところあつて、この名を一年間胎蔵(たいぞう)し、『キング』の編輯精神、『キング』の血をもつて育んで来ました。今や時到り、新しくこれをわが表題に掲げて、思想戦完勝の大使命に邁進できますことは、私共の勇躍を禁じ得ないところであります。(中略)誌名の一新は、おのづから、日本国民の雑誌たる本来の面目を、更に純乎(じゅんこ)たるものとして顕すであらうと期してをります。」(43-2：51)

雑誌名の英米語排撃については、一般に情報局による強制と考えられているようだが、むしろ出版企業の報国競争による過剰反応という側面が強い。創刊号より表紙にあったKINGのロゴは、すでに情報局発足前の一九四〇年一一月で消えていた。一方で、経済誌『ダイヤモンド』は終戦まで誌名を変更しなかったが、社長の石山賢吉は次のように証言している。「〝キング〟はいけない、〝ダイヤモンド〟はいけない」と一部の新聞が書きたてたので、石山は情報局に出向いて改題の必要を担当者に尋ねた。

「情報局は、あんがい、さばけていて、〝名じゃない。内容だ。〟と、いうことだった。そこで、この問題は、たちまち消滅、大山鳴動してネズミ一匹も出なかった。[41]」

タイトル上では戦前最後の「キング」となった一九四三年二月号には、その黄金時代を懐かしむように「歌へ！　働け！　明朗かへ歌づくし」が特集され、「モンペ小唄」「節米の歌」「めんこい小孩(セウハイ)」などが集められている。しかし、一九三〇年代『キング』の「歌づくし」特集と比べると、そんな歌が「明朗」に歌われたとは到底思えない。たとえば、「満洲娘」が元唄の「銃後の花嫁御寮」(43-2：159)の一番。

私銃後の花嫁御寮　モンペ姿も新体制
蓄めた債券持参金　お嫁に来ました傷兵へ
皆さん真似して頂戴ネ

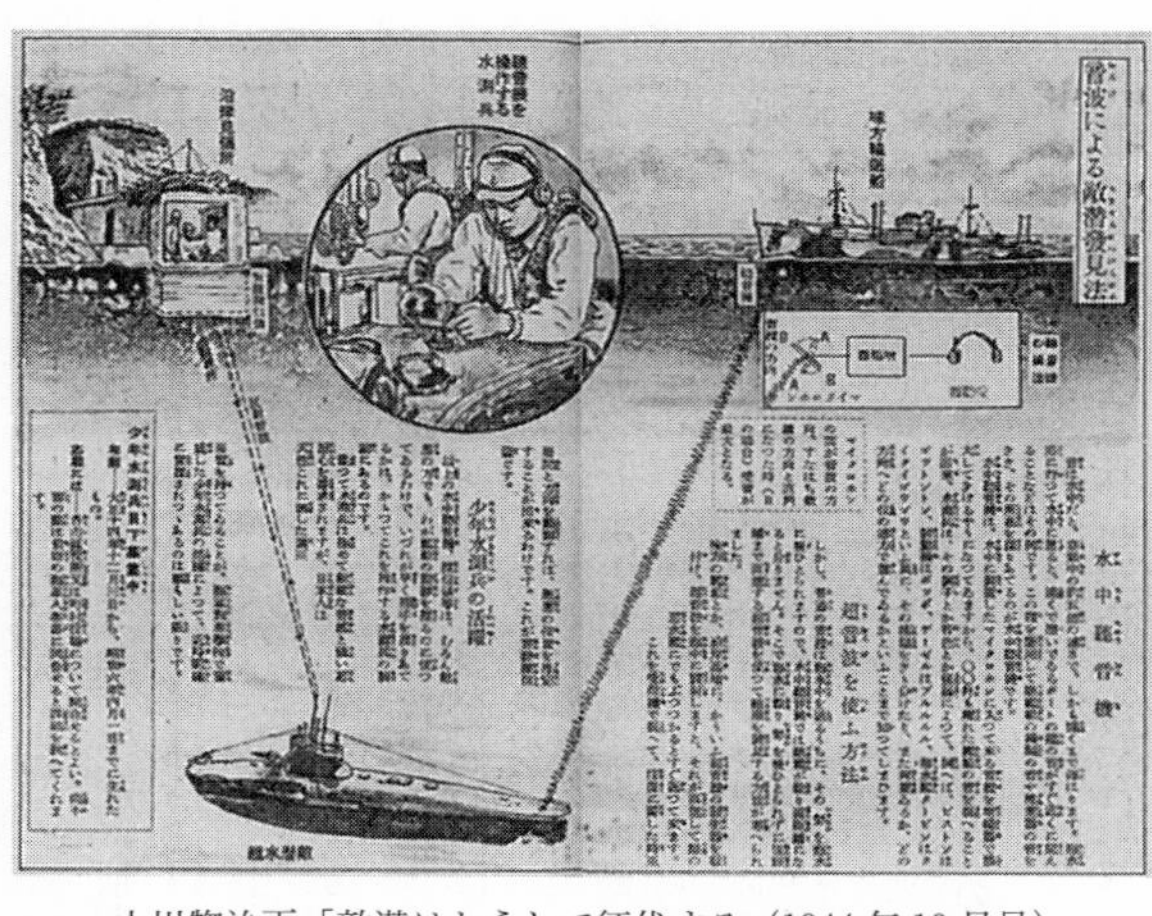

山川惣治画「敵潜はかうして征伐する」(1944年10月号)

さすがに、不評だったのだろう。最後の「歌づくし」特集となった。また、同号から情報局次長・奥村喜和男の時局感話の連載が始まった。巻頭の時局解説「絵ばなし」シリーズ(二色オフセット)、「今月の国民手帖」(一九四二年七月から四三年一〇月まで常設)、「国民座右銘」(一九四四年一月号より)の連載によって、『キング』の誌面は情報局が編集する情報宣伝誌『週報』の大衆版のような印象を強めていった。大衆的という意味では、特に「絵ばなし」あるいは「絵解き」の効果は大きかったと考えられる。戦後「少年ケニア」などの劇画で有名な山川惣治が描いた「戦ふ石炭　絵ばなし」(43-2:19-26)、「大型焼夷弾はかうして征伐する」(43-5:9-12)などは、リアルな図解もので、戦後の少年雑誌『少年マガジン』巻

頭を飾った絵解きグラビアを彷彿とさせる。(42)

『キング改題　富士』三月号の表紙は、「大楠公銅像」に「撃ちてしやまむ！」の標語を刷り込んでいる。斎藤瀏「撃ちてしやまむ――神武天皇御東征の御精神を偲び奉る」(43-3：22 f.)の解説に詳しいが、日本書紀に由来するこの言葉は一九四三年三月一〇日陸軍記念日に決戦スローガンとして採用された(43-8：116)。同日、陸軍省報道部長・谷萩那華雄は『キング改題　富士』『少年倶楽部』『少女倶楽部』ほか九誌に対し以下の感謝状を送っている(「社史」下 513)。

「大東亜戦争下第二回陸軍記念日ヲ迎ウルニアタリ「撃ちてし止まむ」ノ敢闘精神ヲ徹底シモッテ決戦意識ノ昂揚ヲ企図セル所欣然コレニ賛同絶大ナル協力ヲ寄セラレ目的達成ニ寄与スル所キワメテ大ナルモノアリココニ謹ンデ感謝ノ意ヲ表ス」

この『富士』三月号には谷萩報道部長自ら「決戦の覚悟に徹せよ」を掲載しているが、「決戦意識ノ昂揚」にむけて登場した「名士」は男性ばかりではない。女性参政権運動家から大政翼賛会労務管理調査委員に就任した奥むめおが、「決戦生活」における生活合理化を訴えている。

「賢こい智慧を働かせて、断然戦時生活に邁進して紙一枚、糸一すぢでも浪費を避けることと感情の浪費を避けることが肝要です。」(43-3：123)

奥は「戦時生活の論理」をテコに「女性の国民化」を目指し、戦後は主婦連の組織者となっていく。(43)

山岡荘八「御盾」と尾崎士郎「高杉晋作」

小説欄では、一九四三年新年号の〝新連載現代小説〟山岡荘八「御盾（みたて）」に加えて、『富士』改題号から尾崎士郎「高杉晋作」の連載が開始された。「御盾」と「高杉晋作」は、戦争末期の『富士』を代表する作品である。ついに一九四四年一〇月号では、掲載小説はこの二つのみになった。

「御盾」の第一回には「第二回の野間文芸奨励賞が左の如く本篇執筆の山岡荘八に贈呈」(43-1：63)と告げる囲み記事が掲載されている。山岡が海軍報道班員として実際に潜水艦・伊六号に乗り込んで取材し、『キング』に執筆した「海底戦記 ── レキシントンを撃沈した潜水艦乗員の手記」(42-6：30 ff.)、「海の魂」(42-7：60 ff.)が高く評価されている[(44)](43-1：63)。「御盾」も、ワシントン海軍軍縮条約以後の日米摩擦を背景に海軍の教育と精神を描いた作品である。特に江田島の海軍兵学校生活を描いて好評で、「『御盾』余録」(43-4：84)には『静岡新聞』の絶賛記事が紹介されている。それによれば、藤岡〔長敏〕静岡県知事が「御盾」に感動し、「決戦下の教育者は、この精神を学んで教育に当ってくれ」と県下の中等学校長に訓示したため、静岡県では『富士』が皇国民教育の経典として教科副読本に使われた（「社史」下 512）。

「御盾」主人公の一人・八田少佐の渡米により、排日移民法成立のアメリカに舞台を移した一九四三年一〇月号では、激烈なアメリカ文化批判が開始されている。

「アメリカ文化とは、全人類の血と悲鳴によつてのみ維持され得る、史上類例なき半獣人の文化なり。然して、その文化を維持するため、彼等の子孫に与ふる教育と政治の意図とは、人間の心を以てしては覗ひ知れない、ふかしぎなる用意と妖智を蔵す。」(43-10：114)

山岡のアメリカニズム批判は特殊なものではなく、一九三〇年代後半から『キング＝富士』全体を覆っていた。既に『新語新知識附常識辞典』(一九三四年新年号附録)で、キング編集部は「アメリカニズム」についてこう記載している。

「アメリカ主義。一にも金力、二にも金力で凡ゆるものを押しぬかう、軍艦も世界一、建物も世界一、何でも他国に負けずに遠慮会釈なくやつつけようといふやうな、拝金的で傍若無人な態度。又、所謂ヤンキー式の軽佻浮薄で、享楽的で渋味のない浅薄野卑な趣味をいふ。」

現代小説「御盾」が、時局動向にあわせて展開できたのに対して、二枚看板である尾崎士郎「高杉晋作」(乱雲篇)の連載は苦しかった。そもそも『朝日新聞』連載で大好評を博した前編を受けて、フィリピン従軍から帰国した尾崎に頼んで掲載を『キング』に変えた後編である。時代小説でありながら、編集部は「総力戦の物語」と遇している。

「奇兵隊は武士より成る正兵に非ずして、百姓町人を以て組織したる庶民兵であります。英米仏蘭の聯合艦隊の猛射の前に、最も奮戦せる者は、奇兵隊の所謂忠義骨髄を塡む る者共であつたのであります。奇兵隊総監高杉晋作当年の英風と、草莽護国の真髄は、悲壮なる決意の下再起せる、尾崎氏の筆端より満胸の血となつてほとばしるでありませう。」(45-4：12)

同じことは、戦記小説や生産小説など「現代化」が進むなかで、時代小説の伝統を守った眞山青果「木村長門守」(43-4)、山本周五郎「白石城死守」(43-7)、山手樹一郎「倅」(43-12)などにも当てはまる。いずれも戦局を背景に書かれ、読まれたことは間違いない。大阪夏の陣で、徳川家康本陣に死を賭して突入を図った木村長門守の以下の科白で、真山は『富士』最後の戯曲の幕を締めている。

「われ等は事の成否によつて行動するものではない。畏るべきところを畏れ、慎しむべきところを慎んで、聖旨を奉戴して臣道を践むに外ならぬ。自ら犯せし罪のいかに大なるやをも知らず、勝つためにのみ立働く者に恥を知らしめ、敗れてもなほ臣道を践み誤らざりし、屍のうへの矜持、死後の名までを棄てゝは相成りますまい。はゝはゝゝ。御免下され。」(43-4:150)

「高杉晋作」は一九四三年一二月号で「筆者尾崎士郎氏の病気のため」休載となり、一九四四年一月号から「回天篇」が再開され断続的に連載されたが、一九四五年新年号で中断された。同四月号には「最近深く時事に感ずる処あり、即ち蹶然病軀を起して、高杉執筆の趣意を貫かれることになりました」(45-4:12)とあるが、三度の再開はなかった。

これに対して、山岡の「御盾」は終戦直前の四月号まで続いた。一九四四年刊行された『御盾』第一部「兵学校の巻」は、日本出版会第一三回推薦図書となり、中学国文(一・二学年用)教科書に採用された。しかし、「御盾」のストーリーも、一九三〇年のロンドン海軍軍縮条約批准をめぐる浜口雄幸首相狙撃で唐突に幕を閉じる。

「狙撃犯人は愛国社員佐郷屋留雄。つひに歴史は大きな激動期に入らんとして、その最初の血を、まづ東京駅頭に滴らしめたのであつた……。（終）」

この終わり方はいくらなんでも不自然であり、「作者附記」が次のように加えられている。

「かうしてロンドン条約はつひに米英的旧秩序打破の出発点となり、満洲事変後の国内事件はむろんのこと、上海事変、支那事変、大東亜戦争へと真直ぐに糸をひいて発展してゆくのだが、しかし、さうした詳細はまだ発表の時機ではないと思はれるので、本稿は一先づこゝで擱筆し、稿を改めて『大東亜戦争の巻』を開戦前夜の風雲の中から書起してゆきたいと思つてゐる。長い間のご愛読を深く感謝し、併せて日米戦の仍つて来る禍根の深さを洞察せられ、絶対に妥協なき戦のきびしさを体してご敢闘あらん事を切に〳〵お祈り申上げて筆を擱く次第である。」(45-4：56)

ちなみに、ここで予告された『大東亜戦争の巻』は、敗戦から一七年後、『キング』終刊から五年後、「小説太平洋戦争」として『講談倶楽部』で開始され、引き続き『小説現代』に一〇年間連載された。一九七一年九月二九日の連載終了にあたり、山岡は次のように書き付けている。

「拙作ながら、筆を措くに当って、私は私にひそかにこう命ずる。「――大本営報道班員山岡荘八　本日限りその職を解く」と。[45]」

『富士』の思想戦

一九四三年三月号の「富士」改題が誌面に具体化するのは、翌四月号である。それまで見開き二頁であった目次は、「表紙口絵」「記事」「小説と実話」が一頁に収められた。それでも、まだ一五二頁あったが、翌五月号は一〇八頁へと大幅に減らされた。「編輯部だより」では、紙は「製紙工場の倉庫に入りきらなくて、山と積み上げられたのが天幕を被つて唸つてをります」が、それを運ぶ輸送力が戦時動員に割かれて不足していると釈明している。

「私共はいよ〳〵熱烈、燃え上る闘志をもつて活動、いよ〳〵感銘の深い内容を盛り上げ、頁の減少を補つて余りある最高度の効率的な雑誌を提供する覚悟であります。（中略）この薄い雑誌こそ、戦ふ日本の国民雑誌として、或は思想戦に或は国策伝達に、猛烈果敢の奮闘をつゞけるのであります。」(43-5：108)

およそ「効率」は文学や娯楽の対極にあり、「国策伝達」を重視した結果、小説欄と広告欄がますます削られていった。そのためか、両者の結合も試みられた。海軍小説「御盾」の頁に「只今海軍予備学生を募集中です」(43-7：50)と囲み記事があるように、現代小説や実話は陸海軍の募集キャンペーンと連動していった。例えば、宮本旅人(たびと)「子は顧みず——ひとり子を幼年学校に入れた父の手記」の末尾にも「只今陸軍幼年学校の生徒を募集中です」の囲み記事が付けられている(43-7：92)。同じく、鹿島孝二の明朗小説「銅山の人々」末尾にも「重要鉱物の増産に協力しませう」(43-8：71)と国策宣伝が加えられた。

それでも『富士』編集部が娯楽性を維持しようと努めたことは、一九四三年九月号冒頭に、

「朝霜ふみて行かん(首相の決戦生活訓)」を掲げたことにうかがえる。国民総常会における東条英機首相の以下の言葉を押戴いて、娯楽性を維持しようとしている。

「それ〔長期戦に勝ち抜く〕には、国民の健全なる思想をどこまでも発揚さしていくといふことが肝要であり、そこに演芸、文芸といふものの、非常に大きな意義があるのであります。この見解については私は敢て人後に落ちぬつもりであります。即ち私は義太夫を通じ、或は歌舞伎を通じ、或は講談、浪花節を通じて、国民の士気が昂揚され、これが談笑の間において国民の精神を涵養していく力の頗る大なることを知つてをるのであります。」(43-9：17)

この九月号あたりになると誇るべき戦果はなくなったためか、東条談話に続いて前帝室編纂官・渡邊幾治郎「国民軍事講座　明治天皇の聖徳」の連載が始まっている。さらに陸軍航空本部・筑紫二郎少佐ほか座談会「航空決戦断じて勝つ」では、ガダルカナル戦における空の要塞・B―一七への対抗策として、筑紫は恐るべき戦術を平然と語っている。

「第一線では結局体当りで撃墜したのです。恰度その頃私は彼方へ行つて居りましたが、敵もこの体当り戦術におびえて、暫く出て来なかつたです。片端から打突けられますと、ちよつと術がないですからね。」(43-9：23)

「編輯部だより」には、一九四三年七月二日結成された大日本出版報国団における講談社の役割が報告されている。

「本社に於ては全社員がこれに入団、出版報国の大義に徹し、その実践に邁進する決意を固め、常務取締役野間省一氏は挺身隊長として、また本誌編輯長橋本求氏は副団長兼事務局

長として、団務の推進に尽瘁してゐます。」(43-9 : 116)

橋本の大日本出版報国団事務局長就任により、『富士』編集長には一九四三年一二月号より須藤憲三が就任した。

一九四四年三月号には、表紙の裏に「南太平洋決戦地図」が刷り込まれ、五月号「東亜戦局要図」、六月号「緬印戦局要図」、七月号「欧洲戦局要図」、八月号「太平洋戦局要図」、一一月号「比島方面戦局要図」と続く。一九四五年になるとグラビア頁に移動して一月号「レイテ島附近戦局要図」、三月号は八頁をまるごと「決戦戦局地図」(戦局大航地図・北部比島・中部比島・南部比島・共栄圏西南部)である。しかし、サイパン島や硫黄島、沖縄の戦局地図は掲載されていない。記事の冒頭には大本営陸軍報道部、あるいは海軍報道部の責任者が戦局の解説をしているが、話は国際政局や思想戦に向かいがちで、本土近辺の具体的戦況にふれた記事はほとんど存在しない。思想戦は、戦局をつまびらかにしないですむ言い訳に堕していたといえる。

一九四四年五月号には「流言・謀略の正体を衝く」と題した座談会が掲載されている。憲兵司令部・安野兵造少佐、警視庁情報課長・武本太郎、同盟通信社欧米部長・井上勇、作家・大下宇陀児が出席している。特に安野少佐は、流言取締側の立場から次のような内幕を語っていて興味深い。

「一昨年、田中絹代さんがスパイで憲兵に殺されたといふ流言がとんだことがありましたね。あれは僅か二月で国内は勿論、支那の奥地の前線にまで拡つたのですから、その伝播力は真に恐るべきものです。これは最初は、憲兵さんのために女優さんが死んだといふ流言が立つたのです。といふことは『開戦の前夜』（吉村公三郎監督、松竹、一九四三年）といふ映画がある。その映画で憲兵さんのために、田中絹代の扮装した芸妓が死んだのです。ところがそれを誰かが田中絹代が死んださうですといつた。すると、それが次へいつて、憲兵に田中絹代が殺されたさうだといふ流言になつた。さらに次へいつて、田中絹代はスパイ犯人だつたので憲兵に射殺されたのださうだといふことになつて、忽ちのうちに支那の占領地の兵隊まで伝つてしまつたのです。」(44-5：29)

　さらに、一九四五年三月号の憲兵司令部、司法省刑事局、通信院通信監督局、内務省警保局、東京中央郵便局通信検閲官など検閲関係担当官座談会「敵は網を張つてゐる」は、私信検閲で引っかかった「困る手紙の例」を具体的に示しながら、検閲業務の実態をかなり細かく語っている。通信院通信監督局第一課長・公文陽はいう。

「大体東京の郵便を全部検閲するには相当の熟練者を毎日〇千人動員しなければいけません。しかし、今日はとてもそれだけの人員がないのでそれだけ各個人が苦労してゐるわけです。普通の手紙は〇分間に一通の割合で見てゐますが、中にはなか〳〵手数のかゝるものがあるし、怪しいと思はれるものは随分いろ〳〵と方法を尽して調べるので、その苦労は並大抵のものではありません。」(45-3：41)

　白紙の通信を科学調査したり、暗号めいた手紙に振りまわされた例が紹介されている。こうした通信検閲は、臨時郵便取締令に基づき実施されていた。司法省刑事局思想課司法事務官・勝田成治はいう。

「ところが一般にこの事実を知らぬ人が相当多い。中には知つてゐても、この前は大丈夫だつたから、必ずしも引つかゝるとは限らないといふ横着なものもまだ相当あるやうに見えます。ですから戦時下の郵便はこの際一応全部検閲されるのだといふ気持、もう一つは通信は公共性質のものだ、一人悪い手紙を出すものがあればひいては皆に迷惑をかけるのだといふことを認識していたゞいて、不急不要の手紙とか、或は検閲を迷はせるやうな手紙や電報を出さぬといふ立て前になつて頂きたいと思ふのです。」(45-3:42)

信書に対して「通信は公共性質のもの」と公然と主張する検閲官の姿は、現在ではほとんど信じがたい。その限りでは、江藤淳が『閉ざされた言語空間――占領軍の検閲と戦後日本』(一九八九年)で指摘した、アメリカ占領軍が行った検閲行為そのものを隠蔽する「眼かくしされた検閲」と戦前日本の「法律によって明示された検閲」の対比は正しいといえよう。(46)

『富士』の玉砕

一九四四年七月一六日サイパン島玉砕を伝える一九四四年九月号の表紙は「学鷲(がくしゅう)出撃」(中澤弘光(ひろみつ)画)である。総辞職した東条内閣に代って登場した小磯内閣の組閣写真は、「協力内閣の進発」というキャプションとは裏腹に、閣僚の視線がばらばらな奇妙なグラビアである(44-9:4)。五月号より戦局解説を行っていた陸軍報道部・秋山邦雄中佐が前線に転出したため、「今号は吉川英治氏に、草莽の一戦士としての戦局観を吐露して頂いた。切々として

帝室技芸員・中澤弘光が描いた「学鷲出撃」(1944年9月号表紙・右),「豊穣」(同10月号表紙・左). 1944年5月号から1945年1月号まで表紙に「国民大衆雑誌」と刷り込まれた.

親身な言、温かく心底に通ふのを覚えられたことと思ふ」と「編輯局だより」はいう(44-10：64)。そもそも「戦局解説」の存在意味は何だったのか。軍人の解説であれ文人の感想であれ、読者は戦局の詳細を理解したかったのではなく、「温かく心底に通ふ」共感を読み取ろうとしていたのではあるまいか。当然、ミッドウェー海戦を取り除き、味方の被害には言及しない「緒戦以来の海戦大戦果絵とき」(44-12)なども、戦況の理解を目的とはしていない。

この一〇月号の表紙「豊穣」(中澤弘光画)以後、表紙からは「戦争」が完全に消えた。この表紙について、編集局はこう書いている。

「敵アメリカの大衆雑誌ライフは、得々として、わが勇士の髑髏を平然と机

上に弄ぶ少女の写真を載せた。われ等は、神ながらの稲作りにいそしむ乙女の姿を表紙に掲げる。」(44-10:64)

玉砕した日本兵の頭蓋骨を弄ぶ少女の写真(『ライフ』一九四四年五月号)は同年八月一一日付『朝日新聞』に「屠(ほふ)り去れこの米鬼」「仇討たでおくべき」の大見出しで掲載され、次のように解説されている。

「可憐なるべき娘の表情にまでのぞかれる野獣性、この野獣性こそ東亜の敵なのだ。」

一九四五年の表紙はすべて富士山を撮影した穏やかなものだが、中身の方はファナティックな絶叫調になっていった。一九四五年新年号の記事冒頭は、「銘記せよ! 昭和十九年十月二十八日」と始まる山岡荘八「神風記」(45-1:10-19)である。二月号も木村毅「薫(かおる)空挺隊」(45-2:10-18)である。敵飛行場に強行着陸して切り込む特攻作戦を描いた小説は、こう結ばれている。

「嗚呼(ああ)、近代科学戦術に、由緒の古い皇国古武道の精華を生かして心棒とした薫空挺隊! 驕米の物量主義を撃砕して完勝を博する一つの道はたしかにこゝにある。」

誠実な木村は「社史」でこう語っている。

「終戦間際に短編で特攻隊の話など一、二書いたと思うが、これは僕も軍に妥協したので、穴があれば入りたいほどひどいシロモノだ。」(「社史」下430)

しかし、同じ号に掲載された他の記事と比べて読めば、それほど「ひどいシロモノ」とも思えない。本当に「ひどいシロモノ」とは、日本編輯者会の決議文として三月号に掲載された以下のような文章だろう。

「戦局日ニ急迫、正ニ皇国興廃ノ絶対境ニ直面セリ、斯ル危局ニ臨ミ、ヨク難関ヲ突破シ、皇基ヲ磐石ナラシムルモノハ何ゾ、即チ曰ク青年ナリ。吾人ハ純一無雑ナル青年ノ忠誠心ヨリ流露スル情熱、創意、実行力、速力ニヨルニ非ズンバ到底国難ノ打解シ難キヲ信ズ。依テ茲ニ同憂各誌ト共ニ筆陣ヲ共ニシ、青年救国運動ノ論ヲ提唱シ、以テ青年ノ機能特質ヲ極度ニ発揮セル国家体制ノ実現ヲ斯〔期〕ス。」(45-3：24)

この三月号で、創刊以来一度も途絶えたことのなかった谷脇素文の「川柳漫画」が作者疎開のため休載となった(45-3：59)。時代小説を欠き、名物の川柳漫画が中断した時点で、『富士』は『キング』の後継とは言えない。さらに、決定的な断絶は次の四月号である。表紙の裏に「万古　天皇を仰ぐ(杉本中佐著『大義』より)」という文章が掲げられている。

「釈迦を信じ、「キリスト」を仰ぎ、孔子を尊ぶの迂愚を止めよ。宇宙一神、最高の真理具現者天皇を仰信せよ。万古　天皇を仰げ。(中略)天皇は国家のためのものにあらず、国家は天皇のためにあり。」(45-4：2)

第Ⅱ部で述べたように、野間心学とは仏教、儒教、キリスト教の融合であり、その上での尊王思想であった。野間清治いませば、こうした文章は載らなかったであろう。

さらに次頁の編輯局論説「伝世の宝刀を抜け」も、青年国家建設に向けて余分な雑念を廃することを要求している。

「曰く名誉欲権勢欲、曰く金銭欲出世欲、これらは古い殻であり、七つ道具である。(中

略）七つ道具を捨てゝ、正宗の名刀一本に帰へれ。」(45-4：3)

ここで否定された「名誉欲権勢欲」「金銭欲出世欲」、つまり立身出世主義こそ、野間イズム、「キングの精神」であったとすれば、ここに『キング』の魂は玉砕したと言えよう。

第三章　「精神弾薬」と思想戦

第一節　市民的公共性と「国民＝大衆」

以上、戦時「出版バブル」とその崩壊過程を『キング＝富士』の記述から検討してきた。物資欠乏の中での雑誌ブーム、娯楽性低下にもかかわらず安定した『キング＝富士』の部数、こうした「変態的現象」が先行研究で注目されなかったのはなぜだろうか。

その一つは、「ファシズムと公共性」理解の硬直性にあるだろう。わが国では出版史における公共性と言えば、J・ハーバーマス『公共性の構造転換』(一九六二年)の市民的公共性成立史がしばしば引用される。ハーバーマスの「市民的(ブルジョア)公共性」は、本来、ユートピア的契機をもった「規範」概念なのだが、出版史の文脈ではそれがあたかも歴史的「実体」概念であったかの如く論じられることが多い。ハーバーマスによれば、サロンやカフェ、読書サークルに拠った自律的な市民が「公衆(パブリック)」の自覚に立ち、公開の討論を経た合意が政治秩序の基礎となるべき文筆的公共圏が一七世紀以後のヨーロッパに登場した、とされる。市民的公共性(圏)は、国家と社会の分離を前提として両者を媒介する社会関係(空間)であり、その空間において「市民（ブルジョア）」は公開の討論によって輿論（よろん）を形成し国家権力を制御しようする、とされる。もちろん、この「市民」とは、その媒体である書籍・雑誌を購読できるだけの教養と財産を持った、選挙権のある成人男子であり、女性、労働者、未成年という「大衆（マス）」はあらかじめ排除されていた。大衆に残されたのは、祝祭やデモ行進で広場に集まり政治的世論（せろん）を形成する空間、街頭的公共圏であった。それはフランス革命のバスチーユ襲撃に示されるように大衆社会以前にも存在した。革命や戦争において「世論を生み出す社会関係（空間）」である公共性（圏）の歴史を振り返れば、ファシズムや全体主義を支持した世論が存在したことも明白である。民主主義の定義において、何を決めたかよりも決定プロセスへの参加の感覚を重視するなら、ファシズム支持者にも彼らなりの民主主義があったのである。

究極のファシズムと言えるナチズムの場合も例外ではない。ヒトラーは「黙れ」といったのではなく「叫べ」といったのであり、利益代表型民主主義に対して大衆参加型民主主義を対置したのである。大衆運動において参加と動員の区別は容易ではない。左翼労働者のメーデー行進なら参加で、右翼労働者の外国人排斥デモなら動員という分析のダブルスタンダードを認めるべきではない。ヒトラーは動員する独裁者ゆえにではなく、参加を求めた民主主義者ゆえに支持されたといえる。それゆえ、ファシズム分析には「弾圧と統制」のみではなく「参加と共感」という側面も見落としてはならない[47]。

戦時期『キング＝富士』の人気は、「財産と教養」を条件とした市民（＝読書人）的公共性に対する大衆の反逆であり、「国籍と言語」を条件とする国民的公共性への参加要求ではなかったか。たとえば、「左翼キング」を目指した『労働雑誌』(一九三五年)で仲綜三(大阪)は次のように投書していた。

「俺の仲間の大部分は『キング』等の読者です。こん奴に限つて云ふ事がきまつております。「早く戦争がおこればよいのになあ。そうすりゃ、俺等も金をもうけてやるんだがなあ」そして伊エの開戦をのぞみ、日本も又、世界大戦当時のあんな時がきてほしいと云ふのです」[48]

ここで表明された労働者の戦争待望論は、景気の問題だけでないだろう。むしろ、第一次大戦後に男子普通選挙が必然化したように、総力戦体制下に国民が総「動員＝参加」する高揚感への期待を読み取るべきだろう。

こうした大衆雑誌の公共性を『出版年鑑』(一九四〇年度版)は、次のように分析する。

「一般雑誌中、殊に大部数を発行する『キング』其他の所謂大衆雑誌が、事変以来その本来の使命を一層発揮して記事に読物に、細心の注意を払つてゐる点は見落すことが出来ない。尤も中には例外として依然自覚の足りぬ雑誌があつたにしても、真に指導精神乃至は主義主張を持して編輯してゐるのは、高級雑誌と称するものよりも、これ等の大衆雑誌であつたといふ事は特別に注意する必要がある。所謂インテリ階級が附和雷同的に大衆雑誌を批評することは一考を要する。(中略)技術労働者、農民等、従来凡そ読書と縁の遠かつた階級が大衆雑誌、婦人雑誌、児童読物雑誌を購読して文化的なものを吸収し始めた証左と見てよからう。(中略)これは軍需景気による購読者、読者数の増加、大陸への進出、その他種々の原因が挙げられるであらうが、何よりも先づ読書の一般化、普遍化を立証するものである。[49]」

「読書の一般化、普遍化」は、国民的公共圏の浮上を意味していた。『キング』編集長・淵田忠良は、「大衆雑誌の使命」(一九三九年)で、もっと直截に「大衆の国民化」を言挙げている。

「それは大衆をより良き方面に教へ導くことにある。即ち、我が一億の日本人を、更により良き日本人に引き上げるべく、感化教導することにあらねばならぬ。この使命を忘れた雑誌は真の大衆雑誌ではない。[50]」

大衆の「良き日本人化=国民化」は、もちろん総力戦を念頭に展望された。銃後の生産戦における「日本化」に関して、「戦ふ模範工場を訪ねた作家の座談会」に興味深い指摘がある。産業報国会宣伝部長・南岩男は戦時期『キング=富士』を支えた作家たち、竹田敏彦、大下宇陀児、海野十三、山岡荘八、棟田博と「道場化された工場」の意義を論じているが、竹田は次のように発言している。

「元来、仏教でも耶蘇教でも日本へ来ると凡てのものが日本化して来ました。たゞ今まで日本化しなかつたものに文学と産業がある、と私はみてゐるのです。(中略) 今日工場や鉱山などに行きますと、あの帽子とカーキ色の服を着てゐないと何だか肩身がせまい気がするくらゐで、かういふ空気が日本の産業を推進して行くやうになつて来てゐるかと、非常に明るい思ひがしました。」(43-4 : 57 f.)

「文学と産業」とは、いうまでもなく、市民的な「教養と財産」のことであり、この文脈では、その日本化はすなわち市民の国民化を意味している。

野間清治の死後、日本雑誌協会会長代行をつとめた講談社取締役・奈良静馬は、『キング』一九三九年三・四月号に「精神弾薬の威力――欧洲大戦に於ける雑誌書籍の活動」を発表している。この論文は、淵田「大衆雑誌の使命」と同じ『雑誌年鑑』に再録されている[51]。

奈良は英米の研究調査を引用しつつ、総力戦における「精神食糧」の供給、「精神的、思想的、智的装備」の必要を訴えている。第一次大戦中に雑誌書籍が「精神弾薬」spiritual ammunition と呼ばれた例を挙げつつ、前線では探偵小説、冒険小説が特に好まれたことも指摘している(39-3：376 ff.)。また、前線銃後における読書需要を比較分析し、もっぱら戦争小説や軍事専門書を前線に送ったドイツと、探偵小説やユーモア小説を送ったイギリスで後者の有効性を確認している。さらに、兵営図書館で読書習慣を身につけたアメリカ兵が戦後「遥かに善良な且つ有能な市民となつた」(39-4：390)事例など挙げて、大衆雑誌の重要性を強調している。「善良な且つ有能な市民」とは、国民の理想型に他ならない。

「大衆的な読物の効果斯(かく)の如くであるに拘らず、我国には兎角之を無用の長物視し、軽視し、或は異端視し、そしてこの大衆に与ふる偉大なる価値に強ひて耳を塞ぎ、眼を蔽はんとする一部の人々がある。其等の人達は動(やや)もすれば己一個の嗜好に投ずる読物を以て、最良無二のものゝ如く考へ、一般大衆教化の原動力となつて居る興味多き大衆的読物や、日本精神の根幹を力強く培ふ大衆雑誌の効果を無視して、自ら尊しとなす傾向があり勝ちであるが、これは甚しき短見といふべく、国民文化の為に実に遺憾千万のことである。」(39-4：391 f.)

「己一個の嗜好に投ずる読物を以て、最良無二のものゝ如く考」える一部の人々とは、教養ある市民、知識人に他ならない。その一人、戸坂潤は「民衆論」(一九三七年)で、「民衆が政治上の自主性を持つことの出来る場合に輿論というものが成立し、又は夫(それ)が初めて社会的勢力となる」と主張し、「『キング』の読者が民衆というものだ[52]」とする発想を退ける。戸坂にとって、『キング』の読者とは政治上の自主性を欠いた群集にすぎない。しかし、総力戦体制が生み出したシステム社会では、自主性や主体性も資源として動員可能となる以上、知識人も「『キング』の読者」も戦争協力＝参加の自主性において質的な違いはない。知識人が討議するために自主的に『思想』(岩波書店)を読むことを公共性への参加と呼ぶなら、大衆が共感し合意するため自主的に『キング』(講談社)を購入するのも十分に公共性への参加なのである。

『雑誌年鑑』(一九四二年度版、「大衆雑誌」)では、「国民教養雑誌ともいふべき、『キング』『日の出』等は勿論、かなり教養の低い読者層を対象とする『実話と講談』『新大衆』『読切講談』等々の読物雑誌類」と、大衆雑誌に新たな区分が登場している。戦時体制下、『キング＝富士』の大衆的公共圏は市民的公共圏を飲み込んで、国民的公共圏へと発展していった。そのため『富士』には、佐藤一斎「重職心得箇条」など、「真の指導者のありかたを示すもの」(44-4：42)も掲載されている。

第二節　「国民教養雑誌」の公共性

戦局の深刻化の中で進んだマス・メディアの国民化は「上から」の強制ばかりではなかった。印刷労組指導者で大杉栄門下のアナーキスト延島英一が、『現代新聞批判』(一九四二年六月一五日号)で新聞出版資本家批判にからめて展開した議論は、下からの国民的公共性要求の典型である。

「新聞が国民統一の媒体である以上、新聞はその経営に於いて編輯に於いて国民化されなければならない。国民化とは新聞を国有としその事業を官営とすることではなく、その経営及び編輯を所謂新聞人のみの独占に委ねないで、国民をして適当な道を通じそれに参加せしむることである。(中略) 新聞の前途を慮るものは、全国の新聞が今日の大政翼賛会の機関となることを思つて、饕餮する前に、新聞がその性質上国民組織の機関たるべき必然性を持つことを考察の出発点として、全国の新聞をその傘下に収め、新聞を国民統一の媒体として十分に使用し得る国民組織の発達と成長に思を砕くでべきであらう。[53]」

その二ヶ月後、延島は「出版新体制の中心問題」で、新聞界以上に公共性の意識が乏しく営利本位の出版界を痛烈に批判する。出版文協総会で奥村情報局次長の発言「出版は思想戦の弾丸であり、出版業者は思想戦の戦士である」「情報局はこの思想戦の参謀本部であり、出版文協はその戦地の司令部である」を引用して、次のように要求した。

「即ち新聞界に於いて、唯商売だといふことで発行されてゐた公共的性格を持たぬ新聞が整理されたのと同じく、出版界に於いても公共的性格を有せぬ出版団体――唯営利だけが目的の出版業者は一掃されねばならない。」(54)

こうした国民的公共性要求の中で、戦前最後となった『雑誌年鑑』(一九四二年度版)には、「雑誌の公共性」を直接論じた「昭和十六年度雑誌界展望」が掲げられている。(55)「雑誌ヂャーナリズム進展への明確なる指針たる権威を具ふるもの」として、日本出版文化協会文化局がこれを責任執筆している。その文化局長(常務理事)は『集団社会学原理』『文化社会学原理』の著書を持つ法政大学教授・松本潤一郎であった。「戦争と雑誌」「雑誌の公共性」「混沌から秩序へ」の三節から構成されたこの論文では、まず大東亜戦争の本質が世界観戦争＝思想戦として定義され、ルーデンドルフ将軍『国家総力戦』を引用して戦争報道のあり方が論じられている。続いて、一九四一年七月開始された雑誌用紙割当制の意義を「雑誌の公共性」から解説している。この公共性論は、市民的公共性の超克を目指しており、戦時期日本の公的文書中もっとも明快に「ファシスト的公共性」を唱えた議論と言えよう。

「この私利的性格から公共的性格への移行乃至変質は現在の雑誌の重要な課題の一つであるが、これを早く実行したナチスの新聞政策は極めて徹底してゐる。すなはち一九三二(ママ)(三三)年に公布された記者法がそれであつて、その一節に次のやうに指示されてゐる。「新聞は国民へ働きかける一つの手段で、学校、ラヂオ、演劇、映画などと同様文化的、教育的、殊に国家的、民族的訓育手段である。随(したが)つて自由主義的な見方や法律の考へてゐるのとは正反対に、本質上公共施設でなければならず、自然新しき新聞紙法は自由の保障や警察法ではなくして、組織法でなければならぬ。その企図するところは、新聞を公共的責任の担当者のなかに法律的に引入れるにある。」わが国ではナチスのやうに法的に徹底することから未だ距離があるが、これを雑誌発行者、編輯者の自主的な活動に委ねて、これに充分な協力をなさしめるといふ形で、雑誌の公共性の形成に向かってゐる。」

まさしく「自主性」を動員するシステム権力の構想が浮かび上がっている。

「しかしながら、現実の相において観(なが)めると、この公共性と私利性とはあるアンチノミー的な緊張関係を含んでゐる。ここにわが国の雑誌指導が負はされてゐる困難な課題が伏在してゐる。商品性を失はぬ度合において公共性をもち、公共性を損はぬ範囲において商品性を維持しようといふ際どい面で編輯者が迷ひ、悩んでゐる。雑誌指導についての深い悩みがそこにあるのである。」

私的所有を核に資本主義商品経済の中で生まれた市民的(ブルジョア)公共性の二律背反的(アンチノミー)性格の指摘は正しい。言論の市場性を否定するプロレタリア的公共性の方向を目指すことなく、市民的公共性の限界を超克しようとすれば、決断主義的なファシスト的公共性の可能性が残った。

「しかしながら十六年十二月八日は、すべての迷ひ、悩みを清算する日であつた。米英的なるものの暗雲は一挙にしてけし飛んで、わが国の世界史的な行動の意義が明確にされた。海陸の赫々(かくかく)たる戦果に応じて、一億一心鉄石の構へが固められた。雑誌界は頓(と)みに活気を帯びてきた。国民の感激と国民精神の昂揚とが誌面に盛り上つて、永い間の渋滞が一掃されたかにみえた。（中略）いづれにせよ、国家の運命を主体的にひつかぶつた態度が強く表はれて、その面からいつても、従来の個人的意見から、公共的立場への移行は指摘される。」

世界史的な行動への決断とそれに参加した国民の感激が、国民精神の高揚のなかで新しい国民的公共性を生み出したと言うことだろう。

「所謂健全娯楽なるものは言ふに易しく行ふに難きものであつて、就中大衆雑誌や婦人雑誌はそれを摑みあぐんで一般から「面白くないと」の批評を蒙るに至つた。しかしその反面に、誌面に著しく進出して来た時局記事が婦人や大衆の理解に投ずるやうになつた事実は特筆されなければならない。かやうにして、この方面でも、個人的趣味性が追放されて、国家の意志が充分啓蒙的に盛込まれるやうになつたのである。すなはち個人的慰楽本位のものから、国民教養的なものに進んだといふことがいへるのである。」

この雑誌界展望で「公共性」が登場したことの意味は、同じく文協文化局が監修した「書籍出版界展望」と比較すれば、いっそう明らかである。「書籍の私利性」と「雑誌の公共性」を筆者が厳しく使い分けていたことがわかる。それゆえ、『書籍年鑑』には、かなりファナティックな個人主義批判の言説さえ登場する。

「ゆたかなる政治性を持ち、建設的意欲に燃ゆる内容を持つものでなかつたならば、たとへそれが不健康なユダヤ的個人主義的色彩の濃いものでないとしても、その出版物は或る程度の抑制に甘んじなければならない。[56]」

とはいえ、雑誌の公共性論にはメディア論的なアポリアがある。確かに、「個人的趣味から国民的教養へ」というスローガンこそ明快だが、それは「雑誌」というメディアの特性に反している。すでに何度か言及したように、雑誌とは読者層とその関心領域の対象を分節化することで発展した細分化メディアである。男性／女性誌、幼年／成人誌、大衆／高級誌から始まって今日の「おたく雑誌」special interest magazine に至るまで対象を無限に細分化しつつ読者を拡大してきた。その意味でも、「雑誌の公共性」論を可能にした『キング』は「ラジオ的・トーキー的」という例外的な性格をもった国民雑誌だったと言えるだろう。

第三節　「大衆とともに」

「国民雑誌」という言葉は、この「雑誌の公共性」論以後、新たな意味を持ち始めた。「普通言はれてゐる〝大衆雑誌〟なる名称は不適当である。もつと高邁な目的で編輯されてゐるのだから、国民雑誌とでも言ふべきだと大衆雑誌編輯担当者側から言ひ出されたことがある。[57]」

この要求を「実にもつともな話」としながらも、日本出版会監修『日本出版年鑑』(一九四三年度版)では、「国民雑誌」はより広義な概念として使われている。

「国民生活に最も親しく影響力と指導力のある雑誌は云ふまでもなく大衆雑誌、婦人雑誌、青年雑誌、少国民雑誌、時局雑誌、綜合雑誌等の所謂国民雑誌である。[58]」

一九四四年三月、日本出版会による企業整備で、大衆雑誌は啓蒙、戦意高揚、生産増強等の戦争指導的性格を付与された『富士』(講談社)、『日の出』(新潮社)の二「国民大衆誌」、純粋な慰安供与のための『講談倶楽部』(講談社)、『新青年』(博文館)、『講談雑誌』(博文館)、『新太陽』(新太陽社)、『明朗』(春陽堂)の五「娯楽誌」に再編された。(59) ここにおいて成立した「国民大衆雑誌の公共性」は、大雑誌経営という資本の欲望、管理対象の絞り込みという国家意志、共感による政治参加という大衆の願望、この三つが動員体制の中で合体して生まれた例外的な「戦時公共性」と言えよう。私利性よりも公共性を重視する国民大衆雑誌の具体的な有り様は、『富士』一九四三年一二月号の「編輯局だより」に登場する。

「戦争遂行の要請上、出版関係の用紙は一般に配給が制限され本号もそのために幾分印刷部数を減らさねばなりませんでした。従つて御入手の方には、一冊の雑誌をできるだけ融通しあつて、一人でも多くの方に読まれるやうなお心遣ひをお願ひしたいのであります。特に転業されんとする方々、或は農村にあるお知合ひなどへは、本号はつとめて御回読下さることを希望いたします。」(43-12 : 108)

やがて、この「お願ひ」は一九四四年五月号の以下の文面に定式化され奥付記載となった。

「△昨今品不足の為め、御手に入らぬ方が多いやうですから御求めになつたお方は是非一人でも多くの方に御回覧下さい。△尚前線の兵隊さんは非常に読物を希望して居られるさうです。御買求めのお方は是非送つて上げて下さい。」

最後の一文は翌六月号以降、「この一冊も必ずあなたの手で、戦地へ送って上げて下さい」となっている。

こうした雑誌回読の要請は、一九二〇年代に講談社など雑誌組合が「回読会」潰しに奔走したことと比べれば、雑誌の商品性が著しく後退したことを示している。ちなみに、奥付の回覧要請は、「尚前線の兵隊さん」以下の一文を削除した他はほぼ同文で敗戦を挟み一九四七年九月号まで続いた。(60)

情報局の指示により一九四四年七月『中央公論』『改造』など総合雑誌が次々廃刊に追い込まれる中で、すでに同年一月から講談社は朝鮮総督府監修『錬成の友』(朝鮮青年錬成所副読本)、同年五月号から少年兵募集を目指した海軍省後援『海軍』(竹中保一編集長)、陸軍省後援『若桜』(岩本新一編集長)など国策雑誌を次々と創刊している(44-5：48 f.)。編集部の連続性からは、『海軍』は『コドモヱバナシ』、『若桜』は『幼年倶楽部』の改題である。また同年八月には系列子会社・日本報道社によって、陸軍機関誌『征旗』(小川一雄編集長)も創刊している。『富士』九月号掲載の『征旗』創刊広告によれば、

「正気神州の山河に満ち、敵米英撃滅の好機到る秋、一億の闘魂凝結せる新雑誌出づ！全巻に漲る戦ふ日本人の真骨頂！　戦争文化の精粋！」(44-9-55)

『富士』に加えて、さらに「戦争文化の精粋」を読みたい読者の需要はあったのだろうか。いずれにせよ、出版非常時局への講談社の適応は、出版企業として見事であった。

一九四四年一一月以来の東京空襲で印刷能力は極度に減退し、雑誌表紙の色制限が行われた。『富士』一九四五年新年号は、題字と日の丸のみを赤で染めた二色刷りとなり、五・六月合併号からは題字もふくめ黒一色となった。一九四五年六月一日、情報局の指示により日

本出版会は出版非常措置要綱を発した。

「従来ノ実績ニ依ル用紙ノ割当ハ之ヲ停止シ国防軍事、軍需生産、食料生産、啓発宣伝、及ビ戦時生活ニ必要ナル出版物中特ニ重要ナルモノニ対シテノミ用紙ノ特別割当ヲ行フ」[61]

すでに、一九四五年四月号に掲載された海軍予備役少将・藤森清一朗(せいいちろう)「国民よ総反省に立たう」(二月二三日記)は、「責任遂行のみが勝つことだ」という副題とはべつに、敗戦、「一億総懺悔」を意識した論調である。藤森はメディアの責任にも言及している。

「新聞や雑誌や其の他の言論に携はる人達は、是非善悪を論じ、人をして人たるの道を歩ましむる為に、一生を捧げるつもりで出発したか、それとも只それが自己の生活の手段であつたかどうか。これらの事は、其の人達が自問自答すれば判ることであるから深く云はなくてもよいであらうが、尠(すくな)くも、今日迄医療はあつたが衛生は余り無かつた事だけを考へて見れば、立身出世主義であつて救世主義で無かつた事を振り返つて見ても、一般指導者が、如何なる境地に在つた人達であるかを知る事が出来はしないか。」(45-4:44 f.)

この四月号の後、『富士』も五月、六月と発行できず、七月二六日に二月遅れの五・六月合併号を発行し、八月発行予定の七月号は敗戦の混乱により休刊している。

戦中最後の『富士』五・六月合併号には、読物として伊達忠宗とその殉死者を扱った村雨(むらさめ)退二郎「主膳と四郎左」(歴史小説)、房内幸成(ふさうちゆきなり)「明日香風(あすかかぜ)」(物語文学)があるが、広告は存在しない。最後まで広告頁として残っていた裏表紙には、吉田松陰「時事に感じて作る」が刷られている。読物は、いずれも大衆向けの内容ではない。特に、房内幸成「明日香風」については、編集後記で「少し難しいが枉(ま)げて我慢して頂いて、是非大方の御一読を乞ひ度い」とある。少し難しいどころか極めて難解な代物で、万葉集ほか古典籍に通じない一般読者には到底読み通せるはずもなかった。

「われらの誓ひ」

講談社が終戦の極秘情報をキャッチしたのは早く、ポツダム宣言受諾を決定した八月一〇日御前会議終了直後である。ただちに役員が緊急召集され、当日深夜から善後策が検討された(『社史』下554)。

講談社の終戦対応を、九月一日発行の戦後一号『富士』八・九月号に見ておきたい。その目次は、以下の通り。

「詔書」、「われらの誓ひ」、西村展蔵「道義日本の建設」、小説として長谷川伸「蛤町の孝助」、土師(はじ)清二「いも地蔵」、随筆「風塵録」に房内幸成「昭和の御一新」、大森洪太「三惚れ主義」、菊池門也(もんや)「交恭」、大下宇陀児「世界の反省」、その他「これからの脂肪給源　あひるを飼ひませう」(挿絵、山下惣治)、「奨めたい甘藷の貯蔵法」「笑話」となっている。

五・六月合併号で消えた小説は復活したが、総頁数は五〇頁から三二頁に減少している。

社説「われらの誓ひ」は、「御聖断」解説部分のみ省略して引用したい。

「昭和二十年八月十五日十二時、天皇陛下におかせられては、御自らポツダム宣言受諾による、戦争終局の大詔を御放送遊ばされ、広く国民に聖諭あらせられた。

深き御憂ひに曇らせられた玉音は、事こゝに至つた不忠に、身のおきどころをしらず、ひたすら恐懼する民草の胸に、御一語御一語と深く感銘され、民草はもとより国内の山川草木、挙げて慟哭したのである。〔以下、三段落ほど省略〕

日本は何故に敗れたか。武力に敗れたことは勿論ながら、遂に武力に於て敗れなければならなかつたその根本原因は、道義に於て既に敗れてゐたからである。わが国の上下が、国外に対しても国内に於ても、すべて大御心のまに〱信義を竭し、奉公の誠を効してきたとは言ひ難いのである。これが敗戦の遠因であり、又最大のものである。

その近因を探ねれば、政治力の貧困に覓められるであらう。文武官僚の独善を制し得なかつた政治家の無力、上層階級の徳義の頽廃、上の行ふところを下これに習ふ一般国民の風儀の堕落と能率の低下、科学力機械力の劣弱と、これを綜合発揮し得なかつた諸積弊、支那事変、南方経営はいふもさらなり、国内総力結集運営上の無策、無経綸等、いかに長い年月、政治力の貧困が痛歎されてきたことか。

一国の政治力は、国民の政治力である。国民の政治参与を無視し、政治意欲を封殺して、一国が偉大な政治力を発揮し得るいはれがないのである。軍官が国政を壟断したが如き偏枯な政治体制は、早急に払拭しなければならぬ。

新日本建設は、国民全体が大御心を奉じて公明正大なる道義に立脚して行動すること、これが第一歩である。しかして健全なる政治良識を涵養して、活発発地にこれを国政の上に活用し、責任と節度を重んずる政教を興し、賞罰を正し、出処進退を慎しむならば、皇国の前途は必ずしも悲観するを要しないであらう。もとより今後の道は荊棘の一路である。しかし、陛下の「常ニ爾臣民ト共ニアリ」との詔を拝する時、新しき勇気と情熱が、沸々と身内に湧き上るを禁じ得ないのである。われらは、こゝに、挙国一家、総力を傾けて新日本を建設し、その真価を中外に発揚して、以て聖諭に応へまつらんことをお誓ひする次第である。」

創刊以来、「大衆とともに」をスローガンに掲げた『キング＝富士』の敗戦総括が、詔書の「常ニ爾臣民ト共ニアリ」を引用し、「挙国一家、総力を傾けて新日本を建設」することを誓った点では、みごとに首尾一貫しているというべきだろう。さらに言えば、「上層階級の徳義の頽廃」と「国民の政治参与」の強調は、『キング』創刊直前の「天譴論」と普選運動をも想起させる。

結
国民雑誌の戦後

1945-1957 年

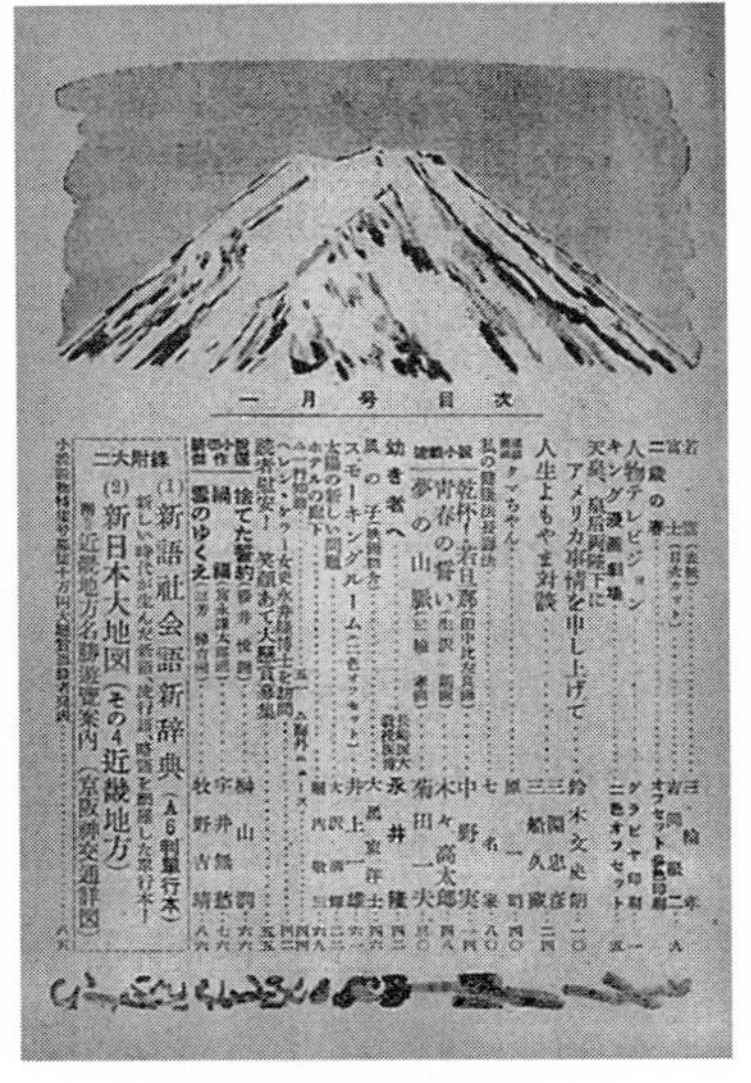

一月号目次

二段の春

人物テレビジョン

キング漫画劇場

天皇、皇后両陛下にアメリカ事情を申し上げて……鈴木文史朗

人生よもやま対談

乾杯！若旦那……中野実

青春の誓い……木々高太郎

夢の山脈……菊田一夫

幼き者へ……永井隆

風の子

スモーキングルーム

太陽の新しい問題

ホテルの廊下

読者慰安！笑顔あて大懸賞募集

捨てた誓約

鶯のゆくえ……牧野吉晴

二大附録

(1) 新語社会語新辞典（A6判単行本）

(2) 新日本大地図（その4近畿地方）

（1949 年新年号目次）

思想というのはただの観念ではなくて傾向的組織をもった観念のことだが、そういう思想なるものの動員は、一旦実行されたが最後、そう容易に動員解消にはなり得ない。いや動員解消になっても、動員によって発育した限りの思想自体は殆んど解消にはならぬ。ばかりではない、その思想はその後も或る程度まで動員された方向に向って依然として益々組織的発育を遂げて行くだろう。その点思想動員が産業動員や交通動員などと異なる処だ。

戸坂潤「思想動員論」『日本評論』一九三七年九月号

一九五〇年七月『真相』特集版第二一号は紫雲楼主人「大出版王の秘密」を掲載した。この「実話小説」では野間清治の急死とそれを追うように亡くなった一人息子恒の死因に関する「真相」が、次のような小見出しで語られている。

「機密書類――町尻軍務局長の鞄から、三日間忽然として重要書類が消えていた――」

「父子対決――瞑想にふける清治のうしろに青ざめた恒の顔があつた。〝お父さんはスパイだ〟」

「大惨劇――恒は決意した。父を殺すそして自決する――これはついに決行された……」

小見出しだけですべてが理解できる、それこそ『キング』の文章法であったし、理解を深めるというより共感を煽る本文の講談スタイルもまさしく『キング』調であった。たとえば、こんな風に。

「「恒か」怒鳴りつけるように声をかけたのと、「国賊！」と叫んだ恒の声がほとんど同時であつた。

いつの間にか、袖から抜いた恒の右手に細い銀色の筋が閃き、一段二段、はじかれたように階段をはね上つた恒の身体は、そのままの勢で清治の身体に激突した。銀色の冷たい光が、清治の脇腹に吸いこまれた。

「ううう」

ぶつつかつたまま、二人は、からみ合つて階段を転げ落ちた。だが、恒はたちまち立ち上つた。そして血に塗れた短刀をとり直すと、もう一度、清治の身体に蔽いかぶさつて行つた。」(1)

反体制左翼にとって、野間恒と町尻登喜子の結婚は、大日本雄弁会講談社・報知新聞社長の野間清治と陸軍省軍務局長・少将子爵の町尻量基(かずもと)の、つまりはメディア資本と陸軍軍閥の提携を意味していた。その関係に謀略の臭いを嗅ぎ付け、スパイ小説に仕立てれば、こうしたストーリーが出来上がるだろう。

「永久の謎——関係者は、一様に否定する。だが葬儀には、喪主たる恒の姿はみえなかった……」

この荒唐無稽な「小説」は、当然ながら真相ではあるまい。しかし、これを書いた紫雲樓主人は、戦前『キング』に掲載された軍事スパイ小説、たとえば海野十三「盲光線事件(探偵小説)」(37-6 : 596 ff.)、大阪圭吉「金髪美容師(防諜小説)」(40-11 : 298)、甲賀三郎「要塞地図(スパイ小説)」(42-6 : 182 ff.)などの愛読者だったのではあるまいか。あるいは、彼も『少年倶楽部』で山中峯太郎や江戸川乱歩を読んで岩波文庫に進んだ知識人なのだろうか。「紫雲樓主人」というペンネーム自体、戦時期『富士』で「亜米利加(アメリカ)奴撃つべし」(44-9 : 40 f.)などコラムを執筆した「好日樓主人」を真似たものではあるまいか。

もっとも、『真相』の講談社攻撃には、具体的な背景が存在する。『真相』を発行していた人民社の佐和慶太郎は、戦前は報知新聞記者であり、戦後は民主主義出版同志会を組織し「戦犯出版社」告発の急先鋒に立った共産党員である。重要なことは、戦後五年を経過した一九五〇年の講談社批判が、日米戦におけるその出版活動よりも一九三八年に死去した「野間清治（キング）」に呪縛されていたことである。ちなみに、前年の四九年六月七日公職追放G項の非該当により、野間省一（旧姓高木省二）が講談社の第四代社長に復帰している。大宅壮一は「出版界五人男」（一九五六年）で四代目の困難を次のように述べている。

「講談社の場合は、先代がかかげていた忠君愛国思想というものは、初めは商略から出たものかもしれないが、「修善寺物語」の仮面のように、野間清治の肉に食いこみ、講談社と切りはなすことのできないものとなっていたのである。このマスクを外すという大手術をまかせられた省一は、創業以上に苦しい立場におかれたわけだ。[2]」

「キング」の死を超えて、総力戦体制の中核的国策メディアへと成長した『キング』は、その「神話」を背負って戦後の再出発を迎えた。

第一章　「戦犯雑誌」のサバイバル——民主化の意味

一九四五年九月二日、東京湾に浮かぶ戦艦ミズーリ上の降伏文書調印式当日、講談社では部課長会議が開催され、田村年雄から動議「社の今後と人事」が提出された(「社史」下570)。

「部課長以上は、戦争の責任者である。戦争遂行に協力した気持で、今後仕事を続けて行くのは適切なりや否やの問題がある。」

この発言が「講談社社員会」(後の講談社従業員組合)を生む契機になった。しかし、社内民主化の意義について、「社史」は次のようにのべている(「社史」下568)。

「これは、社内においては、旧社風を刷新して民主化を推進し、外に向かっては、左翼の嵐から講談社を守る防波堤となって、実に大きな役割を果たした」

民主化は、左翼対策と不可分の関係にあった。講談社は先手を打って一一月一七日付で人事刷新を公告した。それは、『富士』一九四五年一二月号に社告として掲載されている。

「本社は終戦後の時局に鑑みるところあり、今回取締役社長野間左衛氏、専務取締役高木義賢氏、常務取締役淵田忠良氏、同長谷川卓郎氏、取締役総務部長加藤謙一氏、取締役雑誌部長橋本求氏他全役員が一斉に辞職し、新に野間省一氏が取締役社長に就任して、一新せる役員陣を構成、以て新時代に適合せる経営に着手することになりました。

一方社内の民主的運営を徹底し、全社員の総意を力強く経営に反映せしむるため、講談社社員会の結成を終了しました。

更に各誌編輯長及び各部課長の職にある者、理事、参事、副参事の待遇を享くる者は、総てその地位と身分を辞退し、全く白紙の状態に還つて、旧套に捉はれざる機構、人事の刷新を助長することになりました。

斯くて本社は時代の進運に伴ひ、その捨つべきは勇敢に捨て、その採るべきは躊躇するところなく採用し、全社を挙げて平和日本建設のため、読者各位と共に、その使命に邁進いたしたき決意であります。

右謹んで公告し、倍旧の御鞭撻を願ふ次第であります。」(45-12 : 8 f.)

『富士』編集長も萱原宏一から木村健一に代わり、誌名も翌一九四六年新年号から『キング』に復帰した。より正確にいえば、アルファベット入りの『キング KING』である。遅れて同年四月号から『少年倶楽部』『少女倶楽部』もカタカナ表記『少年クラブ』『少女クラブ』となり、タイトル下にはローマ字英語表記 SHONEN CLUB などが刷り込まれた。「進駐軍の申込みによって」英文漫画が掲載されたと「社史」は書いているが(「社史」下 595 f.)、『キング』には創刊号から KING のロゴが付いていたし、「本誌特約外国漫画 Little Jimmy ジミーさん」も掲載されており、旧い読者には「古き良き戦前」へのゆれ戻しにも見えただろうか。

第一節　日本出版協会による弾劾

当然ながら、「日本社会の民主化」を掲げたＧＨＱは、これで「軍閥、超国家主義の鼓吹宣伝に努めた」出版社の禊(みそぎ)がすんだとは思わなかった。講談社はその調査対象の筆頭に挙げられていた。一九四五年一二月一九日民間情報教育局ＣＩＥのヤーレン中尉が講談社に乗りつけ、以下の資料を要求した。「戦時中の用紙使用量」「戦時中の各雑誌、それぞれの部数」「株主名簿」「戦時中の役員名簿、役員経歴書」「戦時中の財務諸表」「子会社別の資本金、株主、役員名簿」各一二通がタイプされ提出された。(3) これをもとにした民間情報教育局ウィルキンス中尉の戦争協力調査に対し講談社側は「欧米の雑誌出版社と違い、娯楽性の高い日本の雑誌出版社の国民にたいする影響力の低さなどを指摘した」という。(4) こうした資料を分析した民間情報教育局次席のロバート・バーコフ新聞課長は、アメリカにおける娯楽雑誌の戦力化を紹介した奈良静馬論文「精神弾薬の威力」(39-3 f.)の存在を知っていたかもしれない。「社史」によれば、日本出版協会を牛耳る石井満理事長が一九四六年一月一〇日に、講談社幹部を呼びつけて「奈良さんさえやめてくれれば、お宅はそれでいいのだ」と退陣を迫った。奈良常務が辞職すると、石井は要求をエスカレートさせ野間省一の引退を要求し、一月二六日講談社側はこれも受け入れ、代表取締役に尾張真之介が就任した(「社史」下 603-605)。

こうした「戦犯雑誌」の追及は新聞でも報じられた。一九四六年一月一四日付『朝日新聞』の記事「七誌に粛清令適用か」によれば、講談社系雑誌の他で「戦争協力雑誌」の上位に挙げられたのは、婦人雑誌『主婦之友』、大衆娯楽誌『日の出』であり、『公論』『建設青年』『報道』などの時局雑誌ではなかった。講談社については、特に粛清理由を次のように報じている。

「戦時中軍官より尨大な用紙の特配を受けつつ若桜(海軍の機関紙)、富士、現代等を発刊、軍国、超国家主義の鼓吹宣伝に努めた」

この翌週、一月二四日の日本出版協会臨時総会で、民主主義出版同志会の「戦犯」追放動議は、いったんは過半数で可決された。だが、除名決議には三分の二の賛成が必要と判明し、この段階での追放は実現しなかった。その代わりに、協会自らが戦争責任を追及するために粛清委員会を設立することが決定された。委員会は同志会の佐和慶太郎ほか左翼出版社の代表が多数を占め、外部委員として山川均(ひとし)、辰野隆、末弘厳太郎(いずたろう)が選任された。

二月二五日、同委員会は講談社に対して婦人雑誌、子供雑誌、大衆雑誌など現行雑誌の出版禁止を含む六ヶ条の絶対条件、さらに社名変更という希望条件を含む申し入れを行った。委員長・末弘厳太郎は、講談社の異議申し立てに対し、「新しく科学部門を興せばいい」と言い放ったと伝える「社史」には、次のような文章が挟まっている。

「講談社も自分が本を出している岩波になれ、といわぬばかりの口ぶりだった。」(「社史」下611)

これと連動して、日本共産党からは見習のために「アカハタ」と講談社の編集者交換制度の申し入れがあり、「社史」は講談社への圧力の背景を次のように分析している。

「児童雑誌と婦人雑誌を、共産党はしきりに欲しており、講談社の幼少年少女雑誌と『婦人倶楽部』のもっていた、その勢力、その影響範囲に垂涎(すいぜん)していたのだ。何とかしてこれを頂戴し、講談社のもつ、婦人と児童の信用の上に、赤化の手をのばしていきたいと考えていたのである。」(「社史」下616)

とすれば、第I部で引用した「講談社文化と岩波文化のみぞ」という蔵原惟人「文化革命」論文の政治的背景も非常にわかりやすい。もちろん、こうした日本出版協会内左派による講談社バッシングが、GHQの全面的支持を得ていたわけではない。そもそも、日本出版協会とは、一九四三年三月一一日に統制団体・日本出版文化協会を社団法人化した日本出版会が敗戦二ヶ月後の一〇月一〇日に名称変更した出版用紙統制団体である。はたして日本出版協会に講談社の戦争責任を問う資格が存在したかどうか。だが、GHQにとって、占領政策遂行に情報統制装置は必要不可欠であった。主要全国紙と一県一紙体制に整理統合された戦時新聞体制がそのまま占領政策に利用されたように、出版用紙統制団体も利用しようとしたことは明らかである。一九四一年以来、日本出版文化協会＝日本出版会＝日本出版協会の保持した用紙配給権がGHQの指示で廃止されたのは、商工省に新聞及出版用紙割当委員会が設置された一九四六年三月一四日である。しかし、その後も同委員会は出版協会が提出する原案を承認するセレモニー機関でありつづけた。つまり、戦時中は社会主義、自由主義に向けられていた用紙統制が、戦後は大出版社の戦争責任追及に利用されたことになる。敢えていえば、ファシズムの手法で民主化は進められたのである。

第二節　GHQの『キング』評価

一九四六年二月、『現代』と『講談倶楽部』が「自粛の意を表して」休刊となった。国策総合雑誌『現代』はともかく、『講談倶楽部』は時代もの、剣戟ものが多く封建的色彩が強いと思われ、GHQ民間情報教育局のバーコフ次長から「戦争雑誌（ウォー・マガジン）」と名指しされたことが原因とされる（「社史」下597）。しかし、意外なことに、バーコフは『キング』を「農民雑誌（ファーマーズ・マガジン）」と呼んだという（「社史」下600）。確かに、終戦前後の『キング』には、米の収穫や食料増産の記事が多かったのは事実である。しかし、『富士』一九四四年三月号「編輯局だより」ではこう書かれている。

「富士の読まれる範囲は、明かに農村よりも都会地に多いのであります。即ち米を作る人よりも作らない人の手に渡る方が多いと見ねばなりません。見やうによってはお門ちがひの記事に力こぶを入れてゐるやうにもとれませう。しかし、今日食糧増産は農家だけの問題では決してない。作る人も消費する人も一つ心――「拝んで作り、拝んで頂く」ことになつてこそ、はじめて目的を達するのであります。」(44-3:108)

　とすれば、むしろ占領政策に不可欠な大衆メディアとして「意図的な見逃し」が行われた可能性も否定できない。日米開戦期の『キング（富士）』の平均発行部数は、一九四一年の一一万五〇〇〇部をピークとして、一九四二年は一〇〇万雑誌を維持し、一九四三年でも九六万九一六七部、終戦の一九四五年新年号、また敗戦後の一二月号も五〇万部を維持していた。つまり、なお国民的影響力を保持していた『キング』は、GHQが統治方針を伝達するために不可欠な最大規模の大衆雑誌であった[5]。

　しかも、米ソ対立の表面化とともに、GHQ内部の空気も変化していた。ロシア系ニューディーラーであるバーコフ次長の急進的な方針に対して、民間情報教育局長ケネス・R・ダイク准将の態度は軟化していった。ダイク准将は『キング』一九四六年三月号の扉に、「愛国心」と題する談話を載せている。

「日本国民諸君が、戦争中に示した愛国心よりも更に一層熱烈なる愛国心を発揚して、新日本の建設に奮闘努力せられんことを、聯合国では希望してゐる。」(46-3:3)

翌四月号の『キング』には、菊池寛の連載コラム「話の屑籠」[6]が登場する。菊池は左翼の「戦犯雑誌」粛清運動に対し痛烈な批判を行っている。

「民主主義の政治とは、輿論政治だと云はれてゐる。だから、国民の輿論が、常に公正に新聞紙上に反映されることが、大切である。が、現在の日本の新聞紙は、公正に、国民の輿論を代弁してゐるかどうかと云ふと、非常な疑ひなきを得ないのである。現在の新聞の論説や報道を見てゐると、もう二、三年もすれば左翼が天下を取りさうな感じである。(中略)この頃、雑誌出版界の粛清が論ぜられる一方、新聞紙の戦争責任が問題にならなかつたのは、不思議である。どの新聞社も、わづかに幹部の退隠位で、お茶をにごしてゐる。戦争責任から云へば、新聞社は、雑誌社の十倍であらう。殊に、新聞社の発行してゐた週刊雑誌などは、普通の雑誌以上である。然るに、これらが何等問題になつてゐないことは、甚だ不思議である。殊に、新聞社などは、雑誌社に比べて、戦争の実相をはるかに熟知してゐたに違ひない。それだけに、無謀の戦争に、国民を駆り立てた責任は、はるかに大きいと云つてよい。然るに、新聞には寛大で、雑誌には厳格であると云ふことは、不思議である。新聞紙の強大な勢力に対して、手が出ないと云ふのならば、不公平も極まれりと云ふべし。真の民主主義は、

さうした不公平を許すだらうか。」(46-4：19)

こうした流れを受けて、一九四六年四月一五日、講談社は主婦の友社、旺文社、博文館ほか大手出版社とともに日本出版協会を脱退し、新たに日本自由出版協会を組織した(7)。さすがの講談社にとっても用紙配給を止められた痛手は大きく、一九四六年一〇月号の『キング』は異例の休刊となっている。一九四七年の七月号、八月号も用紙不足のため全六四頁で五万部しか発行できなかった。しかし、その後は闇市場からの用紙調達や非統制の仙花紙の利用によって再び勢いを取り戻していった。

第三節　戦前＝戦後の連続性

『キング』の戦後は、一九四五年九月一一日印刷納本の『富士』一〇月号から始まる。表紙イラストすら欠いた八月九月合併号は、なお後ろ向きな終戦特集であった。一〇月号表紙は一九四五年新年号から続いた「霊峰」富士山だが、扉には武者小路実篤が白い小花をつけたオオバコの絵を描き、「大地の子等は強し　忍耐強く生きぬくもの也」と筆書している。踏まれてなお強いオオバコの姿は、『富士＝キング』の読者と執筆者の連続性も象徴している。

『富士』一九四五年一一月の巻頭論文「デモクラシーとはどういふことか――新日本建設の鍵」において、東京帝国大学法学部教授・矢部貞治はデモクラシーの多義性を指摘し、こう述べている。

「先づ初めにデモクラシーの定義を簡単に述べますと、結局全国民が政治に参与する政治制度だといつてよいでせう。」(45-11：4)

この定義からすれば、全国民が政治に参与したという感覚は、「大政翼賛」や「国防国家」の理念の中にも十分発見できた。それゆえ、矢部は次のように述べている。

「つまり日本では一君万民とか、万民翼賛とかいふ言葉が言はれて来てゐますが、万民翼賛といふことは、つまりデモクラシーであつて、すべての国民が大政を翼賛する、すなはち、政治に参加するといふことなんです。（中略）ですから私は、天皇政治には非常にデモクラシーの要素があると確く信じてゐるのです。」(45-11：11)

それゆえ総力戦体制の一翼を担った「女性の国民化」や「少年の国民化」は、戦後も引き続き民主国家建設に向けて推進された。

そうした大衆参加の連続性において、『富士＝キング』の執筆者は、戦前―戦中―戦後を通じて不変であった。当然ながら、その思想も本質において変わっていない。ただ軍人たちと鹿子木員信（かのこぎかずのぶ）、佐藤通次などドイツ観念論的皇道主義者のみが戦後の誌面から消えたが、それは本来『キング』の言説の主要な担い手ではなかった。こうした観念右翼あるいは教養主義右翼の存在は、観念左翼すなわち共産主義知識人と同様にキング的でなかったし、戦争責任問題の視点では彼らの主張は共産党による天皇制批判のコインの裏側であった。例えば、言論報国会専務理事・鹿子木は『富士』一九四三年六月号の「生活の中の尊皇攘夷」で、次のように語っている。

「国民が主体となつて戦つてゐるといふやうな考へは、それは、とりもなほさず民主主義的な考へ方で、大変なまちがひであります。（中略）国家が戦を宣したのでもなければ、国民が戦を宣したのでもありません。実に、大東亜戦争は、天皇が祖宗の遺業を恢弘したまふために、御親ら戦を宣せられた天皇のみいくさであります。」（強調は原文、43-6：56 f.）

これは戦時下『キング＝富士』の国民的公共性を否定するものであり、天皇の戦争責任を焦点とすれば、共産党の主張を補強してしまう。講談社はもちろん、天皇の政治利用を考えたGHQにとっても、黙殺すべき主張であった。こうした観念右翼を除いた政治家、学者、小説家、評論家について、戦中─戦後の連続性の具体例を挙げておこう。一九四五年一〇月号の巻頭インタビュー「これからの国民生活はどうすべきか」は、記者の質問に衆議院議員・船田中が答えている。船田はトルーマン大統領が述べた「アメリカ人は原子爆弾を工夫し発明することが出来る自由の民であつたればこそ、この戦争に勝てたのだ」という言葉から、「自由なる真理の探究」こそ重要だという。そうした自由化のために日本文化の改造を訴えている。それは、一見すると「講談社文化」への批判とも読める。

「殊にこの際根本的に考ふべきは、従来大衆に浸透してゐる日本の映画とか、小説、講談、歌舞演芸等の内容ですが、多くは岩見重太郎の武勇伝とか、仇討とか、お家騒動ものといつた、内紛、内訌、内乱を扱つた部分が非常に多い。そして本当に世のため、人のために働いたといふ部分が少いやうに思ひます。」(45-10：11)

しかし、欧米の自由主義教材として船田が推奨するのは、『ロビンソン・クルーソー』であり、セシル・ローズやディヴィット・リビングストンの「海外雄飛」を扱った伝記、探検記である。こうした自由帝国主義者たちなら、南洋一郎や山中峯太郎の作品として『少年倶楽部』、そして『キング』にも溢れていた。

「私は、かうして養はれたイギリス精神なればこそ、前大戦にはタンクを発明し、今次大戦には電波兵器とか、原子爆弾とか、ペニシリンを発明して、祖国の危機を克服することが出来たのだと思ひます。まことに自由なる真理の探究こそ教育の目的であり、基本でなければならぬと考へてをります。」(45-10：11)

今日の観点からは、タンクの発明や産軍学複合の巨大国家プロジェクト「マンハッタン計画」のどこに「自由なる真理の探究」があったかは問われねばならない。船田の「科学立国＝新日本建設」の主張において、その「自由」とは一九世紀的な市民的自由を意味せず、総力戦体制における「自主性の動員」を指している。

そもそも、船田は内務官僚出身で、新体制運動では大政翼賛会政策局内政部長を勤めた革新派である。政策通の政治家として、『富士』でも「敵の反攻撃滅の途」(43-12：30)で陸軍報道部・堀田吉明中佐、海軍報道部・浜田昇一少佐と鼎談している。さらに、戦争末期の一九四五年四月号「生産軍の問題」では、総力戦を勝ち抜くため勤労者すべてに「生産兵たるの自覚」を要求する一方、「第一線将兵に準じた栄誉待遇を与へる」ことを提唱していた。

「そこで勤労管理の適正を図るといふことからも、亦企業の効果的機動的経営といふことからも、各方面から見て各職域に於て生産軍を編成し、従事者は軍隊的規律の下に生産実施部隊としての職責を果すと共に、この最高指導者は作戦に即応する生産計画の立案に参画し、生産軍に対し適正なる生産命令を下し、これを指導し監督し生産の実績を挙げる。生産軍に対しては、皇軍に準じて国家的賞罰を明かにする。」(45-4 : 39 f.)

目標が高度国防であれ高度経済成長であれ、「生産兵たるの自覚」と「自由なる真理の探究」は二語一想である。戦後は日本自由党代議士として復帰した船田の「生産軍」システムこそ、通産省=「経済参謀本部」[8]主導の高度経済成長を支えた自由主義理念ではなかったか。

そうした総力戦思想の戦後的読み替えの最たるものは、一九四五年一〇月号の東京帝国大学航空研究所(現・先端科学技術研究センター)教授・富塚清「対話 うまい生活、明るい気分」である。戦中の著作『生活の科学化』(一九四一年)のタイトルをそのまま副題としている。冒頭の見出しは「科学者吉田松陰」である。

「松陰は軍学の先生ですぜ、本職は。だからさ、当時の科学兵器に大した興味を持つてゐたんですぜ。(中略) もし吉田松陰をして今の世に生れしめばですね、神州不滅なんて口頭禅ばかり言つちやゐませんでしたらうなあ。そして、ほんとうに神州を不滅ならしむべく、きつと科学的な有効な手を打つたね」(45-10 : 19)

政治家や科学者以上に、評論家や作家の連続性は明白である。船田談話に続く小説「気骨物語」(45-10)で、戦時中の「嘘」を厳しく批判したのは、鹿島孝二である。海軍報道班員・鹿島も戦争末期の『富士』常連作家の一人として、「母さんも姉さんもゐる勝つ職場」(44-7)など探訪記を数多く物している。しかし、鹿島の明朗小説もその生活感に根ざした視点において、戦時中の「青春の礼儀」(43-2)、「妹自慢の男」(43-4)と、戦後の「気骨物語」に大きな変化があるわけではない。そもそも、彼の小説が扱う「嘘」は、統制と闇市場の狭間で必要に迫られた大衆の嘘であり、それに戦後と戦前の断絶はあるはずもなかった。編集後記で、戦中と同じ編集長・萱原宏一は「新事態に即した」小説について次のように書いている。

「結局、偽らざる敗戦の記録——歪められない戦争小説といつたものが、しばらくの間氾濫しさうに思はれるが、これ一本槍でもやり切れない気がする。△楽しい小説、愉快な小説、明るい小説も一方になければならないと思ふ。」(45-10:50)

「偽らざる敗戦の記録」の敗戦を戦勝と書き換えれば、鹿島の「明朗小説」が戦時中に掲載された理由も、まったく同じではなかったか。

「山本五十六大将(伝記)」(42-2)や「薫空挺隊」(45-2)を執筆した木村毅も、本来の英米文化通として「マッカサー元帥(史伝)」(46-1)、「憲法史物語」(46-11)など積極的に啓蒙的な記事を執筆している。木村の場合、第一級のインテリだけに、自らの精神の連続性についても自覚的である。

「筆者は、昨日までの敵将を、いま敗者の地位にあつて礼讃し景仰(けいこう)するやうな文章は、一切書きたくないのである。共産党の諸君が牢獄から解放されると、第一相互ビルの前へ行つて「マッカサー元帥万歳」とか、「聯合軍万歳」と唱へたと聞いて、それらの人は、私とはやつぱり違つた種類の人だと思はずにはをられなかつた。私は支那流の、前朝の遺臣といふやうな清節忠誠を心に期するつもりはないが、年少にして散華した特攻隊の勇士をはじめ、その父兄を、その愛児を、またその親戚知己を失つた全国の各家庭のことを考へると、敵将礼讃の文章をかくことなどは、おのづからにしてペンがすくまないではをらぬ。」(46-1：34)

それでも木村がマッカーサーの評伝を書く理由は、彼がフィリピンで報道班員として目にした元帥の寝室にあった。木村は教養の血縁者をそこに見出したのである。マッカーサーの枕元にはホイットマン『草の葉』、シェークスピア『ソネット』、エピクテートス『金言集』があった。

「かうした書物に、毎夜寝つく前に親しんでゐた人の精神生活の内容が、講談を愛読したわが軍人首相や、花柳小説をよんでゐたといふ大臣とは、全く違つたものである事は、誰にでもすぐ想像のつく事であらう。」(46-1：36)

教養主義者・木村の「講談社文化」批判は戦前から何一つ変わってはいないのである。このマッカーサー伝が掲載された一九四六年新年号は、グラビア頁「最新アメリカ風景」に続いて、片山哲(後の首相)「信念と熱情と」、鈴木茂三郎(後に社会党委員長)「産業民主主義とは何か」が巻頭を飾った。この号から菊池寛のコラム「話の屑籠」、舟橋聖一「横になつた令嬢」の連載も開始された。その編輯後記は、次のように宣言している。

「由来キングは道義の高揚をめざした雑誌である。日本をして、内を整へ、真に平和愛好の国家たらしむる根本は道義の確立である。われ〳〵はキング在来の使命を今後一層推し進めて行くであらう。」(46-1：70)

「デモクラシー読本」を謳った『キング』は、「キング在来の使命」に向かって、後ろに進んだのである。一九四七年にはハワイや米西海岸への『キング』輸出が再開され(ホノルル七〇〇部、米本土五五〇部)、翌一九四八年三月号からは豪華な『キング海外版』が創刊された。さらに、『キング』一九四八年一〇月号から別冊付録「新日本大地図」(その一、関東地方)が開始され、翌一九四九年四月号まで各号につけられた。観光旅行ガイドとして好評を博したが、講和問題を前に日本の国土に思いをはせる企画の趣旨は戦前「キングの地図」の伝統への復帰でもあった。特に、日中戦争前の一九三六年七月臨時増刊号別冊付録「日本遊覧旅行地図」への回帰と言えよう。

この間、GHQの財閥解体、集中排除の施策をにらみながら、講談社は系列子会社を次々に独立させていった。一九四六年一月『キング』に復題後、『富士』のタイトルは世界社に、『面白倶楽部』のタイトルは光文社に譲渡された。世界社、光文社とも奥付の所在地は、講談社と同一(文京区音羽町三丁目一九番地)である。光文社は戦時中に陸軍雑誌『征旗』を発行した講談社系の日本報道社を一九四五年一〇月に改組した会社で、光文社の名称は大日本雄弁会と講談社を合体する際に野間清治が候補にしていたものである。出版担当の常務取締役に就任した神吉(かんき)晴夫は、戦前はキングレコード文芸部で「カモメの水兵さん」「赤い帽子、白い帽子」など名曲をプロデュースし、戦時中は講談社児童課長を務めていた。後に、ベストセラー「カッパ・ブックス」シリーズで書籍の流通革命を引き起こした。また、『講談倶楽部』編集長をつとめていた原田常治は、一九四七年に『婦人生活』を発行する同志社(のち婦人生活社)を興している。一九四六年いち早く「平和おんど」をヒットさせたキングレコードは、翌一九四七年キング音響株式会社として講談社から独立した。

一九四七年の『キング』新年号で杉山清、阿部静枝「新しい恋愛と結婚」、二月号我妻(わがつま)栄「新しい「家」新しい生活」、三月号家永三郎、坂西志保「新しい日本の歴史」を特集し、「新しい」時代に適応を試みている。ただし、「新しさ」の質については、それぞれ詳細な検討が必要だろう。例えば、「新しい恋愛と結婚」の結びで、社会評論家・阿部静枝は理想的女性像を次のように述べている。

「私が若い人に望みたいのは、愛される存在になれ、愛される女になれ。そしてどういふ女が愛されるかといふと、愛す女が愛されるのではないか。人生を愛し人生を美しくするためにいろいろなものを愛してゆかうとする女が、世の中の役にも立ち人から愛されて社会を明るくしてゆくのだ。そのやうな有能な女であれば自分を見ることを知る。自分を見ることを知つてゐれば、自分の若さとか未熟さもわかるから、決して高慢な者にはならない。どこまでも謙虚に教養も積むし勉強もしてゆく。」(47-1 : 58)

阿部が戦時中の座談会「戦場精神と必勝の国民生活を語る」で示した結婚像と比べてみよう。

「教養のある人が、勇敢であつたと云ふことは、やはり、その方達の覚悟が、高い精神から出てゐるからではないでせうか。さういふ方々が、私は銃後でも女性を幸福にすることの出来る、一家を幸福にすることの出来る夫になり、主人になることの出来る男だと思ひます。さういふ人の指導を受ける女が、やはり国家的な、勇敢な、しとやかな女になれるのだと思

ひます。」(43-2：117)

つまり、女性を国民化する「教養」の連続性に比して、「世の中の役に立つ有能な女」と「国家的な、勇敢な、しとやかな女」の距離が大きいとは思えない。むしろ、「教養」との関連で新しい動きは、一九四六年一一月号に掲載された『群像』創刊の講談社社告である。

「『群像』は、純乎たる芸術としての文学に接する悦びを広く文学を愛好する人々の手に解放し、以て日本文化の生成発展に寄与せんとする意欲に燃える文芸雑誌であります。」(46-11：40)

大衆文学に固執してきた講談社が、知識人向けの純文学に新たに進出した画期である。しかし、それは「戦時雑誌の公共性」の下で、講談社と知識人の「みぞ」が狭まったことを背景としている。もちろん、蔵原－丸山の「講談社文化と岩波文化」図式は、講談社の側も戦後再建において十分意識していた。その一例として、講談社による第二期『思想の科学』(一九五四年五月－五五年四月)発行がある。「発刊に際して」は、こう謳われている。

「約半世紀の昔、雑誌「雄弁」の創刊をもってジャーナリズムの世界にデビューしたわが講談社は、幾多の紆余曲折はあったが、常に大衆の心を心とし、常に大衆とともに歩むことを出版の精神として、今日にいたった事実は衆目の一致するところであろう。たとえ思想雑誌といえども、大衆を無視したジャーナリズムの存立はこれを許すべきではない。大衆は常に考え、常に悩んでいる。(中略)日本の思想界にクモの巣の如くはりめぐらされた、「専門」というあらゆるカキネ、派閥的なナワバリを敢然として打ち破り、平易で自由な表現法を活用した、新しい思想雑誌を編集し、これまでの思想雑誌があえて呼びかけようとはしなかった、あらゆる世代と職業の大衆に、ともに問題をもちより、ともに考える場所を提供しようとする「思想の科学研究会」の編集方針に対し、全幅的な賛意を表して、この雑誌を発刊する。(9)」

「思想の科学研究会」評議員には、ファシズムの担い手の精神を講談社文化に求めた丸山眞男もいた。丸山は『現代政治の思想と行動』増補版(一九六四年)への補注において、マスメディアの発展により「両グループの文化的断層はかなり連続するようになった」と追記している。(10)だが、一方で新たに増補された「ある自由主義者への手紙」(一九五〇年)に現われたマスメディア観には、「岩波文化と講談社文化」という認識枠組みは色濃く残っていた。

「〔反共自由主義者は〕インテリ読者だけの書籍雑誌の傾向を見て、恰(あたか)も日本の出版界が左翼勢力に独占されているかのように錯覚し、それらのサーキュレーションが、講談本やエロ・グロ・スポーツ・映画・雑誌類のそれに比してはほとんど物の数でもない事実を看過する。(11)」

第二章　国民雑誌の限界

第一節　『キング』の細分化

一九五〇年四月二五日から五月一〇日まで全国出版協会共同主催「春の雑誌祭り」にちなんで『読売新聞』が行った「大衆投票　優良雑誌ベストスリー」大衆誌部門で、『キング』は堂々の第一位となった(「社史」下745)。同年五月に講談社は日本野球連盟に協力して、プロ野球セリーグ第一三節を「キング・カーニバル」(後楽園)として共催している。この月、一〇年間続いた印刷用紙の配給・価格統制が全廃されたが、すでに『キング』同年新年号は戦前「出版バブル」期の五〇〇頁に復帰していた。翌一九五一年新年号には別冊付録『新語大辞典』がつき、印刷した三〇万部のうち、返品は四〇〇〇に過ぎなかった。これは、『キング』が達成した戦後最良の返品率である(「社史」下749)。

一九五〇年当時、大久保忠利が「大衆雑誌白書」[12]と題して『キング』『講談倶楽部』(講談社)、『面白倶楽部』(光文社)、『富士』(世界社)、『ロマンス』(ロマンス社)、『平凡』(凡人社)、『ホープ』(実業之日本社)の「踊る大衆雑誌」七誌六月号を詳細に分析している。その中で『キング』は四〇万部と独走しているが[13]、光文社と世界社も講談社の系列子会社であり、戦前『キング』読者層は分散化こそすれ、規模的には維持されていたことがわかる。

この白書では「不死鳥的精神」の『キング』、「〝平凡〟化運動」の『平凡』、「夢を召しませ」の『ロマンス』の三誌が中心的に扱われている。だが、この三誌も『キング』との距離において測定評価されている。そもそも、『キング』的権威主義への反発を売り物とする『ロマンス』(ロマンス社)も講談社出身の熊谷寛と桜庭政雄が作り上げた雑誌である。『平凡』は新民会宣撫工作員から大政翼賛会宣伝部に入った岩堀喜之助が『陸軍画報』の権利と施設を譲り受けて改題発行したものだが、岩堀の大衆主義は「北支戦線で慰問袋を開けた記憶」中の『キング』に由来するという。

「慰問袋の『キング』は、前線の兵士たちの唯一の娯楽だったこと、これが、兵士たちを戦争に駆り立てる情緒的引き金だったこと……。大衆にどんな娯楽を与えたらいいのか――娯楽雑誌を出版しようという岩堀のプランは、ここではじめて現実となったのである[14]。」

一九四八年二月創刊の大判『平凡』は、コロンビアレコードと提携して第一号グラビアを「コロンビアヒットソング集」とした。また、第二号から「百万人の娯楽雑誌」、第四号から「歌と映画の娯楽雑誌」のキャッチフレーズを採用した。それは、慰問メディア『キング臨時増刊　面白づくめ号』を模倣した出発であった。

こうした戦後の「面白く為になる」大衆雑誌がいずれも映画物語と流行歌手、そして野球選手を売り物としていることを分析した大久保は、「為になる、とは、小さく読者の為になり（実は大きく害になる）大きく、支配階級のためになっている」と評し、次のように結論付ける[15]。

「大衆は、金がなく、楽しみがない。映画と比べて長く楽しめる。疲れているから、とても高い文化を味わったり自ら創作したりするエネルギーは残っていない。手っ取り早く、楽しめて、アコガレの人々と会え、その語るのを聞き、生活のウラを知り、小説ではいろいろの世界に入って行ける。スリルがあり、恋愛があり、その世界では異性とも自由に接近できる。

大衆雑誌は人々に安らかなケンランたるトーヒ所を与えてくれる。かくて、現実の苦しさを現実に戦うことにより改変し現実に幸福な社会を作り上げるのでなく、実際に坐って妖しき世界に安価にトーヒする。ここに大衆雑誌のアヘンの寝所がある。」

GHQ占領下に多くの大衆雑誌が「面白く害がない」を掲げた中で、『キング』は戦前とは異なる意匠で、毎号「ためになる」社会レポートを特集していた。一九五〇年の場合、一月号「引揚者」、二月号「不良少年」、三月号「戦後派娘」、四月号「六三制教育」、五月号「離婚問題」、六月号「農村の実態」、七月号「失業問題」、八月号「平和問題」、大久保はこう分析している。

「この「レポート」は実によくアプレ・ゲール『キング』の中道的性格を表しているようだ。（中略）要するにキングは「万人の常識」なのであり、常に世の中を清く明るく正しく指導しようとする意気ごみにあふれている。たまたま社会が軍国主義になったとしてもそれは社会がそうなったまでのことである。民衆の常識に即せず離せず、そこにどっかとあぐらをかいていようというわけだ。従って異説を唱えて、社会から憎まれようとは夢思わないわけだし、いつも「向う三軒両隣り」の友である。従って社会の変化に伴って、自由主義讃美の方向に舵をとっても、決して野間イズムの放棄を意味しないのである。こういうあざやかな方向転換(コンヴァージョン)をこそ野間イズムと申すのであるから。」(強調は原文)

『キング』に対する批判も、また第I部で見た戦前に回帰したようである。だが皮肉にも、一九五一年九月サンフランシスコ講和条約調印を戦後の頂点として、総力戦体制、すなわち戦時＝占領体制下に国民統合の役割を担ってきた『キング』の部数は急落していった。

この一九五一年は民間ラジオ放送が開始され、放送の娯楽機能が飛躍的に高まった年でもある。講談社は、積極的にラジオ番組の提供を行い雑誌ＣＭを打っていった。一九五一年一一月一一日に大阪で朝日放送が開局すると同時に、名作朗読・野村胡堂「銭形平次捕物控」(毎週木曜日午後七時から二〇分間、加藤大介朗読)を提供し広告効果の研究を開始した。東京でも同年一二月二四日ラジオ東京の開局と同時に、「こども天国(アイウエおじさん)」(平日午後五時四五分から五分間)を提供している(「社史」下760 f.)。

雑誌メディア特有の細分化傾向とラジオ普及の飽和により、「ラジオ的雑誌」の存在意味は曖昧なものになって行った。講談社は、ラジオ放送を活用しつつ、『キング』から数多くのジャンル別雑誌を派生させていった。『キング』終刊の翌一九五八年、講談社は「十五大雑誌」を発行していた。その二年後には「キングの時代」九大雑誌の二倍、雑誌数は一八に達した。それは、「農村のキング」である『家の光』が統合メディアとして戦前と同じカーブを描いて「復興」を遂げたのと対照的である。戦争末期の一九四四年に発行主体を社団法人・家の光協会に変えた『家の光』の発行部数は、一九六一年新年号で一八〇万部(実売一七一万部)となり、月刊誌として空前の記録を打ち立て、二一世紀に入っても一〇〇万部を維持していた。

第二節 「キング的」メディアとしてのテレビ

敗戦の約一ヶ月後、一九四五年九月二五日閣議諒解された逓信院案「民衆的放送機関設立に関する件」には、民間放送会社の設置が指示され、将来的にテレビ放送を許可することも付記されていた。日本におけるテレビ史は浜松高等工業学校の高柳健次郎助教授がブラウン管の画面に「イ」の字を映し出した一九二六年一二月二五日、すなわち『キング』創刊の二年後に始まる。すでに、一九四〇年日本放送協会技術研究所は、日本初のテレビドラマ「夕餉前」の実験放送に成功していた。『キング』一九四一年六月号「ラジオの話」(ラジオからラジオへの表記変更は一九四一年国民学校教科書からである)では、「映画の原理と写真電送の原理を一緒にした」テレビジョンの原理と可能性が解説されている(41-6:247)。また、『キング』一九四六年五月号のグラビア「アメリカニュース」では、テレビジョン普及に次のようなキャプションがつけられている。

「映画やラジオはもう古いと科学の王国アメリカでは、今や一般家庭にもテレビジョンが

設備されて文化の春を奏でてゐる。写真は演劇放送中のテレビジョン。」(46-5：2)

同じ一九四六年一一月号の丘丘十郎(海野十三の別ペンネーム)の未来小説「辻夫妻と辻占」では、テレビジョン事業の夢が描かれている。主人公の辻万作が始めた会社は「不二テレビ社」。現在のフジテレビのことではなく、おそらく「キング＝富士＝不二」テレビの発想だろう。「この日本で流行るでせうか」と心配するおくま夫人に万作はこう語っている。

「それあお前、大いに流行るさ。わしの信ずる所では、テレビジョンなどといふ最新科学の粋なるものをこの敗戦日本に紹介し流行させることによつて、わが国は生存力を回復するのだ。あの夥しい虚脱者、つまり生きてゐる幽霊国民たちへ、希望を与へ、のこのこ起出て働く気にならせるのだと思ふよ。」(46-11：30 f.)

万作が夫人に繰り返し語るテレビの可能性はつぎのような内容だった。

「テレビジョンといふのは、眼のラジオだ。神宮球場で野球試合が始まつてゐる。これまでのラジオでは、アナウンサーの声や、ミットへ入るボールの音などマイクの傍に起るあらゆる音が、受信機の高声器を通して聞える。ところがテレビジョンとなると、球場そのものがテレビジョン受影機の映写幕の上にうつつて見えるのだ。打者がかあんとボールをバットで叩く、いい当りだ、その音が受信機から聞える。テレビジョンの受影機もいつしよに並んでゐるなら、そのとき打者のすごいスウィングから、捕手の緊張、スタンドの熱狂ぶりまで皆映写幕の上に映画の如くうつつて見えるんだ。映画には時間の遅れがある。今日撮影したニュース映画だとて、いくら早くとも明日以後でないと見られない。テレビジョンは即時即刻に見える。ラジオと同じく、絶対に時間の遅れがなくて見える。——かういふものだから、世間へ出りや流行ることは請合ひだ。」(46–11：31)

「眼のラジオ」は、「ラジオ的・トーキー的雑誌」、すなわち新しい「キング的メディア」であった。テレビ機能のメディア論的説明としてはほぼ正確であり、この小説では「テレビ電話―天然色化」へと事業が発展する。現実の放送・通信事業では逆の順序をたどるわけだが、いずれにせよテレビは新たな大衆の夢になろうとしていた。

だが現実には、当時まだラジオと映画の黄金時代が続いていた。この未来小説が掲載された翌一二月号で作家・丸山義二(よしじ)が司会をした埼玉県南河原村青年男女座談会「あけゆく農村」の会話から拾ってみよう。

丸山「近頃流行の農村娯楽の問題を話して下さい。」

大屋「この辺は神社の祭典などの機会に素人演芸を相当やつてをりますね。」

中丸「一時ずゐぶんやりましたが、今は下火になりましたね。股旅物とかあんなものが非常に流行つたのですが……。」(中略)

丸山「長いこと押へつけられてゐた諸君の鬱憤が浪花節文化となり股旅演劇となつて現れたけれども、さういふ風に現れてきた文化的な意欲といふものを正しい方へ導いて欲しいと思ひますね。」

中丸「これ〔農村労働と余暇活動のジレンマ〕では困るといふので、演芸をやめてそのかはり月に一回くらゐ映画会をやらうぢやないかといふので、先月一回やりました。いま農村で希望してゐるのはニュース映画なのです。」

大屋「いま農村の一番の娯楽はラジオ、新聞くらゐのものではないですか。」

記者「女の方は本を読むやうですか。」

関和「嫁ぐ前なら読んでゐますが、お嫁に行くと殆んどといつていゝくらゐ読みませんね。」

田中「忙しくて読む機会がないんでせうね。もつと生活を改善しなければ……。」(46-12：29-31)

こうした農村では、『キング』はなおラジオや映画の代用品の役割を果たすことができた。一九四六年一一月号の双葉十三郎（じゅうざぶろう）「秋のアメリカ映画「我が道を往く」」(46-11：86 f.)を皮切りに長らく中断していた映画紹介が『キング』に復活した。翌一二月号では漫画グラビア「キング・ルナパーク」が登場し、翌一九四七年新年号から巻頭の写真グラビア特集も復活した。一九四七年三月号の塩田英二郎「N・H・Kのスタア達――RADIO-TOKYO漫訪記」(47-3：88-91)では、のど自慢素人音楽会や、「カムカム英語」の平川唯一（ただいち）講師などが取上げられている。以後、映画とラジオ記事の増加を見ると、敗戦時から『キング』最盛期一九三〇年代の誌面にフィルムを逆回転させているような印象を受ける。しかし、戦時体制下で「国民教養雑誌」として総合雑誌化を体験した『キング』は、再び完全な大衆娯楽雑誌に戻ることはできなかった。

一九四七年一〇月に民間放送局開設の方針が政府で決定され、申請が受付られた。一九五

「人物テレビジョン」(1949年新年号)

〇年六月一日、放送法、電波法、電波監理委員会設置法の電波三法が施行され、NHKも社団法人から特殊法人に変わった。この時、放送法の第七条で、「日本放送協会は、公共の福祉のために、あまねく日本全国において受信できるように放送を行うことを目的とする」と規定された。

一九四九年新年号から『キング』は巻頭グラビア頁で「人物テレビジョン」を開始した。第一回は「志賀直哉氏」の映像に、丹羽文雄のナレーションがこう添えられている。

「終戦以来どこの世界でも伝統破壊が流行的に行われた。多分に政治的なやり方であった。」

第二回「作家 広津和郎氏」(文・平林たい子)、第三回「讀賣新聞社長 馬場恒吾氏」(文・高山金二)と続いた。

一九五一年、アメリカ上院議員カール・ムントが日本を含むアジア諸国でテレビの反共情報網を建設する「ヴィジョン・オブ・アメリカ」(VOA)構想を発表した。この構想に飛びついたのが、当時戦犯として公職追放中だった正力松太郎であり、テレビ放送予備免許の第一号は正力が設立した民間放送局「日本テレビ放送網株式会社」に与えられた(16)。正力の讀賣新聞社と拡販合戦を行い、小林一三と映画産業論を戦わせた雑誌王・野間清治が健在ならば、講談社はおそらくテレビ事業に積極果敢に進出した、と考えたい。

第三節　「キング」ブランドの重さ

一九五三年二月一日NHKテレビの本放送が受信契約数八六六で開始され、八月二八日には日本テレビも放送を開始した。大卒男子の初任給が八〇〇〇円であった当時、一七インチのアメリカ製受信機は二五万円もしていた。正力は普及のため、駅前や盛り場に「街頭テレビ」を設置し、帰宅途中のサラリーマンを中心に連日人集り(ひとだか)ができるようになった。やがて、力道山の活躍で爆発的なブームとなったプロレス中継には屋台も立ち並ぶという屋外劇場化現象が見られた。力道山が日本プロレスを設立した一九五三年の夏、『キング』ほか講談社八雑誌は創業四五周年記念「講談社雑誌祭り」の大宣伝を実施した。だが、総額二〇〇〇万円の懸賞品は、皮肉にも「国民雑誌」時代の終焉を暗示していた。一〇〇万通を超える応募者が求めたのは、特賞「ナショナル・テレビジョン」であった。

それは、「国民(ナショナル)テレビ」だったのだろう。「国民雑誌」という言葉はやがて死語となり、「ナショナル」は、テレビを中心とする家電製品に固有のブランド名として定着した。ラジオ時代に栄華を誇った『キング』『婦人倶楽部』の凋落は止まらず、テレビ普及とともに雑誌の細分化・週刊化は加速化していった。それに対応して、翌一九五四年にはティーンエイジャーに読者を絞った『小説サロン』、幼年と少年・少女の狭間を狙った『ぼくら』『なかよし』、翌一九五五年には未婚女性向けの実用雑誌『若い女性』など、テレビ時代にふさわしいヴィジュアル中心の新雑誌が次々と創刊された。

この間、『キング』の編集方針は激しく揺れ動いた。対日講和条約調印後の一九五二年新年号からは急激な民主化の反動として「一見戦前の『キング』を見るような堅さになり、お家芸の教訓色がかなり濃厚ににじみ出ている」誌面となった(『社史』下764)。このため、若い世代には敬遠され、読者数は減少した。そのゆれ戻しが一九五三年から一九五四年にかけて起る。

「なまなましい現地ルポやどぎつい記事が多く、明るく楽しい家庭雑誌とうたっていても、それには遥かに遠かった。折角の名画の豪華な口絵なども空(むな)しいものに見えた。」(『社史』下796)

一九五四年一二月号の読者投稿欄「愛読者クラブ」(前号からカラー八頁立てに拡大された)には、「キングを「皆さんの、皆さんによる、皆さんの雑誌」にするのが目的」と謳う「キングモニター募集」が掲げられている(54-12:409)。しかし、一四名の投書や「文通希望」欄からうかがえるのは、時代の変化に取り残される「後ろ向きの読者像」である。この号に掲載された読者の手紙をすべて抜き出してみよう。(54-12:407-14)

「私は戦前からの読者で戦争中のうすっぺらな『富士』の事を思い出して現在の立派さとくらべ感無量です。皆様に文通をお願いしたいので簡単に自己紹介をいたします。（中略）趣味といったら恥かしく、ヘボギターを爪弾くのと読書、それに歌を聞くことです。（和歌山県　加見雅美・二十八歳・山林労務者）」

「最もよかったのは「汗と美容」というところでした。田舎から来ていた、汗かきの伯父など、くり返し〳〵読んでおりました。（京都府　小松瞳）」

「終戦直後のキングと現在のキングとを比較しますとまさに格段の差があることを痛感いたします。最近は特に内容が充実し、次号予告を見ては発売の日をたのしみにしております。十一月号では「ヌードを裸にする」の座談会をおもしろく拝見いたしました。（横浜市　松井美代子）」

「小生は三年前より病床にあり、現在回復期に入っている者ですが、この間絶えずキングの力で慰められてまいりました。戦後あの薄っぺらな頃と比べると最近の充実ぶりは全く頼もしく思います。（中略）是非キング愛読者の皆様と文通をしたいと思いますのでよろしく。（愛知県　前田巌　二十九歳）」

「このたびの洞爺丸事件においては多数の犠牲者を出しましたが、このことは全く他人事とは思えずまさに腸を断つ思いでした。（中略）流れる涙もとめられぬまゝ、この悲しみを次の詩に托してみました。（東京都　関根操）」

「別冊付録は一部には必要な人があるかもしれませんが大部分の人には不必要と思います。

このため定価をつり上げるということは迷惑に感じます。(岡山県　松本倉治)」

「キングを読みはじめてからはや一年半たちました。この間いろいろな方面で大へん利益を得、まさしく一般大衆向きの教養、娯楽雑誌であると敬服いたしております。(新潟県高橋宏幸　十七歳)」

「私はずっとキングを愛読している二十一歳の労働者ですが、仕事の余暇に次のようなものを作ってみました。(以下略)(丸亀　沖津生)」

「毎月有意義な別冊付録として、小冊子でよろしいから、まとまったもの、たとえば趣味の手帖とか、教養の本をつけてくださることをお願いいたします。(東京都　国吉真盛)」

「一、四十年伝統の王将位名に恥じず　二、かみしめて味ある王者の風あり(中略)五、汽車の中で大っぴらに読める(中略)十一、農村への普及に工夫が足らぬ　十二、新進作家の養成に工夫あれ。(宮崎市　外山愁人)」

「『書物はその国の文化をはかる唯一のバロメーター』という言葉がありますが、キングはその言葉にマッチした教養と娯楽に他の追従をゆるさぬものがあります。(島根県　永江忠弘)」

「私は戦前戦後を通じての愛読者で、視野の広い充実した記事は毎号楽しみにしております。が最近、紙質の悪くなったのはまことに残念でなりません。(長野県　芦沢堅治)」

「私は終戦以来ずっとキングを愛読しているものです。終戦直後のあの薄い頃を思うと最近の質量ともに充実した姿は実にたのもしいかぎりです。唯、この機会に希望を申し上げますと、もう少し青年向きの企画――たとえば職場の探訪とか、人気花形座談会――をふやしていたゞけたら有難いと思います。(茨城県　柿本生)」

戦前、戦中からの愛読者、地方のまじめな労働者、そして、付録の是非を論じる、おそらく単行本を買う習慣のない雑誌読者の姿が浮かび上がってくる。『キング』の復興が戦前への誌面回帰であったことは、義務教育だけの読者層への回帰となった。しかし、一九五五年に高校進学率が五〇%を超えているように、こうした読者はもはや大衆社会の多数派ではなかった。

一九五五年九月七日「社業刷新委員会」がまとめた答申で娯楽雑誌『キング』の使命は終わった」ことが確認された[17]。この年、ソニーが商品化したトランジスタ・ラジオの登場によって、ラジオは家庭のメディアから個人のメディアへと変質していった。「ラジオ的雑誌」『キング』は、いうまでもなく家庭のメディアであった。ラジオ放送受信契約者も、一九五五年の普及率七三・八%をピークに急速に減少した。「トーキー的雑誌」の限界も見えていた。一九五八年の観客動員数一一億人を頂点として娯楽としての映画も急速に衰退した(グラフ2、本書二五〇頁)。一九五七年新年号より『キング』は娯楽色を薄めた総合雑誌に「衣替え」したが、それも一年と持たなかった。大衆娯楽雑誌から総合雑誌への変身は、戦争末期『富士』の名において行われたことであったが、『キング』の名のままで平時に行うには、そのブランド・イメージが重荷となったといえよう。

おわりに——国民雑誌の終焉

一九五七(昭和三二)年、『キング』一二月号は終刊を告げる堂々たる社告を掲げた。「キングという雑誌は、日本の国と共に興ったのですから、敗れた時には一緒に散るべき雑誌だ」と早くから唱えていた原田裕(ゆたか)が、最後の『キング』編集長となっていた。[18]『キング』の墓碑銘として敢えて社告全文を引用しておきたい。

『キング』終刊の辞

「本誌は昭和三十二年十二月号をもって終刊することになりました。

かえりみますれば大正十四年一月創刊以来、本誌が歩んだ三十三年の歴史は、とりもなおさず日本の昭和史そのものでありました。本誌は、読者とともに喜び、読者とともに悲しみ、昭和年代に於ける日本の国情と変転をともにして参ったのであります。

その間「面白くて為になる」雑誌であることを念願し、老若男女の別無く、教養地域の差をこえて、広く国民各層に愛される幅広い編集方針をとって参りました。この方針は、幸い読者皆様の共感を呼び、本誌ほど多数の読者に親しまれ支持された雑誌は他にその例を見ないといわれ、文字通り雑誌界の王者(キング)としてわが国出版史上空前の大発行部数を誇り得たのであります。

しかしながら戦後十二年を経た今日、時代は大きく動きつつあります。政治も思想も経済も外交もすべて新しい機運を迎え画期的な変り方をしております。既にキングが成さんとしたことは成し得て、本当の黎明（れいめい）を迎える転機の到来を痛切に感じさせる時代となりました。本社が敢て三十三年の歴史を有するキングに終止符を打とうとするに至りましたことも、ひとえにこの新機運に即応せんがためであります。過去の盛運になずみ、大方の支持に甘えて、転機即応の体勢を忘れるが如きは出版人として良心の許さざるところであります。私共はこの良心に従って更に新しい出版文化の活動に挺身する決意であります。この意味においてキングの終刊は拍手を以て迎えられるべきでありましょう。なにとぞ本社の真意を諒とされ、愛惜（あいせき）ではなく祝福のお気持を以てこの終刊を迎えられ、今後における本社の出版活動に一そうの御声援を賜わりますよう切にお願い致します。

終りに本誌創刊以来、長年にわたり一方ならぬ御援助を寄せられました愛読者の皆様ならびに関係各位に対し衷心より御礼申し上げます。　昭和三十二年十二月一日　講談社(19)」

この終刊号には編集者六名による座談会「キング回顧三十年」も掲載されている。「社史」は以下のように総括している。

「敗戦を契機とする日本の変革が、こうした『キング』の基盤を、その根底より覆（くつがえ）した。特に民主化政策の徹底によって、『キング』の国民的支持層を分解させた。国家や家庭にかわり、個人や人間性が尊重された。世代の断層もそのはげしさを加えた。中でも教育制度の改廃によって、教育課程は一変し、自ら雑誌の細分化が促(うなが)された。年齢層や知識程度にぴったり合った雑誌が求められた。『キング』を貫く雑誌の指導理念の背馳(はいち)はもとより、その最も誇るべき『キング』の特質が、時代の転換とともに失われざるを得なかったのである。」(「社史」下844)

後継誌『日本』(一九五八―六六年)

『キング』後継誌は誌名の懸賞公募により、四一万九七三八通の中から『日本』と名付けられた。第一等景品は、国産自動車トヨペット・クラウン・デラックスであった。「新しい日本の主軸をなす二十代および三十代を中心目標とする」という編集方針が、かつての「家庭に一冊」を目標にできた『キング』との落差を象徴している。創刊の事前宣伝に五〇〇〇万円を超える巨費をつぎ込み、日本縦断キャンペーンを展開したこと

『日本』1958年創刊号表紙

に「国民雑誌」の余韻を留めている(「社史」下850 f.)。創刊号の表紙は、梅原龍三郎画「レダと白鳥」が飾った。ギリシャ神話によれば、レダは白鳥に化けたゼウスと交わって「新しい時代」を受胎したスパルタ王妃である。キリスト教世界の開始がマリアの受胎に基づくように、ギリシャ世界の成立はレダの受胎に始まる。『キング』創刊号の「登る朝日」でマリアがイメージされたとすれば、『日本』のレダにも三三年間の栄光の曙が期待されていたのだろう。

『キング』終刊を契機に一九五八(昭和三三)年より大日本雄弁会講談社は社名から「大日本雄弁会」を削って「講談社」となった。安保体制下における「小日本」の大衆民主主義は「雄弁」を必要とせず、雑誌メディアは娯楽に特化して飛躍的に発展した。翌五九年、講談社も『週刊現代』、つづいて日本初の少年週刊誌『少年マガジン』を創刊して雑誌部門の主力を週刊誌に移した。

この一九五九年、東京キー局では二月に日本教育テレビ(現・テレビ朝日)、三月にフジテレビが開局し、一九六四年四月に東京一二チャンネル(現・テレビ東京)が開局した。教育局として免許を取得した日本教育テレビは、教育五三%以上、教養三〇%以上での番組編成が条件とされた。もちろん、勧善懲悪の時代劇も西部劇も「教育番組」や「教養番組」に数えられた。それは、講談・浪花節による民衆教化という野間清治の事業精神とほとんど同一であった。また、一九六三年にはNHKテレビの大河ドラマがスタートする。第一弾『花の生涯』が人気を集めて、以後『赤穂浪士』『太閤記』『源義経』と続く時代小説の大河ドラマ化再編された。

が定着した。語りの国民文化は、ラジオとトーキーの統合メディア、テレビにおいて新たに再編された。

国民的なテレビ人気が『キング』黄金期のイメージと重なることは、ある意味で当然だろう。一九三五年『キング』を文化的に非衛生な「駄菓子ヂヤーナリズム」と厳しく批判した大宅壮一は、いみじくも『キング』終刊の一九五七年、同様に安手で卑俗なテレビ番組を「国民白痴化運動」と批判している。[20]だが、この国民白痴化が「一億総白痴化」として流行語になったように、「国民」運動が「市民」運動へと急速に矮小化、閉鎖化した六〇年安保騒動以後、国民を冠する言葉で新たに登場する流行語は、「国民休暇村」と「国民栄誉賞」ぐらいであろう。『日本』は一九六四年一二月に判型をA5判に縮小し、一般総合雑誌をめざした。『少年マガジン』に「巨人の星」の連載が開始された一九六六年、後継誌『日本』も休刊となった。それでも、『キング』が育てた「国民文化」はブラウン管の上で再編された。やがてアニメ化された「巨人の星」を覆う臆面のない熱血感涙調には、『キング』の残影を見ることもできる。[21]だが、それも高度経済成長期までであり、「少年の理想主義」であれ大人のそれであれ、国民的ゴールそのものがやがて消滅してしまった。戦前から続いた三大雑誌のうち、「女性」の『主婦之友』も二〇〇八年に休刊し、「農村」の『家の光』だけが現存している。「国民」の『キング』が最初に廃刊になったことは、「国民」という雑誌マーケットがいち早く消滅したことを意味するだろう。

「国民文学」という表現が使われなくなったとき、純文学と大衆文学の間にある「中間小説」の雑誌モデルとなったのは、一九六二年『講談倶楽部』を廃刊にして講談社が新たに創刊した『小説現代』であった。同時に、一九六二年一二月号で『少年クラブ』『少女クラブ』も休刊になった。識字能力に依存しないテレビ文化は、「子供の消滅[22]」をも招来した。また、テレビ普及や教育水準の上昇とともに、艱難辛苦を排して快適安逸を求める消費中心主義が浸透し、立身出世主義＝生産中心主義の『キング』的エートスを時代遅れなものにしていった。

さりながら、戦後社会は「かつての国家や家に代わって個人の尊重が前面に登場、人間性が尊重されるようになった[23]」という『クロニック講談社の80年』の現状分析も正しいとは言えない。そうした変化は戦後に突然生じたわけではない。第Ⅰ部で触れたように、『キング』創刊の建前は、「浮華放縦」「軽佻詭激」の個人主義的都市文化の蔓延に対して国民統合を求めた国民精神作興詔書(一九二三年一一月一〇日発布)にこたえる試みであった。

後継誌『日本』の低迷を、『講談社七十年史』は「戦前の『キング』をしのぐ幅広い国民雑誌をと意気込んだものの、雑誌メディアへの時代の要請は逆に、セグメントされた雑誌、テンポの早い週刊誌を志向するように」なったと分析する[24]。もとより、雑誌の細分化や加速化も戦後に始まったことでなく、雑誌メディアの本質としてその成立から抱えていた傾向であった。報知新聞社長として野間が週刊誌『日曜報知』を刊行したように、雑誌メディアの趨勢として週刊誌化は戦前から指摘されてきたものである。春山行夫は『雑誌年鑑』(一九三九年度版)の「雑誌ヂヤーナリズムの現勢」で次のように指摘していた。

「日本の雑誌が概して紙幅が多すぎるといふことも、当然将来の問題とならねばならない。

しかも、さうした尨大な紙幅が読者を僻易させる一方、政治、文化雑誌の本質として週刊化されていいといふ要求が容易に実現されてゐないといふことも見逃すことができない。アメリカでもイギリスでも、婦人、娯楽雑誌から、政治、経済、文化雑誌にいたる大部分のものは週刊である。時代は月刊雑誌から週刊雑誌の時代に移つてゐるといつていい[25]。」

日本で月刊誌の週刊誌化を押し止めていたのは、総力戦体制に向けたメディア編成、とりわけ新聞社と雑誌社の住み分けの必要性であった。この総力戦体制構築に棹差すことで、読者の分節化を押しとどめ、国民的公共圏に君臨したことに『キング』三三年の栄光はあった。『キング』の前に『キング』なく、『キング』の後に『キング』はない。

『キング』(一九二五―一九五七年)の時代は、まさしくラジオとトーキーとともに大衆雑誌が国民文化を担った「雑誌の黄金時代」に相当する。それはまた、高度国防国家から高度経済成長まで続く「総力戦と現代化[26]」の時代であった。ラジオ的かつトーキー的な国民雑誌は、読者の「階級」「世代」「性差」による利害対立を「国民」という抽象性の高い次元で解消し、個人の主体性や自主性をシステム資源として動員することを可能にした。この帰結というべきだろう、総力戦を通じて「大衆の国民化」を達成したシステム社会の国民的公共圏で、雑誌メディアの機能は大きく変化した。それまで大衆への同調機能を期待されていた雑誌は、社会の絶え間ない流動化を維持する細分化機能を全開させればよくなったのである。すなわち、大衆雑誌は「雑誌的メディア」のままでよく、「ラジオ的・トーキー的雑誌」である必要はもはやなかったのである。

注

凡例

一、読み易さを重視して旧字体の漢字は新字体に改めて引用したが、歴史的かな遣いは原文のままとした。明らかな誤字・誤植は訂正した。

一、引用文中の省略についてのみ（中略）と表記し、「前略」および「後略」は省いた。また、引用文中の改行は原則として省略した。

一、引用文中の強調は特記しない限り、引用者による。引用文中の語句説明や人名追記は〔　〕内で行った。

一、初出の典拠を除き、著者名、書名または論文名で略記した。

一、『キング』一九＊＊年××月号○○頁掲載記事は、（＊＊-××：○○）として文中に略記した。

一、引用頻度の高い文献は、以下のように本文中に略記した。
野間清治『私の半生』（千倉書房、一九三六年）は、「自伝」○○。

同右『増補　私の半生』（大日本雄弁会講談社、一九三九年）は、「自補」○○。

中村孝也『野間清治伝』（野間清治伝記編纂会、一九四四年）は、「正伝」○○。

講談社編『講談社の歩んだ五十年』明治・大正編、昭和編（講談社、一九五九年）は、「社史」上○○、「社史」下○○。

一、講談社の正式名称は一九二四年から一九五八年まで「大日本雄弁会講談社」だが、特に明記の必要のない場合、「講談社」と略記した。

一、引用文中に差別などにかかわる不適切な語句があるが、今日の視点で史料に手を加えることはしなかった。ご理理解を賜りたい。

はじめに

（1） Victor Klemperer, *LTI; Notizbuch eines Philologen*, Leipzig 1996, S. 53. ヴィクトール・クレムペラー（羽田洋ほか訳）『第三帝国の言語〈LTI〉——ある言語学者のノート』法政大学出版会、一九七四年、六七—六八頁。

（2） ヴィクトール・クレンペラー（小川-フンケ里美・宮崎登訳）『私は証言する——ナチ時代の日記一九三三—一九四五年』大月書店、一九九九年、四八頁。

（3） 掛川トミ子「野間清治」、日高六郎編『二〇世紀を動かした人々 第一五巻 マスメディアの先駆者』講談社、一九六三年、二六六頁。

（4） 『キング』に言及した代表的な概説として、金原左門『昭和の歴史1 昭和への胎動』小学館、一九八三年、山本明「社会生活の変化と大衆文化」（岩波講座『日本歴史』第一九巻、岩波書店、一九七六年所収）、竹村民郎『大正文化』講談社現代新書、一九八〇年、石川弘義編著『娯楽の戦前史』東京書籍、一九八一年などがある。

（5） 読者調査を利用した本格的な研究は、永嶺重敏「初期『キング』の読者層とその意識——大衆読者への一アプローチ」『出版研究』一七号、一九八七年（『雑誌と読者の近代』日本エディタースクール出版部、一九九七年所収）。

（6）山野晴雄・成田龍一「民衆文化とナショナリズム」、講座『日本歴史』第九巻、東京大学出版会、一九八五年、二七七頁以下。

（7）今井清一は、『キング』を「村と家」を対象とする雑誌と規定している。今井清一「大正期の思想と文化」、講座『日本史』第七巻、東京大学出版会、一九七一年、一七六頁。

（8）「講談社文化論――日本的マス・カルチュアの典型」『週刊読書人』二九七号、一九五九年一〇月二六日。

（9）佐藤忠男「少年の理想主義」『大衆文化の原像』岩波同時代ライブラリー、一九九三年（初出『思想の科学』一九五九年、三月号）。

（10）福田定良『民衆と演芸』岩波新書、一九五三年。特に「雄弁について――浪花節と講談」参照。

（11）木村毅『大衆文学十六講』中公文庫、一九九三年、一三頁。同書所収の谷沢永一編「木村毅著書目録」、および谷沢永一「木村毅 面白くて為になる」『書誌学的思考』和泉書院、一九九六年も参照。

（12）マックス・ピカート（佐野利勝訳）『われわれ自身のなかのヒトラー』みすず書房、一九六五年、三七―三九頁。

Ⅰ　講談社文化と大衆的公共圏

（1）中村孝也によれば、新聞紙全面を使った雑誌広告は、一九二〇年『講談倶楽部』を嚆矢とする（「正伝」734）。

（2）創刊キャンペーンに関しては、織田久「大奮闘広告」、同『広告百年史 大正・昭和』世界思想社、一九七六年所収、山本武利「大衆台頭期の出版王、広告王――野間清治」、山本武利・津金澤聡廣編

『日本の広告』日本経済新聞社、一九八六年所収、尾崎秀樹・石川弘義『出版広告の歴史』出版ニュース社、一九八九年を参照。なお、雑誌宣伝にチンドン屋を利用したのは、一九一八年頃の『講談倶楽部』が最初と「社史」(上415)は伝える。『キング』の新聞広告料に関して、春秋子「新聞広告料物語」『サラリーマン』一九二九年二月号、六七頁も参照。

(3) 大日本印刷株式会社『七十五年の歩み――大日本印刷株式会社史』大日本印刷、一九五二年、一三四―一三五頁。

(4) 北田暁大『広告の誕生――近代メディア文化の歴史社会学』岩波書店、二〇〇〇年、特に第三章。

(5) 増尾信之編『印刷インキ工業史』日本印刷インキ工業連合会、一九五五年、二四二頁。

(6) 日本経営史研究所編『製紙業の一〇〇年』王子製紙株式会社、一九七三年、一四二―一四三頁、また一二七―一三〇頁参照。

(7) 吉野作造「選挙権拡張問題」『中央公論』一九一九年二月号、一二頁。

(8) 大山郁夫「輿論政治の将来」『新小説』一九一七年一月号、二五頁。

(9) 大日本雄弁会「(社説)激震来」『現代』一九二三年一〇月号、六―七頁。新聞雑誌全体の天譴論については、後藤嘉弘「関東大震災後の天譴論の二側面」『メディア史研究』第四号、一九九六年。

(10) 渋沢栄一「両立し難い二つの条件」『現代』一九二三年一〇月号、四一頁。

(11) 創刊号グラビア「本誌賛助会諸先生(四)」五八番。「本社賛助員上杉慎吉博士を悼む」(29-6:428)も参照。

(12) 拙著『現代メディア史』岩波書店、一九九八年、三頁。もっとも、「メディア」が日本で一般的に使われるようになるのは、第二次大戦後、というより高度経済成長以後のことである。

(13) 永井壮吉『断腸亭日乗 二』岩波書店、一九八〇年、三二四頁。

(14) 白井喬二「大衆文芸と現実暴露の歓喜」『中央公論』一九二六年七月号、説苑二〇四頁。さらに「大衆作寸言」『猟人』一九二六年一月号(同編『大衆文学の論業 此峰録』河出書房、一九六七年、一二五頁)でも同様な主張をしている。八木昇「〈大衆文芸〉の名称起源」『大衆文芸館』白川書院、一九七八年、二二頁では、『講談雑誌』編集長・生田蝶介を「名づけ親」としている。

(15) 尾崎秀樹『大衆文学』紀伊国屋新書、一九六四年、一九頁。

(16) 『三田村鳶魚全集』第二四巻、中央公論社、一九七六年、一二頁。

(17) 前掲、木村毅『大衆文学十六講』三九頁。

(18) 有馬学『近代の日本4 国際化の中の帝国日本』中央公論新社、一九九九年、二七三―二七六頁。鈴木貞美「大衆文学ならびに大衆――その概念をめぐるノート」『昭和文学研究』第二六集、一九九三年、七頁。

(19) 出版史上の位置付けは、植田康夫「出版」南博＋社会心理研究所『昭和文化 1925-1945』勁草書房、一九八七年、三〇三頁以下を参照。

(20) 出版流通については、大橋信夫編『東京堂百年の歩み』東京堂、一九九〇年、第四章第五節「『キング』の創刊と四大取次の確立」を参照。

(21) 『婦人倶楽部』『キング』の編集長を歴任した橋本求が挙げた数字(「社史」上609)。その他のデータとの比較については、前田愛「大正後期通俗小説の展開――婦人雑誌の読者層」『近代読者の成立』岩波現代文庫、二一七頁を参照。

(22) Ch・P・ウィルソン「消費のレトリック――マス・マーケット・マガジンと優雅な読者の譲位一八八〇―一九二〇」小池和子訳『消費の文化』勁草書房、一九八五年。

(23) 秋田雨雀「雑誌記者達の自覚と協力を望む」『改造』一九二七年三月号、七〇頁。

(24) 大宅壮一「婦人雑誌の出版革命」(一九三四年七月)、『大宅壮一選集』第七巻、筑摩書房、一九五九年、一九三―一九四頁。
(25) 岡満男『婦人雑誌ジャーナリズム』現代ジャーナリズム出版、一九八一年、一二二―一二三頁。
(26) 大宅壮一「文壇ギルドの解体期」『新潮』一九二六年一二月号、八〇頁。
(27) 平林初之輔「婦人雑誌管見」『改造』一九二七年三月号、七〇・七一頁。
(28) 戸坂潤「婦人雑誌に於ける娯楽と秘事」『日本評論』一九三七年五月号、三四五頁。
(29) 新居格「現代高級雑誌論」『経済往来』一九三〇年一一月号、一〇九頁。
(30) 前掲、永嶺重敏『雑誌と読者の近代』日本エディタースクール出版部、一九九七年、二三八―二三九頁。
(31) この号以降、日中戦争勃発による支那事変特集記事増加のため、本来なら極小活字で全員が発表されるはずの当選者一万名の名簿が県別人数で示されている(38-1 : 514)。それ以後も、用紙節約により、この方式が採用されていたが、およそ同じ分布になっている。
(32) 安達生恒「『家の光』の歴史」『思想の科学』一九六〇年六月号、六〇―六二頁(『伝統農民の思想と行動』日本経済評論社、一九八〇年所収)。家の光協会編『家の光の四十年』家の光協会、一九六八年。
(33) 原伊市「講談社的ヂヤーナリズム」『現代新聞批判』第一一〇号、一九三八年六月一日、八頁。
(34) 男性読者の視点から分析した前者(安達説)に対し、女性読者の視点に重心を置いて考察した後者の立場として、板垣邦子『昭和戦前・戦中期の農村生活――雑誌『家の光』にみる』三嶺書房、一九九二年がある。『キング』を婦人雑誌の系譜と考える本書においては、当然ながら板垣説に共感する部分が多い。野崎賢也「『家の光』と農文協にみる農村文化論――「文化生活」と「生活文化」のあいだ」『近代日本文化論5 都市文化』岩波書店、一九九九年も参照。

(35) 岡野他家夫『日本出版文化史』春歩堂、一九五九年、四一八頁。

(36) 遠山茂樹・今井清一・藤原彰『昭和史』岩波新書、一九五五年、八九頁。

(37) 谷沢永一「野間清治の流儀」『書誌学的思考』和泉書院、一九九六年、二五三頁。

(38) 大宅壮一「講談社ヂヤーナリズムに挑戦する」『経済往来』一九三五年八月号、四三九頁(前掲『大宅壮一選集』第七巻、所収)。この論文は『大宅壮一全集』(蒼洋社)に収められていないが、蔵原の公式主義的批判に比べて秀逸なメディア批評である。自ら懸賞文や俳句を『少年倶楽部』に投稿した大宅の方が、講談社文化を体験的に熟知していたためであろう(「社史」上324)。

(39) 大宅壮一『昭和怪物伝』角川文庫、一九七三年の青地晨「解説」、二九九頁。

(40) 大宅壮一「現代出版資本家総評」『日本評論』一九三六年三月号、一六八・一七五頁。

(41) 戸坂潤「現代に於ける〝漱石文化〟」(『世界の一環としての日本』白揚社、一九三七年所収)、『戸坂潤全集』第五巻、勁草書房、一九六七年、一一五頁。

(42) 戸坂潤「ジャーナリズム三題」『戸坂潤全集』第五巻、一二八頁。

(43) 日本共産党中央委員会宣伝部編『レーニン 宣伝・扇動Ⅰ』国民文庫、一九六九年、一四八頁。

(44) アドルフ・ヒトラー(平野一郎・将積茂訳)『わが闘争』上、角川文庫、一九七三年、七四―七五頁。

(45) 蔵原惟人「文化革命と知識層の任務」『世界』一九四七年六月号、三頁(『文化革命』岩波書店、一九四七年所収)。

(46) 丸山眞男「日本ファシズムの思想と運動」『現代政治の思想と行動 増補版』未来社、一九六四年、六九・六三―六四頁・六五・六六・六八頁。

(47) 前掲、掛川トミ子「野間清治」三四一頁。なお、同「野間清治と講談社文化(上)」『思想の科学』一九五九年一〇月号では「思惟しない思惟、主体をもたぬ主体」(三一頁)と表現されている。

(48) 早坂二郎「現代娯楽雑誌論」『経済往来』一九三〇年一一月号、一一五・一一九頁。

(49) 前掲、大宅壮一「現代出版資本家総評」一六八頁。京都帝大新入生への一九三五年五月購読雑誌調査では、『中央公論』一八七、『改造』一四九、『文藝春秋』六五、『科学画報』五一に続いて『キング』四〇は第五位(二・五七%)。一九三二年調査も第五位二三(〇・八%)だが、比率は三倍増している(「読書其他に現はれたる学生の思想傾向」、河合栄治郎編『学生と生活』日本評論社、一九三七年、四三九頁)。なお、この三年間の変化は、「左翼思潮を代表して居た『改造』が漸次減少の傾向を辿り、中道的な『中央公論』が増加を示し、更に低俗な娯楽雑誌『キング』が増大して居る」と解説されている(同前、四四〇頁)。

(50) 筒井清忠『日本型「教養」の運命――歴史社会学的考察』岩波書店、一九九五年、五七頁以下、竹内洋『立身出世主義――近代日本のロマンと欲望』日本放送出版協会、一九九七年、一一二頁。また前掲、永嶺重敏『雑誌と読者の近代』二〇五頁以下も参照。日本読書新聞社『雑誌年鑑 昭和十五年度版』(七三頁)は一九三八年一一月に実施された文部省教学局「第一回学生生活調査」の購読雑誌ランキングで『キング』が帝大生で五位、高校生で六位に入ったと報じている。同じ調査から、帝大生で「平素閲読せる雑誌」に『キング』と『文藝春秋』を挙げる者は二一・六%、高校生は一三%で、帝大生に比べて八%も少ないことに竹内は注目している。

(51) こうした読書調査分析の問題点については、前掲、永嶺重敏『雑誌と読者の近代』一五九頁。

(52) 『三木清全集』第一六巻、岩波書店、一九六八年、一九五頁。

(53) 『三木清全集』第一三巻、岩波書店、一九六七年、三七一頁。タイトルは「学生に就いて」に改題。

(54) 日本図書館協会調査部編『図書館における読書傾向調査』(一九三四年一月二四日調査)を、前掲、河合栄治郎編『学生と生活』四四一—四四二頁より再引。

(55) 前掲、河合栄治郎編『学生と生活』四四〇—四四一頁。

(56) 遠山茂樹・今井清一・藤原彰『昭和史(新版)』岩波新書、一九五九年、八八頁。もちろん、この図式が新版で削除された理由としては、『蔵原惟人評論集』などに前掲論文が再録されない理由となじく、共産党の路線問題があると考えられる。

(57) 前掲、佐藤忠男『大衆文化の原像』一〇五・一四三—一四四頁。

(58) 奥野健男「『少年クラブ』の廃刊」『文學的制覇』春秋社、一九六四年、三七三頁。

(59) 桑原三郎『少年倶楽部の頃』慶応通信、一九八七年、尾崎秀樹『思い出の少年倶楽部時代』講談社、一九九七年があり、『少年倶楽部名作選』『少年倶楽部文庫』など復刻も多い。

(60) 馬場恒吾「野間清治と報知新聞」『政界人物風景』中央公論社、一九三一年、二三八頁。

(61) 村上一郎『岩波茂雄』砂子屋書房、一九八二年、三六—三七頁。

(62) 社会主義運動における宣伝の意味とプロレタリア的公共性に関しては、さしあたり拙著『大衆宣伝の神話――マルクスからヒトラーへのメディア史』(弘文堂、一九九二年)を参照。

(63) 木村毅「『社会問題講座』の頃」、新潮社『新潮社四十年』一九三六年、二二一頁。

(64) 梅田俊英『社会運動と出版文化――近代日本における知的共同体の形成』御茶の水書房、一九九八年、一二二—一二三頁。

(65) 東京堂年鑑編輯部『出版年鑑 昭和五年度版』東京堂、一一一頁。同『出版年鑑 昭和六年度版』一三頁。

(66) 清水幾太郎『戦後を疑う』講談社、一九八〇年、二二頁。

(67) 伊藤純「プロレタリア文学と貴司山治――『私の文学史』をめぐって」http://www.parkcity.ne.jp/~ito-jun/bun3/bun3.htm#5-2.(二〇一九年現在は、「貴司山治 net 資料館」ito-jun.readymade.にデータが移っている。)

(68) 小田切秀雄「戦旗」、近代日本文学館『復刻日本の雑誌解説』講談社、一九八二年、二一一―二一四頁。なお、紅野謙介は『戦旗』を、『キング』の時代に対抗する「一九八〇年代の裏ビデオさながらの」メディアと表現している(同『書物の近代――メディアの文学史』ちくまライブラリー、一九九二年、一八七頁)。

(69) 山田清三郎「プロレタリア文学と読者の問題」『プロレタリア芸術教程』第二輯、世界社、一九二九年、八六―八七頁に引用された、多田野一「工場労働者の読書傾向」(『新文化』一九二八年五月号)の月刊雑誌項目。合計は五七であり「計六十」にならないなど、調査としては不備が目立つ。

(70) 前田愛「昭和初頭の読者意識――芸術大衆化論の周辺」、前掲『近代読者の成立』三〇〇頁。

(71) 前掲、木村毅『大衆文学十六講』七〇頁から再引。

(72) 尾崎秀樹「貴司山治論」『大衆文学論』講談社文芸文庫、二〇〇一年、一六一頁。中川成美「芸術大衆化論争の行方――一九三〇年代文学史論」上下(『昭和文学研究』第五集・第六集、一九八二・八三年)も参照。

(73) 同前『大衆文学論』一六七頁。『講談倶楽部』や『富士』への執筆という、プロレタリア作家としては稀有な貴司の経歴は、当時から注目を浴びていた。「今は戦旗にゐる友人が小学校教師の恋を書いて、接吻した場面を出したら、教育者にあるまじき行為だとて、書直しを要求せられた経験を聞かされた」(早坂二郎「現代娯楽雑誌論」『経済往来』一九三〇年一一月号、一一六頁)、「昔、貴司山治が講談社へ書いてゐた頃、社会主義者の出る小説を書いた、何度も書き直しをさせられたあげくだが、目次の題名の下に『あはれ不逞の徒の末路』とやつてあつたので貴司山治ギヤフンだつたさうだ。」（「東都学芸記者座談会――雑誌街のインチキを衝く」『時局新聞』第五〇号、一九三四年四月一六日）。林房雄は「娯楽読物の効用」（『改造』一九二九年一二月号）でも「××社（おそらく〻〻社であらう）の編輯について」貴司山治が暴露した事実を紹介して、次のように結んでいる。「××社的な用意は、現代の進歩的イデオローグにとつて決して恥ではない。それをやらないことの方が、大きな恥だ」（五四頁、〻〻社はもちろん講談社）。

(74)　貴司山治「「キング」論」『綜合ヂヤーナリズム講座』第三巻、内外社、一九三〇年、一六三―一七九頁。

(75)　赤石喜平「雑誌経営に就て」『綜合ヂャーナリズム講座』第三巻、二三九頁。

(76)　ヴァルター・ベンヤミン（浅井健二郎編訳、久保田哲司訳）「複製技術時代の芸術作品」『ベンヤミン・コレクションI』ちくま学芸文庫、一九九五年、六二九頁。

(77)　小林多喜二「プロレタリア文学の大衆化とプロレタリア・レアリズムに就いて」、貴司山治「プロレタリア大衆文学作法」『プロレタリア芸術教程』第二輯、世界社、一九二九年、引用文は一〇一―一、三〇―三四頁。貴司論文は、同「新興文学の大衆化」（一）（二）『東京朝日新聞』一九二九年一〇月一二・一三日と同趣旨。

(78)　徳永直「「太陽のない街」は如何にして製作されたか」、三好行雄ほか編『近代文学評論大系』第六巻、角川書店、一九七三年、四一一頁。

(79)　「大衆文学研究の歴史　座談会」『大衆文学研究』第一七号、一九六六年七月、一四頁。

(80)　蔵原惟人「芸術大衆化の問題」『中央公論』一九三〇年六月号、一四一・一四四―一四六頁。

(81) 貴司山治「大衆文学論」『綜合プロレタリア芸術講座　第三巻』内外社、一九三一年、三〇八・三一三頁。

(82) 「出版界概観」、東京堂年鑑編輯部『出版年鑑 昭和九年度版』東京堂、二頁。

(83) 一城龍彦「出版書肆鳥瞰論——講談社の巻」『綜合ヂヤーナリズム講座』第一二巻、一九三一年、三〇四頁。なお、『キング』で実際に使われた表現は以下。「十五年度の九雑誌発行高を積み重ねると世界の最高峰エヴエレスト山の七十二倍」「本社九雑誌で日本全国雑誌の六割以上に当たる」(27-2：344)。「全国雑誌の八割」(28-1：277)、「富士山の約三十二倍」(29-1：434)、「富士山の四十倍」(30-1：335)などがある。

(84) 『プロレタリア文学』一九三二年四月号、一一六—一一七頁。

(85) 徳永直「文学に関する最近の感想」『文芸』(改造社)一九三五年三月号、一六七—一六八頁。

(86) 高杉三郎「「キング」を評す」『読書』一九三四年二月号、一五—二一頁。同号五二—六五頁に、「大山師、偽聖者、我利々亡者、自己宣伝屋、民間思想善導係」という罵倒を超えた「科学的」批判と称する、濱次郎「野間清治論」も掲載されている。

(87) 「進歩的思想は大衆の中に」本社主催座談会『時局新聞』第一一三号、一九三五年七月八日、四頁。

(88) 大伴千万男『ブルジョアへの途——或る出版資本家の内面記録』時局新聞社臨時版・パンフレット第二輯、一九三四年、全四五頁。ちなみに、臨時版第一輯はプラウダ紙「強力政権を目指す日本の金融資本」、イズヴェスチヤ紙「太平洋上に於ける日英米の抗争」などを含む『世界から見た、日本と次の大戦争』一九三四年である。

(89) 武田麟太郎「「栄え行く道」の一例」『文藝春秋』一九三二年一一月号、三〇四頁。

(90) 前掲、大伴千万男『ブルジョアへの途』三二一―三三頁。
(91) 前掲、大宅壮一「講談社ヂャーナリズムに挑戦する」二〇一頁。
(92) 池内訓夫「講談社とはどんな所か――続・講談社物語」『話』一九三四年七月号、三二五頁・三三〇頁。
(93)『時局新聞』第九三号、一九三五年二月一八日、二頁。安田常雄「〈人民戦線〉の思想的射程――『労働雑誌』に関するノート」『暮らしの社会思想』勁草書房、一九八七年所収も参照。
(94) 仲綜三(大阪)「展望台」『労働雑誌』一九三五年一一月号、四四頁。
(95) 前掲、早坂二郎「現代娯楽雑誌論」一二〇頁。
(96) 久野収・鶴見俊輔『現代日本の思想』岩波新書、一九五六年、六一頁。

Ⅱ『キング』の二つの身体――野間清治と大日本雄弁会講談社

(1) 前掲、貴司山治「『キング』論」一六三頁。
(2) 前掲、掛川トミ子「野間清治」三四一頁。
(3) 渡部昇一「野間清治」、粕谷一希編『言論は日本を動かす 第七巻――言論を演出する』講談社、一九八五年所収、同「野間清治の人と思想」野間清治『私の半生修養雑話』野間教育研究所、一九九九年、所収。野間心学という表現は、おそらく『東京朝日新聞』一九三二年七月二五日の新刊広告に寄せた加藤武雄の推薦文に由来する。「野間氏の『栄えゆく道』を読んで、これは新しい心学道話だと思つた。卑近な言葉で、深い味のある人生訓を語つている。」
(4) 秋元俊吉『日本の雑誌王野間清治氏――その経歴と人物と事業』大日本雄弁会講談社、一九二八年、二頁。秋元が執筆した英文自伝やその独訳本については。後出の注(17)(18)を参照。

(5) 荒木武行『人物評伝 野間清治論』全線社書房、一九三一年、一—二頁。

(6) 既に引用したもの以外では、中村孝也「正史」の戦後要約版である辻平一『人間野間清治』講談社、一九六〇年の他に、出川沙美雄『奇蹟の出版王——野間清治とヘンリー・ルース』河出書房新社、二〇〇〇年がある。論文としては、上笙一郎「野間清治」『人物昭和史4 マスコミの旗手』筑摩書房、一九七八年など。

(7) 野間清治「野間清治半生物語」『文藝春秋』一九三一年六月号、一三〇頁。ちなみに、野間自身の口述記事には、野間清治「講談社を今日あらしめたるは」『日本評論』一九三六年一月号もある。

(8) 「獄中十八年」『徳田球一全集』第五巻、五月書房、一九八六年、二九三頁。なお、『キング』(31-12 : 500 f.)には、沖縄中学時代の別の教え子で在アルゼンチンの平十一郎が「野間清治先生」を執筆している。「余計な干渉を生徒にしなかつた先生は、自分のすべきことは脇目もふらず、グン〳〵やつて除ける」型破りな教師であったと、好意的に書かれている。

(9) 紫雲樓主人「大出版王の秘密」『真相』特集版、第二一号、一九五〇年、七頁より再引。

(10) 野間濁治「改訂増補 野間清治半生物語——文藝春秋六月号所載 野間清治の自叙伝「半生物語」を補訂す」『実業之世界』一九三一年七月号、一二四—一二七頁。ただし、「実際琉球では女郎買ひを男の嗜みのやうに考へてゐる」(一二五頁)としており、「遊女に耽溺す」の一節は野間批判の本質とは見なされていない。講談社系の伝記では、前掲、辻平一『人間野間清治』五四—五九頁が遊蕩ぶりを上品だが、比較的詳しく記述している。

(11) 講談社における高木義賢の位置について、音羽通士「講談社の四天王とは誰々か」『話』一九三四年一一月号参照。ちなみに、二代目社長の息子恒急逝後、妻の左衛子が三代目社長に就任した。戦後の講談社を率いた四代目野間省一（旧姓高木省二）は、高木義賢の娘婿高木三吉（講談社監査役）の実弟である。三代目以後の講談社野間家は、服部‐高木両家の系列から出ている。こうした野間家の家系に関しては、多田陽「新社長を迎えた野間帝国の〝伝統〟の内実」『創』一九八一年八月号が興味深い議論を展開している。

(12)「キング筋」については、前掲、辻平一『人間野間清治』八五頁以下。斎藤貢「野間清治論」『転換日本の人物風景』大東書房、一九三二年、一二七頁。「出版の玄人筋が講談社が儲かつてゐるのか損をしてゐるのかゞハツキリわからない。ある者は、野間は雑誌出版は看板だけで、土地ブローカーと相場が野間の本職で、雑誌出版での少し位の損失は相場や土地ブローカーでの収益で補つてあまりあるのだといふ。ある者は反対に、雑誌では当つてゐるが山師で土地と相場で損をするので足元が危ないといふ。」

(13) 菊池寛「雑誌興亡論」『東京堂月報』一九二九年、第四号、五頁。

(14) 小学館社史調査委員会編『小学館五十年史年表』一九七五年、三三頁、集英社社史編纂室編『集英社七〇年の歴史』一九九七年、三一頁。

(15) 博文館および『太陽』に関する総合的研究として、鈴木貞美編『雑誌『太陽』と国民文化の形成』思文閣出版、二〇〇一年を参照。

(16) 井上義和「文学青年と雄弁青年――「明治四〇年代」からの知識青年論再検討」『ソシオロジ』第四五巻三号、二〇〇一年、九六頁以下参照。

(17) Seiji Noma, *Seiji Noma: magazine king of Japan: a sketch of his life, character and enterprises/ Dai Nippon Yubenkwai Kodansha*, Tokyo: Kodansha, 1927.

(18) Seiji Noma, *The nine magazines of Kodansha: the autobiography of a Japanese publisher*, Lon-

don: Methuen, 1934, Seiji Noma, *Noma of Japan: the nine magazines of Kodansha: being the autobiography of a Japanese publisher*, New York: Vanguard Press, 1934, Seiji Noma, *Kodansha: Die Autobiographie des japanischen Zeitungskönigs*, Berlin: Holle 1935. さらにフランス語版もあり(「社史」下582)、『キング』(35-9 : 465)によるとチェコ語翻訳も進んでいたというが未見である。こうした海外版「野間清治伝」への書評を集めた冊子として、Shizuma Nara ed., *Press notice on the autobiography of Mr. Seiji Noma*, Dai Nippon Yubenkai Kodansha, 1935 がある。英文自伝出版に対する日本国内での反撥について、「野間講談君の海外宣伝——英文自叙伝の出版　提灯を持つイギリス批評家」『時局新聞』五三号、一九三四年五月七日、四頁参照。

(19)　木村毅『現代ジャアナリズム研究』公人書房、一九三三年、二四七頁。

(20)　池内訓夫「講談社とはどんな所か——野間清治の半生記」『話』一九三四年六月号、二四二頁。

(21)　前掲、木村毅『大衆文学十六講』の第二講「大衆文学発達史」四四頁。

(22)　同右、四三頁。

(23)　吉川英治『剣難女難』吉川英治文庫、講談社、一九七五年の解説、松本昭「『剣難女難』茶話」参照。

(24)　読者分析については、岩橋郁郎『少年倶楽部と読者たち』刀水書房、一九八八年、また加藤謙一「雑誌と読者の密着」『少年倶楽部時代』講談社、一九六七年を参照。

(25)　講談社文化が提供した「修養という癒し」については、前掲、竹内洋『立身出世主義』二五四頁以下。

(26)　前掲、佐藤忠男「少年の理想主義」のほかに、山中恒・山本明編『勝ち抜く僕ら少国民——少年軍事愛国小説の世界』世界思想社、一九八五年も参照。

(27) 前掲、池内訓夫「講談社とはどんな所か――続・講談社物語」三一〇―三一一頁。

(28) 野口米次郎「婦人雑誌を〇いて仕舞へ」『改造』一九二七年三月号、六六頁。「憂鬱なる愛人」は、『主婦之友』に久米正雄が連載していた「破船」に対抗した作品で、松岡が久米と夏目筆子を争って勝利するまでの自伝的小説だが、完結にいたらず四回で終了した（「社史」下81）。

(29) 前掲、前田愛「大正後期通俗小説の展開――婦人雑誌の読者層」二二六―二二七頁。

(30) 「正伝」四九六頁。ただし、『雄弁』は『現代』と誤記されている。「社史」上、四一一頁参照。

(31) 高山峻「現在綜合雑誌沈滞の特徴」『現代新聞批判』第一八三号、一九四一年六月一五日、三頁。

(32) 野間清治「『キング』発行の準備」『栄えゆく道』大日本雄弁会講談社、一九三二年、一五九頁。

(33) 前掲、池内訓夫「講談社とはどんな所か――続・講談社物語」三二一頁。

(34) 前掲、野間清治『栄えゆく道』一五九頁。

(35) 大日本雄弁会講談社編纂『大正大震災大火災』一九二三年、二七九頁。

(36) 『震災畫報』第二冊、一九二三年、三七頁。

(37) 「万代不朽の澒返原料――講談社の震災記」『震災畫報』第五冊、一九二三年、九六頁。

(38) 角田喜久雄「『キング』創刊の頃」『図書新聞』一九五七年一一月二三日。

(39) 野間清治『出世の礎』大日本雄弁会講談社、一九三一年、一頁。

(40) Leitungen und Aufgaben des deutschen Rundfunks, in: *Frankfurter Zeitung*, 31. Juli 1937, S. 2. このゲッベルス演説の要旨は、「独逸放送発展の現段階」として『放送』（日本放送協会）一九三七年一〇月号、一二三頁で紹介されている。

(41) Joshua Meyrowitz, *No Sense of Place*, Oxford University Press, 1995. 前掲、拙著『現代メディア史』一四三―一四六頁。

(42) 「東京の駅売店での雑誌売上部数」、永嶺重敏『モダン都市の読書空間』日本エディタースクール出版部、二〇〇一年、二一三頁。
(43) 萱原宏一ほか『昭和動乱期を語る――一流雑誌記者の証言』経済往来社、一九八二年、三八頁。
(44) 大宅壮一「『平凡』の廃刊と大衆雑誌の将来」『中央公論』一九二九年四月号(『モダン層とモダン相』大鳳閣、一九三〇年所収三一八頁)。安田生「雑誌『平凡』の没落とその他」『サラリーマン』一九二九年三月号、五七―五九頁も参照。
(45) 前掲、大宅壮一「現代出版資本家総評」一七〇頁。
(46) 陳固廷「日本雑誌の批評」『日本評論』一九三六年六月号、四七八頁。S・S・S「『キング』『日の出』レビュー史」『日本評論』一九三五年二月号、二八四頁も参照。
(47) 佐藤義夫「新潮社秘書の立場から」『実業之世界』一九三三年六月号、五九頁。
(48) 前掲、新潮社『新潮社四十年』一七〇頁。
(49) 同右、一七四頁。
(50) 「講談社、新潮社の軍部名士獲得狂争――珍事続出の光景」『時局新聞』第四一号、一九三四年二月一二日。『現代』一九三四年新年号の「連合艦隊司令長官末次信正中将縦横談」がアメリカを刺激したとして国際問題化し、さらに同二月号の中島久万吉商相「足利尊氏」は貴族院で国体明徴に反するとして追及された。「朝敵」足利尊氏を賛美した中島論文は、そもそも俳句雑誌『倦鳥』からの再録である。中島にとって不運だったのは、新潮社と講談社の名士動員競争が加熱していたため、政治的に注目を浴びたことである。これにより、中島は大臣を辞任し、講談社は右翼団体の攻撃を受けた。『時局新聞』四七号、一九三四年三月二六日も参照。
(51) 出版史研究会「綜合雑誌百年史」『流動』一九七九年七月号、一四一頁。

(52) 前掲、池内訓夫「講談社とはどんな所か——続・講談社物語」三二六頁。

(53) 前田愛「音読から黙読へ——近代読者の成立」(一九七三年、前掲『近代読者の成立』所収)、および前田論文を精緻化した永嶺重敏「読書空間の近代——明治の公共空間と音読規制」(前掲『雑誌と読者の近代』所収)が代表的だろう。鈴木貞美は、こうした「音読から黙読へ」図式そのものを、個の「内面」の成立というロマンティックな「近代化」神話の産物と鋭く批判している。鈴木貞美「明治期『太陽』の沿革、および位置」、前掲、鈴木編『雑誌『太陽』と国民文化の形成』三三一—三四頁。

(54) 空間バイアスについては、H・イニス『メディアの文明史』新曜社、一九八七年が示唆的である。メディアが時間(持続)性あるいは空間(伝播)性のいずれに重点があるかで、文化に対して持つ意味に偏差(バイアス)が生まれるとイニスは主張する。例えば、エジプトの石碑のような時間バイアスをもつメディアは比較的安定した社会をもたらし、ローマのパピルスのような空間バイアスをもつメディアは遠隔地まで権威を及ぼし大帝国を生み出すが社会を不安定化させる。これは、時間(歴史)指向的な「国民国家」と空間(拡大)指向的な「帝国」の対比を重ね合わせると理解しやすい。時間バイアスのメディアは、歴史と伝統に対する関心を深め、宗教的・民族的な政治支配を促し、中央集権的な国民国家システムを発展させる。空間バイアスのメディアは、拡大主義と現在への関心を高め、世俗的・普遍的な政治支配を助長し帝国システムを発展させる。

(55) 宮武外骨「出版界の破廉恥状態」『不二』第七号、一九一四年二月号、一〇二頁。

(56) 宮武外骨『一円本流行の害毒と其裏面談』有限社、一九二八年、一四頁。同書四六頁では、「遅れ馳せに出た破廉恥漢の醜様全集」と講談社の円本企画を痛罵している。

(57) 宮武外骨「驚くべし百版突破——講談社のヤシ的広告文」『面白半分』第四号、一九二九年九月号、八頁。

(58) 「出版広告界」、東京堂年鑑編輯部『出版年鑑 昭和七年度版』二三—二五頁。

(59) 宮武外骨「新聞報国と雑誌報国——徳富猪一郎と野間清治」『面白半分』第五号、一九二九年、八頁。ちなみに、中村孝也は「××報国といふ語の濫觴は『キング』の「雑誌報国」であつた」(「正伝」601)と記述している。

(60) 発行部数は、前掲、辻平一『人間野間清治』二九〇頁。より正確には、視覚障害者向け『点字世間雑話』一九三八年も数えるべきだろう。没後の一九三九年に『増補 私の半生』、それ以外を集大成した『野間清治言志録』も大日本雄弁会講談社から刊行されている。

(61) 大宅壮一「ジヤーナリズムに目立つ出版資本家の出動」『時局新聞』第八号、一九三二年一一月二〇日。

(62) 伊東阪二については、「昭和の天一坊 大金をつかむ」、NHK編『歴史への招待』第二三巻、日本放送協会、一九八二年、一七三—一九七頁、参照。

(63) すでに、澤田は『キング』にも「新時代欧米五大巨人伝——新興独逸の風雲児 アドルフ・ヒトラー」(32-1 : 512 ff.)、「ヒトラー党の参謀総長 鼠将軍ゲーベルス」(34-2 : 265 ff.)を執筆している。

(64) 「偽装国士と大新聞——面皮を剥がれた伊東ハンニ」『現代新聞批判』第四九号、一九三五年一一月一五日。

(65) 「米相場座談会(十三) 相場道について大気焔揚がる」『報知新聞』一九三〇年一〇月九日(八日夕刊)、四頁。野間社長、寺田副社長のほか、松村眞一郎農林次官、上田弥兵衛米商理事など出席。

(66) 芝野山人『積悪の雑誌王——野間清治の半生』芝園書房、一九三六年、五三六—五三七頁。

(67) 山本武利『占領期メディア分析』法政大学出版局、一九九六年、一七四頁。

(68) 宮武外骨「野間清治を嫌ひな理由」『公私月報』第四九号、一九三四年九月、七頁。左翼機関紙

でも同様な指摘がされている。「野間清治が『報知』新聞社長として、まかりまちがへば貴族院議員あたりを狙つてゐるんじやないかなどゝ噂される今日、『キング』式大衆雑誌経営は野心家的雑誌経営者の最後の目標なのだ」（「野間式を追つかけ　新潮社の大醜態『日の出』の口絵にこのインチキ」『時局新聞』第二号、一九三二年九月一日）。

(69) 宮武外骨「大衆欺瞞の著書宣伝――嫌な野間清治の近業」『公私月報』第六三号、一九三五年一一月、七頁。次号の「大朝記者の野間濁治評」同第六四号、一九三五年一二月、七頁では、天声人語の「氏は先づ人を教へる前に自己を教へねばならぬ」の評に喝采し、また『時局新聞』の「天下第一の悪書、世間雑話」の記事を紹介し、次のように結んでいる。「広告文句に釣られる馬鹿者の多い世の中だから、こんなヤシが金儲けをするのである」さらに次号「公私混合日記」同第六五号、一九三六年一月、八頁では、『キング』編輯局落合謙次が明治時代の事を聞きに宮武宅を訪問したが「君には気の毒だが、講談社の者には一切便宜を与へないよと断つた」と公表している。

(70) 宮武外骨「野間清治は突然病死」『公私月報』第九六号、一九三八年一〇月、七頁。

(71) 高倉共平「広告批判の重要性――小林一三氏の暴論について」『現代新聞批判』第一二〇号、一九三八年一一月一日、一頁。

(72) 西田長寿「『公私月報』について」『公私月報（復刻版）』巌南堂書店、一九八〇年、一〇頁。

(73) 筒井弥二郎編『野依秀市』実業の世界社、一九六九年の年譜、（三）―（四四）頁参照。

(74) 「言論機関を防衛せよ――帝都日々の自由論壇」『現代新聞批判』第五七号、一九三六年三月一五日、四頁より再引。

(75) 前掲、斎藤貢「野間清治論」一三六頁。引用文は一三三頁。

(76) 小貫修一郎編『帝都日日新聞十年史』帝都日日新聞社、一九四三年、二三九―二四〇頁。

(77) 『出版警察報』第九八号、警保局図書課、一九三六年一一月、四七頁。
(78) 前掲、芝野山人『積悪の雑誌王——野間清治の半生』は、調査した限り、国会図書館所蔵の三冊中一冊のみ切除を免れている。若干の加筆はあるが、ほぼ同文は『実業之世界』一九三一年七月号、一一二—一一三頁、同八月号、一九〇—一九一頁、同一一月号、一一六—一一九頁にある。
(79) 中島善次郎「四〇年の校閲人生」、講談社OB会記念出版委員会編『緑なす音羽の杜に——OBたちの記録 講談社創業八十周年によせて』講談社OB会幹事会、一九九一年、二二頁。また、「座談会 校閲あれこれ」、講談社社友会記念出版委員会編『緑なす音羽の杜にⅢ——講談社と私たちの九〇年』講談社社友会、二〇〇〇年、一七五頁。
(80) 前掲、高杉三郎「『キング』を評す」一五頁。
(81) 前掲、芝野山人『積悪の雑誌王』五一〇頁。なお、野間鉱業部について、行田哲夫「朝鮮の鉱山」、前掲、講談社OB会記念出版委員会編『緑なす音羽の杜に』五四—五七頁も参照。
(82) 前掲、芝野山人『積悪の雑誌王』一〇四—一〇五頁。
(83) 「報知では往年拡張材料に講談社の残本を使つて驚異的の発展を遂げたのにかんがみ、現在でも講談社の倉庫を開けば残本は山と積まれてゐる」。「講談本で報知の進出」『現代新聞批判』第三四号、一九三五年四月一日、三頁。
(84) 「東京日日新聞に投げつけた講談社野間の暴慢無礼」『実業之世界』一九三二年六月号、一〇七—一〇九頁。
(85) 高畠素之「出版界四天王論」『中央公論』一九二八年一二月号、二四〇頁。
(86) 前掲、芝野山人『積悪の雑誌王』一二三頁。
(87) 野間清治『体験を語る』大日本雄弁会講談社、一九三〇年、二一—二三頁。

(88) 笛木悌治『私の見た野間清治――講談社創始者・その人と語録』富士見書房、一九七九年、一〇一―一一頁。元少年部員の回想として、須藤博「講談社少年部について」『日本出版史料』第五号、二〇〇〇年もある。

(89) 大宅壮一「日本の企業37 岩波書店」『週刊朝日』一九五八年三月二三日号（『大宅壮一全集』第一〇巻、蒼洋社、一九八一年、二七三頁）。なお、第一面に円本「普及版漱石全集」の大広告を掲げた一九二八年三月一四日『東京朝日新聞』は「円本合戦の最中に二書店の罷業騒ぎ」と題して、岩波書店の少年店員らの「封建的雇用法の改善」要求争議を写真入りで伝えている。「昔の丁稚制度を破る――それが目的」の見出しで岩波の店員談話が掲載されている。「店の内部は昔のお仕着せ時代を一歩も放れず丁稚を見る眼で我々を見るのです、岩波の美名の下に大学出の者が四十円のお布施であつたり夜学を条件として雇つた小店員に机は発送箱に紙をはつた物をあてがひ午前二時頃まで酷使する、それで最低が三円です、主人にいへば支配人に委してあるといひ支配人は主人の差し金だといふ、我々は一種の封建制度破壊の決心であくまでも制度改善を要求します」。

(90) 松浦総三「野間清治――一攫千金の野心が生んだ講談社ジャーナリズム」上、『世界政経』一九八〇年秋号、一二七頁。

(91) 村上重良「戸田城聖と折伏大行進」、大河内一男・大宅壮一編『近代日本を創った百人』下、毎日新聞社、一九六六年。

(92) 菊池寛「話の屑籠」『文藝春秋』一九三五年二月号、一一六頁。また、菊池寛「『キング』の野間氏と『日の出』の佐藤氏」『サラリーマン』一九三三年春季号、五一頁も参照。佐藤の「ひとのみち教団入信」については、野間との対比列伝である村松梢風『出版の王座』新潮社、一九五七年、一九五―一九七頁も参照。

(93) 前掲、野間清治『体験を語る』一三頁。
(94) 見田宗介『現代日本の心情と論理』筑摩書房、一九七一年、一九〇頁。

Ⅲ 「ラジオ的雑誌」の同調機能 一九二五―一九三二年

(1) 佐々木邦『苦心の学友』少年倶楽部文庫、一九七五年、二八七―二八八頁。鶴見俊輔「二〇世紀の〈ラジ王〉と〈シネ王〉」『朝日クロニクル週刊20世紀――メディアの一〇〇年』第九七巻、朝日新聞社、二〇〇〇年一二月、一頁。鶴見は、「ヒトラーこそ、二〇世紀のラジ王」といい、彼に対抗したチャップリンを「シネ王」と呼んでいる。
(2) 増田義彦『実業之日本七十年史』実業之日本社、一九六七年、九一頁。
(3) 河澄清編『日本放送史』日本放送協会、一九五一年、一三三―一三四頁。
(4) 日本放送協会編『二〇世紀放送史』上、日本放送出版協会、二〇〇一年、三九頁。
(5) 前掲、ピカート『われわれ自身のなかのヒトラー』三五―四〇頁。また、同(佐野利勝訳)『沈黙の世界』みすず書房、一九六四年の「ラジオ」二三二―三四七頁も参照。
(6) 前掲、遠山茂樹ほか『昭和史(新版)』岩波新書、八八頁。
(7) 前掲、河澄清編『日本放送史』一三五―一三七頁。
(8) アドルフ・ヒトラー(平野一郎・将積茂訳)『わが闘争』下、角川文庫、一九七三年、一四八頁。
(9) 前掲、ヒトラー『わが闘争』上、三三四―三三五頁。また、野田宣雄『教養市民からナチズムへ――比較宗教社会史のこころみ』名古屋大学出版会、一九八八年、特に第二章「ヒトラーの教養市民層批判」参照。

(10) 前掲、野間清治『野間清治言志録』(「出世の礎」)、二九一頁。
(11) 前掲、木村毅『現代ジャアナリズム研究』二五一頁。
(12) その意味では、戦後一九四六年文芸雑誌『群像』創刊をもって「キングの精神」は終わった。
(13) 室伏高信「ラヂオ文明の原理」『改造』一九二五年七月号、四七頁。室伏のメディア論全体については、石田あゆう「〈土に還る〉文明批評家、室伏高信のメディア論」『マス・コミュニケーション研究』第五六号、二〇〇一年も参照。
(14) 同右、四〇頁。
(15) 同右、四五―四六頁。
(16) 同右、四七頁。
(17) 拙稿「ファシスト的公共性――公共性の非自由主義モデル」、岩波講座『現代社会学24 民族・国家・エスニシティ』岩波書店、一九九六年も参照。
(18) 前掲、河澄清編『日本放送史』六八六・六九二頁。
(19) この実況中継はポリドール一〇月新譜、「第十一回国際オリムピック大会水上競技実況放送」として発売された。倉田喜弘『日本レコード文化史』東京書籍、一九七九年、一七八頁。
(20) 前掲、日本放送協会編『二〇世紀放送史』上、八〇頁。グラフ2は講談社発行月刊誌総部数であり、『キング』の発行部数は新年号のみ部分的に公表されている(「社史」下 43-46, 488)。
(21) 杉野忠夫「ラヂオと農村生活」『教育』一九三六年一二月号、一一二頁。
(22) 講談社社史編纂委員会編『講談社七十年史年表』講談社、一九八一年、一三頁。なお満洲電信電話株式会社の広告放送規定は、東京堂年鑑編輯部『出版年鑑 昭和十二年度版』二六頁参照。
(23) 前掲、河澄清編『日本放送史』二〇五・二一〇頁。

(24) 日本放送協会編『日本放送史』上、日本放送出版協会、一九六五年、九六―九八頁。
(25) 前掲、日本放送協会編『二〇世紀放送史』上、七八―七九頁。
(26) 前掲、河澄編『日本放送史』五〇八頁。
(27) 早坂二郎「ラヂオ・プロ編輯の大衆化」『時局新聞』第一〇二号、一九三五年四月二二日、四頁。早坂はプロレタリア娯楽雑誌について前掲の同「現代娯楽雑誌論」(一九三〇年)一一九頁で、次のように述べている。「それは労働者の意識も最も低い層を目標としたもので、キングや講談倶楽部に代り得るだけの面白さを持つてゐなければならない。つまり「左翼キング」といつたやうな雑誌になるかも知れない。」
(28) 日本雑誌協会『日本雑誌協会史 第一部――大正・昭和期』一九六八年、二八五頁。
(29) 同右、二四九頁。
(30) 前掲、永嶺重敏『モダン都市の読書空間』v・vi頁。『キング』に対抗して「腰弁階級の衒学的興味を巧みにキャツチ」する『文藝春秋』という同時代評価もある。與太楼主人「四大雑誌創刊物語」『サラリーマン』一九二八年八月号、二七頁。
(31) 「新年号雑誌総評」『文藝春秋』一九二七年二月号。『改造』『中央公論』については八五―九五頁。菊池寛「編輯後記」は同号、一八八頁。
(32) 宮武外骨「名実相違の雑誌」『公私月報』第三七号、一九三三年九月、一頁。
(33) 松田儀一編『日本放送協会史』社団法人日本放送協会、一九三九年、二二二―二二五頁。
(34) 前掲、河澄清編『日本放送史』八三六頁。
(35) 前掲、日本放送協会編『二〇世紀放送史』上、四〇・七八―七九頁。
(36) 前掲、松田儀一編『日本放送協会史』二一六頁。

(37) 澤田和一『新聞人国記』新聞内外社、一九三八年、二九頁。
(38) 兵藤裕己『〈声〉の国民国家 日本』NHKブックス、二〇〇〇年、七四頁。
(39) 同右、一二七頁。
(40) 前掲、松田儀一編『日本放送協会史』二二六―二二七頁。
(41) 前掲、河澄清編『日本放送史』八二五―八二六頁。
(42) 中川明徳「太平洋戦争と浪曲界」『文学』一九六二年四月号、三七三・三七五頁。
(43) 前掲、河澄清編『日本放送史』八五二頁。
(44) 前掲、永嶺重敏『雑誌と読者の近代』二二五―二二二頁。また、本書第Ⅰ部第二章第二節を参照。
(45) 「代理部便り」(31-1 : 416 f.)。一九三一年の大宣伝で、年間二三〇万本を販売した「どりこの」は、一九四〇年の砂糖統制令下でも生産され、一九四四年になって生産が打ち切られた。
(46) 一九三四年三月にレコードを出版物と見なす出版法中改正が第六五議会で成立し、同年八月一日より勅令第二二四号として施行された。それ以前の取締りでは、レコード自体に治安警察法、歌詞カードに出版法が適用されていた。前掲、倉田喜弘『日本レコード文化史』一八八―一八九頁。
(47) 星野辰男「レコード市場争奪戦」『改造』一九三〇年四月号、三八頁。
(48) 同右、三九頁。
(49) 同右、四一頁。
(50) 『新語新知識附常識辞典』(『キング』一九三四年新年号附録)、五二〇頁。戦後、『新語大辞典附世界時局人名録』(『キング』一九五一年新年号附録)では、【モダニズム】の項目は次のように書き改められている。「「近代主義」「現代主義」。現代生活に順応しつゝその先端を走るもので、未来派、シュール・リアリズムなどを包含する」一九八頁。

(51) 前掲、松田儀一編『日本放送協会史』二一五頁。

(52) 「正伝」六九五頁。『キング』では、「女の友情」主題歌レコードについて、「発売早々早くも十万を突破」と書かれている(35-5：499)。このあたりも、講談社の「数字」が信用できない理由である。

(53) 津金澤聡廣「メディア・イベントとしての軍歌・軍国歌謡」『近代日本文化論10 戦争と軍隊』岩波書店、一九九九年を参照。

(54) 杉山平助「現代流行歌論 二、流行歌の本質」『東京朝日新聞』一九三三年六月一二日。

(55) 氷川烈(杉山平助)「豆戦艦——七月の雑誌評」『東京朝日新聞』一九三三年六月一三日。ちなみに、翌一四日付『東京日日新聞』で菊池寛が同じ「恩讐を超えて」を次のように批評している。「文章も稚拙でポンビキにひつかかる朝鮮娘が忽ち女流教育家になつて、一郡に徳化を及ぼすなど、無理な点もあるが、しかしアマチユアだけが持つ純情と気魄があり、日本語で書いたといふハンデイキヤツプを認めて、賞めていゝものである、一千万人に近い朝鮮人の内、日本文化活動に参加してゐるものが、改造に小説をかいてゐる張赫宙君と『モダン日本』をやつてゐる馬海松君とだけでは、甚だ心細い。さういふ点で、『キング』がかうした作品を採択したことは、意義があるといつてよいと思ふ。」

(56) 前掲、松田儀一編『日本放送協会史』二二五—二二六頁。

(57) 前掲、河澄清編『日本放送史』八〇八頁。

(58) 同右、八〇九頁。一九四一年紀元節より国民歌謡は「われらのうた」に改変され、「燃ゆる大空」「産業報国歌」「国民進軍歌」など軍国歌謡が氾濫した。

(59) 同右、八五三頁。

(60) 前掲、倉田喜弘『日本レコード文化史』二一六頁。

Ⅳ　「トーキー的雑誌」と劇場的公共性　一九三三―一九三九年

（1）橘高廣『現代娯楽の表裏　附録・教育映画問題』大東出版社、一九二八年、第四章「教化宣伝手段としての民衆娯楽」を参照。
（2）前掲、松田儀一編『日本放送協会史』二一七頁。
（3）前掲、河澄清編『日本放送史』二一九頁。
（4）北田暁大「〈キノ・グラース〉の政治学――日本 戦前映画における身体・知・権力」、佐藤学ほか編『越境する知4 装置：壊し築く』東京大学出版会、二〇〇〇年を参照。
（5）前掲、拙著『現代メディア史』第一章を参照。
（6）有山輝雄「一九二〇、三〇年代のメディア普及状態――給料生活者、労働者を中心に」『出版研究』一五号、一九八四年、五二頁。
（7）ベネディクト・アンダーソン（白石隆・白石さや訳）『増補版 想像の共同体』NTT出版、一九九七年、五〇―五一頁。
（8）平林初之輔「芸術の形式としての小説と映画」『新潮』一九三〇年七月号（『平林初之輔文芸評論全集』中巻、文泉堂書店、一九七五年、一二四頁）。なお、三田村鳶魚は大衆文芸の隆盛を『講談倶楽部』から語り起し、映画の影響を次のように述べている。「講釈風なものだけではまだいけないというので、活動の模様を取り入れたものに仕立てて、それが大はやりになって、ついに現在の状況に到った」（前掲、三田村鳶魚『大衆文芸評判記』一一頁）。
（9）大宅壮一「『平凡』の廃刊と大衆雑誌の将来」『中央公論』一九二九年四月号（前掲、大宅『モダン層とモダン相』三二四―三二五頁)。

(10) 長谷川如是閑「政治的反動と芸術の逆転」『中央公論』一九二六年八月号、二四頁。

(11) 中谷博「大衆文学本質論」『新文藝思想講座』文藝春秋社、一九三四年、三二六頁。

(12) 中谷博『早稲田精神』大観堂書店、一九四〇年、三三―三四頁。

(13) 「全国中等学校生徒諸君にお願ひ」(32-11:435、33-10:407)、「大拡張を計りたい計画」(33-11:246)なども、『キング』の上方への拡大志向性を示している。

(14) 「キングの英雄はかくして出来る」『時局新聞』第一四号、一九三三年二月二五日。

(15) 講談社映画班について、富田英典「青少年とメディア・イベント――戦時期の少年雑誌を手がかりに」津金澤聡廣・有山輝雄編『戦時期日本のメディア・イベント』世界思想社、一九九八年も参照。

(16) 実際、『文化の母』は対外思想戦に利用されている。一九四二年一一月七日、大東亜文学者大会出席のため来日した満洲・蒙古・中華の文学者代表一二名は、講談社本社においてこの映画を鑑賞している(43-1:164)。

(17) 司会・菊池寛「小林一三・野間清治 両雄対談録」『話』一九三七年四月号、一八〇―二〇三頁。

(18) 前掲、谷沢永一『書誌学的思考』二五六頁。また、前掲、辻平一『人間野間清治』三一七―三一八頁によれば、文部大臣就任の打診があったのは、一九三八年七月頃、第一次近衛内閣の退陣を見越して、次期組閣を準備していた平沼騏一郎が近衛内閣司法大臣の塩野季彦(すえひこ)を通じて接触したという。もしこれが正しければ、打診は野間急逝の直前ということになる。ただし、「社史」では貴族院からの擁立も、文部大臣就任の交渉にも野間は「一顧だに与えなかった」と記す(「社史」下94)。

(19) 「新興キネマ太秦通信」『キネマ旬報』四四八号、一九三二年九月二一日、六四頁。

(20) 米田治「キワ物に栄光あれ」『キネマ旬報』四五五号、一九三二年一二月一日、六三頁。

(21) 佐藤忠男『日本映画史Ⅳ』岩波書店、一九九五年、一八〇頁。
(22) 前掲、米田治「キワ物に栄光あれ」六三頁。
(23) 日本映画紹介欄「栄え行く道」『キネマ旬報』第四五七号、一九三三年一月一日、一三六頁。
(24)「内外映画興行価値」『キネマ旬報』四五九号、一九三三年一月二一日、二八頁。
(25) 友田純一郎「栄え行く道」『キネマ旬報』四六〇号、一九三三年二月一日、九五頁。
(26) 古川隆久「昭和戦時期の日本社会における映画の役割」『日本歴史』第六四二号、二〇〇一年一一月号、一四頁。
(27) 小林一三「思想戦と映画及び演劇」『思想戦講習会講義速記』第四輯(秘)、内閣情報部、一九三八年、五五―六三頁。思想戦講習会については、拙稿「総力戦体制と思想戦の言説空間」山之内靖ほか編『総力戦と現代化』柏書房、一九九五年も参照。
(28) 菊池寛「思想戦と文芸」『思想戦講座』第二輯(秘)、内閣情報部、一九四〇年、六―七、九頁。
(29) 戦後も一九五〇年九月、休止していた映画班を復活させ、都内上映開始。一九五四年には、総天然色宣伝映画『雑誌物語』を製作している。一九八三年、講談社は創業七〇周年記念事業として、記録映画『東京裁判』(小林正樹監督)を製作している。その配給は奇しくも小林一三の系譜に連なる東宝東和であった。
(30) 青木武雄『報知七十年』報知新聞社、一九四一年、八二頁。戦時期ニュース映画については、田中純一郎『日本教育映画発達史』蝸牛社、一九七九年、九二―九七頁。
(31)「正力讀賣子と野間報知子の抗争」『実業之世界』一九三三年五月号、一五三頁。
(32)「講談社の延長――『日刊キング』報知の正体」『時局新聞』第五五号、一九三四年五月二一日、四頁より再引。

(33)「付録合戦と日曜夕刊の復活」『新聞販売百年史』日本新聞販売協会、一九六九年、五八九―五九三頁。なお、前掲、加藤謙一『少年倶楽部時代』二三頁によれば、『婦人子供報知』は少年倶楽部編集部が担当した。

(34) 斎藤久治『新聞生活三十年』新聞通信社、一九三二年、四四九頁。

(35) 報知新聞社・社史刊行委員会編『世紀を超えて――報知新聞一二〇年史 郵便報知からスポーツ報知まで』報知新聞社、一九九三年、二二七頁。

(36) 新聞社の飛行イベントについては、津金澤聰廣「『大阪朝日』『大阪毎日』による航空事業の競演」、同編『戦時期日本のメディア・イベント』世界思想社、一九九八年を参照。

(37)「無責任極まる太平洋横断計画――「日刊キング」報知の正体(五)」『時局新聞』第五九号、一九三四年六月一八日、四頁。

(38)「東京の二流紙と経営の玄人素人――正力讀賣と野間報知は段違ひ」『現代新聞批判』第一四号、一九三四年六月一日。「野間氏の不覚」『現代新聞批判』第五一号、一九三五年一二月一五日も、報知新聞のジリ貧状態を解説している。

(39) X・Y・Z「報知と〝野間道徳〟」『現代新聞批判』第五四号、一九三六年二月一日、八頁。

(40) 前掲、馬場恒吾『政界人物風景』二三六―二五二頁。

(41) 小林弘忠『新聞報道と顔写真』中公新書、一九九八年、四六―五三頁。

(42) 前掲、日本放送協会編『放送五十年史』一二四頁。

(43) 東京堂年鑑編輯部『出版年鑑 昭和十三年度版』一二頁。

(44) 同右、一三頁。

(45) 東京堂年鑑編輯部『出版年鑑 昭和十四年度版』一二―一三頁。

(46) 前掲、東京堂年鑑編輯部『出版年鑑 昭和十三年度版』一一頁。
(47) 前掲、東京堂年鑑編輯部『出版年鑑 昭和十五年度版』二頁。
(48) 用紙は講談社とは別枠だったため、『キング』が四八頁になった戦争末期でも二〇〇頁以上を維持した（「社史」下438）。
(49) 荘司徳太郎・清水文吉『資料年表 日配時代史』出版ニュース社、一九八〇年、二一五頁。
(50) 近藤健児ほか『絶版文庫三重奏』青弓社、二〇〇〇年、二三七頁。
(51) 佐藤義亮「日本の雑誌王」『キング』一九三八年一二月号、特三一―三三頁。
(52) 前掲、講談社社友会記念出版委員会編『緑なす音羽の杜にⅢ』二七頁。
(53) 前掲、報知新聞社・社史刊行委員会編『世紀を超えて――報知新聞一二〇年史』二三二頁。
(54) 大宅壮一「浮ぶ人沈む人――ヂャーナリズム戦線ルポルタージュ」（一九三七年一二月）、前掲『大宅壮一選集』第七巻、二三二頁。
(55) 武藤貞一「娯楽雑誌・ガソリン」『驀進』モダン日本社、一九三八年、三〇〇頁。

V 『キング＝富士』のファシスト的公共性　一九四〇―一九四五年

(1) 山中恒・山中典子『間違いだらけの少年H――銃後生活史の研究と手引き』辺境社、一九九九年、八四一頁。
(2) 橋本求『日本出版販売史』講談社、一九六四年の表現では、「雑誌とか書籍なんかというのは、いまはラジオがあるし新聞があるから、あってもなくてもいいものなんだ。それをつぶしもしないで、配給会社をこしらえてやろうというのだから、みんなくだらんことをいわんで、協力しなくちゃならん」(五七七頁)。

しかし、萱原宏一『キング』編集長(一九四五年三月号―一一月号)は、鈴木中佐について戦後の座談会で次のように回想している。「ま、単純で可愛いところもあった。一兵卒から上って、士官学校、東大(紀平正美博士の門下)と苦労しているからね。いわゆる下士官根性で小意地の悪いところがあった。しかし、根は悪人じゃないと思うよ。」前掲、萱原ほか『昭和動乱期を語る』三三八頁。正確には、本文中にあるように、紀平門下ではなく、教育学の阿部重孝門下である。鈴木庫三『軍隊教育学概論』目黒書店、一九三六年への阿部による序文を参照。

(3) 高崎隆治『雑誌メディアの戦争責任』第三文明社、一九九五年は、『「一億特攻」を煽った雑誌たち――文藝春秋・現代・婦人倶楽部・主婦之友』同、一九八四年の改訂版。若桑みどり『戦争がつくる女性像――第二次世界大戦下の日本女性動員の視覚的プロパガンダ』筑摩書房、一九九五年。

(4) こうした思想的境界例については、総合雑誌に「文化擁護」の論陣を張り言論統制を牽制した知識人に関する豊沢肇「日中戦争下の出版・言論統制論をめぐって」、赤澤史郎・北河賢三編『文化とファシズム』日本経済評論社、一九九三年が具体的に論じている。

(5) 「戦時中の出版事情」『文学』一九六一年一二月号(布川角左衛門『出版の諸相』日本エディタースクール出版部、一九七五年、一三五頁)。

(6) 前掲、大橋信夫編『東京堂百年の歩み』二九一頁。

(7) 小川菊松『日本出版界のあゆみ』誠文堂新光社、一九六二年、一四四頁。

(8) 東京堂統計部調査「最近十三年間(隔年)雑誌売上部数統計」『出版年鑑 昭和十六年度版』巻頭グラフ。

(9) 前掲、大橋信夫編『東京堂百年の歩み』二九〇頁。

(10)「雑誌界」、東京堂年鑑編輯部『出版年鑑 昭和十六年度版』一二頁。

(11)『東京堂通信』一九四〇年四月号、前掲、大橋信夫編『東京堂百年の歩み』二九一頁より再引。

(12) もちろん、講談社全体の用紙使用量は減少している（『社史』下 415）。そうはいっても、『キング』創刊前の一九二三年「七大雑誌」の合計四九〇万四〇〇〇部の紙使用量（四一一万四〇六二ポンド）を基準値とすると、一九三八年一四・〇倍、三九年一一・五倍、四〇年九・七倍、四一年七・七倍、四二年五・二倍、四三年三・〇倍、四四年一・一倍である。つまり、焦土と化した東京の風景と同様、講談社の雑誌用紙利用量は関東大震災時に戻ったことになる。

(13)「雑誌界」、前掲、東京堂年鑑編輯部『出版年鑑 昭和十三年度版』一〇頁。

(14) 山本夏彦『私の岩波物語』文春文庫、一九九七年、二二一―二二三頁。

(15) 清水文吉『本は流れる』日本エディタースクール出版部、一九九一年、一〇四頁。

(16) 岩波雄二郎編『岩波書店五十年史』岩波書店、一九六三年、二二七頁。

(17) 小川菊松は、岩波書店からも「日本中心主義的なものや、太平洋戦争の意義を世界史的に是認しようとする著作がどし〳〵出版され」、岩波茂雄自身が「戦争目的に対する確乎たる信念を植ゑつけること」を出版の信念としていたと書いている。前掲、小川菊松『日本出版界のあゆみ』一四八頁。

(18) 三輪公忠『日本・1945年の視点』東京大学出版会、一九八六年、二〇―二一頁。

(19) 前掲、山本武利『占領期メディア分析』一七三頁。

(20)「出版界概観」、前掲、東京堂年鑑編輯部『出版年鑑 昭和五年度版』一〇頁。

(21)「出版界概観」、前掲、東京堂年鑑編輯部『出版年鑑 昭和十四年度版』二頁。

(22)「出版界概観」、前掲、東京堂年鑑編輯部『出版年鑑 昭和十六年度版』三頁。

(23) 前掲、橋本求『日本出版販売史』五〇三―五〇四頁。

(24) 前掲、日本放送協会編『二〇世紀放送史』上、一三二頁。
(25) 前掲、古川隆久「昭和戦時期の日本社会における映画の役割」二六頁。
(26) 前掲、高崎隆治『雑誌メディアの戦争責任』一八―一九頁。
(27) 同右、九頁。
(28) 櫻本富雄『本が弾丸だったころ』青木書店、一九九六年、一四五頁。
(29) 前掲、山本武利『占領期メディア分析』一八二頁より再引。
(30) 「紙業界」、前掲、東京堂年鑑編輯部『出版年鑑 昭和十三年度版』四三頁。
(31) 『北越製紙七〇年史』北越製紙株式会社、一九七七年、一一七―一一八頁。
(32) 「印刷界」、前掲、東京堂年鑑編輯部『出版年鑑 昭和十四年度版』三一―三二頁。
(33) 「印刷界」、前掲、東京堂年鑑編輯部『出版年鑑 昭和十六年度版』二六頁。
(34) 前掲、大橋信夫編『東京堂百年の歩み』二九六頁。
(35) 『栗田出版販売七十五年史』栗田出版販売株式会社、一九九三年、一六五頁。
(36) 日本読書新聞社雑誌年鑑編纂部編『雑誌年鑑 昭和十六年度版』二三頁。
(37) 小泉信三「雑誌文化の特性――昭和十五年九月某日放送原稿」『改造』一九四〇年一一月号(『小泉信三全集』第一二巻、文藝春秋社、一九六七年、四一二―四一三頁)。
(38) 「娯楽雑誌」、前掲、日本読書新聞社雑誌年鑑編纂部編『雑誌年鑑 昭和十五年度版』七頁。
(39) 「大衆雑誌」、日本読書新聞社雑誌年鑑編纂部編『雑誌年鑑 昭和十七年度版』一〇頁。
(40) 同右、一一頁。
(41) 石山賢吉『雑誌経営五十年』ダイヤモンド社、一九六三年。二六〇―二六二頁。
(42) 山川惣治作品に以下のものがある。「防空決戦生活絵とき」(43-2)、「改められた防空心得絵とき」

(43-9)、「新兵器グライダー絵ばなし」(43-10)、「電波兵器ゑばなし」(43-12)、「絵解き・石炭は兵器だ」(44-1)、「絵とき・索敵と雷撃」(44-2)、「敵潜はかうして征伐する」(44-10)、「空挺部隊絵とき」(44-10)、「絵とき・機帆船はかく活躍する」(45-2)。また山川は、木村荘十「〝米英悪逆史物語〟浮ぶ地獄」(43-1)など、この時期の『キング＝富士』の挿絵を数多く手がけている。

(43) 成田龍一「母の国の女たち――奥むめおの〈戦時〉と〈戦後〉」、前掲、山之内ほか編『総力戦と現代化』一七四頁以下。

(44) 「レキシントン撃沈」は誤りで、史実では空母サラトガである。山岡荘八『海底戦記(伏字復元版)』中公文庫、二〇〇〇年、一八五頁参照。奨励賞は『台児荘』『軍神加藤少将』の棟田博、『龍の目の涙』の濱田廣介と三名同時受賞。ちなみに、同年の野間文芸賞について、『現代新聞批判』第二二一号、一九四三年一月一五日はこう書いている。「このごろ文芸方面の沈滞ひどく、これに該当者なく(中略)菊池寛氏曰く、なか〳〵一万円に価する作品はみつけにくい、むしろ藤村と秋声に功労賞として五千円で、養老金をさしあげるといふことになつた。」

(45) 山岡荘八『小説太平洋戦争①』山岡荘八歴史文庫、講談社、一九八六年、一一頁。とすれば、この間に山岡が書き続けた大長編『徳川家康』(一九五〇―一九六七年)も、「大本営報道班員・山岡荘八」の「戦記」だったといえよう。

(46) 江藤淳『閉ざされた言語空間――占領軍の検閲と戦後日本』文藝春秋、一九八九年、一九〇―一九一頁。

(47) この問題については、前掲、拙稿「ファシスト的公共性――公共性の非自由主義モデル」を参照。

(48) 仲綜三(大阪)「展望台」『労働雑誌』一九三五年一一月号、四四頁。

(49) 「雑誌界」、東京堂年鑑編輯部『出版年鑑　昭和十五年度版』九、一一・一二頁。

(50) 淵田忠良「大衆雑誌の使命」、前掲『雑誌年鑑 昭和十四年度版』一六頁。
(51) 奈良静馬「精神弾薬の威力——欧州大戦と雑誌読物の調査」、同右、三三—四〇頁。
(52) 戸坂潤「民衆論」、前掲『戸坂潤全集』第五巻、五七頁。
(53) 延島英一「新聞国民化の諸問題」『現代新聞批判』第二〇七号、一九四二年六月一五日、一頁。
(54) 延島英一「出版新体制の中心問題」『現代新聞批判』第二一〇号、一九四二年八月一日、二頁。
(55) 日本出版文化協会文化局「昭和十六年度雑誌界展望」、前掲、日本読書新聞社雑誌年鑑編纂部編『雑誌年鑑 昭和十七年度版』二—七頁。
(56) 日本出版文化協会監修『書籍年鑑 昭和十七年度版』協同出版社、七頁。
(57) 「部門別雑誌出版界一年史」、日本出版会監修『日本出版年鑑 昭和十八年度版』協同出版社、一九四三年、八九頁。
(58) 「雑誌出版界展望」、同右、八〇頁。
(59) 『日本雑誌協会史 第二部——戦中・戦後期』日本雑誌協会、一九六九年、一〇五—一〇六頁。
(60) 前掲、永嶺重敏『モダン都市の読書空間』、第二章「大正期東京の〈雑誌回読会〉問題」を参照。
(61) 前掲、『日本雑誌協会史 第二部——戦中・戦後期』一三二頁。

結　国民雑誌の戦後　一九四五—一九五七年

(1) 紫雲樓主人「大出版王の秘密」『真相』特集版、第二一号、一九五〇年七月、一七頁。
(2) 大宅壮一「出版界五人男」(一九五六年二月)、前掲『大宅壮一選集』第七巻、一四九頁。戦前、『キング』を痛罵した大宅は、野間省一との会談から講談社贔屓になり、やがて講談社顧問になった。

大宅の死後、「大宅文庫」設立資金を拠出したのは野間省一である。伊藤寿男「野間省一と大宅壮一の握手」、講談社社友会記念出版委員会編『緑なす音羽の杜にⅡ――野間省一社長と私たち』講談社社友会幹事会、一九九六年、一三―一六頁を参照。

（3）これら提出書類については、前掲、山本武利『占領期メディア分析』が概略を分析紹介している。一七一―一七二頁。

（4）講談社編『クロニック講談社の八〇年』講談社、一九九〇年、二三二頁。

（5）とすれば、『キング』部数の下落が戦争終結からではなく一九四八年七月の占領軍雑誌検閲廃止から始まることも理解しやすい。『キング』一九四八年八月号は、一五万部に落ち込んでいる。

（6）ちなみに、菊池寛「話の屑籠」は戦前の『文藝春秋』を象徴する名物コラムであった。菊池が一九二三年『文藝春秋』創刊以来自ら執筆してきた「編集後記」を発展させて、その臨時増刊「オール讀物号」に書き始めた時評的随筆で、一九三一年四月『オール讀物』独立により『文藝春秋』本誌の「顔」として定着していた。敗戦後、菊池の戦犯追放により、『文藝春秋』の「顔」が『キング』に移ったわけである。それは戦時中、「文芸雑誌」に復帰させられた『文藝春秋』と、「国民大衆雑誌」と銘打った『キング』が、相補的に生み出した時代の産物である。

（7）前掲、『日本雑誌協会史　第二部――戦中・戦後期』一五〇頁以下。自由出版協会の会長には、博文館の大橋新一、理事長にはマッカーサー司令部にパイプを持つ英語に堪能な木村毅が就任した（「社史」下627）。木村の活躍が「無かったら、我が通俗雑誌、大衆雑誌、大衆文学は、左翼によって一時潰滅せしめられたであろう」（「自由出版協会前後　追悼・木村毅」、前掲、谷沢永一『書誌学的思考』二六四頁）。

（8）チャーマーズ・ジョンソン（矢野俊比古監訳）『通産省と日本の奇跡』ＴＢＳブリタニカ、一九八二年参照。ちなみに、宮島信夫「経済参謀本部の現実性」『経済往来』一九三四年一月号、五一五頁によれば、我が国でその類似組織の必要性を訴えた嚆矢は、総力戦後の欧米視察から帰国した後藤新平の「大調査機関設立ノ議」(一九二〇年)である。

(9)「発刊に際して」『思想の科学』一九五四年五月号、九〇頁。

(10)前掲、丸山眞男『増補版　現代政治の思想と行動』五〇二頁。

(11)丸山眞男「ある自由主義者への手紙」『世界』一九五〇年九月号(同右、一三九頁)。

(12)大久保忠利「大衆雑誌白書――踊る大衆雑誌」『日本評論』一九五〇年七月号、一六四頁。

(13)同右、一五八頁。講談社編『講談社七十年史――戦後編』講談社、一九八五年、一六六頁によれば、一九五二年新年号の三八万部が戦後最高で以後は下降する。

(14)大輪盛登『巷説出版界』日本エディタースクール出版部、一九七七年、三七頁。

(15)前掲、大久保忠利「大衆雑誌白書――踊る大衆雑誌」一六五―一六六・一七三頁。

(16)室伏高信『テレビと正力』大日本雄弁会講談社、一九五八年、二三頁。戦前「ラジオ文明の独裁」を唱えた室伏は(本書第Ⅲ部第二章)、この本で「ひき下げつつひき上げる」テレビの文化的機能を雑誌における『キング』の前例を引いて説明している(二一七頁)。

(17)前掲、講談社編『クロニック講談社の八〇年』二八八頁。

(18)原田裕「看板雑誌「キング」の終焉」、前掲『緑なす音羽の杜に――OBたちの記録　講談社創業八十周年に寄せて』一五六頁。なお、原田元編集長へのインタビューを含む、木本至『雑誌で読む戦後史』新潮社、一九八五年、二八―三〇頁も参照。同書(三〇頁)によれば、アメリカ亡命から帰国した大山郁夫は、『キング』を『ピープル』に改題せよと発言したという。

(19)浜崎廣『雑誌の死に方――〝生き物〟としての雑誌、その生態学』出版ニュース社、一九九八年、二六六頁。

(20) 前掲、大宅壮一「講談社ヂヤーナリズムに挑戦する」四三六頁。テレビの「国民白痴化運動」は、一九五七年一月二七日付『東京新聞』夕刊コラム「放射線」で初出。「〈一億総白痴化〉命名始末記」『大宅壮一全集』第三巻、蒼洋社、一九八一年、三三九頁以下も参照。

(21) 野球に人生を賭けた偉人伝『ベーブ・ルース伝』のバッターをピッチャーに置き換えて縦糸とし、『宮本武蔵』のような求道の努力を横糸に人格形成の過程を練り上げたと、「巨人の星」担当編集者・宮原照夫は回想している。「座談会〈漫画〉から〈マンガ〉へ」、前掲、講談社OB会記念出版委員会編『緑なす音羽の杜にⅢ――講談社と私たちの九十年』一一八―一一九頁。

(22) ニール・ポストマン(小柴一訳)『子どもはもういない――教育と文化への警告』新樹社、一九八五年参照。

(23) 前掲、講談社編『クロニック講談社の八〇年』三〇一頁。

(24) 前掲、講談社編『講談社七十年史――戦後編』一七三―一七四頁。

(25) 春山行夫「雑誌ヂャーナリズムの現勢」、前掲『雑誌年鑑　昭和十四年度版』五頁。

(26) 山之内靖「方法的序論――総力戦とシステム統合」前掲、山之内ほか編『総力戦と現代化』を参照。また、本書同様、ジョージ・L・モッセ『大衆の国民化』の枠組みから日本メディア史を概観した論文に、有山輝雄「戦時体制と国民化」『年報日本現代史』第七巻、二〇〇一年がある。

あとがき

本書の執筆は、いくつかの偶然に由来する。『現代人の思想7 大衆の時代』(平凡社、一九六九年)の解説を、鶴見俊輔は初対面の際に加藤周一が発した次の言葉から書き始めている。

「日本のように、会社の社長さんもそこの小使いさんも『キング』を読んでいる国というのは、めずらしいのじゃないか。」

『大衆の時代』を編集した当時、鶴見俊輔は同志社大学文学部社会学科の新聞学専攻教授であった。同じ新聞学専攻に私は一九九四年から七年間勤務した。その書庫に創刊号からの『キング』が整然と並べられていなかったなら、『キング』を読み始めただろうか。また、現在勤務している国際日本文化研究センターに移ることがなかったなら、ドイツ史研究から出発した私が心置きなく『キング』に没入できただろうか。しかし、「雑誌王」と『キング』の「歴史(ゲシヒテ)=物語」を書き終えた今、そうした偶然はすべて必然であったようにも思える。偶然を必然化するのが歴史である。

この「年齢、性別、職業、地位を超越した雑誌」(「自補」706)の歴史を、「雑誌研究」を超えて記述するメディア史の意図については、すでに本書冒頭で触れた。『キング』論を同時代のメディア環境にいったん引き戻して書きたかった理由は、これまでの雑誌研究がもっぱら活字媒体の発想で行われてきたことに対する不満である。私たち一九六〇年代生れのテレビ世代にとって、学年別雑誌はテレビのアイドル文化と連続的だったし、マンガ雑誌をテレビ・アニメと関係なく読むことはできなかった。おそらく、ラジオ世代や映画世代も同様の体験があるのだろうと思うのだが、そうした各種メディアとの相関関係から分析した雑誌研究はほとんど存在しない。本書の原型である拙稿「キングの時代――ラジオ的・トーキー的国民雑誌の動員体制」(『近代日本文化論七　大衆文化とマスメディア』一九九九年、岩波書店)で「ラジオ的・トーキー的国民雑誌」と『キング』を定義したのはそのためであった。

書庫にこもって連日『キング』を読みふけった日々は、テレビ世代の私にとっても「なつかしさ」がこみあげてくる体験だった。確かに、臆面のない英雄崇拝や熱血感涙調はまとめて読むと食傷気味になるのだが、それは子供時代、高度経済成長期のテレビの雰囲気によく似ているように思えた。『キング』に対しては、その封建的道徳や政治的反動を強調する議論が繰り返されてきたが、それは表層的な分析と感じられた。案外、前近代性の見かけの下にモダンな個人主義が存在していたのではないか。あるいは、こう問い返してもよい。はたして封建性や政治的反動のメディアが、自ら進んで総力戦体制に翼賛する「近代的」国民を作り出すことができただろうか。

戦前日本の戦時体制に適用される大衆社会論は、基本的に中間集団没落論に根ざしている。「上からのファシズム」論(丸山眞男)も含め、国家装置の肥大化がアトム化された大衆を支配するという構図である。この観点から、中間集団こそファシズムの防波堤であり、その強弱が民主主義防衛の要と理解されてきた。しかし、ファシズムの世論形成、すなわちファシスト的公共性を念頭におけば、国家が言論統制や警察権力によって大衆を直接抑圧する側面より、むしろ隣組や職場や学校といった「中間集団」が人々を共感と参加に駆り立てた側面が大きいのではあるまいか。周知のように、メディアmediaとは、「中間」と「媒介」を共に意味するmediumの複数形である。『キング』は、こうした中間集団の共通善を代弁する「中間媒体（メディア）」であった。当然ながら、『キング』が一貫して掲げたのは、創刊号以来の「自治と連帯」の国民的スローガンであった。

とすれば、『キング』の精神とその魅力は未だに消滅してはいない。つまり、『キング』が大衆宣伝によって成功したという説明は同語反復（トートロジー）なのである。それでは何かを説明したことにはならない。『キング』の本質は気晴らしの娯楽を兼ねた大衆宣伝であった。そうしたメディア・イベントは今日ますます盛んであり、「自治と連帯」のスローガンは今もって多くの人々を魅了している。その意味で、『キング』を反動的遺物と片付けることはできない。テレビを観ながら、「キング・レコード」ならぬ「キング・テレビ」のことを想像していた。

メディア史研究者として筆者個人の歩みを振り返れば、本書は一つの総決算である。二〇歳代後半の仕事である博士論文『大衆宣伝の神話――マルクスからヒトラーへのメディア史』(弘文堂、一九九二年、現・ちくま学芸文庫)における大衆宣伝研究、三〇歳代前半に訳出したジョージ・L・モッセ『大衆の国民化』(柏書房、一九九四年)に触発された国民的公共性論、そして三〇歳代後半の『現代メディア史』(岩波書店、一九九八年)で展開した比較メディア史、この三つ——大衆宣伝研究、国民的公共性論、比較メディア史——が合流すれば、「日本における国民的公共性のメディア史」にならねばならなかった。

なお、本書の内容にかかわる既出論文として、『近代日本文化論』第七巻所収の同一タイトル論文の他に、「出版バブルの中のファシズム——戦時雑誌の公共性」(坪井秀人編『偏見というまなざし——近代日本の感性』青弓社、二〇〇一年所収)がある。それは、全面的に加筆して第V部第一章の骨子となっている。さらに、本書の概念装置である総力戦体制、ファシスト的公共性、メディアの文化細分化機能については、それぞれ「総力戦体制と思想戦の言説空間」(山之内靖、V・コシュマン、成田龍一編『総力戦と現代化』柏書房、一九九五年)、「ファシスト的公共性——公共性の非自由主義モデル」(大澤真幸ほか編『岩波講座 現代社会学24 民族・国家・エスニシティ』岩波書店、一九九六年)、「国民化メディアから帝国化メディアへ——文化細分化のメディア史」(野田宣雄編『よみがえる帝国——ドイツ史とポスト国民国家』ミネルヴァ書房、一九九八年)が前提となっている。また、日本の戦時期メディアを本格的に研究する契機となった仕事として、「思想の科学研究会『共同研究 転向』」(筒井清忠編『日本の歴史社会学』岩波書店、一九九九年)、「ヒトラー・ユーゲント来日イベント」(津金澤聰廣・有山輝雄編『戦時期日本のメディア・イベント』世界思想社、一九九八年)、「降伏記念日から終戦記念日へ」(津金澤聰廣編『戦後日本のメディア・イベント』世界思想社、二〇〇二年)がある。

資料収集や執筆に際して、ご教示いただいた数多くの先学、学兄にまず感謝申し上げたい。

思わぬ誤解やミスがあろうかと心配している。ご指摘、ご教示を賜れば幸いである。いつも絶妙なタイミングで電話を頂いた岩波書店編集部・坂本政謙氏には、『現代メディア史』に続いてお世話になった。最後に、「キング的」高揚感の中で思いのままに執筆する環境を支えてくれた妻・八寿子に心から感謝したい。

二〇〇二年　盛夏

佐藤卓己

岩波現代文庫版のあとがき

「メディア史研究者として筆者個人の歩みを振り返れば、本書は一つの総決算である」と、単行本(二〇〇二年)の「あとがき」で四一歳の私は書いている(本書五三三頁)。確かにその通りである。本書の扉裏に置いたヒトラーの引用さえも、妻・佐藤八寿子と共訳したジョージ・L・モッセ『大衆の国民化――ナチズムに至る政治シンボルと大衆文化』(柏書房・一九九四年)の巻頭のエピグラフから採っている。さらに言えば、この文庫版の直前に刊行されたセルゲイ・チャコティンの翻訳『大衆の強奪――全体主義政治宣伝の心理学』(創元社・二〇一九年)も、ヒトラーの定言「大衆は女性的である」(本書五八頁)への解釈書と言えなくもない。そう考えれば、本書には私の「学問的ハイマート」ドイツ現代史との連続も十分に確認できるが、いま還暦を前に感じるのはむしろ径庭(けいてい)である。思えば遠くへ来たものだ。

そう感じるのは、本書刊行後に御厨貴先生と初めてお会いした際のことを思い出したからである。本書は幸いにも多くの新聞雑誌で書評されたが、御厨先生には「大衆誌から激動期解読」(共同通信社配信)と「AV的国民動員の果てに」(『文学界』二〇〇二年一二月号)で、二度も取り上げていただいた。その掲載後、大阪で会食にお誘いいただいたが、そのとき印象に残った言葉に「危機の一〇年」がある。私の曖昧な記憶より、『御厨政治史学とは何か』(吉田書店・二〇一七年)所収の手塚洋輔「「危機の一〇年」の記録として」で書かれている内容が正確なのだろう。その文章を引用させていただきたい。

「研究者にとって四〇歳代は危機の一〇年——御厨先生が(そのときはまだ若かった)私に繰り返し説かれたテーゼである。もちろん、その中には家族がいればそこへの責任が重くなるといった私的側面もあれば、学内行政や学会活動に多忙を極めるという公的側面も含まれる。ただ本分たる「研究」という面では、それまでの自分のテーマを一旦捨てて、新しいテーマに挑戦できるか、ということになるだろう。」

ドイツ現代史研究にまだ未練があった当時の私も、「それまでの自分のテーマを一旦捨てて、新しいテーマに挑戦できるか」という問いかけによって、大いに背中を押された気がした。研究環境としては申し分なかった国際日本文化研究センターから京都大学大学院教育学研究科に移った理由の一つも「新しいテーマ」への挑戦だった。

こうした意味で、本書はドイツ現代史研究者という出自をとどめながら日本文化研究を始めていた私が、「危機の一〇年」を突破する契機となった著作である。実際、その後はドイツ現代史を「一旦捨てて」、教育的メディアという「新しいテーマ」に挑んできた。本書刊行後に執筆した私の主著の多くは、本書の「補遺」や「外伝」として位置づけることができるからである。もちろん、以下の位置づけは事後的解釈であって、個別作品の成立にはそれぞれ別の背景があることは言うまでもない。本書の構成順に、その流れを示しておこう。

まず、『物語 岩波書店百年史2——「教育」の時代』(岩波書店・二〇一三年)は、本書第I部

第二章「講談社文化と岩波文化――出版革命と公共性」を逆サイドから考察した著作である。そのあとがきで、執筆動機をこう書いている。

「『講談社文化』を論じた『『キング』の時代――国民大衆雑誌の公共性』(岩波書店、二〇〇二年)の刊行後、講談社の編集者から「今度はうちで『『世界』の時代』というのはどうでしょう」と持ちかけられたことがある。そのときは、「『世界』はまだ続いているしね」とはぐらかしたが、人口に膾炙した「講談社文化と岩波文化」図式の意味を、岩波文化の側から検証することに魅力を感じたのも事実である。」

講談社の看板雑誌を再評価するメディア史を岩波書店から刊行した意外性は、刊行時の書評でもよくとりあげられた。中立的な立場で書きたいと考えていたため、本書の執筆ではあえて講談社に取材や資料閲覧をお願いしなかった。しかし、本書刊行後は社内の研究会に招かれ、資料センターのバックナンバーも存分に利用させていただいた。「雑誌研究」としての対比をさらに掘りさげた「岩波文化」関連の著作に『『図書』のメディア史――「教養主義」の広報戦略』(岩波書店・二〇一五年)があり、その延長上で「管制高地に立つ編集者・吉野源三郎」(戸部良一編『近代日本のリーダーシップ――岐路に立つ指導者たち』千倉書房・二〇一四年所収)、「『世界』――戦後平和主義のメートル原器」(竹内洋・佐藤卓己・稲垣恭子編『日本の論壇雑誌――教養メディアの盛衰』創元社・二〇一七年所収)を書いている。

『天下無敵のメディア人間――喧嘩ジャーナリスト・野依秀市』(新潮選書・二〇一二年)は、第Ⅱ部第三章第二節「野依秀市の「言論資本主義」批判」からスピンアウトした「外伝」である。また、『言論統制――情報官・鈴木庫三と教育の国防国家』(中公新書・二〇〇四年)は、第V部第一章第二節「出版バブルの中のファシズム」で扱った情報官・鈴木庫三に関する「補遺」として始めた研究が発展したものだ。特に、後者は講談社社史編纂室『物語 講談社の100年』第二巻(二〇一〇年)でも詳しく紹介された。新しい社史は「この〔鈴木〕少佐との関わりを抜きにして、この時期の出版界を語ることはできない」とした上で、「主にこの『言論統制』を参照しながら、改めて社史を見なおしてみる」と述べて、こう総括している。

「こうして三年九ヵ月余りの鈴木庫三時代の全体を見なおし、大ざっぱに得失を差し引きしてみると、鈴木と講談社の関係はこれまでの社史(『五〇年史』など)や『野間省一伝』が描くほど刺々しいものではなかったはずだという指摘(佐藤『言論統制』)にも一理がある。」

自社にとって不都合な事実から目をそらさない社史編纂室の誠実な対応には、出版社の矜持を感じた。こうした「外伝」や「補遺」は大部な著作となったが、一方で本書の「重さ」ゆえに書けなかった幻の著作もある。ある出版社の評伝シリーズの一冊として野間清治伝を一度は引き受けたものの、「雑誌王」の評伝でもある本書を超える著作を自分で思い描くことは結局できなかった。

また、第Ⅳ部第三章第一節「報知新聞と「新聞王」」に関しては、その後、『昭和戦前期報知新聞附録集成・第一期 日曜報知』全七巻(柏書房・二〇一七年)および『同・第二期 婦人子供報知』全六巻(柏書房・二〇一九年)の解題を執筆した。その仕事を踏まえた最近の仕事として、「メディア政治家」を大量に輩出した報知新聞社の歴史をまとめた「メディア政治家と「政治のメディア化」」(佐藤卓己・河崎吉紀編『近代日本のメディア議員――「政治のメディア化」の歴史社会学』創元社・二〇一八年所収)がある。

さらに、第Ⅴ部「『キング＝富士』のファシスト的公共性　一九四〇―一九四五年」を理論的に説明する論文集が、『ファシスト的公共性――総力戦体制のメディア学』(岩波書店・二〇一八年)と見なすことができる。

もちろん、結部第二章第二節「「キング的」メディアとしてのテレビ」も私のテレビ研究の起点と言える。『テレビ的教養――一億総博知化への系譜』(NTT出版・二〇〇八年、岩波現代文庫・二〇一九年)は、『キング』が体現した「面白くて為になる」メディアの系譜からテレビ放送の発展を論じた著作である。そこでは加藤秀俊「娯楽と教育のあいだ」(『放送教育』一九九一年一〇月号)の以下の言葉を引用している。

「わたしなどの世代の人間は、昭和初年の大日本雄弁会講談社(現在の講談社)の絵本や雑誌を見たり読んだりして育った。当時の講談社のスローガンは「面白くて為になる」という名文句であった。これはいまふりかえってみてもみごとな表現だとおもう。教育は面白くない、という先入観がいったいどこでどのようにしてうまれたのかは知らない。ひょっとすると、おのれの教育技術の拙劣さを合理化するために日本近代のある時期に教育者たちみずからが、教育というのは面白くない、と断定したのかもしれない。」

ここで紹介されたアメリカの新造語「エンター・エデュケーション(娯楽的教育)」はウェブ時代の今日、ますます重要視されている。

さらに、大日本雄弁会講談社という「声の文化」の系譜からテレビ時代の「声の国民的イベント」に焦点を当てたのが『青年の主張――まなざしのメディア史』(河出ブックス、二〇一七年)である。同書の序章では戦前に日本放送協会が放送した「全国青年ラヂオ雄弁大会」の演説を採録した『昭和青年雄弁集』(大日本雄弁会講談社・一九三五年)を取り上げ、戦前の「講談社文化」と戦後の《NHK青年の主張》の連続性に言及している。

「自らの苦学立身を誇示する野間は、小学校出の少年社員を多数採用し、住み込みで働かせた。彼らは夕食後二時間の「修養会」で弁論術を徹底的にたたき込まれた。取引先への口上の述べ方など社会常識から経済など一般的教養はもちろん、五分間演説、即席演説、美点賞賛演説などが毎晩くり返された。その修養会で使われたテキストが『模範的式辞挨拶五分間演説集』(大日本雄弁会講談社・一九二五年)である。ちなみに、《青年の主張》の発表時間も最初から「五分間」と決められていた。」

こうしてふり返って見ると、本書が六〇歳までの私の仕事のスプリング・ボードだったことがわかる。そうした本書が新世代の碩学の解説とともにリバイバルされることで、若い世代のメディア文化研究への踏切板となることを願っている。

ちなみに、「リバイバル」という意味では二〇〇六年に講談社が創刊した新しい『キング』について触れておくべきだろう。本書の単行本が刊行された二〇〇二年当時、本書タイトルが「空前絶後の」国民大衆雑誌が存在した時代(一九二五―一九五七年)を意味することは自明だった。だが、二〇〇六年九月一三日に講談社は同名の男性向け月刊誌を創刊した。旧『キング』の「復刊」ではないと表明しながらも、創刊号の総頁数は旧『キング』の創刊号(一九二五年新年号)と同じ三五二頁であり、その伝統が強く意識されていたことはまちがいない。新『キング』創刊号の表紙には往年の「ホームラン王」王貞治(当時、福岡ソフトバンクホークス監督)の顔写真がアップで使われ、「いまこそ男は、堂々と王(キング)になれ！」と大書されていた。この反時代的精神のゆえだろうか、部数は低迷し、二〇〇八年一〇月号をもって休刊した。そのため、本書のタイトルでゼロ年代の中盤を思い出す人はあまりいないだろう。

単行本の打ち合わせの際、「大衆雑誌の研究だから、表紙は銭湯の壁絵のようなイメージ、つまり岩波書店らしくないものがいい」と言って担当だった坂本政謙さんを困らせたことが懐かしく思い出される。そうした私の希望を見事に汲み取っていただいた装丁は桂川潤さんによるものだが、この文庫版にも引き継がれている。今回の編集では、拙編著『青年と雑誌の黄金時代――若者はなぜそれを読んでいたのか』(岩波書店・二〇一五年)でもご担当いただいた岩元浩さんのお世話になった。丁寧な編集で定本が完成したと思っている。ご尽力、ありがとうございました。

二〇一九年一一月

佐藤卓己

解題　『キング』の亡霊たち

與那覇　潤

大衆と書いて昔は「ダイシュ」と読む、それは坊主書生のことである。早くは「南都六方大衆」といい、今日でも禅宗などでは、僧堂坊主のことを大衆といっている。それに民衆とか、民庶とかいうような意味のないことはわかっている。通俗小説というのがいやで、それを逃げるために、歴史的意義のある「大衆」という言葉を知らずに使うほど、無学な人の手になったものである。（本書、二六頁より重引）

今回再読してこの一節にいきあたったさい、つよい胸さわぎがした。歴史学の教員として座右に置いていた際には、素通りして気にも留めなかった箇所である。

どこかで自分は、これと似た心地を味わったことがある。その正体がわからないまま、流されるように日本の近代史を専攻して大学で教えるまでになり、そしてその営みのむなしさから健康を崩して、辞めた。いったいそれは、いつのことだったろう。

一

大正末―昭和戦前期の「大衆社会」を象徴する雑誌『キング』の創刊号を、講談社が発売したのは一九二四年の十二月五日だった。しかし三三年の三田村鳶魚（えんぎょ）『大衆文芸評判記』から採られた先の一節は、その『キング』の登場がある時代のはじまりである以上に、むしろ別のなにかのおわりだったことを私たちに告げている。

『キング』の時代は一見すると、「大衆」の勃興とともにあった。一九二八年に結成された日本大衆党は、三〇年に全国大衆党、三二年に社会大衆党へと発展を遂げ、（戦時下の翼賛選挙を除くと）戦前最後の総選挙となった三七年四月の衆院選では第三党に躍進している。むろん僧侶による宗教政党ではなく、社会主義を掲げた無産政党だった。指導者も「無学な人」ではなく、党首の安部磯雄は元早大教授、麻生久や三輪寿壮ら多くの幹部が東京帝大法科の出身である。

彼ら最高峰のインテリゲンチャの指揮のもとに、ひろく農民と労働者とを結集し、良識ある中間層にも訴えかけて国民全員の生活を向上させる。そうした熱い期待を込めて「大衆」の語が使われることは、もう、ない。政党名としては沖縄に残るだけだし、鳶魚が非難した大衆文学という呼称は「ラノベ」「エンタメ」に替わられた。高度成長期までは街角の日常に溶けこんでいた大衆食堂も、すっかりファストフードに駆逐されている。

昭和の激動期を通じて、あれほど確固として存在するかに思われた「大衆」は、なぜ、どこへ消えたのだろう？　その手がかりを著者は、このさりげない引用に埋めこんでいる。もともと（昭和のニュアンスでいう）大衆なる存在は、その語の来歴を抹消したところに成立した幻像だったのだ。彼らがデラシネ（根無し草）なのは、たんに産業革命で家郷を追われたからではなく、歴史を忘却しているがゆえなのだと。

私は思い出す。

平成の半ばだった二〇〇一年の四月、ちょうど小泉純一郎政権の発足が世論を沸かせたころに発売された小説『世界の中心で、愛をさけぶ』（片山恭一著）は、二〇〇四年に映画とドラマになったこともあり、三〇〇万部を超えて出版史に刻まれるヒットとなった。そのとき感じた異様な気持ちが、私のなかでは鳶魚が毒づく「大衆」への罵倒に近い。

当時たかだか大学四年生だった私もふくめて、読書人には周知だったように、このタイトルはSF史上の名編とされるハーラン・エリスンの「世界の中心で愛を叫んだけもの」（一九六八年）に借りたものだ。もとのエリスンの短編を読めば――読まなくても自明だが――「世界の中心で愛を叫ぶ」行為は、ほんらいグロテスクなナルシシズムと表裏一体であり、その逆説へのまえで躊躇う感性がかつて在ったことに気づく。

一九九五年から放映されてやはり国民的作品と呼ばれたTVアニメ『新世紀エヴァンゲリオン』の、意図的に醜悪に撮られた最終話も「世界の中心でアイを叫んだけもの」（九六年三月二七日）だったが、この時点まではパロディにせよ原義を踏まえていた。つまり、作品が属する歴史上の系譜とつながっていた。ところがそれをあまりにも軽やか(ライト)に脱臼させ、世界の中心でさけばれる愛への讃歌が人びとを涙させる社会が、わずか五年後にはじまってゆく。

それは私にとっては不気味な事態であり、そして国民の大多数にはそうではなく、むしろ自分たちのすべてを柔らかい布にくるむような、新しい全体性の出現だった。おそらくはそれに近い体験として、大正末期に立ちあがり戦争の前後をつらぬいて国民を包みつづけた「大衆」という存在は、ある。『キング』はその上に貼られたラベルである。

二

本書の単行本が刊行されたのは、二〇〇二年の九月。「あとがき」に記すように、佐藤卓己氏は元来、その十年前に『大衆宣伝の神話――マルクスからヒトラーへのメディア史』でデビューしたドイツ史家であった。その氏がいよいよ本格的に日本近代史に参入してくると知って、緊張と興奮をもって本書を迎えたとき、私は修士課程の一学生にすぎなかった。

『大衆宣伝の神話』は、本書より前に読んでいたはずである。爾来忘れられずにいたのは、最終章のエピソードだった。徹底的に大衆にフォーカスを合わせ、理性を麻痺させるシンボル的な宣伝で覇権を握ってゆくナチ党。教養ある市民層に向けた説得では対抗し得なくなった良識派(社会民主党)は最後、ついにみずからも「鉤十字を三本の矢で消す」など同種のビジュアル戦略に踏み切るが、時すでに遅かった――。まもなくポピュリズムと指弾されることになる(嚆矢となった大嶽秀夫『日本型ポピュリズム』が二〇〇三年八月刊)、小泉政治のうねりを前に読んだことも、印象を深くしたのだろう。

著者の諸作品に頻出する「ヒトラーは「黙れ」といったのではなく「叫べ」といった」(本書四二六頁)の名言に集約されるとおり、つねにファシズムの大衆参加的な側面に光を当ててきたのが佐藤氏である。いかに旧来のインテリが苦虫を嚙み殺そうと、独裁や戦争が抑圧ではなく解放として、それまで言葉を持たなかった人びとに迎えられた時代があったのだ。ナチズムの訳語を国家社会主義から「国民社会主義」へと正しく改めるのに、もっとも貢献したのも氏であった。

したがって本書が描く昭和戦前期の出版史もまた、「検閲と弾圧」による暗黒時代のトーンからは遠い。中国大陸での国民戦争という大衆全体を包含する演し物を売りに、雑誌市場がこの時期空前の好況を呈したことを、著者は論証してゆく。一九四一年度版の『出版年鑑』に記されているとおり、それは昭和初年の円本ブームをも凌駕するバブルだったのだ(本書三八六頁)。物資の欠乏によりその崩壊をみるのは、日米開戦以降のことである。

しかしそのなかで、なぜ最大の成功を収めたのが『キング』だったのか。佐藤氏の答えは読者の(すくなくとも、院生時代の私の)意表を突くと同時に、きわめて明快である。

ひしめく諸雑誌のなかで講談社の『キング』だけが、じつは雑誌ではなかった。論壇誌・女性誌・少年誌……など、読者の嗜好ごとに細分化してゆく雑誌の特性に反して、『キング』は卓上の一冊を児童も含めた家族全員が回して楽しめる、あたかもラジオのような存在をめざした。それは書籍ではなく家電の等価物であり、じっさいにテクノロジーの普及が遅い農村(郡部)では、日中戦争直前まで『キング』は「代用ラジオ」として消費されたのだ(本書二五一頁)。

そうした戦略をとりえた理由として、著者は野間清治の創業になる講談社が、ほんらいは「大日本雄弁会」として学生向けの演説雑誌を刊行する、音声メディアに親和的な出自を持っていたことに注目する。やがてラジオだけでなくトーキー映画が大衆の欲望をつかむと、『キング』はすかさず人気作品を写真やせりふで誌上に再現する「映画読物」のコーナーを設け、好評を博している。

私は思い出す。

本書の刊行から約半年後の二〇〇三年四月、新潮新書が創刊。最初のラインナップだった養老孟司『バカの壁』がいきなり四〇〇万部を超え、口述筆記による平易な文体がヒットの秘訣と呼ばれた。続く二〇〇五年秋の藤原正彦『国家の品格』(二五〇万部強)も講演の再構成で、ベストセラーの「音声化」の流れを決定づけている。

——だとすると『キング』の時代は、いまも続いているのだろうか?

その問いには、もう少し後で答えよう。ここではその後の研究史から、本書との併読を勧める書籍を二、三あげておきたい。

佐藤氏はいう。知性と教養を独占してきたインテリゲンチャのみでなく、指導者に寄せる大衆の歓呼に開かれた参加型の「ファシスト的公共性(圏)」は、この時期、どの国にもあった。「イタリアのファシズム、ドイツのナチズム、あるいはアメリカのニューディールであれソビエトのスターリニズムにしろ、そうした国民的合意を生み出す運動であった」(三八四頁)。一九三〇年代、『キング』の時代とは日本に偏在したものではなく、グローバルな現象だったのだ。

二〇〇八年に邦訳されたスーザン・バック－モースの冷戦史『夢の世界とカタストロフィ』の副題は、「東西における大衆ユートピアの消滅」である。大衆ユートピアとはそうしたファシスト的な公共圏でこそ育まれる、国民の「全員」が力を結集することで、一律に豊かな生活を手にしえるとする幻想を指している。

バック－モースはこの観点から、いわば『キング』の時代は冷戦下にも持ち越されたという解釈を提示する。西側世界の庶民がひとしなみにマリリン・モンローにあこがれ、彼女の一挙手一投足にみずからの願望を投影したのは、東側の「人民」がスターリンの身体に拝跪したのと同じ事態で、その点で両者にちがいはない。しかし共同労働のように生産をつうじてしか「ユートピア」を管理しえなかった社会主義に対し、資本主義は狡猾にも消費を媒介して自己実現の夢と大規模工場の効率性を両立させることで、最後の覇者になったのだった。

それでは雑誌『キング』の興亡史は、二〇世紀世界のごく平凡な現象にすぎず、日本に固有の性格はないのだろうか。佐藤氏は同時代、ライバルや批判者に「野間道徳」と揶揄された講談社文化の基調が、通俗的な立身出世主義にあったことを繰りかえし指摘する(そもそも野間は師範学校卒で、起業前の生業は中学教諭と大学職員である)。キャッチアップ型の近代化に由来する、このどこかいじましい心性が日本の戦時体制に与えた特色については、二〇一二年刊の片山杜秀『未完のファシズム――「持たざる国」日本の運命』と読みあわせるのも趣きが深かろう。

そしてなにより、本書三七二頁に登場する検閲史の悪玉・陸軍省情報部の鈴木庫三少佐については、発掘された日記に基づく評伝『言論統制――情報官・鈴木庫三と教育の国防国家』を佐藤氏自身が二〇〇四年に公刊した。「西洋近代を超克する」などとたいそう意識の高い絵空事を知識人がうたった戦時下、むしろ上流階層の生活の引き下げによる平等化を構想した、苦学生だった検閲官の昏い情念。経済成長による大衆ユートピア実現の夢が破綻して久しい現在、その姿はけっして、過去のものではない。

三

私は思い出す。

本書でその創立期が描かれたキングレコードが、二〇一三年八月、あらたな国民歌謡をつくった。レーベルの看板だったAKB48による「恋するフォーチュンクッキー」で、PVのヘタウマなダンスを模倣してYouTubeに投稿するファンが続出。まさしく消費者の「参加」による『キング』的な公共性が、ふたたび甦ったかのようだった。

二〇一一年三月の震災からわずか二年半。被害の記憶が生々しい時期に、DJが英語で

「日本人、元気出せよ」と呼びかけてはじまる同曲が、国民への応援歌として聞かれたことはあきらかだ。しかしアイドルにとって、特定の性向を持ったファン(たとえば「内気な男性」や「勝気な女の子」)ではなく大衆全般に訴えてしまうのは、キャリア上で一回しか使えない禁じ手だろう。最大限にまでマーケティングの対象を広げた以上、そこから先はないからである。

まるで一九四〇年の紀元二千六百年祭だな——。この曲のディスコ調に乗せた四七抜き音階を耳にするたび、国中が明るく踊りながら破局へと進んでいった、戦前の出版バブル期が想われて不思議な気がした。そして同じ時期、講談社は本業の出版でも、平成最大のベストセラーを演出している。

晩年の加藤典洋は主に『世界をわからないものに育てること』に収められた二〇一三—一四年の論考で、百田尚樹『永遠の0』のブームを集中的に論じた(石戸諭氏のご教示による)。二〇〇六年に単行本が出た時点ではさほど注目されなかった同作は、〇九年の講談社文庫入りを機に部数を急伸させ、震災後の「感動」を求める空気の中で一二年にミリオンセラーを達成。翌年末の映画版公開もあり、最終的に五〇〇万部を超えた。

加藤が注目したのは、百田氏がデビュー作である同書の執筆にあたり、自身の右派的な歴史観やイデオロギーはできるだけ「入れずに」書いたと公言した事実だ。そもそもイデオロギーとは作家にとって、かように任意に着脱可能なものだったのか。特攻ものなら(左右とわず)全員が泣ける、というマーケット・リサーチの手法で小説が書かれるとき、そこではなにか、近代文学の手法の前提を覆すことがおきてはいないだろうか。

私自身、『永遠の0』の結末に接して、あまりの「劇的」な展開に「驚愕」した。戦死した特攻隊員の祖父・宮部久蔵の過去を調べていた姉弟は最後、出撃直前に宮部と搭乗機を換えたがゆえに助かった兵士の存在を知る。彼は大石賢一郎という、ここまでその名が語られなかったキャラクターなのだが、姉弟は「ぼくたちの、おじいちゃんだ！」と叫ぶ。大石は恩人である宮部の妻と、戦後再婚していたのである。

通常の意味でいう小説の「どんでん返し」には、なんらかの先行する文脈が必要である。被害者の死をいちばん悼んでいた親友が真犯人だったとか、不倶戴天の仇敵の憎悪は愛情の裏返しだった、など。『永遠の0』には、それがない。大石は作品の序盤に「祖父」という表記で顔を出し、主人公の調査を励ますだけだ。

言い換えると、読者がほぼ知らない同時代のキャラクターが、作中で描かれた戦時下の過去とつながっている、その事実に興奮できる人のためだけに、百田氏の小説は書かれている。そうした国民こそが、いまや圧倒的な多数派であり、彼らの支持で『永遠の0』は戦記の古典となった。私たちにとって戦前とは、もはや「つながっている」こと自体が驚きになるほどの異世界であり、ネバーランドやゴッサム・シティと変わらない。当時から現在までを貫いて大衆を包んできたはずの「歴史」は、もう存在しないのだ。

佐藤氏が描くように一九一一年創業の講談社の社名は、寄席での速記を中心に掲載した『講談倶楽部』に由来する。新興芸能の浪花節をとりあげて旧来の講談師と決裂したのちも、むしろ若手作家に創作させて「書き講談」のブームを起こし、同誌の文学賞は戦前の吉川英治、戦後の司馬遼太郎という国民的な歴史作家を生みだした。ラジオやトーキーの「文章化」によって大衆雑誌の頂点に立った『キング』は、その正統な後継者だった。

いっぽう、二〇〇三年に創刊されて平成なかばの講談社文化を牽引した文芸誌『ファウスト』について、福嶋亮大氏はその舞城王太郎論で興味深い指摘をしている（『百年の批評―近代をいかに相続するか』所収）。「昭和の大衆小説作家たちは急ごしらえの近代を嫌悪し、主人公のゆとりのある成長の時間を過去の日本に求めてきた」。その典型が吉川の大作『宮本武蔵』だったが、『ファウスト』誌上のエンタメ小説で紡がれたのは「サブカルチャーの領域でもこのゆったりとした時空が崩壊しているという痛切な認識」であった、と。

身辺の日常に閉ざされた世界で創作者が自己を語る、純文学的な「私小説」の限界はとうに指摘されて久しい。しかし、ある意味でファシスト的に国民全員をくるみ込むことでなりたってきた、歴史という衣装＝意匠が剝ぎとられれば、通俗小説に包含されてきたはずの「大衆」もまた霧消する。私たちが過去の時空と切り離されたとき、王（キング）は死んだのである。

＊　＊　＊

戦争体験のディズニーランド化によって成功を収めた『永遠の0』のように、いま私たちのまえには廃墟と化した歴史の痕跡と、王の屍だけがある。もっとも加藤典洋が憂えたとおり、震災後のように感動や物語の需要が高まる瞬間には、あたかも一体としての「大衆」が生きているかのごとき幻想が生まれる。

二〇一一年の冬に放映されたTVドラマ『家政婦のミタ』の最高視聴率は四〇・〇パーセント。一三年夏の『半沢直樹』は四二・二パーセントで、原作者の池井戸潤氏は百田氏と並ぶメディアミックスの雄になった。数字だけを見れば戦後昭和のテレビ黄金期に匹敵するが、そこにはあるべきはずの結束した国民の身体が、ない。

こうした『キング』の亡霊たちは、これからも彷徨(さまよ)い出るだろう。たとえば祝祭のさなかに、あるいは危機の後で。それらがなぜ幽霊でしかありえないのか。そのゆえんを説く魔導書のように、本書は紐解かれるときを待ちつづける。

（歴史学者）

本書は二〇〇二年九月、岩波書店より刊行された。

岩波現代文庫[学術]

G414

『キング』の時代
―国民大衆雑誌の公共性―

佐藤卓己

伝説的雑誌『キング』――この国民大衆誌を分析し、「雑誌王」と「講談社文化」が果たした役割を解き明かした雄編がついに文庫化。
〈解説〉與那覇 潤

2020. 1

G409
普遍の再生
—リベラリズムの現代世界論—
井上達夫

平和・人権などの普遍的原理は、米国の自国中心主義や欧州の排他的ナショナリズムにより、いまや危機に瀕している。ラディカルなリベラリズムの立場から普遍再生の道を説く。

G410
人権としての教育
堀尾輝久

『人権としての教育』(一九九一年)に「『国民の教育権と教育の自由』論再考」と「憲法と新・旧教育基本法」を追補。その理論の新しさを提示する。〈解説〉世取山洋介

G411
増補版 民衆の教育経験
—戦前・戦中の子どもたち—
大門正克

子どもが教育を受容してゆく過程を、国民国家による統合と、民衆による捉え返しとの間の反復関係(教育経験)として捉え直す。
〈解説〉安田常雄・沢山美果子

G412
「鎖国」を見直す
荒野泰典

江戸時代の日本は「鎖国」ではなく「四つの口」で世界につながり、開かれていた——「海禁・華夷秩序」論のエッセンスをまとめる。

G413
哲学の起源
柄谷行人

アテネの直接民主制は、古代イオニアのイソノミア(無支配)再建の企てであった。社会構成体の歴史を刷新する野心的試み。

岩波現代文庫[学術]

G404
象徴天皇という物語
赤坂憲雄

この曖昧な制度は、どう思想化されてきたのか。天皇制論の新たな地平を切り拓いた論考が、新稿を加えて、平成の終わりに蘇る。

G405
5分でたのしむ数学50話
エアハルト・ベーレンツ
鈴木直訳

5分間だけちょっと数学について考えてみませんか。新聞に連載された好評コラムの中から選りすぐりの50話を収録。〈解説〉円城塔

G406
デモクラシーか 資本主義か
―危機のなかのヨーロッパ―
J. ハーバーマス
三島憲一編訳

現代屈指の知識人であるハーバーマスが、最近十年のヨーロッパの危機的状況について発表した政治的エッセイやインタビューを集成。現代文庫オリジナル版。

G407
中国戦線従軍記
―歴史家の体験した戦場―
藤原彰

一九歳で少尉に任官し、敗戦までの四年間、最前線で指揮をとった経験をベースに戦後の戦争史研究を牽引した著者が生涯の最後に残した「従軍記」。〈解説〉吉田裕

G408
ボンヘッファー
―反ナチ抵抗者の生涯と思想―
宮田光雄

反ナチ抵抗運動の一員としてヒトラー暗殺計画に加わり、ドイツ敗戦直前に処刑された若きキリスト教神学者の生と思想を現代に問う。

2020. 1

G399
テレビ的教養
―一億総博知化への系譜―
佐藤卓己

「一億総白痴化」が危惧された時代から約半世紀。放送教育運動の軌跡を通して、〈教養のメディア〉としてのテレビ史を活写する。〈解説〉藤竹 暁

G400
ベンヤミン
―破壊・収集・記憶―
三島憲一

二〇世紀前半の激動の時代に生き、現代思想に大きな足跡を残したベンヤミン。その思想と生涯に、破壊と追憶という視点から迫る。

G401
新版 天使の記号学
―小さな中世哲学入門―
山内志朗

世界は〈存在〉という最普遍者から成る生地の上に性的欲望という図柄を織り込む。〈存在〉のエロティシズムに迫る中世哲学入門。〈解説〉北野圭介

G402
落語の種あかし
中込重明

博覧強記の著者は膨大な資料を読み解き、落語成立の過程を探り当てる。落語を愛した著者面目躍如の種あかし。〈解説〉延広真治

G403
はじめての政治哲学
デイヴィッド・ミラー
山岡龍一
森 達也 訳

哲人の言葉でなく、普通の人々の意見・情報を手掛かりに政治哲学を論じる。最新のものまでカバーした充実の文献リストを付す。〈解説〉山岡龍一

岩波現代文庫[学術]

G393
不平等の再検討
―潜在能力と自由―

アマルティア・セン
池本幸生
野上裕生 訳
佐藤 仁

不平等はいかにして生じるか。所得格差の面からだけでは測れない不平等問題を、人間の多様性に着目した新たな視点から再考察。

G394-395
墓標なき草原(上・下)
―内モンゴルにおける文化大革命・虐殺の記録―

楊 海 英

文革時期の内モンゴルで何があったのか。体験者の証言、同時代資料、国内外の研究から、隠蔽された過去を解き明かす。司馬遼太郎賞受賞作。〈解説〉藤原作弥

G396
過労死・過労自殺の現代史
―働きすぎに斃れる人たち―

熊 沢 誠

ふつうの労働者が死にいたるまで働くことによって支えられてきた日本社会。そのいびつな構造を凝視した、変革のための鎮魂の物語。

G397
小林秀雄のこと

二 宮 正 之

自己の知の限界を見極めつつも、つねに新たな知を希求し続けた批評家の全体像を伝える本格的評論。芸術選奨文部科学大臣賞受賞作。

G398
反転する福祉国家
―オランダモデルの光と影―

水 島 治 郎

「寛容」な国オランダにおける雇用・福祉改革と移民排除。この対極的に見えるような現実の背後にある論理を探る。

2020. 1

岩波現代文庫[学術]

G387
『碧巌録』を読む
末木文美士

「宗門第一の書」と称され、日本の禅に多大な影響をあたえた禅教本の最高峰を平易に読み解く。「文字禅」の魅力を伝える入門書。

G388
永遠のファシズム
ウンベルト・エーコ
和田忠彦訳

ネオナチの台頭、難民問題など現代のアクチュアルな問題を取り上げつつファジーなファシズムの危険性を説く、思想的問題提起の書。

G389
自由という牢獄
―責任・公共性・資本主義―
大澤真幸

大澤自由論が最もクリアに提示される主著が文庫に。自由の困難の源泉を探り当て、その新しい概念を提起。河合隼雄学芸賞受賞作。

G390
確率論と私
伊藤清

日本の確率論研究の基礎を築き、多くの俊秀を育てた伊藤清。本書は数学者になった経緯や数学への深い思いを綴ったエッセイ集。

G391-392
幕末維新変革史(上・下)
宮地正人

世界史的一大変革期の複雑な歴史過程の全容を、維新期史料に通暁する著者が筋道立てて描き出す、幕末維新通史の決定版。下巻に略年表・人名索引を収録。

2020.1

岩波現代文庫[学術]

G382
思想家 河合隼雄
中沢新一
河合俊雄 編

心理学の枠をこえ、神話・昔話研究から日本文化論まで広がりを見せた河合隼雄の著作。多彩な分野の識者たちがその思想を分析する。

G383
河合隼雄語録
カウンセリングの現場から
河合隼雄
河合俊雄編

京大の臨床心理学教室での河合隼雄のコメント集。臨床家はもちろん、教育者、保護者などにも役立つヒント満載の「こころの処方箋」。〈解説〉岩宮恵子

G384
新版 占領の記憶 記憶の占領
―戦後沖縄・日本とアメリカ―
マイク・モラスキー
鈴木直子訳

日本にとって、敗戦後のアメリカ占領は何だったのだろうか。日本本土と沖縄、男性と女性の視点の差異を手掛かりに、占領文学の時空間を読み解く。

G385
沖縄の戦後思想を考える
鹿野政直

苦難の歩みの中で培われてきた曲折に満ちた沖縄の思想像を、深い共感をもって描き出し、沖縄の「いま」と向き合う視座を提示する。

G386
沖縄の淵
―伊波普猷とその時代―
鹿野政直

「沖縄学」の父・伊波普猷。民族文化の自立と従属のはざまで苦闘し続けたその生涯と思索を軸に描き出す、沖縄近代の精神史。

2020.1

岩波現代文庫[学術]

G377
済州島四・三事件
―「島(タムナ)のくに」の死と再生の物語―
文京洙

一九四八年、米軍政下の朝鮮半島南端・済州島で多くの島民が犠牲となった凄惨な事件。長年封印されてきたその実相に迫り、歴史と真実の恢復への道程を描く。

G378
平面論
―一八八〇年代西欧―
松浦寿輝

イメージの近代は一八八〇年代に始まる。さまざまな芸術を横断しつつ、二〇世紀の思考の風景を決定した表象空間をめぐる、チャレンジングな論考。〈解説〉島田雅彦

G379
新版 哲学の密かな闘い
永井均

人生において考えることは闘うこと――哲学者・永井均の、「常識」を突き崩し、真に考える力を養う思考過程がたどれる論文集。

G380
ラディカル・オーラル・ヒストリー
―オーストラリア先住民アボリジニの歴史実践―
保苅実

他者の〈歴史実践〉との共奏可能性を信じ抜く――それは、差異と断絶を前に立ち竦む世界に、歴史学がもたらすひとつの希望。〈解説〉本橋哲也

G381
臨床家 河合隼雄
谷川俊太郎
河合俊雄 編

多方面で活躍した河合隼雄の臨床家としての姿を、事例発表の記録、教育分析の体験談、インタビューなどを通して多角的に捉える。

2020.1

G372
ラテンアメリカ五〇〇年
—歴史のトルソー—
清水 透

ヨーロッパによる「発見」から現代まで、約五〇〇年にわたるラテンアメリカの歴史を、独自の視点から鮮やかに描き出す講義録。

G373
〈仏典をよむ〉1 ブッダの生涯
中村 元
前田專學監修

誕生から悪魔との闘い、最後の説法まで、ブッダの生涯に即して語り伝えられている原始仏典を、仏教学の泰斗がわかりやすくよみ解く。〈解説〉前田專學

G374
〈仏典をよむ〉2 真理のことば
中村 元
前田專學監修

原始仏典で最も有名な「法句経」、仏弟子たちの「告白」、在家信者の心得など、人の生きる指針を説いた数々の経典をわかりやすく解説。〈解説〉前田專學

G375
〈仏典をよむ〉3 大乗の教え(上)
—般若心経・法華経ほか—
中村 元
前田專學監修

『般若心経』『金剛般若経』『維摩経』『法華経』『観音経』など、日本仏教の骨格を形成した初期の重要な大乗仏典をわかりやすく解説。〈解説〉前田專學

G376
〈仏典をよむ〉4 大乗の教え(下)
—浄土三部経・華厳経ほか—
中村 元
前田專學監修

浄土教の根本経典である浄土三部経、菩薩行を強調する『華厳経』、護国経典として名高い『金光明経』など日本仏教に重要な影響を与えた経典を解説。〈解説〉前田專學

G367
アイヒマン調書
—ホロコーストを可能にした男—
ヨッヘン・フォン・ラング編
小俣和一郎訳

ナチスによるユダヤ人殺戮のキーマン、アイヒマン。八カ月、二七五時間にわたる尋問調書から浮かび上がるその人間像とは?〈解説〉芝 健介

G368
新版 はじまりのレーニン
中沢新一

西欧形而上学の底を突き破るレーニンの唯物論はどのように形成されたのか。ロシア革命一〇〇年の今、誰も書かなかったレーニン論が蘇る。

G369
歴史のなかの新選組
宮地正人

信頼に足る史料を駆使して新選組のリアルな実像に迫り、幕末維新史のダイナミックな構造の中でとらえ直す、画期的〝新選組史論〟。「浪士組・新徴組隊士一覧表」を収録。

G370
新版 漱石論集成
柄谷行人

思想家柄谷行人にとって常に思考の原点であった漱石に関する評論、講演録等を精選し、集成。同時代の哲学・文学との比較など多面的な切り口からせまる漱石論の決定版。

G371
ファインマンの特別講義
—惑星運動を語る—
D・L・グッドスティーン
J・R・グッドスティーン
砂川重信訳

知られざるファインマンの名講義を再現。三角形の合同・相似だけで惑星の運動を説明。再現にいたる経緯やエピソードも印象深い。

2020.1

岩波現代文庫[学術]

G361
日本国憲法の誕生 増補改訂版
古関彰一

第九条制定の背景、戦後平和主義の原点を見つめながら、現憲法制定過程で何が起きたかを解明。新資料に基づく知見を加えた必読書。

G363
語る藤田省三
—現代の古典をよむということ—
竹内光浩
本堂明
武藤武美 編

ラディカルな批評精神をもって時代に対峙し続けた「談論風発」の人・藤田省三。その鮮烈な「語り」の魅力を再現する。岩波現代文庫オリジナル版。〈解説〉宮村治雄

G364
レヴィナス
—移ろいゆくものへの視線—
熊野純彦

レヴィナスが問題とした「時間」「所有」「他者」とは何か？　難解といわれる二つの主著のテクストを丹念に読み解いた名著。〈解説〉佐々木雄大

G365
靖国神社
—「殉国」と「平和」をめぐる戦後史—
赤澤史朗

戦没者の「慰霊」追悼の変遷を通して、国家観・戦争観・宗教観こそが靖国神社をめぐる最大の争点であることを明快に解き明かす。〈解説〉西村　明

G366
貧困と飢饉
アマルティア・セン
黒崎　卓
山崎幸治 訳

世界各地の「大飢饉」の原因は、食料供給量の不足ではなく人々が食料を入手する権原（能力と資格）の剥奪にあることを実証した画期的な書。

岩波現代文庫[学術]

G355
ニーチェかく語りき
三島憲一

ニーチェを後世の芸術家や思想家はどう読んだのか。ハイデガーや三島由紀夫らが共感した言葉を紹介し、ニーチェ読解の多様性を論ずる。岩波現代文庫オリジナル版。

G356
江戸の酒 ―つくる・売る・味わう―
吉田元

酒づくりの技術が確立し、さらに洗練されていった江戸時代の、日本酒をめぐる歴史・社会・文化を、史料を読み解きながら精細に描き出す。〈解説〉吉村俊之

G357
増補 日本人の自画像
加藤典洋

日本人というまとまりの意識によって失われたものとは何か。開かれた共同性に向けた、「内在」から「関係」への〝転轍〟は、どのようにして可能となるのか。

G358
自由の秩序 ―リベラリズムの法哲学講義―
井上達夫

「自由とは何か」を理解するには、「自由」を可能にする秩序を考えなくてはならない。法哲学の第一人者が講義形式でわかりやすく解説。

G359-360
「萬世一系」の研究(上・下) ―「皇室典範的なるもの」への視座―
奥平康弘

新旧二つの皇室典範の形成過程を歴史的に検証、日本国憲法下での天皇・皇室のあり方について議論を深めるための論点を提示する。〈解説〉長谷部恭男(上)、島薗進(下)

2020. 1

岩波現代文庫創刊二〇年に際して

二一世紀が始まってからすでに二〇年が経とうとしています。この間のグローバル化の急激な進行は世界のあり方を大きく変えました。世界規模で経済や情報の結びつきが強まるとともに、国境を越えた人の移動は日常の光景となり、今やどこに住んでいても、私たちの暮らしは世界中の様々な出来事と無関係ではいられません。しかし、グローバル化の中で否応なくもたらされる「他者」との出会いや交流は、新たな文化や価値観だけではなく、摩擦や衝突、そしてしばしば憎悪までをも生み出しています。グローバル化にともなう副作用は、その恩恵を遥かにこえていると言わざるを得ません。

今私たちに求められているのは、国内、国外にかかわらず、異なる歴史や経験、文化を持つ「他者」と向き合い、よりよい関係を結び直してゆくための想像力、構想力ではないでしょうか。

新世紀の到来を目前にした二〇〇〇年一月に創刊された岩波現代文庫は、この二〇年を通して、哲学や歴史、経済、自然科学から、小説やエッセイ、ルポルタージュにいたるまで幅広いジャンルの書目を刊行してきました。一〇〇〇点を超える書目には、人類が直面してきた様々な課題と、試行錯誤の営みが刻まれています。読書を通した過去の「他者」との出会いから得られる知識や経験は、私たちがよりよい社会を作り上げてゆくために大きな示唆を与えてくれるはずです。

一冊の本が世界を変える大きな力を持つことを信じ、岩波現代文庫はこれからもさらなるラインナップの充実をめざしてゆきます。

（二〇二〇年一月）

『キング』の時代──国民大衆雑誌の公共性

2020年1月16日　第1刷発行

著　者　佐藤卓己（さとうたくみ）

発行者　岡本　厚

発行所　株式会社　岩波書店
〒101-8002 東京都千代田区一ツ橋 2-5-5
案内 03-5210-4000　営業部 03-5210-4111
https://www.iwanami.co.jp/

印刷・精興社　製本・中永製本

ISBN 978-4-00-600414-9　　Printed in Japan

人名索引

あ行

か 行

さ 行

た 行

な 行

は 行

ま 行

や行

ら 行

わ 行